Loel Zwecker

# Ein Schritt zurück in die Zukunft

WAS WIR AUS DER GESCHICHTE LERNEN KÖNNEN

Pantheon

MIX
Papier aus verantwortungsvollen Quellen
FSC® C083411
FSC
www.fsc.org

Verlagsgruppe Random House FSC® N001967
Das für dieses Buch verwendete FSC®-zertifizierte Papier *Lux Cream*
liefert Stora Enso, Finnland.

Der Pantheon Verlag ist ein Unternehmen der Verlagsgruppe
Random House GmbH.

Erste Auflage
August 2013



Umschlaggestaltung: Jorge Schmidt, München
Titelgestaltung und Illustration: Sylvia Neuner, München
Lektorat: Dr. Heike Specht, Zürich
Satz: Ditta Ahmadi, Berlin
Bildredaktion: Dietlinde Orendi, München
Reproduktionen: Aigner, Berlin
Druck und Bindung: CPI, Clausen & Bosse, Leck
Printed in Germany
ISBN 978-3-570-55181-3

www.pantheon-verlag.de

*Für Helen Schütz und Hellmuth Zwecker*

*Und für Quynh Dao Tran*

# Inhalt

## Der Ritter im Schnellzug

### Von der Geschichtsphilosophie zur Lebenshilfe: wie man aus der Geschichte lernen kann

Im Sommer 2012 kam ich auf einer Zugfahrt von Italien nach Deutschland mit einem jungen Paar ins Gespräch, das in einer Mittelalter-Gruppe aktiv ist. Die beiden berichteten von Restaurants in Siena, in denen man ihnen in mittelalterlicher Atmosphäre altertümliche Speisen serviert habe. Da die Kulisse mit dem hohen Rathausturm auf der Piazza del Campo so gut passte, hatten sie ihren Stadtbummel sogar in ihren historischen Outfits gemacht, sie im Kleid mit Schleppe, er im Wams. An ihrem Hobby reizt die beiden, dass sie in eine andere Welt abtauchen können. Auf Mittelaltermärkten und in Zeltlagern üben sie sich in traditionellem Handwerk, in Kochkunst und Schwertkämpfen. Sie fühlen sich aufgehoben in einer starken und zugleich überschaubaren Gemeinschaft. In ihr hat jeder – ob Junker, Knappe oder Knecht – seinen festen Platz.

Auf meine Frage, was der junge Mann für sich aus dem Mittelalter in seinen Alltag mitnehme, antwortete er: »Ritterlichkeit.« In dem Unternehmen, in dem er arbeitet, werde von ihm mitunter erwartet, kleinere Zulieferfirmen im Preis zu drücken. Das versuche er zu vermeiden. Nun waren wir uns darüber einig, dass man, um sich im Alltag fair zu verhalten, nicht unbedingt auf das Ritterideal zurückgreifen muss. Dies umso mehr, als Ritter im echten Leben bekanntlich oft alles andere als ritterlich waren. Auch war das mit der Gemeinschaft in der mittelalterlichen Standesgesellschaft, in der Ritter über Leibeigene verfügten, so eine Sache. Das macht zunächst aber nichts: Unabhängig davon, wie die historische Wahrheit aussieht, mag das starke *Bild* des Ritters nützlich sein. An ihm kann man sich in schwierigen Alltagssituationen orientieren, um eine Haltung zu bewahren, die man als richtig erkannt hat. Will man weiter denken, kann man sich anhand des Beispiels Ritter vergegenwärtigen, wie zweischneidig scheinbar harmlose Ideale oft sind – und wie unterschiedlich Vorstellungen über eine gute Gemeinschaft.

Die Begegnung mit dem Ritter im Schnellzug ist eine der Situationen, die mir beim Schreiben des vorliegenden Buches als Anregung dienten, in dem es darum geht, was man aus der Geschichte lernen kann. Das Lernen kann auf sehr unterschiedliche Art und Weise ablaufen. Ziel ist natürlich nicht, das Rad der Geschichte zurückzudrehen, nach dem Motto: Früher war alles besser. Das Lernen aus der Geschichte hat nichts mit falscher Nostalgie und Romantisierung zu tun, scheinbar einfachen Lösungen, klaren Ordnungen und holzschnittartigen Weltbildern. Vielmehr kann ein Blick auf die Geschichte zeigen, wo Ideen, Konzepte, Gesellschafts- und Wirtschaftssysteme und Institutionen, die unser Verhalten, Denken und Fühlen heute prägen, herkommen, wie sie sich entwickelt und etabliert haben. Sie sind nicht an den Bäumen gewachsen, sie wurden erdacht, gemacht und durchgesetzt. Dahinter standen oft materielle oder ideologische Interessen. Das gilt für die Kernfamilie ebenso wie für die Kirche, für Universitäten und die Finanzindustrie. Wenn man sich das vergegenwärtigt, kann man Institutionen reformieren und öffnen, Verhaltens- und Wahrnehmungsweisen leichter wieder verändern. Vielleicht kann man in *bestimmten* Bereichen in der Vergangenheit auf alternative Verhaltensweisen stoßen und Teile davon in die Gegenwart einbauen.

Ein einfaches Beispiel betrifft den Bereich der Arbeit. Führt man sich vor Augen, welch andere Rolle dem Arbeiten in früheren Zeiten zukam, kann man womöglich berufliche Probleme und die Bedeutung, die die Karriere im eigenen Leben hat, neu definieren. So mag man sich daran erinnern, dass Beruf und Karriere erst ab dem 16. Jahrhundert und dann während der Industrialisierung als Mittel des sozialen Aufstiegs und der Selbstverwirklichung in den Vordergrund rückten. Demgegenüber galt im Mittelalter – wie in der Antike – die Muße stärker als Ideal und Privileg. Es gab zeitweise bis zu 100 Feiertage im Jahr; die Festkultur war ein wichtiger Bestandteil des Alltags. Bei Arbeit dachte man an Sklaverei und Leibeigenschaft, an etwas Unangenehmes, auch weil sie laut Altem Testament die Strafe für Adams und Evas Fehlverhalten war. Das Seelenheil anzustreben war zumindest offiziell wichtiger als die Karriere. Mit Blick auf derartige Zusammenhänge kann man ein entspannteres Verhältnis zu Ehrgeiz und Erfolg entwickeln – oder sich neue Systeme der Arbeitsorganisation und Honorierung überlegen.

Im Folgenden beleuchte ich in fünf längeren Kapiteln fünf Themenbereiche, die für fast jeden irgendwann im Leben wichtig werden. Das sind: Ehe und Partnerschaft, Arbeit, Steuern, Bildung und Erziehung sowie der Sport. Der Sport gehört schon deshalb dazu, weil er aktuell eine historisch einzigartige gesellschaftliche Bedeutung hat. Dabei dient er als Spielfeld, Projektionsfläche und Ersatz für vieles, das früher durch andere Bereiche abgedeckt wurde – durch die Religion, Kunst und Propaganda, Militarismus und die körperliche Plackerei im Alltag. Man kann die Kapitel ganz unabhängig voneinander lesen; verbunden sind sie dennoch insofern, als sie alle an die Bereiche der Philosophie, Religion, Politik, Kunst und Ökonomie rühren und an Fragen des Alltags. Sie betreffen Diskussionen darüber, wie wir uns in der Gegenwart orientieren können und wie wir unsere Zukunft gestalten wollen.

In Zeiten der medialen Beschleunigung und der Informationsflut gerät oft innerhalb von kürzester Zeit in Vergessenheit, worum es in der öffentlichen Debatte eigentlich ging. Welche Tragweite und welche Bedeutung haben bestimmte heiß diskutierte Probleme, Fehltritte und Erfolge prominenter Persönlichkeiten wirklich? Hier kann ein Schritt zurück hilfreich sein, um das Gesamtbild klarer zu sehen. Als historisch kann man nicht nur Ereignisse aus vergangenen Jahrhunderten oder Jahrzehnten bezeichnen, sondern auch solche, die nur ein paar Monate, Wochen oder Tage zurückliegen, zugespitzt gesagt Minuten und Momente.[1] Umgekehrt kann man Themen, über die man in den Medien seit Wochen und Monaten die immer gleichen Debatten und Thesen hört, aus einer neuen Perspektive wahrnehmen, wenn man sie in einem größeren historischen Zusammenhang einordnet. Erinnert man sich daran, dass noch Mitte des 20. Jahrhunderts in freien Marktwirtschaften wie den USA Spitzensteuersätze von über 90 Prozent galten, können aktuelle Diskussionen über Prozentpunkte bei Pendlerpauschalen, Transaktions- oder Vermögensteuern kleinlich wirken.

Gerade in Deutschland läuft das Lernen aus der Geschichte verständlicherweise oft auf die Mahnung hinaus, dass sich historische Verbrechen nicht wiederholen dürfen oder dass man auf bestimmte Manipulationen nicht wieder hereinfallen darf. Im Folgenden will ich aber auch positive historische Erfahrungen hervorheben, die Räume öffnen und vielleicht sogar befreiend wirken können – sei es auf der politischen oder privaten Ebene. Das trifft auch auf das Kapitel über die Ehe und Partnerschaft zu. Man mag sich fragen, ob Beziehungen wieder stärker auf Vernunft und Pragmatismus beruhen sollen und nicht so sehr auf dem Ideal der romantischen Liebe. Letzteres wurde – in der westlichen Welt – erst vor rund 200 Jahren zum Standard gemacht. Seither hat es viel Positives gebracht, aber auch dazu beigetragen, dass man Beziehungen mit großen Erwartungen befrachtet. So sollen zärtliche Fürsorge, Seelenverwandtschaft und Leidenschaft – in der Kombination – dauerhaft über Jahre oder Jahrzehnte hinweg erhalten bleiben. Enttäuschungen sind dabei programmiert. In mancher Hinsicht hält die Geschichte alternative Modelle und inspirierende Paare bereit, von Caesar und Kleopatra über Jean-Paul Sartre und Simone de Beauvoir bis zu Harold und Maude.

Bei Themen wie der Liebe, aber auch der Karriere und der allgemeinen Suche nach Sinn ist die Philosophie in den letzten

Jahrzehnten mit einigem Erfolg als Lebenshilfe reaktiviert worden. Daran lässt sich für den Bereich der Geschichte anknüpfen.[2] Immerhin bietet die Geschichte Beispiele dafür, wie Ideen und Konzepte philosophischer, politischer, ökonomischer und religiöser Art zur *Anwendung* gekommen sind und wie sie sich bewährt haben oder eben nicht. Zwar muss man sich davor hüten, im Nachhinein vermeintliche Kausalitäten und Analogien zu konstruieren oder gar Patentrezepte abzuleiten. Doch kann man sich über einen Blick zurück und mit Hilfe von Vergleichen orientieren und alternative Szenarien vor Augen führen. Dabei mag man – optimalerweise – so etwas wie eine erweiterte Lebenserfahrung machen, auch ohne die letzten 5000 Jahre persönlich miterlebt zu haben.

## VON DER GESCHICHTE ALS LEHRMEISTERIN DES LEBENS ZUR MODERNEN LERNFORSCHUNG

Vor ein paar Jahren fragte ich meinen Vater, der 1947 geboren ist, wie sehr er sich als junger Mann in den sechziger und siebziger Jahren an der Geschichte orientiert habe. Er meinte, dass man zwar gerade wegen der deutschen Vergangenheit ein ausgeprägtes historisches Bewusstsein gehabt habe. Allerdings habe man, weil man genau zu wissen meinte, was man alles anders machen wollte als die Eltern, vielleicht stärker nach vorne geblickt als heute.

Insgesamt scheint es so, als ob zurzeit wieder verstärkt Rat in der Geschichte gesucht wird. Ein Ausdruck dieser Tendenz ist wohl auch, dass ältere Männer wie Helmut Schmidt in Interviews und Talkshows immer wieder zu unterschiedlichsten Themen befragt werden. Auch wenn sie gar nichts Ungewöhnliches oder Herausragendes sagen, schreibt man ihnen Altersweisheit zu, den Abstand zur Tages- und Interessenpolitik. Grundsätzlich ist es natürlich erfreulich, wenn wieder mehr aus der Erfahrung der Alten geschöpft wird. Doch kann man die Hinwendung zu medialen Orakeln auch als die ängstliche Suche nach vermeintlich integeren Autoritäten kritisieren. Womöglich hängt die Suche nach Orientierung mit Hilfe der Geschichte ihrerseits mit einer historischen Situation zusammen. So vermuten Historiker, dass sich Menschen gerade in Zeiten der Verunsicherung verstärkt mit der Geschichte beschäftigen und sie dazu nützen wollen, Identität zu stiften und Halt zu finden.[3]

Insgesamt werden mit Blick auf die Geschichte aktuell auch praktische Fragen beleuchtet: etwa jene, wie man Probleme mit Staatsschulden bzw. dem Staatsbankrott einordnen soll, wie man Diktaturen mit friedlichem Widerstand überwinden kann oder wie der Konfliktherd Naher Osten besser zu verstehen ist.[4] Gerade akademisch tätige Historiker sind bei der Frage, ob und wenn ja inwieweit man aus der Geschichte lernen kann, allerdings hin und her gerissen. Einerseits bejahen viele die Möglichkeit, etwas zu lernen; andererseits wird auf die Fallstricke hingewiesen, die Komplexität von Faktoren, die Gefahr, Ereignisse *im Rückblick* umzudeuten, Dinge in die Vergangenheit hineinzuprojizieren und die Rolle, die der Zufall bei historischen Entwicklungen offenkundigerweise spielt, zu unterschätzen.[5] So machen sich wenige Historiker die Finger schmutzig, indem sie das Thema Lernen aus der Geschichte konkret angehen. Das tun häufig Forscher anderer Fachrichtungen, Geografen, Biologen, Ökonomen, Philosophen, Literaten, Journalisten. Auch deshalb zitiere ich in den folgenden Kapiteln Autoren aus unterschiedlichen Fachbereichen. Was andere Kulturen als jene der westlichen Welt betrifft, streife ich sie gelegentlich, um den Blick etwas zu weiten. Doch beschränke ich mich insgesamt auf die westliche Welt, da sie schon überbordend viel Stoff bietet und nun einmal – ob einem das gefällt oder nicht – auch über ihre geografischen Grenzen hinaus besonders prägend gewesen ist.

Insgesamt beschäftigt das Thema Lernen aus der Geschichte mindestens seit dem 5. Jahrhundert v. Chr. zahlreiche Denker. Mal ist das Lernen stärker geschichtsphilosophisch, mal praktisch ausgerichtet. Die Bandbreite reicht von antiken Autoren wie Herodot und Cicero über Voltaire, Kant, Hegel, Marx, Nietzsche, Peter Kropotkin und Karl Popper bis zu Politikern, Wissenschaftlern, Schriftstellern und Popmusikern unserer Zeit. Im Epilog gehe ich noch auf die Frage ein, wer in den letzten 5000 Jahren für welches Publikum Geschichte geschrieben und »gemacht« und unser Geschichtsbild mitunter verzerrt hat, jedenfalls Einfluss darauf hatte, wie man aus der Geschichte lernen kann. An dieser Stelle belasse ich es bei ein paar Hinweisen, die für das Verständnis der folgenden Kapitel hilfreich sind.

Über die Jahrtausende hat sich der Schwerpunkt beim Lernen aus der Geschichte immer wieder verlagert: In der Antike sollten, vereinfacht gesagt, der Einzelfall bzw. berühmte, tapfere und tugendhafte oder aber verächtliche Männer als Vorbild oder Abschreckung dienen. In diesem Sinn liefert der Senator und Schriftsteller Cicero im alten Rom das bekannteste Schlagwort zum Thema: In seinem Text *Vom Redner* spricht er von der *historia magstria vitae,* der Geschichte als »Lehrmeisterin des Lebens«.[6] Umgesetzt hat Cicero den Slogan in seinem Buch *Vom rechten Handeln,* das er in Form eines Briefes voller Ratschläge an seinen Sohn Marcus verfasste. Cicero führt historische Persönlichkeiten, Feldherren und Politiker als Beispiele für ein mehr oder weniger förderliches Verhalten an, und zwar in politischen wie privaten Angelegenheiten. Das ist an manchen Stellen so, als würde man heute John F. Kennedy, Wladimir Putin oder Helmut Kohl zu Beziehungsfragen zitieren.

In den letzten 250 Jahren hat sich die Haltung zum Lernen aus der Geschichte verändert. Nachdem Denker wie Kant, Hegel und Marx gewagte große bzw. geschichtsphilosophische Lehren aus der Historie gezogen haben, ist man mit dem Lernen aus der Geschichte vorsichtig geworden. Denn die Denker meinten, große Trends oder gar Heilslehren aus der historischen Erfahrung ableiten zu können wie die Herrschaft der Vernunft, des absoluten Geistes oder die klassenlose Gesellschaft. Heute ist man sich darin einig, dass Gedankengebäude wie jene von Kant, Hegel und Marx hinfällig oder stark zu relativieren sind. Insgesamt wagen wissenschaftlich arbeitende Autoren heute nur in vorsichtigen Formulierungen, Prognosen oder übergreifende Tendenzen aus der Geschichte herzuleiten.

Ich hecke im Folgenden natürlich keine Zivilisationstheorien aus, stelle zwischendurch aber bewusst einfache, teils naive Fragen zu größeren Zusammenhängen. Das kann die Frage sein, warum sich die Einkommensungerechtigkeit und undemokratische Strukturen in der Arbeitswelt von den ägyptischen Pyramiden bis in heutige Unternehmenshierarchien gehalten haben und wie sich dies ändern ließe. Oder jene, warum es so schwierig ist, offenkundig sinnvolle Steuern, die dem Gemeinwohl nützen und individuell keinem schaden, durchzusetzen.

Zum Glück lässt sich die oft arg theoretische Diskussion darüber, ob und wenn ja inwieweit man aus der Geschichte lernen kann, heute mit dem Hinweis darauf erden, dass sich das Bild vom Lernen *insgesamt* gewandelt hat. Aktuell betont die Lernforschung bzw. Neurologie – auf die ich im Kapitel über die Bildung und Erziehung eingehe –, wie vielschichtig das Lernen abläuft. Das kontrastiert mit der älteren Vorstellung, wonach eine einmalige Erfahrung, Anleitung oder gar Predigt genügten. Man lernt aber nur selten punktuell und einfach *eine* Sache, etwa dass man, wenn man sich die Finger am Herd verbrannt hat, in Zukunft nicht mehr auf die Platte fasst. Meistens ist es ein komplexer Prozess der Erfahrung und vorsichtigen Ableitung von Prinzipien; dabei kommt dem Lernenden eine wichtigere Rolle zu als dem »Lehrer«. Schrittweise und in einem persönlichen Tempo erfolgen die Anpassung und Verknüpfung von Elementen, von bereits Gewusstem und Neuem, Konkretem und Abstraktem, Einzelfällen und Gesetzmäßigkeiten, Analysiertem und Gefühltem.

Will man sich das Gelernte merken können, sollte es mit (positiven) Emotionen verbunden sein. An viele Filme erinnert man sich nach Jahrzehnten, an besondere Schulstunden nur selten. Dem versuche ich Rechnung zu tragen, indem ich Allgemeingültiges, aber auch persönliche Erfahrungen verschiedener Menschen schildere. Im Folgenden verbinde ich die moderne Tradition, übergreifende historische Entwicklungen zu analysieren, mit dem älteren Ansatz, punktuell und anekdotisch von Menschen zu lernen, die in ihrer Zeit auf herausragende Weise agierten.

## *DO IT YOURSELF:* VOM LERNEFFEKT ZUR ANWENDUNG

Zum modernen Lernen gehört die Frage, wie sich das Gelernte umsetzen lässt. Für die meisten Menschen besteht die Anwendung des aus der Geschichte Gelernten schon in der Entscheidung, welche Partei man wählt oder welche Bürgerinitiative man unterstützt, und in der Art und Weise, wie man die Dinge insgesamt betrachtet. Der Übergang von der inneren Haltung zur äußeren Anwendung im Alltag ist oft fließend. So kann man einer Mittelalter-Gruppe beitreten, weil man meint, dort andere Seiten der eigenen Persönlichkeit kennenzulernen. Oder man hofft konkret, einfacher als anderswo die Dame seines Herzens finden zu können.[7] Als Anreiz wird je nach Ausrichtung gesehen, dass das ritterliche Dating, das hier reaktiviert wird, einem vorgegebenen Ritual folgte, weshalb man nicht viel falsch machen kann. Oder man meint, bei historischen Rollenspielen davon profitieren zu können, dass es im Volk zu früheren Zeiten scheinbar ohne große Umschweife zur Sache ging.

Nicht jeder will auf diese Weise aktiv werden. Dennoch gibt es Möglichkeiten, halbwegs praktisch etwas aus der Geschichte mitzunehmen. Wenn man einen Mittelaltermarkt besucht, sich für traditionelles Handwerk, für Schwertkämpfer, Gaukler und Wandermusikanten begeistert, fühlt man sich vielleicht in eine andere Welt entführt. Sie mag einem in manchen Belangen fröhlicher und zugleich geruhsamer als unsere erscheinen, näher an der Natur und am menschlichen Rhythmus. Vielleicht hilft das dabei, sich im Alltag ein wenig zu besinnen. Selbst in einem Museum, in dem ältere Kunstwerke zu sehen sind, kann man sich von fast vergessenen Haltungen und Verhaltensweisen anregen lassen, sie »einüben« – oder kleine Oasen der Zuflucht und Erholung inmitten der verwirrenden Gegenwart schaffen. Nicht umsonst boomen auch historische Romane und Kostümfilme, sei es in Form von Fantasy.

Eine neuartige Bedeutung haben Video- und Computerspiele mit historischem Hintergrund. Viele Gamer lassen sich auf Szenarios und eine Verknüpfung von Fantasie und Realität im Umgang mit historischen Fragen ein. Computerspiele ermöglichen über die Rolle, die man spielt, ein aktives bzw. mimetisches Lernen – und geben Feedback über die Folgen, die das eigene Verhalten hat.[8] Hier ist unter anderen das Spiel *Civilization*, kreiert von Historiker und Informatiker Sid Meier, zu nennen, das sich seit 1991 millionenfach verkauft hat. Als Spieler kann man Gesellschaften in verschiedenen Epochen gründen, die Erfahrung machen, wie sich die Geografie, Erfindungen, die Einführung der Demokratie, Erhöhung der Steuern oder Kriege auswirken. In online-Spielen wie *Die Stämme, Cultures Online, Assassins Creed, Kapi Regnum, Kings Tale* oder *Robin Hood* baut man, indem man in die Rolle eines Menschen aus anderen Zeiten schlüpft, Dörfer auf, kämpft gegen eindringende Wikinger, streitet um die Königskrone oder simuliert einen mittelalterlichen Wirtschaftskreislauf.[9] Natürlich besteht die Gefahr, dass man ein notwendig krass vereinfachtes Spiel mit der Realität verwechselt. Dennoch können Spiele eine Auseinandersetzung mit anderen Zeiten fördern.

Ein prägnantes Beispiel dafür, dass es auch im echten Leben die Möglichkeit gibt, historische Lehren anzuwenden, sind die Amish People. Die protestantische Religionsgemeinschaft, die aus der Tradition der Wiedertäufer des 16. Jahrhunderts hervorgegangen ist, wanderte im 18. Jahrhundert in die USA aus und lebt dort und in Kanada wie vor Jahrhunderten. Die Amish ziehen ältere Lebens- und Denkweisen jüngeren vor und setzen das für sich im Alltag um. Die schnell wachsende Gemeinschaft mit rund 180 000 Mitgliedern pflegt einen in vielem vorindustriellen Lebensstil der Einfachheit, Bescheidenheit und Demut im Wortsinn der Bibel. Immerhin scheinen Gewalt, Drogen, Selbstmord, Einsamkeit, zerrüttete Familien, Konsumterror und Karrierekämpfe bei den Amish selten zu sein.[10] Allerdings sind einige ihrer Vorstellungen – etwa zur Rolle der Frau und der individuellen Freiheit – natürlich problematisch.

Zwar lässt sich das Rad der Geschichte nicht zurückdrehen. Doch können die Amish als Extrembeispiel dafür dienen, dass jemand selbst zu entscheiden versucht, wie *schnell* sich das Rad drehen soll, welche Entwicklungen, welchen »Fortschritt« man mitmachen will, welchen nicht. Das betrifft zum einen Konkretes wie den Gebrauch von Autos, Telefonen, Elektrizität, Verhütungsmitteln, neuen Medien und Moden, auf die die Amish People – mit kleinen Unterschieden je nach Gemeinde – verzichten. Zum anderen hat die individuelle Entfaltung bei den Amish, die allesamt schwarze Hosen und Hemden bzw. dunkle Kleider, Schürzen und Zöpfe tragen, im Vergleich zum Gemeinsinn einen kleineren Stellenwert. Sie erheben die Bildung des Herzens über das analytische Denken – und über die Kreativität im aktuellen Verständnis.

Insgesamt dürfte die Art, in der die Amish versuchen, sich selbst sozusagen im Lauf der Geschichte zu platzieren, in der Ausprägung einzigartig sein. In diesem Sinn sind sie paradoxerweise etwas historisch Neuartiges. Jedenfalls lässt sich mit ihnen als Referenz nachvollziehen, wie sich historische Lebens- und Denkweisen im Vergleich zu heutigen verhalten. Deshalb dienen sie im Folgenden gelegentlich als Bezugspunkt, als Mittel zum Benchmarking.

Angeregt vom Blick auf die Amish, kann man überlegen, welche Lieblingsepoche samt Lebensstil man für sich selbst wählen würde: In welcher Zeit hätte man gerne gelebt bzw. aus welcher würde man gerne Elemente, die seither vielleicht verloren gegangen sind, mitnehmen?[11] So machte ich eine kleine Umfrage unter Freunden und Bekannten. Dabei antworteten auffällig viele, dass die Gegenwart am besten sei – wegen der Demokratie, des Gesundheitssystems, der technischen Annehmlichkeiten unserer Zeit und der sozialen Gerechtigkeit. Ansonsten wurden oft die Swinging Sixties und die Golden Twenties genannt, in beiden Fällen wegen der Aufbruchsstimmung, Musik und Mode. Einem Freund gefielen die siebziger Jahre, weil ihn der Anblick von Achselhaaren bei Frauen erregt.

Mit ähnlicher Liebe zum Detail, aber einem anderen Schwerpunkt antwortete ein Professor für Kunstwissenschaft. Er nannte als Epoche, die ihn reizt, das Jena der 1790er Jahre. Dort hätten sich, wie er erläuterte, die Romantiker getummelt, von den Schlegel-Brüdern bis Schelling, eine Romantiker-WG neben der anderen, belegt mit höchst inspirierenden Denkern. Auf die Bevölkerungsdichte von Jena umgerechnet hätten dort damals so viele Leute gelebt, die heute im Lexikon stehen, wie sonst wohl niemals an einem solch überschaubaren Ort. Auf meinen Einwand, dass die 1920er Jahre rein intellektuell ähnlich anregend und dabei vielleicht sexier gewesen seien, entgegnete er, damals in Jena hätten die Frauen, inspiriert von der Antike, durchaus aufreizend dünne weiße Kleider getragen.

Aufschlussreich fand ich die Wahl, die meine Freunde trafen, in doppelter Hinsicht. Zum einen kehrten sie Seiten von Epochen hervor, die mir nicht präsent oder wichtig waren. Zum anderen verrieten die Antworten mitunter etwas über die Person, ihre Sichtweisen und Interessen. So wählte ein Ehepaar – unabhängig voneinander befragt – einmal die Prinzregentenzeit in München, einmal die Barockzeit, beide jedoch mit einer ähnlichen Begründung: Damals habe noch »Ordnung« geherrscht –

und zugleich hätten kulturelle Innovationen stattgefunden. Ein Tüftlertyp wollte gerne in der Spätrenaissance leben, weil ihm die Uhren und mechanischen Innovationen gefallen und die Möglichkeit, selbst noch solche Geräte erfinden und bauen zu können, ohne über eine High-Tech-Ausrüstung zu verfügen. Zwei Frauen fanden die Steinzeit spannend. Denn damals habe man als Mensch, als *homo sapiens* sozusagen, noch einer anderen, gleichwohl »menschlichen« Spezies wie dem Neandertaler begegnen können. Man habe eventuell sogar eine Beziehung zu ihr aufbauen können, jedenfalls den eigenen Horizont menschlicher Verhaltensweisen erweitern können.

So beleben punktuelle und subjektive Eindrücke das Geschichtsbild und zeigen auf, was man für sich lernen kann und will. Zugleich bemühe ich mich in den folgenden Kapiteln, einen Überblick zu den Themen Ehe und Partnerschaft, Arbeit, Steuern, Bildung und Erziehung sowie Sport von älteren Stammeskulturen und vor allem von den ersten Hochkulturen bis heute zu liefern. Ich will eine Grundlage dafür bieten, dass man seine eigenen Lehren aus der Geschichte ziehen kann. Natürlich muss man bei solch umfassenden Themen hier und da Schwerpunkte setzen und verkürzen. Doch hoffe ich, dass dabei immerhin grundlegende Tendenzen zu Tage treten, die man ansonsten vielleicht weniger beachtet.

Darüber hinaus schildere ich am Ende der Kapitel und Abschnitte meine eigenen Meinungen und Thesen zum Thema, und mitunter versuche ich, Lösungsansätze für aktuelle Probleme aufzuzeigen.

Mit Blick auf die lange Geschichte des Lernens aus der Geschichte mit all ihren Irrungen und Wirrungen ist Vorsicht geboten. So sollte man, selbst wenn man beispielsweise *Strukturen* in vergangenen Zeiten entdeckt, die an die Gegenwart erinnern, nicht vergessen, dass die *Mentalitäten*, die Denk- und Sichtweisen dennoch ganz andere waren. Umgekehrt kann es jedoch erfrischend sein, eine Ahnung vom anderen Denken und Wahrnehmen zu bekommen – und mit Hilfe der historischen Vorstellungskraft kurzfristig darin einzutauchen.

In diesem Zusammenhang ließe sich das Volk der Moso nennen. Es lebt seit Jahrhunderten im ländlichen Südwesten Chinas gemäß traditionellen Regeln. Allgemein heißt es bei den Moso: »Die Vergangenheit ist das, was wir kennen und vor Augen haben, während wir die Zukunft nicht sehen können, da sie sich hinter unserem Rücken verbirgt.«[12] Sind die Moso buchstäblich rückwärtsgewandt oder einfach nur pragmatisch? Im Kapitel über die Ehe und Partnerschaft gehe ich auf das einzigartige Liebes- und Ehemodell der Moso ein und auf eine entsprechende Mentalität, die sie sich hart erarbeitet haben. Dabei zeigt sich, dass sie aus heutiger Sicht in manchem »progressiv« sind. Allgemein erinnern die Moso uns daran, wie viele grundlegend unterschiedliche Sicht-, Denk- und Herangehensweisen es schon gab und wie sehr das eine Mahnung ist, die eigene nicht absolut zu setzen.

In ihrem Buch *The Human Web. A Bird's-Eye View of World History* beschreiben die amerikanischen Historiker William H. McNeill und J.R. McNeill, Vater und Sohn, übergreifende kulturelle, wirtschaftliche und technische Entwicklungen und ihre Auswirkungen auf das Alltagsleben der Menschen. Abschließend betonen sie, es gäbe heute »weniger und auch weniger eigenständige, unabhängige Vorstellungen darüber, wie, sagen wir, das Universum entstanden ist«, als zu anderen Zeiten.[13] Wegen der globalen Vernetzung hätten, so die beiden Historiker, paradoxerweise »immer mehr Menschen eine immer weniger vielfältige Auswahl an Ideen übernommen«. Zumindest dieser Tendenz lässt sich, wenn man die Geschichte als »Lehrmeisterin fürs Leben« heranzieht, mit Sicherheit entgegenwirken.

# Die halbe Miete

## Ehe und Partnerschaft: vom Geschäft über die romantische Liebe zum Teamwork?

Im März 2013 standen in der S-Bahn neben mir zwei Frauen Anfang zwanzig und unterhielten sich über ihre Beziehungsprobleme: »Wenn's jetzt nicht klappt«, sagte eine der beiden schließlich, »bleib' ich bis 28 Single und such mir dann einen Kinder-Producer. Wenn man Kinder hat«, fügte sie hinzu, »trennt man sich nicht so einfach. Ich zumindest nicht.«

Der Begriff »Kinder-Producer« war mir neu. Aber auch das Gespräch als solches hätte man vor 25 Jahren, als ich so alt war wie die beiden jungen Frauen, wohl kaum so geführt. Noch vor 50 Jahren feierten französische Filme die *amour fou*, die verrückte, leidenschaftliche Liebe, in der es um alles oder nichts geht. Inzwischen ist in Artikeln und Sachbüchern die Rede davon, dass auch eine »semi-happy marriage« in Ordnung sein könne, eine »halb glückliche Ehe«; schließlich lebten wir in einem »post-romantischen Zeitalter«.[1] Zu Beginn des 21. Jahrhunderts ist das Ideal eines Paares, das sich Hals über Kopf verliebt und einander über Jahrzehnte alles bedeutet, ins Wanken geraten.[2] Auch in der breiteren Öffentlichkeit werden Zweifel an einer Ehe oder Partnerschaft geäußert, die vor allem auf der leidenschaftlich romantischen Liebe basiert. Insgesamt soll man, so der Rat, bei der Partnerwahl mehr auf Freundschaft achten und Resilienz, auf Toleranz, Anpassungsfähigkeit und Durchhaltevermögen.[3] Paare sollen pragmatisch Gemeinsamkeiten und Unterschiede erörtern und ein realistisches Konzept für das Zusammenleben finden. Eine Beziehung als halbvolles Glas zu sehen, funktioniert demnach besser als die Fixierung auf die totale Liebe.

Einem entsprechenden Modell haben sich Bekannte von mir aus Berlin angenähert, wenngleich unfreiwillig. Das Paar war glücklich verheiratet mit zwei Kindern, doch über die Jahre verlor der Mann das Interesse am Sex. Irgendwann hatte die Frau eine Affäre. Als das herauskam, war der Mann schockiert. Bald musste er jedoch zugeben, dass ihr Verhalten verständlich war und letztlich angemessen. So einigten sich die beiden darauf, dass die Frau offiziell einen Freund haben darf. Das Ehepaar lebt weiterhin zusammen, sie lieben einander. Die Regelung führt mitunter zu kuriosen Situationen. Zum Beispiel wenn sich die Frau am Telefon mit dem Freund streitet, auflegt und sich dann bei ihrem Mann, der im Wohnzimmer auf der Couch sitzt, über ihren Lover beklagt.

Das alternative Modell, in dem die Rollen des Lovers und des Kinder-Producers von zwei verschiedenen Personen besetzt werden, ist logisch und rational, aber auch in einem liberalen Umfeld eher ungewöhnlich. Was ist das für ein Gefüge? Es ist keine »offene Ehe«, das Modell der siebziger Jahre, bei der gelegentliche Seitensprünge dazugehören. Es ist auch keine Kommune im Stil der 68er, in der es wild durcheinander geht. Sucht man nach aktuellen Begriffen, könnte man die Gemeinschaft als die einfachste Form von Polyamory bzw. Polyamorie sehen (von gr. *polýs* und lat. *amor* = »Vielliebe«, »mehrere Lieben«). Das Konzept stammt aus den neunziger Jahren des 20. Jahrhunderts. Anders als bei einer Affäre läuft es bei Polyamory auf eheähnliche Liebesbeziehungen mit mehreren Personen hinaus.[4] Daraus können sich Netzwerke entwickeln, gerne auch mit homo- oder bisexueller Ausrichtung.[5] Bei aller Freiheit übernimmt man Verantwortung füreinander und führt teils sogar einen gemeinsamen Haushalt.

Polyamory zielt auf die alte, immer wieder aktuelle Frage, wie sich der Wunsch nach einer stabilen und ehrlichen Beziehung mit jenem nach Abwechslung und Abenteuer verbinden lässt. Als Argument für Polyamory wird ins Feld geführt, dass mehr Menschen innig zu lieben nicht verkehrt sein kann.[6] Kritisiert wird, dass das Gefühl der Absolutheit, das zur romantischen Liebe gehört, verloren gehen könne. Auch bleibe wenig Raum für das Geheimnisvolle und die Fantasie – oder Streit und Sex ohne viel Aufhebens.

Das generalstabsmäßige Planen und Koordinieren von Treffen, Sex und Beziehungsgesprächen, das Polyamory tendenziell mit sich bringt, wäre mir zu aufwändig. Ich finde die Vielfalt und Offenheit, die Polyamory bietet, theoretisch zwar reizvoll. Spontan entspricht das Konzept jedoch nicht meiner Vorstellung von Intensität in der Zweisamkeit.

Warum empfinde ich so? Insgesamt erscheint Polyamory deshalb als merkwürdig, weil das Ideal der romantischen Liebe und der Liebesheirat, das sich in den letzten 200 Jahren im Westen etabliert hat, immer noch stark verankert ist. Demnach soll man tiefe Liebe und Seelenverwandtschaft, praktische Alltagsbewältigung, emotionalen und intellektuellen Austausch sowie sexuelle Befriedigung in der Ehe unter einen Hut kriegen, und zwar über Jahrzehnte hinweg. Ein solcher Dauerbelastungstest ist unrealistisch – und war zu früheren Zeiten nicht gefordert. Zum einen war die Lebenserwartung schlicht geringer; zum anderen betrachtete man die Ehe sehr viel stärker als ein Geschäft. Etymologisch kommt Ehe von »Recht, Gesetz, Vertrag«; ob der Wortstamm den Begriff der »Ewigkeit« umfasst, ist unsicher. Jedenfalls etablierte sich erst seit dem 19. Jahrhundert das Ideal einer reinen, geistig überhöhten Zweisamkeit in der Ehe, in der man sich, zugespitzt gesagt, vom Rest der Welt abgrenzt.[7]

Allerdings gab es schon vor Polyamory verwandte Alternativ-Modelle. Auf Ideen des Frühsozialisten Charles Fourier im 19. Jahrhundert über Liebesteams und »transzendente Treue« gehe ich in diesem Kapitel ebenso ein wie auf unkonventionelle Ehekonzepte, wie sie Simone de Beauvoir und Jean-Paul Sartre erprobten. Bei Letzteren fällt auf, dass ihr Zusammensein an historisch ältere Modelle wie die »ménage à trois« erinnert. Die Dreiecksbeziehung, bei der man im Rahmen einer arrangierten

Ehe Kinder bekam, einen gemeinsamen Haushalt führte und eine Geliebte hatte, war im 18. Jahrhundert sogar beim katholischen Adel in der westfälischen Provinz üblich.[8]

Können historische Modelle heute wieder als Vorbild dienen – sei es in abgewandelter Form? Natürlich muss man einschränken, dass sie fast immer zum Nachteil der Frauen angelegt waren. Frauen wurden bei Ehebruch im Unterschied zum Mann geächtet und bestraft. Oder sie waren als Mätresse von vornherein auf eine Rolle festgelegt. Dennoch lässt sich die Geschichte der Ehe und Beziehung bis zu Modellen im Altertum zurückverfolgen. Und einige dieser Modelle waren in *bestimmten* Bereichen tatsächlich offener.

Über die Jahrtausende haben sich verschiedene Funktionen auf der Ehe und Partnerschaft abgelagert und in ihr vermischt, die uns bis heute beeinflussen. Grundsätzlich hat die Ehe, bei der man sich gegen jede Wahrscheinlichkeit ewige Treue schwört, über die Jahrhunderte ihren Reiz bewahrt. Sie dient weiterhin als Vorbild, auch für Partnerschaften ohne Trauschein. Will man verstehen, warum das so ist, kann man Mythen und Romane, religiöse, psychologische und politische Theorien mit in die Betrachtung einbeziehen. Besonders eingängig lassen sich Entwicklungen anhand von berühmten Paaren darstellen – von Angelina Jolie und Brad Pitt bis zurück zu Caesar und Kleopatra. Hilfreich ist aber auch ein Blick auf die Ehe der weniger privilegierten Bevölkerungsmehrheit.

Zielen junge Leute heute mit einer früh geschlossenen Ehe wieder verstärkt auf einen sicheren Hafen in Zeiten der Verunsicherung im Berufs- und Sozialleben? Oder ist gerade die Ehe mit all ihren Aufs und Abs das ultimative Abenteuer, spannender als kurze Affären, die letztlich immer nach demselben Schema ablaufen? Unzählige Hollywood-Filme glorifizieren die Ehe, parodieren sie und führen sie als zentrales Ereignis im Leben vor. Trotz der Zunahme von Singlehaushalten machen Verheiratete in westlichen Ländern noch rund die Hälfte der Haushalte aus.

Statistisch haben Verheiratete ein höheres Einkommen, sind glücklicher und gesünder als Ledige.[9] Natürlich ist Skepsis gegenüber solchen Statistiken angebracht, weil sich die Ergebnisse beispielsweise einem Selektionseffekt verdanken können: Demnach wäre die Ehe nicht der Grund für höheres Einkommen, größeres Glück oder bessere Gesundheit. Es könnte vielmehr sein, dass schlicht reichere, gesündere und glücklichere Menschen öfter heiraten. Gerade bei einer historischen Betrachtung wird allerdings klar, warum die Institution der Ehe, aber auch die monogame Partnerschaft ohne Trauschein trotz all ihrer dunklen Seiten vielen noch heute attraktiv und zentral für ein glückliches Leben erscheint. So ist es hilfreich, wenn man versteht, wie die Ehe Wertvorstellungen und Bilder vom guten Leben geprägt hat – und inwieweit Alternativen einen Versuch wert sein könnten.

## VON DER OFFENEN BEZIEHUNG DER URZEIT ZUR FRAU ALS PFAND

»Wem keast'n du?«, wurde ich als Kind auf dem Land in Bayern mal gefragt: »Wem gehörst du?« Da wollte jemand wissen, wer mein Vater ist bzw. wie mein Nachname lautet. Die Frage ist mir in Erinnerung geblieben, vielleicht weil sie so archaisch klingt und zugleich einleuchtend. Jedenfalls kann sie als Leitmotiv dienen, wenn man sich vergegenwärtigt, wie wichtig Besitzansprüche von Anfang an bei der Entwicklung der Ehe und Partnerschaft waren. Dies umso mehr, als »Wem keast'n du?« auch Frauen gefragt wurden, wenn man wissen wollte, wer ihr Ehemann ist.

Der Ursprung der Ehe ist bis heute nicht ganz geklärt. Es wurde angenommen, die Männer wollten die schwächeren Frauen beschützen – oder aber ausbeuten und deshalb an sich binden.[10] Im Detail lässt sich die Ehe zwar erst für die Hochkulturen und dann vor allem die antiken Griechen nachzeichnen.[11] Doch gerade wenn man die Betrachtung auf die Vorgeschichte ausweitet, bekommt man einen Eindruck davon, welch grundsätzliche Funktionen mit der Ehe zusammenhängen. Insgesamt darf man davon ausgehen, dass sich die Ehe in der Altsteinzeit entwickelte, aber im Neolithikum mit der Sesshaftwerdung des Menschen ab etwa 10 000 v. Chr. einen Schub bekam.[12] Die Ehe bot die Möglichkeit, in einer stabilen Hausgemeinschaft Kinder aufzuziehen und den Alltag in der neuen Kultur des Ackerbaus mit Grund- und Privatbesitz zu bewältigen. Außerdem vereinfachte die Ehe die Beantwortung der Frage, wem man seinen Privatbesitz, den man seit der Sesshaftwerdung verstärkt anhäufte, vererben sollte. Dabei wird allerdings die Frau selbst zum Eigentum: In mesopotamischen Kulturen des 2. und 1. Jahrtausends v. Chr. handelt der Mann mit dem Vater der Braut einen Ehevertrag aus und legt den Braut- bzw. Kaufpreis fest.[13] Der Mann darf seine Frau wenn nötig verpfänden oder verkaufen.

Die vielleicht älteste feierliche Vorstellung von der Ehe ist die von der sogenannten Heiligen Hochzeit oder Hierogamie (vom griechischen *hierós gámos* = »heilige Hochzeit«). Es handelt sich um altorientalische und griechische Fruchtbarkeitsrituale, die beispielsweise die Vereinigung zwischen einer Muttergöttin und einem Heros bzw. dem Mond und der Sonne oder zwischen einem Herrscher und einer Priesterin symbolisieren sollen; die Zeremonien enthielten teils rituellen Sex.[14] Eine symbolische Dimension der Ehe besteht auch darin, Verbindungen zwischen weiter voneinander entfernt lebenden Stämmen bzw. Kulturen zu schaffen. Man will über die Kleingruppe hinauskommen und einen Austausch fördern. Oft geschieht dies auf Kosten der Eheleute. So dichtet die chinesische Prinzessin Liu Xijun im Jahr 107 v. Chr.: »Meine Familie hat mich verheiratet / In diesen fernen Winkel der Welt,/ In ein fremdes Land geschickt,/ zum König von Wu-San [Wusun]/ Mein Herz schmerzt im Inneren,/ Oh, der gelbe Kranich zu sein,/ der wieder nach Hause fliegt.«[15]

Will man sich sehr frühe Formen der Ehe vergegenwärtigen, die aus *heutiger* Sicht als alternative Varianten erscheinen können, ist ein Blick auf Jäger und Sammler-Kulturen hilfreich. Die Kultur der Hadza in Afrika ist eine der wenigen, in der Jäger und Sammler noch so leben wie vor Jahrtausenden. Dort haben Paare zwar zusammen Kinder, doch teilt man Nahrung und familiäre Fürsorge tendenziell stärker mit der ganzen Gruppe oder Schar.[16] In einer Reportage im *National Geographic* über die Hadza in Tansania schreibt Michael Finkel: »Hochzeiten gibt es nicht. Ein Paar, das eine Zeitlang am selben Feuer schläft, betrachtet sich wohl als verheiratet. Die meisten Hadza, die ich treffe – Männer wie Frauen –, leben in serieller Monogamie: Alle paar Jahre wechseln sie den Partner.«[17] In Stammeskulturen wie jener der Aché-Indianer in Paraguay kennt man zwar die Ehe, sie ist aber leicht zu scheiden; bei einer Befragung nach den möglichen Vätern ihrer Kinder nannten die Frauen im *Durchschnitt* 2,1 Väter, die pro Kind in Frage kämen.[18]

Evolutionsbiologisch ist der Mensch mit seinem aktuell monogamen Beziehungsmodell eine Ausnahme. Von den über 4000 Säugetierarten bilden nur drei Prozent langfristig Paare, um ihren Nachwuchs aufzuziehen.[19] Auch beim Menschen war die Polygamie, die Vielehe, meist als Polygynie, also mit einem Mann und mehreren Frauen, lange verbreitet. Noch heute verbindet man in hinduistischen und islamischen Ländern, in Afrika, Asien und im Nahen Osten, einen hohen Status mit ihr. Im Alten Testament heiratet Abrahams Enkel Jakob Lea und Rahel – und schwängert auf Betreiben seiner *Ehefrauen* noch zwei Mägde (Gen 29,15-30,12). Zwar ist die Polygamie in der griechischen und römischen Antike nicht üblich und wird im christlichen Europa im Mittelalter verboten.[20] Doch können Männer, die über die finanziellen Mittel verfügen, bis weit in die Neuzeit hinein dank der morganatischen Ehe, der »Ehe zur linken Hand«, Frauen meist niedrigeren Standes als Zweitfrauen haben – und als Geliebte sowieso.

## DER ANTIKE FAMILIENBETRIEB UND DER COCKTAIL DER LIEBESFORMEN

Über Jahrtausende ist die Ehe vor allem ein Geschäft und ein Mittel der Politik. Bei den alten Griechen dient sie der Stärkung des *Oikos*, der Familien- und Hausgemeinschaft. Diese Gemeinschaft bildet sich, oft einem kleinen Betrieb vergleichbar, um freie verheiratete Bürger; ihr gehören unverheiratete Bedienstete und Sklaven an. Die Ehe dient dem Aufbau und der Festigung ökonomischer und politischer Strukturen und der Sicherung von Macht innerhalb bestimmter gesellschaftlicher Schichten.[21]

Wenn Gefühle für die Eheschließung bei den alten Griechen zunächst kaum eine Rolle spielen, erstaunt das vor dem Hintergrund, dass sie im Rückblick als Virtuosen der Liebe erscheinen. Sie unterscheiden beispielsweise früh eine Vielfalt an Liebensformen. Da gibt es erst einmal *eros*, die sinnliche, romantische und erotische Liebe zu einem Objekt des Begehrens. An diese Form der Liebe denkt man heute meist in Sachen Partnerschaft. Dazu kommt aber *agape*, die selbstlose Liebe.[22] Sie wird später zur Caritas, der christlichen Nächstenliebe. Weiterhin zu nennen ist *storge*, eine Art elterliche bzw. geschwisterliche Liebe.[23] Schließlich ist *philia* die freundschaftliche Liebe.[24]

Da man heute, wie eingangs erwähnt, nach pragmatischen Alternativmodellen zur Fixierung auf die *eine* absolut erotische Liebe sucht, könnten die alten Griechen als Vorbilder erscheinen. So beschreibt in den siebziger Jahren des 20. Jahrhunderts John Alan Lee in seinem Buch *The Colours of Love*, von der Antike inspiriert, weitere Liebesformen. Dazu gehören neben den bereits erwähnten *mania*, die besessen-besitzergreifende Liebe zwischen Wahnsinn und Ekstase,[25] *pragma*, die pragmatisch abgewogene Liebe, und *ludus* (lat. »Spiel«), eine Art spielerische Liebe. Optimalerweise ermittelt man, für welche Form man sich persönlich am besten eignet.[26] Man soll sich einen eigenen Liebescocktail mixen, soll sehen, ob man mehr der spielerische Liebestyp ist, der

»manische« oder ein Pragmatiker. Entsprechend sucht man sich dann den passenden Partner.

Diese Idee hat Roman Krznaric in seinem historisch ausgerichteten Ratgeber *The Wonderbox* (2011) aufgegriffen und variiert. Auch er will die Griechen mit ihren Liebesvarianten als Vorbild sehen; er rät aber, die verschiedenen Formen und Verhaltensweisen je nach Situation zu kultivieren. So meint er, man möge die erotische Liebe, *eros*, falls sie in einer festen Partnerschaft über die Jahre eingerostet sei, nicht einfach über Affären abwickeln. Lieber soll man sich auf *ludus* verlegen: »Wir können«, schreibt Krznaric, »die Genüsse des *ludus* nicht nur über Sex erlangen, sondern auch in anderen Formen des Spielerischen, vom Tangotanzen und dem Schauspielern in Hobby-Theatergruppen bis hin zum heiteren Zusammensein mit Kindern am Familientisch.«[27]

Der Vorschlag, erotische Sehnsüchte über das fröhliche Beisammensein am Küchentisch, den Tangotanzabend oder das Hobby-Theater auszuleben, klingt optimistisch. Auch hatten schon die alten Griechen erhebliche Schwierigkeiten mit ihren Liebeskonzepten. In seinem Werk *Symposion* beschreibt der Philosoph Platon die Liebe in ihrer ganzen Widersprüchlichkeit. Eros schwebe und vermittle, so Platon, als »Dämon« zwischen Schönheit und Hässlichkeit, dem Menschlichen und Göttlichen, Sterblichen und Unsterblichen.[28] Die höchste und erstrebenswerte Form des Eros, mit dem man, so Platon, »beinahe zur Vollendung« gelangt, ist die nicht-sexuelle Liebe. Es ist die Liebe zur Schönheit der Seele, zur Weisheit, zu guten Taten, zur guten Haushalts- und Staatsführung.

Eros schwingt überall mit, birgt Chancen und Gefahren. Hera und Zeus zanken ständig, weil der Göttervater, vom *eros* für Anfänger oder von *mania* getrieben, immerzu Frauen wie Europa, Leda, Danaë und Jungs wie Ganymed entführt, vergewaltigt oder mit Tricks gefügig macht. Bei Ödipus und seiner inzestuösen Ehe zur eigenen Mutter ist *storge*, die familiäre Liebe, offenkundig danebengegangen. Ähnlich sieht es bei Figuren des echten Lebens aus. So ist Sokrates' Frau Xanthippe, auch wenn sie in Wirklichkeit diesem Bild wohl gar nicht entsprach, sprichwörtlich geworden für die streitsüchtige Gattin.[29]

Im echten Leben der alten Griechen funktioniert die Ausdifferenzierung der Liebesformen nur mangelhaft – und wenn, dann vor allem für Männer der Oberschicht.[30] Sie konnten sich, während die Frau allein zu Hause saß, mit Sklavinnen und Prostituierten austoben – pragmatisch, manisch, erotisch. Allerdings kann die Ehe bei den Griechen Stress bedeuten, weil sie für viele Brautleute mit der größten Finanztransaktion ihres Lebens einhergeht. Als Hipparete ihren Gatten, den berühmten Staatsmann und Feldherrn Alkibiades, wegen seiner Hurerei verlässt, schleppt er sie gewaltsam nach Hause: Er kann es sich schlicht nicht leisten, die Mitgift zu verlieren, die er bei einer Scheidung an die Schwiegereltern zurückgeben müsste.[31]

Zwar meint der athenische Staatsmann Themistokles, wie Cicero später in seinem Werk *Vom rechten Handeln* erklärt, ihm sei der Charakter seines Schwiegersohnes wichtiger als sein Geld.[32] Dennoch steht die Sicherung des Nachwuchses und Familienbesitzes im Mittelpunkt, und nicht so sehr das individuelle Eheglück. So darf der Mann beim Ehebruch seiner Frau den Ehebrecher, sofern auf frischer Tat ertappt, ungestraft töten. Wie lange dieses archaische Erbe nachwirkt, zeigt sich noch im 20. Jahrhundert im US-Bundesstaat Texas. Dort kommt ein Ehemann, der einen Ehebrecher *in flagranti* erwischt und tötet, noch bis 1974 ungestraft davon.[33]

Bei den alten Griechen sind die Bräute bei der Eheschließung erst zwischen zwölf und 16 Jahre alt; Männer heiraten in der Regel zwischen 25 und 30; nur in Sparta sind die jungen Frauen bei der Hochzeit traditionell 18 Jahre alt.[34] Zum einen bedeutet das, dass die Bräute mit größerer Wahrscheinlichkeit noch Jungfrauen sind, was klare Verhältnisse in Sachen Nachwuchs garantiert; zum anderen können sie sich mangels Lebenserfahrung und

Durchsetzungskraft weniger gegen das Geschacher wehren, das mit ihnen betrieben wird. Der Altersunterschied in Beziehungen hat sich in verringerter Form bis heute gehalten.

Die Vorstellung, dass die Brautleute sich spirituell vereinigen oder ihre Seelen verschmelzen, gehört jedenfalls sehr lange nicht zum Konzept der Ehe. In Lukians satirischem Werk *Erotes* aus dem 2. Jahrhundert n. Chr. heißt es sogar: »Die Ehe nämlich wurde erfunden, um die notwendige Erneuerung [Zeugung von Nachkommen] zu ermöglichen, aber nur die männliche Liebe ist das schöne Gebot einer philosophischen Seele.«[35] Dafür haben Männer der Oberschicht Sex und Liebesbeziehungen mit Knaben im Alter ab 12 Jahren – worauf ich noch in Kapitel 4 über die Bildung und Erziehung eingehe. Eheleute hingegen speisen nicht einmal gemeinsam, die Frauen wohnen im Obergeschoss des Hauses, haben ihre eigenen Sklaven und leben insgesamt eher zurückgezogen.

Demgegenüber sind Hetären, bezahlte Geliebte, als gebildete Frauen teilweise auch für den geistigen Austausch mit Ehemännern zuständig – und können mitunter politischen Einfluss erlangen. Als Beispiel wird oft die Hetäre Aspasia genannt, auch wenn bis heute nicht ganz geklärt ist, ob und wenn ja bis wann Aspasia wirklich eine Hetäre war oder die zweite Frau des Staatsmannes Perikles.[36] So sehr das Bild der Hetäre verzerrt und geschönt worden ist, so sehr verdeutlicht die Aufteilung der Aufgaben zwischen Ehefrau, Hetäre und einfacher Prostituierten grundsätzlich, dass man nicht immer alles von einer Person bekommen kann.

Wenn vom System der verschiedenen Liebesformen fast nur männliche Mitglieder der privilegierten Schichten profitierten, mag man sich fragen, ob die unterprivilegierten Klassen wenigstens bei der Wahl der Ehepartner freier ihren Gefühlen folgen konnten. Zwar herrscht ein Mangel an Quellen, doch darf man das in manchen Fällen vermuten. Andererseits sind die ökonomischen Hindernisse und Zwänge zu heiraten in den ärmeren

Schichten noch größer. Sklavinnen müssen ihrem Herrn sexuell zu Diensten sein, der Sklavenhandel reißt Familien auf brutalste Weise auseinander.

Was also kann man trotz all der sozialen Ungerechtigkeit, der Unterdrückung von Frauen und Sklaven Positives von den alten Griechen mitnehmen? Mit ihren Mythen bieten sie einen Bestand an archetypischen Erfahrungen, aus denen man schöpfen kann. Im Rückblick erinnert uns die Differenzierung von Liebesformen zumindest theoretisch daran, wie viele Spielarten möglich sind. Mit Hilfe der verschiedenen Liebesbegriffe kann man Partner und sich vom Druck entlasten, alle Ansprüche – vom spannenden Sex bis zur Seelenverwandtschaft – auf einmal zu erfüllen. Zugleich ist Platons Definition, wonach die Liebe zu guten Taten die höchste Form des Eros sei, ein schönes Leitmotiv, um sich – auch in Beziehungskrisen – an Prioritäten zu erinnern.

## STAATLICHE EHE-KAMPAGNEN, PATCHWORK-FAMILIEN UND DIE WAFFEN DER FRAU: DAS ALTE ROM

Im Vergleich zum griechischen Ehesystem gewährt das römische den Frauen mehr Freiheiten. Eine Gütertrennung ist ebenso möglich wie ein Konkubinat, sofern die Ehe nicht möglich ist, weil die Brautleute aus unterschiedlichen Schichten stammen.[37] An heutige Hochzeitsrituale lassen die römischen denken, wenn schon damals – neben Opferungen und dem Reichen der rechten Hand – der Hochzeitskuchen geteilt und die Braut über die Schwelle getragen wird.[38] Zugleich ist die Eheschließung ein privater Akt, sie wird nicht schriftlich fixiert, außer man macht einen Vertrag über die Mitgift.[39] Entsprechend formlos und häufig sind Scheidungen, Neuvermählungen und Patchworkfamilien.

Allerdings werden Ehen in der Oberschicht noch gezielter als bei den Griechen genützt, um politische Bündnisse zu schmieden, was für alle Beteiligten Gefahren mit sich bringt. Dass Sklaven lange Zeit gar nicht heiraten dürfen, sondern nur freie, politisch mündige Bürger, zeigt, wie wichtig die Ehe im alten Rom als Grundlage dafür ist, die Nachkommenschaft und das Erbe zu regeln. Auch will man die Macht in bestimmten Kreisen verankern und festigen. Im Jahr 100 v. Chr. meint ein Zensor, ein hoher Beamter, der unter anderem über die Sitten der Römer wacht: »Die Ehe ist, wie wir alle wissen, eine Quelle des Verdrusses; dennoch muß man heiraten, und zwar aus Bürgersinn.«[40] Wie bei den alten Griechen gelten guter Sex und Liebe nicht als Voraussetzung der Ehe, sondern sind die erfreuliche Ausnahme. Ähnlich wie bei uns heute, wie bei den Griechen, aber auch wie in weiter entfernten Kulturen wie der Han-Dynastie in China dient die Ehe in Rom dazu, gesellschaftliche Strukturen zu festigen.[41] Sie wird zum Teil durch den Staat gefördert. Wie zahlreiche Politiker heutzutage will Kaiser Augustus etwas für den Kinderreichtum tun. Er führt Begünstigungen beim Erbrecht ein und belohnt Verheiratete mit dem bevorzugten Zugang zu Ämtern.[42] Er will eine strengere Moral durchsetzen und startet eine Ehe-Kampagne auch zur Erhöhung der Geburtenrate, die wie so viele Versuche dieser Art scheitert.[43]

Insgesamt müssen Frauen – bis weit in die Neuzeit hinein – lavieren. Sie leben mitunter verrückte Mischungen aus Liebe und Machtpolitik, Zwängen und Inszenierungen. Ein extremes und glamouröses Beispiel ist die ägyptische Königin Kleopatra VII. Streng genommen ist Kleopatra – gemäß der Tradition der königlichen Geschwisterehe – zwar nur mit ihrem kleinen *Bruder* verheiratet. Sie geht aber eheähnliche Verbindungen mit Julius Caesar und Marcus Antonius ein. 47 v. Chr. setzt Caesar als Eroberer Ägyptens Kleopatra VII. und ihren jüngeren Bruder Ptolemaios XIV. als Königspaar ein. Der Legende nach lässt sie sich in einem Teppich eingerollt in Caesars abgeschirmtes Lager bringen und dort effektvoll vor ihm ausrollen, was Caesar anregend findet.

Bald gebiert Kleopatra ihm einen Sohn. Von Historikern wurde Caesars Vaterschaft immer wieder angezweifelt, weil er davor über Jahrzehnte keinen Nachkommen hervorgebracht hat; außerdem kommt der Sohn Kleopatra politisch allzu gelegen, das Timing der Geburt scheint zu perfekt, zumal es sogar mit dem Beginn der symbolträchtigen und allseits gefeierten Nilschwemme zusammenfällt.[44] Gesichert ist, dass Kleopatra einen Sohn namens Kaisar bzw. Caesarion (»kleiner Caesar«) hat, der als Caesars Sohn gilt.[45] Sie zieht sogar nach Rom. Dort ist sie in einer von Caesars Villen jenseits des Tibers untergebracht. Da er nur eine Viertelstunde entfernt mit seiner Frau Calpurnia in der Hauptresidenz lebt, kann er immer wieder kurz bei Kleopatra vorbeischauen. Laberius, Autor des Boulevardtheaters, spottet, Caesar habe »zwei Ehefrauen« gehabt.

Als Caesar ermordet wird, nimmt Kleopatra als neuen mächtigen Mann den Politiker und Feldherrn Marcus Antonius ins Visier. Er gilt, obzwar verheiratet, als besonders gut verführbar.[46] Der Historiker Plutarch schildert, wie Kleopatra auf einem Schiff mit vergoldetem Heck und versilberten Rudern, von Räucherwerk umweht und mythisch verkleideten Dienerinnen umgeben, zu Antonius reist: »Sie lag«, so Plutarch, »unter einem reich mit Gold verzierten Sonnendach, gekleidet und geschmückt, wie man Aphrodite gemalt sieht.«[47] Offenbar tut das Rollenspiel Kleopatras als Liebesgöttin ihre Wirkung bei Antonius, der sich seinerseits auf Gemälden und in Statuen als Fruchtbarkeitsgott Dionysos inszeniert.[48] Als Antonius Kleopatra trotz seiner (zweiten) Ehe zu sich nach Syrien bringen lässt, entbrennt allerdings ein Propagandakrieg: Sein politischer Gegner Octavian lässt verbreiten, Antonius sei Kleopatra so verfallen, dass er ihr die Füße massiere wie ein Sklave. Im Gegenzug wirft Antonius ausgerechnet Octavian, der immer moralisch tut, außereheliche Beziehungen vor. Als am Ende Octavian die Schlacht bei Actium gewinnt, tötet sich Antonius. Er stirbt in Kleopatras Armen. Auch sie bringt sich um.

Die männlich dominierte Geschichtsschreibung hat Kleopatra als sex- und machtgierige Frau dämonisiert. Insgesamt steht sie auch für eine ungewöhnliche Frau, die bis in den Tod alle ihre Möglichkeiten ausschöpft, um sich in einer von Männern beherrschten Kultur zu behaupten. Dieses Bild zeichnen solch unterschiedliche Quellen wie Plutarch, Chaucer, Shakespeare und O, das *Oprah Magazine* von Oprah Winfrey, der Moderatorin der überaus erfolgreichen *Oprah Winfrey Show*.

In einem Interview des *Oprah Magazine* antwortet Stacy Schiff, Autorin einer Kleopatra-Biografie, auf die Frage, was Frauen heute noch von Kleopatra mitnehmen könnten: Die Königin könnte, so die Biografin, bei allen Unterschieden als Anregung dafür dienen, gegen Widerstände das Beste aus ihrer Situation als Frau im Beruf zu machen – wohl oder übel auch mit dem, was man Waffen der Frau nennt.[49] Vor vier Jahrhunderten präsentierte Shakespeare Kleopatra in seinem Stück *Antonius und Kleopatra* einerseits als Zicke, die eitel und unsicher nach der Körpergröße einer Konkurrentin fragt; andererseits beweist sie als todesmutige Heldin angesichts ihrer Niederlage Charakter.[50] Im Mittelalter nimmt der Dichter Geoffrey Chaucer Kleopatra, obwohl sie als Inbegriff der Sündigkeit gilt, in seine *Legende der guten Frauen* auf.[51] Er schreibt: »Nie lebte und liebte eine Königin wahrhaftiger als sie (…) Bis ich einen Mann von solcher Wahrheit und Standfestigkeit finde/ Der für seine Liebe so freimütig in den Tod geht/ Bete ich zu Gott, dass wir kein Kopfweh kriegen.«[52]

In einer anderen lustigen Wendung kommt Kleopatra noch im 20. Jahrhundert zur Geltung. Am 20. Oktober 1973 tritt die Tennisspielerin Billie Jean King gegen den ehemaligen Tennisstar und bekennenden Macho Bobby Riggs an. Sie will für Frauenrechte demonstrieren und mit einem Sieg gegen Riggs zeigen, dass Frauen gleichhohe Preisgelder wie Männer verdient hätten. Vor dem Spiel lässt sich King wie Kleopatra in einer Sänfte in das Stadion tragen, von vier als Sklaven verkleideten Männern, darunter der Boxer George Foreman. Billie Jean King gewinnt das Match.

Zwar ist Kleopatra in Spielfilmen und Softpornos zum erotischen Klischee geworden und eignet sich wohl nur noch bedingt für entsprechende Rollenspiele. Auch läuft ihre Selbststilisierung als Aphrodite in einem mentalitätsgeschichtlich völlig anderen Rahmen als heute ab, mit anderen Vorstellungen über Individualität, Persönlichkeit und die Funktion von Mythen. Dennoch kann ein Blick auf Kleopatra und ihre Zeit uns daran gemahnen, wie viele Formen und Inszenierungen der Erotik, der Liebe und der Partnerschaft bei aller sozialen Ungerechtigkeit in der Antike *prinzipiell* möglich und vereinbar sind. Über manche Inszenierungen lassen sich womöglich – wenigstens vorübergehend – die engen Grenzen der eigenen Persönlichkeit, Ängste und Erwartungen, Bilder und Selbstbilder überwinden oder relativieren.

## »HASSE DEINE FRAU«: DIE EHE ALS SCHADENSBEGRENZUNG UND HEILIGTUM IM MITTELALTER

Wenn heute christlich bzw. katholisch geprägte Parteien für Familienwerte eintreten, ist das doppelt merkwürdig: zum einen mit Blick auf die Lebensführung von Priestern, zum anderen wegen älterer Traditionen. Im Alten Testament sind Familien der Ausgangspunkt für gewalttätige Konflikte. Adam und Evas Ehe wird wegen des Sündenfalls durch mühsame Schwangerschaften, die Herrschsucht des Mannes sowie harte Arbeit gekennzeichnet sein (Gen 2, 22-3,24). In einer anderen Geschichte des Alten Testaments, der über Lot, wird der Mann, nachdem seine Frau bei der Flucht aus Sodom zur Salzsäule erstarrt ist (Gen 19, 23-26), von seinen Töchtern betrunken gemacht und verführt, weil sie ihrem Vater unbedingt Erben schenken wollen (Gen 19, 30-38).

Bei derartigen älteren Schilderungen ist es kein Wunder, dass Jesus wenig Lust auf Ehe und Familie im traditionellen Verständnis hat. So erklärt er, dass man sich, um Teil seiner Glaubensgemeinschaft sein zu können, von seiner alten Familie lossagen müsse: »Wenn jemand zu mir kommt und nicht Vater und Mutter, Frau und Kinder, Brüder und Schwestern, ja sogar sein Leben gering achtet, dann kann er nicht mein Jünger sein.« (Lk 14, 26) In manchen Übersetzungen des Neuen Testaments heißt es statt »gering achtet« sogar »hasst«. Jedenfalls setzt Jesus ähnlich wie Siddhartha bzw. Buddha und Mahavira vor ihm statt auf die Kernfamilie auf größere Gemeinschaften.

Die widersprüchlichen biblischen Elemente, Werte und Moralvorstellungen formen das Bild der Ehe und Partnerschaft mit – zum Teil bis heute. Wenn man Texte von Paulus oder späteren Kirchenvätern liest, kann man sich wundern, welche Wege und Umwege sie in Sachen Ehe einschlagen. Immerhin schwingt dabei der Wunsch mit, die Institution auf eine andere Ebene als jene des Geschäfts zu heben. Die Ehe wirkt gewissermaßen wie das geringste Übel, um die Sexualität und Fleischlichkeit mit dem urchristlichen Ideal der Keuschheit und Geistigkeit zu versöhnen. Paradoxerweise führt das christliche Ideal der Keuschheit und Ehelosigkeit zur Forderung nach einer lebenslangen Ehe und dem Verbot der Scheidung.

In Reinform zeigen sich die Widersprüche des Christentums bei Fragen zur Partnerschaft im 1. Korintherbrief des Apostels Paulus im 1. Jahrhundert n. Chr., mit dem er seine Gemeinde auf den Glauben einschwört. »Daher soll«, schreibt Paulus, »wer eine Frau hat, sich in Zukunft so verhalten, als habe er keine (…) Der Unverheiratete sorgt sich um die Sache des Herrn; er will dem Herrn gefallen. Der Verheiratete sorgt sich um die Dinge der Welt; er will seiner Frau gefallen. So ist er geteilt.« (1. Kor 7,25-34)

Den Brief zitieren vom Mittelalter bis in die Neuzeit verschiedene Autoren als Autorität und Ratgeber. Doch zunächst schlägt sich das gespaltene Verhältnis des Christentums zur Ehe im Römischen Reich nieder. So schreibt der Kirchenlehrer Hieronymus (347 – 420): »Ehebrecherisch ist auch die allzu brennende Liebe für die eigene Frau. Ein vernünftiger Mann soll seine Frau mit Besonnenheit lieben und nicht mit Leidenschaft; er soll seine Leidenschaften zügeln und sich nicht zum Beischlaf hinreißen lassen. Nichts ist schädlicher, als seine Frau wie eine Mätresse zu lieben.«[53] Im Frühmittelalter spricht man auch davon, dass *caritas,* die selbstlose Nächstenliebe, einen *honesta copulatio* ermögliche, einen ehrbaren Geschlechtsverkehr.[54]

Unter Ludwig dem Frommen kann die Kirche im 9. Jahrhundert ein offizielles Scheidungsverbot erwirken; dies und die Monogamie durchzusetzen, gelingt ihr im 10. Jahrhundert.[55] Im 11. Jahrhundert binden sich Geistliche theoretisch an den Zölibat. Damit will man wohl auch verhindern, dass Besitz und Kirchenämter an Priesterkinder vererbt werden. Die Durchsetzung lässt allerdings bis in die frühe Neuzeit auf sich warten.[56] Inoffiziell haben Kirchenfürsten und Päpste der Renaissance Kurtisanen und illegitime Kinder. In Bayern, so heißt es, füttert die katholische Kirche noch heute bis zu drei illegitime Kinder von Priestern mit durch – unter der Bedingung, dass diese ihre Nachkommen nicht anerkennen.

Nach heutigen Begriffen ist die christliche Ehe von Anfang an von Doppelmoral geprägt und ein zwiespältiges Unternehmen. Im Mittelalter wird sie offiziell zu einem der sieben Sakramente, also zur Voraussetzung für ein gutes, mit göttlicher Gnade geführtes Leben wie die Taufe, Firmung, Eucharistie, Buße, Ölung oder Priesterweihe. Theoretisch bedeutet das eine spirituelle Aufwertung der Institution. Einerseits dient die Neugestaltung der Ehe zwar ähnlich wie in der Antike als Mittel der Machtpolitik, weil die Kirche oft mit entscheidet, wer wen heiraten darf. Zugleich erhalten die Eheleute mehr Selbstbestimmung. Theoretisch dürfen sie sich, sobald sie mündig sind, selbst vermählen, ohne elterliche Erlaubnis und ohne Priester.[57] In Westeuropa gilt das für Jungen ab 14 Jahren und Mädchen ab zwölf. Praktisch werden die meisten Ehen in diesem Alter wie eh und je arrangiert. Gerade mal zwölf Jahre alt ist beispielsweise die englische Königstochter Mathilde, als sie aus politischen Gründen mit dem fast 30 Jahre älteren Herzog Heinrich dem Löwen verheiratet wird.

Bei einer solchen Alterskonstellation denkt man heute an Lolita und ihren Verführer aus dem gleichnamigen Roman von Vladimir Nabokov aus dem Jahr 1955, der wohl berühmtesten Beschreibung des sexuellen Missbrauchs einer Minderjährigen. Insgesamt ist es im Rückblick skurril, was für ein Nebeneinander von Kabale und Liebe, guter Miene und bösem Spiel, Rachegelüsten, Selbstdisziplin, körperlichen Schmerzen und Demütigung im Rahmen des heiligen Sakraments der Ehe vor allem Frauen vom Kindes- und Jugendalter an im Mittelalter und bis weit in die Neuzeit hinein aushalten müssen. Auch Adelheid die Heilige (um 931-999) teilt aus politischen Gründen als ungefähr 16-Jährige das Ehebett mit König Lothar von Italien. Nach dessen Tod, vielleicht durch Vergiftung, soll sie den Sohn von Markgraf Berengar heiraten, um seine Chancen auf die Herrschaft zu verbessern. Als sie ablehnt, hält er sie auf einer Burg gefangen. Sie flieht und ruft den deutschen König Otto den Großen zu Hilfe. Er besiegt Berengar und heiratet Adelheid. Ihr Status als Königswitwe Italiens ist ihm politisch nützlich. Dafür wird sie an seiner Seite römisch-deutsche Kaiserin, und zwar mit einer für damalige Verhältnisse starken Teilhabe an der Macht. Aus Gründen der Staatsräson wird ihr Entführer Berengar nicht etwa bestraft – sondern Statthalter in Italien.

Derartige Bilder der Ehe kontrastieren mit jenen, die der Kultur der Minnedichtung entspringen und die bis heute nachwirken. Die Liebeslieder und -gedichte schildern meist die leidenschaftliche, grundsätzlich aber geistig überhöhte, platonische, nicht-sexuelle Liebe eines Ritters zu einer Dame. Historiker diskutieren, inwieweit es sich dabei um »Ehebruchspoesie« handelt und Ritter unter dem Vorwand der Minne Verhältnisse mit verheirateten Frauen hatten. Immerhin stehen Begriffe wie »rôsen lesen« oder »bluomen brechen« (vgl. lat. *de-florare* = deflorieren) für Sex unter freiem Himmel.[58] In Walther von der Vogelweides Lied »Unter der Linde« heißt es: »Unter der Linde / Auf der Heide,/ Wo ich bei meinem Liebsten saß,/ Da könnt ihr noch finden,/ Wie wir beide / Die Blumen brachen und das Gras./ Vor dem Wald in einem Tal, Tandaradei! – / Sang so süß die Nachtigall.«[59]

Die Übergänge von der sogenannten hohen Minne zur niederen Minne, also der sexuellen Verbindung eines Ritters mit einer Frau von oft geringerem Stand, sind teils wohl fließend. Einerseits ist der Ehebruch offenbar kein absolutes Tabu, andererseits darf man die Dichtung natürlich nicht direkt als Spiegel realer Verhältnisse sehen.[60] Unabhängig davon, was im Einzelnen unter dem Begriff der Minne passierte, ist immer wieder hervorgehoben worden, dass sie in mancher Hinsicht ein Vorläufer des romantischen Liebesideals aus dem 19. Jahrhundert ist, wohl auch, nachdem entsprechende Ideen aus der arabischen Welt über Gedichte und Geschichten ins Abendland gelangen.

Als Avantgarde der romantischen Liebe kann man Dante Alighieris (1265 – 1321) Werk *Vita Nova* sehen. Er beschreibt, wie er seiner großen Liebe Beatrice erstmals im Alter von neun Jahren begegnet und wie er sie weit über ihren frühen Tod hinaus anbetet. Dabei wird die Angebetete zu einem Bild über die alles umfassende, ideelle, aber in ihrer angestrebten Absolutheit unmöglichen Verbindung. »Und wenn die holdseligste Frau mich grüßte«, dichtet Dante, »so wirkte die Liebe nicht dahin, die fast unerträgliche Seligkeit abzuschwächen, sondern sie ward durch das Übermaß der Wonne so groß, daß mein Leib, der ganz im Bann der Liebe stand, sich oftmals nur noch wie etwas Schweres und Lebloses bewegte.«[61] Dante greift auch zu drastischen Bildern wie jenem, dass die Angebetete in einer Vision das Herz des Dichters verspeist. Immer wieder umkreist er das faszinierend Paradoxe der Liebe. Denn »raubt sie allen Mut mir, daß voll Bangen die Lebensgeister fliehn aus ihrer Haft, empfindet meine Seele, hingerafft, die Süße so, daß Blässe deckt die Wangen.«

Natürlich gibt es schon in der Antike Liebesgedichte, Überhöhungen und Stilisierungen, die man im Rückblick mit dem

Begriff des Romantischen belegen kann. Doch die extreme Aufladung, der Versuch, Worte für das Paradoxe in der Liebe zu finden und sich dem Unfassbaren anzunähern, indem man beherzt übersinnliche und religiöse Dimensionen hinzufügt, erhält in dieser Ausprägung im Mittelalter eine neue Qualität. Dichterische Intensivierungen, Projektionen und Sublimierungen wie bei Dante oder im Minnesang sind vor dem Hintergrund bemerkenswert, dass der Alltag im Mittelalter durch Gewalt gegen Frauen geprägt ist; Vergewaltigungen sind an der Tagesordnung und werden selten geahndet. In vieler Hinsicht dient die Dichtung der Flucht vor der Realität.

Immer wieder erweist sich das Bild der Ehe im Mittelalter als widersprüchlich. So steht die robuste Praxis der Eheanbahnung für die Bevölkerungsmehrheit in einem merkwürdigen Spannungsverhältnis zu den erwähnten Dichtungen und theologischen Debatten darüber, welches die angemessene Form der Liebe, Ehe und Sexualität sei. Bei all dem Aufhebens, das gemacht wird, mag es auch erstaunen, dass im Spätmittelalter nur rund 30 Prozent der Bevölkerung überhaupt verheiratet sind. Als Gründe dafür nennen die Historiker Franz Irsigler und Arnold Lassotta strenge »Jungfräulichkeitsforderungen an die Braut« und die langen Ausbildungszeiten bei vielen Berufsgruppen.[62] Auch braucht man zur Heirat grundsätzlich die Erlaubnis des Feudalherrn, der oft ungern zustimmt, weil er keine Arbeitskräfte verlieren will, etwa dadurch, dass die Braut zum Bräutigam umzieht.

Dennoch finden sich Mittel und Wege. So werden viele bäuerliche Ehen im 13. Jahrhundert, als man die Ehe offiziell zum Sakrament erhebt, im Kreis von Verwandten oder der Dorfgemeinschaft und ohne Priester geschlossen. Gültig wird die Ehe mit dem Vollzug des Geschlechtsverkehrs – oder zumindest der Entkleidung der Eheleute vor der Hochzeitsnacht in ihrem Bett vor Zeugen. »Ist das Bett beschritten, ist das Recht erstritten«, lauten das Sprichwort und der Rechtsgrundsatz.[63]

Oft ist die rechtliche Lage allerdings unklar. Es gibt doppelt

Verheiratete. Es wird auf eine Trennung geklagt mit der Begründung, der Ehemann sei impotent. So berichtet im englischen York ein Gerichtsprotokoll aus dem Jahr 1433 von einem Impotenz-Test: »Die Zeugin zeigte ihre nackten Brüste, und mit ihren an besagtem Feuer gewärmten Händen hielt und rieb sie den Penis und die Hoden des vorerwähnten John. Und sie sagt, geprüft und gewissenhaft befragt, dass die ganze oben erwähnte Zeit der besagte Penis kaum drei Zoll lang war und ohne Zunahme und Abnahme blieb.«[64]

Eine weniger handgreifliche Art, eine Trennung zu erwirken, ist der Nachweis, dass mit der Ehe gegen das Inzestverbot verstoßen wurde. Das kann schon der Fall sein, wenn die Brautleute entfernter Cousin und Cousine sind. Allerdings bietet die Kirche wiederum Ehedispense zum Verkauf an, Ausnahmegenehmigungen für die Heirat trotz »Inzestes« oder anderer Hinderungsgründe.

Bei all den Machenschaften und Widrigkeiten sind die Herangehensweisen und Haltungen zur Ehe im Mittelalter aus heutiger Sicht mitunter von einer bemerkenswerten Vielfalt geprägt. In seinen *Canterbury Tales* lässt Geoffrey Chaucer Ende des 14. Jahrhunderts eine Frau aus Bath schildern, wie sie fünfmal geheiratet hat, zum ersten Mal im Alter von zwölf Jahren. Zeitweise war sie sogar doppelt verheiratet. Die Gründe, die sie für das Eingehen ihrer Ehen anführt, reichen vom Geld bis zur Liebe – und zum Sexappeal.[65] Ihr fünfter Ehemann, ein 20-jähriger Schreiber, lockt sie mit einem »Paar so wohlgeformter, schöner Beine und Füße«. Bemerkenswert scheint im Rückblick auch, dass die Dame als älteres Vorbild für ihr Verhalten den weisen König Salomo anführt: Der hatte, so die Lady, »mehr als eine Frau« und »verbrachte mit jeder von ihnen die erste Nacht in fröhlicher Erregung, so gut erging es ihm im Leben«. Auch wenn Salomo, der laut Altem Testament 700 Hauptfrauen und 300 Nebenfrauen hatte, dafür in der Bibel kritisiert wird (1 Kön 11, 1-8), lässt sich die Lady aus Bath gerne von seiner Herangehensweise inspirieren.

Einen Schritt weiter als Chaucer geht Giovanni Boccaccio in seiner Novellensammlung *Dekamerone*. Er bietet Episoden über Ehe, Treue und Betrug, wie man sie heute so selten findet. Da lässt sich eine Frau, während ihr Ehemann in ein großes Weinfass klettert, um vor dem Kauf die Festigkeit zu prüfen, am Fass stehend vom (angeblichen) Fassverkäufer von hinten befriedigen.[66] Sozusagen die theoretische Rechtfertigung dafür liefert Boccaccio in einer anderen Geschichte. Darin steht eine Frau wegen Ehebruchs vor Gericht und verteidigt sich auf humorvolle Weise. Die Angeklagte bittet den Richter, »daß Ihr mir die kleine Gunst erweist, meinen Gatten zu fragen, ob ich ihm jedes Mal, und sooft es ihm beliebte, ohne einmal nein zu sagen, seine volle Lust an mir gewährt habe oder nicht.« Als ihr Mann das bejaht, fährt die Frau fort: »So frage ich Euch, Herr [Richter], was ich, wenn er zu jeder Zeit sich genommen hat, was er [der Ehemann] bedurfte und wonach ihn gelüstete, mit dem machen sollte oder noch soll, das er übrigläßt? Soll ich es vielleicht den Hunden vorwerfen? Oder ist es nicht besser, es einem Edelmann zu gewähren, der mich mehr liebt als sich selbst, statt es verloren gehen und umkommen zu lassen?«

Die Frau wird freigesprochen. Im Rückblick sind ihre Ausführungen selbst dafür, dass sie aus einem literarischen Werk stammen, bemerkenswert. Sie lassen an die Argumentation im Sinn des erwähnten Polyamory-Konzeptes aus unserer Zeit denken und das optimale Ausnutzen aller Liebesressourcen.

Ein buntes Treiben herrscht auch in einer Geschichte, die von Boccaccio sein könnte, sich aber in spätmittelalterlichen *Gerichtsakten* aus Deutschland findet. Sie handelt von einem Bäcker, seiner Frau und seiner Magd. Als der Bäcker seine Magd sexuell bedrängt, die aber widersteht und das der Ehefrau erzählt, trägt diese wiederum der Magd auf, sie solle zum Schein auf das Werben ihres Mannes eingehen und ihn für die Nacht in ihr Bett einladen.[67] Tatsächlich erwartet aber die Ehefrau ihren Mann auf dem Lager der Magd. Sie hat Sex mit ihm, ohne dass er merkt, mit wem. Er wiederum hat Bedenken, dass er im Fall einer Schwangerschaft der Magd, mit der er geschlafen zu haben meint, dran wäre. Deshalb sagt er seinem Knecht, die Magd sei lüstern, erwarte ihn, den Knecht. So will der Ehemann ihm die Schuld für eine eventuelle Schwangerschaft in die Schuhe schieben. Auch der Knecht schläft mit der Bäckerin, ohne zu merken, mit wem er die Nacht verbringt. Am nächsten Morgen klärt die Bäckerin alle beim Frühstück in der Stube auf. Wutentbrannt entlässt der Bäcker Magd und Knecht. Doch da er ihnen ihren rechtmäßigen Lohn verweigert, klagen die – weshalb die Angelegenheit vor Gericht landet und weshalb die Geschichte überliefert ist.

Da die unbemerkten Verwechslungen beim Sex höchst unrealistisch sind, kann man vermuten, dass der Fall noch aus anderen Gründen so in den Akten festgehalten wurde. Vielleicht zeigt er auf zugespitzte Weise, was für merkwürdige moralische, strategische wie juristische Fallen, Tricks und Konstruktionen damals möglich sind, wenn es um Ehe und Partnerschaft geht.

## DIE BRÄUTE CHRISTI – EINE ALTERNATIVE ZUR MÜHSAL DES EHEALLTAGS

So bunt man es im Mittelalter aus heutiger Sicht mitunter treibt, so ernüchternd ist es zu sehen, wie sehr Ehe und Partnerschaft über Jahrtausende als Rahmen für die Ausübung von Macht und Gewalt durch Männer dienen. Bis heute werden rund ein Drittel aller weiblichen Mordopfer in den USA vom eigenen Ehemann getötet, vom Ex-Mann, Freund oder Ex-Freund.[68] Im Mittelalter ist der Ehealltag allerdings ganz selbstverständlicher und legalerweise von sexueller Gewalt geprägt. So erscheint die Suche nach Alternativen reizvoll.

Eine Alternative ist die Ehe mit Jesus: Frauen, die sich für das Klosterleben entscheiden, werden Bräute Christi genannt. Das Leben im Kloster wird im mittelalterlichen Europa – und im bud-

»Die mystische Vermählung der heiligen Katharina« (1505/08) von Lorenzo Lotto: Katharina von Alexandria erleidet zwar das Martyrium, darf dafür aber Hochzeit mit Jesus Christus selbst feiern. Er steckt ihr den Ehering an den Finger.

dhistischen Asien – als Eheersatz etabliert. Im Kloster können Nonnen Karriere machen, statt unter die Fuchtel eines Ehemannes zu geraten oder als arme unverheiratete Frau als Prostituierte arbeiten zu müssen. Letztere werden in sogenannten Frauenhäusern besonders brutal behandelt und ausgebeutet, zumal sie – laut Kirchenvater Augustinus – als eine Art Puffer gegen Übergriffe von Männern auf »unbescholtene« Frauen dienen.[69]

Zu den unbescholtenen Frauen zählen neben Ehefrauen auch Nonnen. Sie kommen dem Ideal nahe, das Apostel Paulus in seinem Korintherbrief im übertragenen Sinn für Gläubige nennt, nämlich dass sie als »reine Jungfrau zu Christus zu führen« seien (2. Kor 11, 2-3). Als Bräute Christi tragen Nonnen mitunter einen Ehering. Sie symbolisieren den Bund zwischen Gott und seiner Gemeinde (Ezechiel 16, 3-63). Sinnlich ausgemalt und überhöht findet sich dieser Bund im Hohelied Salomos: Die Braut ist »eine Lilie unter Disteln«, heißt es da, ihre »Brüste sind wie zwei Kitzlein«, von ihren Lippen »tropft Honig«, und ihr

Geliebter soll in ihrem Garten die »köstlichen Früchte« essen und »meine Wabe samt dem Honig«.

Die düstere Symbolik der Ehe liefert im Alten Testament das Buch Hosea. Darin nimmt der Prophet Hosea auf Geheiß Gottes eine »Kultdirne« zur Frau und zeugt »Dirnenkinder«. Er züchtigt die gekaufte Frau, erzieht sie, aber »liebt« sie am Ende auch, und zwar so »wie der Herr die Söhne Israels liebt« (Hosea 1, 2, 3,1). Mit dieser schrägen Mischung steht Hosea für Gottes Haltung zu Israel. Als erster Prophet kennzeichnet er die Zuwendung Gottes zum Menschen mit dem Wort »lieben«.[70] Zugleich verankert er die Ehe im Bereich des Zwanges und der männlichen Brutalität. Wenigstens ist von »Ketten der *Liebe*« die Rede (Hosea 11,4) und von dem Wunsch, dass die symbolische Braut Israel »aufblüht wie eine Lilie« (Hosea 14,6).

Das christliche Mittelalter fasst die Ehe zugleich als Sakrament und Schadensbegrenzung mit Blick auf die Unkeuschheit. Damit wird die Ehe von vornherein – und über Jahrhunderte hinweg – mit Konflikten beladen. Will man aus dem Mittelalter trotz all der Repression etwas Positives mitnehmen, wäre es wohl die theoretische Loslösung der Ehe vom Geschäft. Durch die Vergeistigung lässt sich die Partnerschaft außerdem verstärkt mit spirituellen Werten und einer Poesie aufladen, mit deren Hilfe man materielle und körperliche Grenzen und Hindernisse überwinden kann.

## WINDELN WECHSELN MIT LUTHER: VOM GEISTIGEN BUND ZUR GESEGNETEN HAUSGEMEINSCHAFT

Zwar ist es in Sachen Ehe und Partnerschaft noch schwieriger, einen eindeutigen Einschnitt zwischen Mittelalter und Neuzeit zu machen, als bei anderen Themen. Doch lässt sich um 1500 ein allmählicher Wandel erkennen. So entwickelt sich die Idee von der Ehe als von einem himmlischen Bund zur Vorstellung von einer gesegneten Hausgemeinschaft, in die man kleinere Ladungen von Liebe und Erotik einbaut. Auch wird an einer theologischen und alltagstauglichen Versöhnung des Keuschheitsideals und der Sexualität gebastelt.

Prominent vorgelebt wird ein neues Kompromissmodell von Martin Luther und seiner Frau Katharina von Bora. Langfristig werten sie für viele das Bild des Ehelebens auf; sie verbinden Gottesfurcht und ordentlichen Sex im trauten Heim und stellen das Ganze auf eine theologisch saubere Grundlage.[71] Der Weg dahin ist allerdings ein abenteuerlicher. Seit ihrer Kindheit lebt Katharina von Bora im Kloster Marienthron als Braut Christi.[72] Ihre Namenspatronin, die heilige Katharina, bekommt gemäß der Legende als Märtyrerin einen Ehering vom Jesuskind (Abb S. 49). Doch Katharina von Bora will offenbar einen richtigen Mann. Im Alter von 24 entschließt sie sich, aus dem Kloster auszubrechen. In der Nacht zum Ostersonntag 1523 verhilft ein mit Martin Luther bekannter Lebensmittelhändler, der das Kloster regelmäßig beliefert, Katharina und elf anderen Nonnen in seinem Wagen zur Flucht. Auf eine solche »Entführung« steht die Todesstrafe. Für die Nonnen kann die Reise in bitterer Armut bzw. in der Prostitution enden.

Warum gehen die jungen Frauen ein solches Risiko ein? Einer der Gründe könnte sein, dass die Nonnen Zugriff auf Luthers Schriften hatten, insbesondere auf seine Abhandlung *Vom ehelichen Leben.*[73] Darin wettert er zwar gegen die »Hurerei« und schreibt, dass »kein Geschlechtsverkehr ohne Sünde geschieht«.[74] Doch erklärt Luther auch, dass der eheliche Stand das Werk Gottes sei, sofern er der Fortpflanzung diene. Er greift auf Apostel Paulus' vielzitierte Pro-Ehe-Formel zurück: »Es ist besser zu freien als zu brennen.«

Auf scholastische Weise rechtfertigt Luther sogar, dass Männer sich im häuslichen Alltag mit um ihre Kinder kümmern. Er meint: »Gott lacht und freut sich mit allen Engeln und Kreaturen, nicht darüber, daß er die Windeln wäscht, sondern darüber, daß er's im Glauben tut.« Was für einen großen Schritt das damals für einen Mann Gottes bedeutet, kann man sich auf zugespitzte Weise mit Blick auf Abaelard vergegenwärtigen, den berühmten Theologen des 12. Jahrhunderts. Als Hauslehrer verführt und schwängert er die 20 Jahre jüngere Heloise. Als sie ins Kloster gesteckt wird, besucht er sie dort und hat im Refektorium Sex mit ihr; zugleich meint er über das Familienleben: »Wer wird die beständige widerliche Unreinheit der Kinder aushalten?«[75]

Luther ist aus einem anderen Holz geschnitzt. Nachdem die entflohenen Nonnen dank seiner Vermittlung mit diversen Kandidaten verheiratet worden sind, ist nur noch Katharina übrig. Als sie sich in einen Studenten verliebt, verheiraten ihn seine Eltern rasch anderweitig, um ihn vor der unvorteilhaften Partie zu bewahren. Wenn sich Luther, der seine Karriere als Mönch beginnt, am Ende zur Ehe mit Katharina entschließt, ist das bemerkenswert in einer Zeit, da Geistliche immer noch die Schattenseiten der Ehe hervorheben. Erasmus von Rotterdam, selbst ein ewiger Single, klagt in seinem *Lob der Torheit* über die »Lasten« des Ehestandes und ihre »Qualen«.[76] Er stellt die Ehe als *lose-lose*-Situation dar; schließlich drohen die »Ehescheidung« und der Ehebruch. Wenn Männer verständnisvoll wären, würden sie, so Erasmus, als »Ehekrüppel« verhöhnt. In seinem Werk *Vertraute Gespräche* findet sich zur Belehrung der Schüler auch der Dialog mit dem Titel »Der Hausdrachen, oder: Die Ehe«. Darin verrät Eulalia einer gewissen Xanthippe, die über ihren saufenden Mann klagt, Tricks und Kniffe, die das Eheleben erleichtern, darunter das Kochen köstlicher Speisen.[77]

Als Martin Luther und Katharina von Bora am 13. Juni 1525 heiraten, kritisieren Freunde, dass er sich als Geistlicher durch die Ehe angreifbar mache. Tatsächlich wird die Ehe von Königen und Fürsten propagandistisch ausgeschlachtet. So wirft ausgerechnet der englische König Heinrich VIII., der später auch wegen seiner Liebschaften eine neue Kirche gründet und sein Land umbaut,

*Zwar waren Weihnachtsbäume zu Luthers Zeiten noch nicht verbreitet. Doch zeigt der Stahlstich »Luther im Kreise seiner Familie« von Carl August Schwerdgeburth (1843), wie sehr der Reformator mit seiner Frau weit über sein Zeitalter hinaus das Bild vom trauten Heim und Familienglück geprägt hat.*

Luther vor, er habe nur zur Reformation aufgerufen, um seine Geilheit zu befriedigen. Kein Geringerer als König Christian II. von Dänemark dagegen schenkt den Brautleuten einen Ring. Der Kurfürst von Wittenberg versorgt sie mit Land, Geld und einem ehemaligen Kloster als Heim.

Luthers Professur und Katharinas Fleiß sind die Grundlage für ein protestantisches Musterunternehmen: Katharina betreibt neben der Landwirtschaft eine Pension für Studenten, die für ihre Unterkunft gerne mehr als bei der Konkurrenz bezahlen, weil sie dafür bei den Mahlzeiten lehrreiche Gespräche mit dem berühmten Hausherrn führen dürfen. Langfristig haben Martin Luther und Katharina von Bora ein Idealbild von der protestantischen Ehe geprägt. Dazu tragen Anekdoten über Katharinas Begabung im Haushalten bei, mit der sie Luthers Nachlässigkeit auf dem Gebiet ausgleicht, und solche über ihren Kampf gegen seine mangelhafte Körperpflege. Humor kommt ins Spiel bei wechselseitigen Sticheleien darüber, wer die Hosen anhat. So nennt Luther seine Frau »Herr Käth« und äußert den Wunsch, in der nächsten Ehe eine aus Stein gehauene Gattin heimzuführen, weil ihn Katharinas Selbstbewusstsein und Redseligkeit nerven.[78] Sie haben sechs Kinder, einen Hausstand von bis zu 40 Personen mit Gesinde, Privatlehrern, Nichten, Neffen, Pflegekindern, Flüchtlingen und Bedürftigen, die sie aufnehmen.[79]

Als starke Frau des prominenten Theologen ist Katharina ein Gegenbild zu den Kurtisanen der damaligen Päpste. Sie können ein glamouröses Leben führen, bei Banketten und Umzügen dabei sein, haben aber meist nichts zu melden, werden oft nach kurzer Zeit abgelegt und enden böse. Luther gelingt das Kunststück, die Ehe von den Sakramenten auszunehmen und sie zugleich religiös aufzuwerten. Außerdem scheint bei den Luthers das Teamwork gut zu funktionieren, dessen Bedeutung man heute, in »post-romantischen« Zeiten, wieder verstärkt betont.

Ein Beispiel dafür, wie das frühprotestantische Eheideal im heutigen Alltag fortbestehen kann, sind die bereits in der Einleitung erwähnten Amish People, die Religionsgemeinschaft des 17. Jahrhunderts, die in den USA noch im 21. Jahrhundert einen einfachen Lebensstil ohne die technischen Annehmlichkeiten und persönlichen Freiheiten der modernen Gesellschaft pflegt. Bei den Amish sind vorehelicher Sex, Ehebruch und Scheidung nach wie vor Todsünden. Sie werden mit einem Bann bestraft, ultimativ mit dem Verstoß aus der Gemeinschaft. Im Alltag sieht man Eheleute kaum Zärtlichkeiten austauschen, aber auch nicht streiten.[80] Junge Leute lernen einander auf stark formalisierte Weise beim sonntäglichen Gesangsabend kennen. Nach heutigen Maßstäben ist die Ehe der Amish patriarchalisch geprägt und stark reglementiert. Mit viel gutem Willen könnte man in ihr einen Kompromiss sehen, bei dem sich jeder in Konventionen fügt und nicht mehr und nicht weniger erwartet als eine Solidargemeinschaft, in der gegenseitiger Respekt und Fürsorge garantiert sind.

Während eine solche Ehe aus heutiger Sicht, wenn man das Ideal der romantischen Liebe als Maßstab nimmt, höchstens die Minimalforderungen erfüllt, übertrifft sie in der frühen Neuzeit offenbar noch die Erwartungen, die man hat. Insgesamt entwickelt sich das, was man eine liebevolle Ehe nennen könnte bzw. eine, in der ein zärtlicher Umgang gepflegt wird, als Standardmodell erst langsam im 17. Jahrhundert, manchen Historikern zufolge in den Niederlanden.[81] Ansonsten herrschen noch ganz andere Zustände. Männer können ihre Ehefrauen – wie ihre Dienstmägde – praktisch ungestraft schlagen und vergewaltigen. In dem berühmten Tagebuch von Samuel Pepys, einem faszinierenden Zeugnis zur englischen Alltagsgeschichte des 17. Jahrhunderts, gibt der Autor wieder, wie ein Adeliger auf derbe Weise eine Ehe kommentiert, die wegen einer Schwangerschaft eingegangen wurde: »Mylords Vater«, so berichtet Pepys, »hatte dafür einen Ausspruch: wer eine Frau schwängert und sie dann heiratet, dem geht es wie jemand, der in seinen Hut scheißt und ihn anschließend aufsetzt.«[82]

Bemerkenswert dabei ist neben der Geschmacklosigkeit an sich die Tatsache, dass sie relativ offen in vermeintlich vornehmen, kultivierten Kreisen die Runde macht. Das 18. Jahrhundert wird eine Liberalisierung in Sachen Ehe und Partnerschaft mit sich bringen. Zugleich ist es aber eine Zeit der Extreme, in denen ältere Traditionen neben neuen weiterbestehen. So verschicken mächtige Familien wie die Habsburger im Rahmen der Heiratspolitik weiterhin jugendliche Prinzessinnen aus Gründen der Staatsräson in ferne Länder. Die alternde Mätresse Madame de Pompadour organisiert für Ludwig XV. eine Art Harem minderjähriger Jungfrauen. Adelige Männer haben Geliebte, die im Haus der Familie wohnen können, während die Ehefrau für eventuelle Affären büßen muss. Doch gibt es in Italien die Einrichtung des *Cicisbeo*, eines offiziellen »Kavaliers« adeliger Damen. Grundsätzlich soll er die Ehefrau bei Abwesenheit ihres Mannes zu gesellschaftlichen Anlässen begleiten, sie unterhalten und beschützen. Im Lauf der Zeit kann er zum halboffiziellen Liebhaber werden.

In manchen Fällen einigen sich Ehepartner darauf, dass beide Seiten, sofern man die Pflicht, legitime Kinder zu zeugen, erfüllt hat, halbwegs diskret ihren Liebschaften frönen können. Eine besonders fortschrittliche Variante dieses Modells gelingt der Physikerin und Philosophin Emilie du Châtelet und ihrem Freund, dem Aufklärungsdenker Voltaire. Sie ist anderweitig arrangiert verheiratet, aber für ihre Zeit emanzipiert.[83] Nachdem sie ihrem Mann drei Kinder geschenkt hat, gehen beide getrennte Wege, haben Affären, bleiben aber verheiratet und befreundet. Voltaire hilft Emilie beim Renovieren eines Schlosses, das der Familie ihres Mannes gehört. Als Emilie mit 42 Jahren im Kindbett stirbt – schwanger von einem anderen Geliebten –, ist Voltaire in tiefer Trauer.

Das Paar finde ich faszinierend. In meinem Freundeskreis fällt mir nur ein Paar ein, das eine ähnlich offene Mischung lebt. Dabei kann es sogar vorkommen, dass die Eheleute einander mehr oder weniger direkt zu verstehen geben bzw. beraten, ob und wenn ja wie der andere eine Affäre haben soll. Es gibt aber auch eine Art Vetorecht des Partners bei bestimmten potentiellen Affären, die die Beziehung in ihren Grundfesten erschüttern könnten. Das Fundament dieser Ehe ist allerdings, dass beide füreinander, soweit ich weiß, von Anfang an vor allem beste Freunde waren.

## *POWERED BY EMOTION:* DIE LIEBESHEIRAT IN ZEITEN DER AUFKLÄRUNG, INDUSTRIALISIERUNG UND ROMANTIK

Vor Jahren kam ich, auf einer Parkbank sitzend, mit einer älteren Dame ins Gespräch. Sie hatte, wie sie erzählte, mit 18 einen Mann kennen gelernt. Sie liebten einander und wollten heiraten. Im Krieg war er Flieger. Doch, so sagte sie lakonisch, »er ist abgestürzt«. Seitdem hatte sie keinen Mann mehr in Betracht gezogen. Während die Dame so erzählte, sagte sie zwischendurch immer wieder: »Besser allein als schlecht zu zweit.« Diesen Satz wiederholte sie im Lauf des Gesprächs fast wie ein Mantra. Es war, als wolle sie sich im Rückblick noch einmal von der Richtigkeit der Aussage überzeugen.

Später fiel mir auf, dass der Satz eine Abwandlung des Mottos »Lieber allein, als unglücklich verheiratet« ist, das im 19. Jahrhundert Verbreitung fand.[84] In früheren Zeiten hätte der Spruch, der heute wie eine Binsenweisheit klingt, für viele keinen Sinn ergeben. Man ging ganz selbstverständlich Ehen aus materiellen Erwägungen oder politischen Gründen ein, und so war auch die Frage, ob die Ehe »glücklich« sei, zunächst nicht entscheidend.

Erst seit dem 19. Jahrhundert wird die Ehe mehr und mehr mit dem Wunsch nach dem persönlichen, vielleicht sogar absoluten Glück verknüpft. Ein wichtiger Schritt auf dem Weg dorthin ist im 18. Jahrhundert die Betonung des Gefühls, der Empfindsamkeit und der Gleichberechtigung. Juristisch spiegelt sich das in dem Gesetz der französischen Revolutionsregierung zur Scheidung wider. Im Jahr 1792 erlaubt es die Scheidung, und zwar mit einem Maß an Liberalität, wie es andernorts noch lange nicht erreicht werden sollte; bereits unter Napoleon sollte es denn auch wieder eingeschränkt werden.[85] Und von Anfang an wird die Liberalisierung kontrovers diskutiert. Wenn jeder sich relativ einfach trennen kann, schwächt das, so meinen manche, die Institution der Ehe und Partnerschaft insgesamt. Suzanne Necker, die Frau des Finanzministers und Gastgeberin eines intellektuellen Salons, klagt in ihren *Réflexions sur le divorce* (1794) über das neue Gesetz zur Scheidung; es sei »gefährlich«: Die Liebe, die Gott geschenkt hat, solle man nicht »aufs Geratewohl« auf eine »große Menge von Objekten verteilen«; schließlich entwickle sich, so Necker, echte Zuneigung erst in Erwartung einer langen gemeinsamen Zukunft.[86]

In Neckers Text bleibt offen, ob sie für die arrangierte Ehe, Vernunftehe oder Liebesheirat plädiert. Deutlich wird aber, wie zentral die Frage nach Sinn und Unsinn verschiedener mehr oder weniger auf Liebe gegründeter Modelle ist. Auch fortschrittliche Denker wie Denis Diderot kommen, was die Liebesheirat betrifft, durcheinander; er verhält sich sehr widersprüchlich. In einem Text in der großen *Enzyklopädie*, dem Hauptwerk der aufklärerischen Volksbildung, erklärt Diderot unter dem Stichwort »Untreue«, unter welchen Voraussetzungen sie zu entschuldigen ist: »Wer wählt sich denn sein Weib?«, fragt Diderot. »Und wer wählt sich seinen Gatten? Je weniger Einverständnis, Freiheit und Wahl es bei einer Verpflichtung gibt, desto schwieriger ist es, ihre Bedingungen zu erfüllen, und desto weniger schuldig ist man in den Augen der Vernunft, wenn man diese Bedingungen verletzt.«[87]

Kurios ist die Tatsache, dass Diderot die Untreue im Fall einer arrangierten Ehe entschuldigt, vor dem Hintergrund seiner eigenen Ehe. Er wirbt romantisch um seine Frau Anne-Toinette, heiratet sie aus Liebe, heimlich und ohne das Einverständnis seines Vaters; dann führt er 34 Jahre lang eine unglückliche Ehe mit ihr und behandelt sie schlecht.[88] Er hat Geliebte wie die Schriftstellerin und Feministin Madame d'Arsant de Puisieux und Sophie Volland, die Intellektuelle, die nach Meinung Diderots die positiven Eigenschaften von Frau und Mann in sich vereint.[89] Seine Tochter Angélique wird Diderot arrangiert verheiraten.[90]

Trotz all der Ungereimtheiten setzt sich gerade bei Mitgliedern des Bürgertums mehr und mehr die Idee durch, dass man dem dekadenten Adel mit seiner Mätressenwirtschaft und Heiratspolitik etwas Solideres und Ehrlicheres als Grundlage für ein gemeinsames Leben entgegensetzen sollte: die Liebe bzw. echte emotionale Bande. Dass sich die Liebesheirat als Ideal etabliert, hängt mit der Ausprägung eines Lebensstils zusammen, den man bürgerlich nennen wird, der sich aber letztlich schichtenübergreifend etabliert. Der Liebesheirat zuträglich sind eine verstärkte soziale Mobilität und die Tatsache, dass mehr und mehr jüngere Leute im Zuge der Industrialisierung finanziell unabhängig von ihrer Familie werden. Die Ehe wird zu einem persönlichen, mit-

»Das Tête-à-Tête« von William Hogarth (ca. 1743), zweites Bild der sechsteiligen Serie »Marriage à la Mode« über die arrangierte Hochzeit, die letztlich zu Ehebruch, Totschlag und Selbstmord führen wird, zeigt das Paar am Morgen, nachdem beide getrennt gefeiert haben. Sie haben einander nichts zu sagen.

unter sogar kreativen Projekt, im Rahmen dessen man neue Formen der Intimität und Kommunikation austesten kann.[91]

Einerseits bringt die Liebesheirat eine Liberalisierung und Erleichterung mit sich; andererseits sind nun die Erwartungen und Anforderungen an eine gelungene Ehe höher. Seit dem 18. Jahrhundert werden in Romanen die möglichen Irrungen und Gefahren erörtert, die mit dem Gefangensein in einer lieblosen Ehe, aber auch mit der Sehnsucht nach der großen Liebe einhergehen können. Sogenannte Verführungsromane schildern, wie arglose junge, oft bürgerliche Frauen von üblen Gesellen, die nur in kurzer Leidenschaft entflammen oder ihnen die Liebe nur vorgaukeln, ins Unglück gestürzt werden. Die Tradition erstreckt sich auf berühmte Gesellschaftsromane wie Fontanes *Effi Briest*, Flauberts *Madame Bovary* und Tolstois *Anna Karenina* im 19. Jahrhundert.

Das Thema Liebesehe fasziniert und scheint dabei so kompliziert zu sein, dass es Literaten wie in einem Beziehungslabor untersuchen. Zwei herausragende Beispiele sind Goethes Roman *Die Wahlverwandtschaften* (1809) und Friedrich Schlegels *Lucinde* (1799). Recht hochgestochen heißt es in *Lucinde*, der Liebesgeschichte der Protagonisten Julius und Lucinde: »Es ist Ehe, ewige Einheit und Verbindung unsrer Geister, nicht bloß für das, was wir diese oder jene Welt nennen, sondern für die eine wahre, unteilbare, namenlose, unendliche Welt, für unser ganzes ewiges Sein und Leben.«[92]

*Lucinde* ist eine romantische, teils ironische Mischung aus Träumen, Briefen, Allegorien und Fantasien, voll von literarischen und religiösen Anspielungen. Dabei erscheint die Ehe als spannendes Experimentierfeld verschiedener Beziehungsformen, auf dem Elemente ausprobiert werden, die noch in späteren Zeiten aktuell sind. Die Protagonisten diskutieren nicht nur, wie Liebe und Ehe zusammengehören, sondern auch, wie gut dabei die *Freundschaft* zwischen Mann und Frau funktionieren kann.[93] Sie fragen sich, wie viel Sinn es hätte, dem Partner in den Tod zu folgen, um im ewigen Bund bei ihm zu sein. Recht verspielt träumen Lucinde und Julius sogar vom Rollentausch zwischen Mann und Frau. Sie wenden sich gegen Prüderie, auch wenn die Sexszene dann recht zahm ausfällt: Julius, so heißt es, ist versessen darauf, bei Lucinde, »die schwellenden Umrisse schmeichelnd zu berühren und durch die zarte Hülle der ebnen Haut die warmen Ströme des feinsten Lebens zu fühlen«.

Was für eine Faszination Fragen darüber ausüben, welche neuen Formen der Ehe, Liebe und Freundschaft man leben könne, zeigt vielleicht eine Anekdote aus Schlegels echtem Leben.[94] So teilt er sich mit dem späteren Universitätsprediger, Philosophen und Pädagogen Friedrich Schleiermacher eine Bleibe. »Unsere Freunde«, so Schleiermacher, »haben sich das Vergnügen gemacht, unser Zusammenleben eine Ehe zu nennen.« Diese Ehe beinhaltet nicht nur eine tiefe seelische Verbundenheit, sondern auch eine neuartige Nähe im Alltag. Die Herren können morgens mit einem Kaffee auf ihren Betten in ihren Zimmern sitzend lesen und dabei, so Schleiermacher, die Türen von ihren Betten aus öffnen, um miteinander über den Gang hinweg ihre »Morgengespräche« zu führen.

Schleiermacher beschreibt die historische Geburt der Männer-WG als Eheersatz. Allgemein ist es aus heutiger Sicht faszinierend zu sehen, auf welch vielfältige Weise um 1800 neue Formen des Zusammenlebens theoretisch wie praktisch ausprobiert werden. Ernster als bei Schlegel und in mancher Hinsicht mit moderneren Instrumenten wird in einem zweiten großen Ehelabor um 1800 geforscht: in Goethes Roman *Die Wahlverwandtschaften*.

Der Roman schildert das Scheitern einer Liebesehe.[95] Unter den Begriff Wahlverwandtschaften fasst Goethe literarisch das, was man heute alltagssprachlich meint, wenn man von der »Chemie« spricht, die zwischen zwei Partnern stimme. Inzwischen denkt man dabei auch an Botenstoffe wie Pheromone, Dopamin und Serotonin. Goethe zielt eher auf die Frage ab, wie kalkulierbar und steuerbar die gegenseitige Anziehungskraft ist und wie die Suche nach neuen Verbindungen abläuft. Selbst das Konzept des Beziehungsgesprächs, das inzwischen selbstverständlich ist und fast schon ein Klischee, führt Goethe noch vorsichtig als neue Kommunikationsform ein. So meint Eduard: »Ich merke wohl, im Ehestande muß man sich manchmal streiten, denn dadurch erfährt man was voneinander.« Immerhin benennt Goethe die Illusion von der dauerhaften Ehe und diskutiert sogar die Ehe auf Probe. »Eine jede Ehe«, heißt es im Roman, soll »nur auf fünf Jahre geschlossen werden.«

Bemerkenswert ist die Diskussion der befristeten Ehe bei Goethe, der vielzitierten Autorität des deutschen Bildungskanons, vor dem Hintergrund, dass im Jahr 2007 die CSU-Politikerin Gabriele Pauli eine auf sieben Jahre befristete Ehe fordert und dafür Kritik und Häme über sich ergehen lassen muss.[96] Zumindest in Mexiko kann seit 2011 eine Ehe zeitlich begrenzt auf zwei Jahre geschlossen werden.[97] Zu Goethes Zeiten irritieren derartige Gedanken schon deshalb, weil man die Ehe in den privilegierten Schichten zu einem Wert für die Ewigkeit stilisiert. Dabei laufen durchaus sehr kontroverse und unterschiedliche Debatten zum Thema, mitunter von antiken Tragödien inspiriert, mitunter von bizarren Fällen aus dem echten Leben.

Auf drastische, aber auch hoch symbolische Weise lotet Goethes Zeitgenosse Heinrich von Kleist (1777 – 1811) die extremen Seiten der Liebe und Ehe aus. Kleist selbst wird sich in einem Doppelsuizid mit Henriette Vogel das Leben nehmen. In seinen Werken thematisiert er die oft fließenden Grenzen zwischen pathologischem Besitzdenken, Projektionen, *amour fou* und der alles überwindenden Liebe. Die Bandbreite reicht von der bedingungslosen Liebe in *Käthchen von Heilbronn,* die am Ende zum Glück führt, bis zur Vergewaltigung, die in *Die Marquise von O…* in einer Liebesehe wiedergutgemacht wird. In seinem ebenso drastischen wie symbolisch aufgeladenen Stück *Penthesilea* will die Amazone in ihrer Liebe zu Achilles nicht gegen das Eheverbot ihres Gemeinwesens verstoßen. Am Ende schlägt sie, innerlich zerrissen, ihren »Zahn in seine weiße Brust«, zerfleischt ihren Geliebten zusammen mit einer Meute von Jagdhunden in einem Anfall von Wahnsinn und in einem Akt des Kannibalismus.[98] Als sie wieder zu sich kommt, versucht sie ihre Tat zu erklären: »So war es ein Versehen, Küsse, Bisse, Das reimt sich, und wer recht von Herzen liebt, Kann schon das Eine für das Andre greifen.« Penthesilea bittet den toten Achilles um Vergebung, sagt sich nun endlich vom Gesetz der Amazonen los – und erdolcht sich, um im Tod seine Frau zu sein. Im echten Leben wird die Ehe bzw. die Hochzeit im 19. Jahrhundert zum emotionalen Großereignis, vor allem für die Frau. Als die britische Königin Victoria im Februar 1840 in einem neuartig weißen Kleid heiratet, trägt sie zur Durchsetzung der Brautmode bei und zur Aufwertung der Institution Ehe im Sinn einer innigen Verbindung. Tatsächlich soll die Ehe nun nicht mehr wie zu früheren Zeiten vor allem Gegenstand wirtschaftlicher und politischer Überlegungen sein, sondern auch Grundlage der persönlichen Entwicklung.

Heute kann man den Eindruck gewinnen, dass das Konzept der Liebesehe, das sich aus der Romantik speist, zumindest in ihrer Reinform angekratzt ist. Da zu hohe Erwartungen zu oft enttäuscht worden sind, diskutiert man, wie die Balance zwischen Romantik und Pragmatismus aussehen sollte. Vielleicht kann man unsere Situation mit jener im 18. Jahrhundert vergleichen. Auch damals werden alte und neue Konzepte gegeneinander abgewogen. Ähnlich wie heute findet dies vor dem Hintergrund sozialer und ökonomischer Umbrüche statt. Dazu kommen neue Formen der Kommunikation und veränderte Grenzen zwischen Öffentlichkeit und Privatleben – damals in Form massenhafter Briefe und publizierter Tagebücher, heute über soziale Netzwerke und die virtuellen Welten im Internet. Als historische Leistung bleibt mit Blick auf die Etablierung der Liebesheirat und der romantischen Liebe die Tatsache bestehen, dass in ihrem Namen das Einfühlungsvermögen weiterentwickelt und die Wahlfreiheit propagiert worden sind.

## MAKELLOS UND VOGELFREI: ENTSEXUALISIERTE EHEFRAUEN UND HEILIGE KURTISANEN

Natürlich muss man vorsichtig mit Einschätzungen darüber sein, wie konkret die Idee der romantischen Liebe bzw. Liebesheirat im 19. Jahrhundert im Alltag greift und wie weit verbreitet sie ist. Tatsächlich zählt meist noch die »gute Partie«. Auch die Form kann, wie die erwähnten Werke von Goethe und Schlegel auf stilisierte Weise vorführen, recht unterschiedlich ausfallen.

Eine literaturhistorische Besonderheit dürfte der Schlagabtausch sein, den sich der Schriftsteller Leo Tolstoi und seine Frau Sofja Tolstaja liefern. So lässt Tolstoi in seiner autobiografisch inspirierten Novelle *Die Kreutzersonate* den lustfeindlichen Helden erzählen, wie er in der Ehe Kinder als Rechtfertigung für das »Schweineleben«, den Sex, brauchte.[99] Im Gegenzug schildert seine Frau Sofja Tolstaja 1893 in ihrem Roman *Eine Frage der Schuld* die Situation der Frau eines Landadeligen bzw. die Doppelmoral des Mannes, der sie eifersüchtig überwacht, während er selbst über die Stränge schlägt. Ihr Roman wurde erst 1994 veröffentlicht.

Die Doppelmoral und Prüderie des 19. Jahrhunderts haben langfristige Folgen. Sie bewirken, dass Frauen in der westlichen Welt so stark entsexualisiert werden wie nie zuvor in der Geschichte. Lange Zeit war man davon ausgegangen, dass Frauen dem weiblichen Urtypus der Eva folgend in sündige Versuchung führten. Nun hebt man sie als ätherische Wesen in andere Sphären als jene des groben, triebhaften Mannes. Im sprichwörtlich prüden viktorianischen England schreibt der einflussreiche Arzt und Autor William Acton erleichtert, dass »die Mehrheit der Frauen nicht sehr von sexuellen Gefühlen jeglicher Art geplagt werden«.[100] Die Liebe des Heims, der Kinder und der häuslichen Pflichten seien, so Acton, die einzigen Leidenschaften, die Frauen empfinden. Damit sperrt man Frauen in einen Goldenen Käfig. Sie sind gefangen in schrägen Theorien und dazu passenden Kleidern, die samt Korsett und Gestängen einige Kilos wiegen.

Seine literarische Form erhält das viktorianische Frauenbild in *Middlemarch* (1872), einem der vielen großen Eheromane der Zeit und einem besonders vielschichtigen, verfasst von einer Autorin, die sich selbst den männlichen Künstlernamen George Eliot gibt. In dem Buch stellt sich der ansonsten progressive Arzt Lydgate seine ideale Ehefrau folgendermaßen vor: »makellos, elegant, gelehrig, geeignet für den letzten Schliff in allen Feinheiten des Lebens und in einen Körper gehüllt, der das mit einer Beweiskraft ausdrückte, die andere Beweise unnötig machte. Lydgate war sich sicher: Sollte er heiraten, so würde seine Frau jene weibliche Ausstrahlung haben, jene spezifische Weiblichkeit, die man den Blumen und der Musik gleichstellen muß, jene Schönheit, die von ihrem ganzen Wesen her tugendhaft war, geschaffen nur für reine und köstliche Freuden.«[101] Als Gegenstück zu dieser Karikatur zeigt George Eliot, wie sich die Eheideale der Zeit im Denken gebildeter Frauen einnisten. So will die Hauptperson Dorothea Brooke über einen Ehemann eine Verbindung zu großen philosophischen Gedanken herstellen. Einen gelehrten Mann zu finden ist für sie so, »als würde ich Pascal heiraten«. Mit dem großen Philosophen Blaise Pascal im Kopf akzeptiert sie den Antrag des Privatgelehrten Casaubon. Er entpuppt sich allerdings bald als Erbsenzähler.

Einen gewissen Einfluss hat George Eliot nicht nur mit ihrem Roman, sondern auch mit der Art, wie sie ihr Leben führt. Als Mary Ann Evans getauft (1819 – 1880), wächst sie als Tochter eines Gutsverwalters mit einer ordentlichen Bildung auf. Sie findet Anschluss an intellektuelle Kreise, arbeitet als Redakteurin der angesehenen *Westminster Review* und als Übersetzerin kirchenkritischer Texte. Sie lebt skandalöserweise in wilder Ehe mit dem verheirateten Partner George Henry Lewes, der sich aus rechtlichen Gründen nicht scheiden lassen kann. Sie wählt den männlichen Künstlernamen George Eliot in Anlehnung an den Vornamen ihres Partners, der sie beim Schreiben unterstützt. Zwar erfährt sie schließlich Anerkennung für ihr Werk, doch bleibt ihre Lebensweise umstritten. Noch einmal sorgt sie für Furore, als sie nach dem Tod ihres Lebensgefährten Lewes mit 61 Jahren den 20 Jahre jüngeren John Cross heiratet – ein Altersverhältnis, das in dieser Geschlechterkonstellation bis heute ungewöhnlich ist.

Die Faszination, die George Eliot auf junge Frauen ausübt, ist immerhin so groß, dass sich der bekannte Sozialist und Literat George Bernard Shaw 1908 in seinem Text *Der Aufstand gegen die Ehe* gleich in der Einleitung auf sie bezieht.[102] Allgemein kritisiert Shaw in dem Buch die »Vogelfreiheit« in der Ehe, womit er unter anderem meint, dass die Vergewaltigung in der Ehe ungestraft bleibt. Einleitend berichtet Shaw von jungen Frauen, die ihn um Rat in Ehe- und Beziehungsangelegenheiten fragen: »Sie führen das Beispiel George Eliots an, die ein illegitimes Verhältnis mit Lewes einging.« Dann sind sie, so Shaw, »sprachlos und bestürzt, wenn ich, der ich (Gott weiß wieso) den Ruf genieße, über dieses Thema jeweils die fortschrittlichsten Ansichten zu haben, in sie dringe, sich auf keinen Fall zu kompromittieren, ohne die Sicherheit eines authentischen Eheringes«.

Sogar der sozialistische Gesellschaftskritiker will also verhindern, dass junge Frauen aus einem naiven Idealismus heraus ihren Ruf riskieren, wie George Eliot dies tat. Ausgerechnet eine Freundin von Shaw, die Soziologin Beatrice Webb, Mitbegründerin der Fabian Society, Vorläufer der britischen Labour Party, bezieht sich dennoch auf George Eliot. Mit Blick auf ihre eigene produktive und wechselseitig inspirierende Ehe mit Sidney Webb meint Beatrice Webb, das Vorbild ihrer Jugend sei Georges Eliots Heldin Dorothea aus dem erwähnten Roman *Middlemarch* gewesen. Allerdings habe sie sich, erklärt Beatrice Webb, mit ihrem Mann im echten Leben das geholt, was Eliots Romanfigur sich nur vorstellte und nicht bekam.[103]

So wie George Eliot im England des 19. Jahrhunderts eigensinnig und aufrührerisch anmutet, aber für viele ein Vorbild ist, gilt dies im freizügigeren Frankreich für ihre Namensvetterin George Sand. Auch Sand, eigentlich Aurore Dupin, wählt ihr männliches Pseudonym in Anlehnung an ihren Partner Jules Sandeau, mit dem sie zusammen publiziert. In ihren literarischen Werken thematisiert sie das sexuelle Begehren von Frauen. In einem Brief schreibt sie: »Wir ziehen unsere Töchter auf wie Unschuldslämmer und geben sie dann preis wie Stutenfüllen.«[104] Im Rückblick erscheint Sand als besonders offensives Beispiel für einen fortschrittlichen Umgang mit Ehe und Partnerschaft in repressiven Zeiten. Nach der Trennung von ihrem Mann hat sie offen Affären. Um zu unterstreichen, dass sie sich nimmt, was sie braucht, tritt Sand in Männerkleidung auf. Sie ist damit eine Vorläuferin späterer Varianten, von der Tänzerin Anita Berber im Berlin der zwanziger Jahre, die Smoking trägt und offen homosexuelle Beziehungen lebt, bis zum Cross-Dressing unserer Tage, mit dem Geschlechterklischees aufgebrochen werden sollen.[105]

Wie mutig Frauen wie George Sand und George Eliot im 19. Jahrhundert sind, kann man sich mit Blick auf eine Umfrage vergegenwärtigen, mit der die französische Zeitung *Le Figaro* 1889 ermitteln will, was ihre Leser über das Thema Ehebruch denken.[106] Ein Einsender übt Nachsicht mit dem Mann, »der es gerne mit dem Kuckuck hält und sein Ei in des Nachbars Nest legt«. Insgesamt wird der Frau mehr Schuld zugesprochen. Auf besonders absurde Weise argumentiert eine Vicomtesse in ihrer Antwort auf die Umfrage. Sie lässt ein imaginäres Kind zu Wort kommen: »Errötet es [das Kind] über die Seitensprünge seines Vaters? Nein. Tragen ihm die Fehltritte der Mutter nicht Schaden und Schande ein? Gewiß. Das entscheidet die Debatte.«

Heute würden sich in einer entsprechenden Umfrage die Leserbriefe stärker auf die Möglichkeit beziehen, die eingerostete Partnerschaft durch einen Seitensprung zu beleben. Ähnlich extrem wie die Repression im 19. Jahrhundert sind immerhin die theoretischen Alternativen zum konventionellen Verhalten. So heckt der Frühsozialist Charles Fourier (1772–1837) ein eigenes System als Ehe-Ersatz aus. Er will weg vom »ehelichen Geist«, der, so Fourier, »zwischen den Gatten ein Bündnis stiftet, das sich gegen ihre gesamte Umwelt richtet«.[107] Fourier will die »Versöhnung von Unbeständigkeit und Treue«. Er spricht von »Polygynen« oder »Omnygynen«, die verschiedene Partner lieben und zu allen langfristige Freundschaften pflegen können. Dafür führt Fourier den Begriff »transzendente Treue« ein. Sie kann basieren auf einer sogenannten Drehpunktliebe als Scharnier eines Netzwerkes (eine »Pivotale«, franz. *pivot* = Angelpunkt). In diesem Kontext kann ein »angelisches Paar«, ein engelhaftes Paar, mit offener Liebe vielen Menschen den Frieden auf Erden bringen. Dafür nimmt es auch mal, so Fourier, an »geregelten«, das heißt »ehrbaren« und »harmonischen Orgien« teil.

Aus heutiger Sicht laufen Fouriers Vorschläge auf eine Konstruktion hinaus, die Elemente einer militärisch organisierten

Hippie-Kommune, der Tempelprostitution und des eingangs erwähnten Polyamory-Konzeptes enthält. Fourier will dem Frauenbild entgegenwirken, bei dem es für viele kein Mittelding zwischen Heiliger und Hure gibt. Ein ambivalenter Ausdruck dieses Frauenbildes und für manche ein guter Kompromiss zwischen den Extremen ist die Kurtisane, die ausgehaltene Geliebte. Wie ihre historischen Vorläuferinnen, die Hetären und Mätressen, können Kurtisanen, wenn es gut läuft, reich werden; sie können mit dem Liebhaber eine tiefere geistige Verbindung aufbauen als dessen Ehefrau. Dass die Realität meist anders aussieht, schildert der Weltbesteller *Die Kamiliendame* (1848) von Alexandre Dumas d. J., der auf der wahren Geschichte der Marie Duplessis beruht. Sie steigt von der armen Dienstmagd zur Kurtisane der besseren Gesellschaft auf, stirbt aber am Ende jung, verlassen und verarmt an Tuberkulose.

In Anbetracht der Faszination, die die Kurtisane im 19. Jahrhundert ausübt, ist es kein Wunder, dass der Sozialist Paul Lafargue die Figur für eine umfassende Kritik an der Gesellschaft, am Kapitalismus und am Los der Ehefrau in Stellung bringt. In seinem parodistischen Text »Die Predigt der Kurtisane« (1887) weist er auf die Geschichte der Tempelprostitution hin und auf Jesus. Der habe, so Lafargue, Magdalena »in sein Paradies versetzt«. Lafargue bezeichnet die Kurtisane als »die Menschwerdung Gottes«, weil sie mit einer immateriellen Sache handle, der Liebe. Insofern sei sie ganz anders als die »treue Gattin und gute Hausfrau, welche von den Männern von Welt ebenso eifrig gepriesen, wie allein zu Hause gelassen wird«.[108] Lafargue selbst ist mit Karl Marx' Tochter Laura verheiratet. Selbst Karl Marx und Friedrich Engels heiraten, auch wenn sie die bürgerliche Ehe im *Kommunistischen Manifest* (1848) mit der »nichtoffiziellen Prostitution« vergleichen, weil die Frau dem Bourgeois nur ein »Produktionsinstrument« sei.[109]

Eine Freundin sagte mir einmal, sie habe sich immer eher als Kurtisane gesehen denn als Freundin oder Ehefrau. Damit meinte sie nicht die Prostitution, sondern eine Art Joker-Rolle, etwas Besonderes und dabei frei zu sein. Vielleicht lässt sich die Rolle der Kurtisane in Zeiten der Emanzipation im weiteren Sinn positiv interpretieren. Mit Blick auf das 19. Jahrhundert kann man sich trotz all des Puritanismus und der oft brutalen Repression daran erinnern, wie sehr sich hier Ehe und Partnerschaft als Experimentierfeld und Motor für persönliche Entwicklungen und soziale Neuerungen etablieren. Positiv formuliert, wird die Ehe zum Gesamtkunstwerk, das man selbst gestaltet. Was wohl auch historisch neu ist: Bei aller Borniertheit und Prüderie gibt es hier und da den Willen, aus den Lebensverhältnissen anderer Kulturen, Schichten und Milieus zu lernen.

## DIE ARBEITERKLASSE ALS EHE- UND BEZIEHUNGS-AVANTGARDE

Im Jahr 1616 definiert eine bayerische Polizeiverordnung, wer nicht »ehefähig« ist: nämlich die Masse der Armen, die »Dienstboten, Tagelöhner und sonstigen unvermögenden Personen«, all jene, »denen erfahrungsgemäß die sittliche und wirtschaftliche Kraft fehlt, eine Familie aus eigenen Mitteln wirtschaftlich zu unterhalten«.[110] In einigen deutschen Staaten und habsburgischen Ländern ist die Ehe verboten, wenn man keinen ausreichenden »Nahrungsstand« nachweisen kann, also nicht genug Geld hat; das gilt zum Teil bis 1871.[111] Mit derartigen Restriktionen will man die Ehe wie schon zu früheren Zeiten als Hort der gesellschaftlichen Ordnung bewahren und auch verhindern, dass sich die ärmeren Schichten zu stark reproduzieren.[112] In Westeuropa sind im 19. Jahrhundert in einigen Schichten erstaunlich wenige Menschen verheiratet. Bei den Londoner Straßenhändlern sind es manchen Quellen zufolge nur ein Zehntel der Paare, die zusammenleben.[113] Minderjährige Prostituierte und Jugendliche, die vom Stehlen oder Tagelohn leben, übernachten in Sammelunterkünften und wechseln häufig die Partner.

Selbst wenn man von solchen Extremen absieht, besteht ein großer Unterschied zwischen den Schichten darin, wie man sein Beziehungsleben gestaltet. Schon wegen der genannten gesetzlichen Einschränkungen in Sachen Heiratsmöglichkeiten sind in der Arbeiterschaft »wilde Ehen« – in Frankreich *concubinage* genannt – häufiger als im Bürgertum.[114] Insgesamt haben die meisten Arbeiterinnen in den Jahrzehnten vor und nach der Wende vom 19. zum 20. Jahrhundert ihre ersten sexuellen Beziehungen bereits mit 16 oder 17 Jahren, also früher als Kinder des Bürgertums.[115] Anders als im Bürgertum definiert sich die »Ehre« in der Arbeiterklasse nicht nach Keuschheit oder Jungfräulichkeit. Man schläft miteinander, wenn eine ernste Beziehung in Frage kommt. Unter Arbeitern werden Ehen meist erst dann geschlossen, wenn Kinder anstehen bzw. genug Geld da ist, damit die Frau nicht mehr in der Fabrik arbeiten muss, sondern den Haushalt führen kann. Von den Kindern, die Fabrikarbeiterinnen unehelich zur Welt bringen, werden 1895 in Frankfurt nur 28,4 Prozent legitimiert. Die Quote liegt immerhin höher als bei Dienstmädchen, die sexuell oft von ihren bürgerlichen Arbeitgebern ausgebeutet werden.

Zur Vorstellung von einer größeren Freizügigkeit der Arbeiterklasse, zu dem Bild, das man sich weithin davon macht, tragen schlicht die engen Wohn- und Arbeitsverhältnisse bei, die leichte Bekleidung in der Hitze am Arbeitsplatz. So sehen bürgerliche Beobachter die Arbeiterklasse oft als »frei und ungehemmt«; sie vermuten wilde Orgien in den Schlafsälen der Fabriken. Natürlich kann man bei der Ehe und Partnerschaft für die Arbeiterklasse ebenso wenig ein einheitliches Bild zeichnen wie für andere Schichten. Zudem lässt sich oft nicht unterscheiden, wo Bilder der Wahrheit entsprechen oder den Fantasien bürgerlicher Historiker oder Literaten, die auf die Arbeiterklasse projiziert werden.

*»Die Büglerin« (um 1869) von Edgar Degas: Da die junge Frau auf engem Raum arbeitet, ist sie für damalige Verhältnisse locker bekleidet. Vor dem Hintergrund der strengen bürgerlichen Umgangsformen und Kleiderordnungen des 19. Jahrhunderts eignet sich die Alltagsszene für erotische Fantasien.*

Manche Publizisten sehen die Arbeiter als Opfer der Ausbeutung, die auch die Familiengründung und Ehe verhindert oder zerstört. Dann wieder gelten Arbeiter als gesellschaftliche Avantgarde, weil sie ihre Frauen eben nicht wie der Adel und das Bürgertum zu Hause in einen Goldenen Käfig sperren. Sie lassen sie an ihrer Seite arbeiten und für ihre Rechte kämpfen. Tatsächlich ist die größere Mobilität in der Arbeitswelt einer der Faktoren, der das Beziehungsleben im Zuge der Industrialisierung beeinflusst. Im 19. Jahrhundert entwickeln sich der neue »Beruf« der Hausfrau und damit der Gegensatz zwischen Haus und Arbeitsstelle, zwischen weiblicher Heimarbeit und auswärtiger männlicher Lohnarbeit.[116] In diesem Kontext besteht ein schichtenspezifischer Unterschied darin, dass Frauen der Arbeiterklasse viel Zeit außer Haus verbringen, etwa in der Fabrik. Noch um 1900 ist die weibliche Erwerbsarbeit in Deutschland typisch für die städtischen und ländlichen Unterklassen, während Frauen der Mittel- und Oberschicht eher zu Hause bleiben.[117]

Paradoxerweise verdankt sich der freizügigere Umgang mit Ehe und Partnerschaft bei Arbeitern oft behördlichen Einschränkungen wie den erwähnten Heiratsverboten und dem materiell bedingten Zwang bei Frauen, sich an der Erwerbsarbeit außer Haus zu beteiligen. Auch haben Jugendliche der Arbeiterklasse oft, gerade weil es bei ihnen zu Hause eng ist, mehr Möglichkeiten als bürgerliche, ohne elterliche Aufsicht potentielle Partner kennenzulernen: etwa bei öffentlichen Tanzveranstaltungen und später im Kino statt im elterlichen Salon.[118] In mancher Hinsicht ist die Arbeiterklasse – wie die künstlerische Bohème – Ende des 19. Jahrhunderts ein Vorreiter in Beziehungssachen. Beispielhaft dafür steht der englische Begriff *dating*. Er bedeutet ursprünglich »sich treffen, miteinander ausgehen« und kann im Englischen inzwischen auch eine nicht genau definierte sexuelle Beziehung meinen: Er kommt in den 1890er Jahren in der Arbeiterklasse auf und wird im 20. Jahrhundert von der Mittelklasse übernommen.[119]

## GUTER SEX IN DER EHE UND ANDERE HERAUSFORDERUNGEN DES 20. JAHRHUNDERTS

Blickt man vom 21. Jahrhundert auf die Geschichte der Ehe zurück, kann man nachvollziehen, wie sich verschiedene Elemente und Funktionen angesammelt und wie Jahresringe auf der Institution abgelagert haben, die bis heute durchschimmern: In der Antike ist die Ehe ein Geschäft, sie dient der Sicherung ökonomischer, politischer und genetischer Besitzstände. Im Mittelalter werden – auch wenn die Realität anders aussieht – der sakrale und transzendente Charakter der Ehe betont. Erst im Lauf der Neuzeit kommt die Liebesheirat in Mode. Die Romantik steuert Vorstellungen von Seelenverwandtschaft und Verschmelzung bei – und von der Ehe als Labor und Kunstwerk.

Man wundert sich, wie spät sich die Liebe als offiziell wichtigste Grundlage der Ehe etabliert hat. Ähnliches gilt für den Sex.

Zugespitzt gesagt findet die Vorstellung, dass die Ehe der Ort für abwechslungsreichen und spannenden Sex sein soll, erst im Lauf des 20. Jahrhunderts weitere Verbreitung. Als Grund wurde genannt, dass sich mit der »bürgerlichen« Familie der Moderne mehr Intimität als beim traditionsgebundenen Adel entwickelt habe, die auf das Sexuelle ausstrahlte.[120] Man kann auch schlicht die Emanzipation anführen und die allmähliche Enttabuisierung des weiblichen Orgasmus. Da aber von Frauen nach wie vor mehr eheliche Treue erwartet wird als von Männern, wollen sie wenigstens zu Hause auf ihre Kosten kommen. Im Gegenzug führt die »bürgerliche Moral« dazu, dass weniger Felder außerhalb der Ehe für Sex zur Verfügung stehen.

Die neue Forderung nach sexueller Erfüllung auch *in* der Ehe verbreitet sich über Ratgeber und Romane. Unter dem Titel *Married Love* kratzt Marie Stopes, die britische Botanikerin, Frauenrechtlerin und Pionierin in Sachen Familienplanung, 1918 am Bild der bürgerlichen Ehe. Sie schreibt, dass »heutzutage, vor allem in der Mittelklasse dieses Landes, das Eheleben weit weniger glücklich ist, als es den Anschein hat«.[121] Stopes gibt Tipps wie jenen, dass Eheleute außerhalb der Partnerschaft enge Freunde haben sollten und dass man es beim Sex mit Zärtlichkeit und Vorspiel versuchen sollte. Im Jahr 1922 muss der Autor Victor Margueritte allerdings noch seinen Légion d'honneur-Orden zurückgeben, weil sich die Heldin seines Romans *La Garçonne* (*Die Aussteigerin*) über die Konventionen der Ehe hinwegsetzt und ein sexuell befreites Leben führt, mit zahlreichen Affären auch homosexueller Art.

Auch wenn sie heftig kritisiert wird, ist die Ehe in den wilden zwanziger Jahren noch von viktorianischen Idealvorstellungen geprägt. Dazu passt es, dass sie auch dann als institutioneller Rahmen dient, wenn man experimentieren will. Das gilt für Versuche mit Dreierbeziehungen, offenen Ehen, lockeren Arrangements, die prominente Literaten wie Jane und H.G. Wells oder Katherine Mansfield und John Middleton Murry praktizieren.[122]

Die Schriftstellerin Vera Brittain verwendet sogar den Begriff »semi-detached marriage«, der an die eingangs erwähnte »semi-happy marriage« denken lässt: Die halb getrennte, halb losgelöste Ehe soll, so Brittain, zugleich Stabilität und Spielraum bieten.[123] Weniger konzeptionell, aber ebenfalls experimentell ausgerichtet ist das Promi-Paar der zwanziger Jahre schlechthin, Scott und Zelda Fitzgerald. Zelda ist mit ihrem Bubikopf, ihrem Haarschnitt *à la garçonne*, ein *flapper*, eine emanzipierte Draufgängerin.[124] Sie spricht von ihren lesbischen Neigungen, wirft ihrem Mann aber vor, sie nicht zu befriedigen, weil er vielleicht homosexuelle Interessen habe. Trotz des schlimmen Endes der Ehe in Alkoholismus und Psychosen bleibt sie ein bekanntes Beispiel für den Versuch, verschiedene Wünsche auszuleben.

Mit Blick auf den Beginn des 20. Jahrhunderts stechen die global unterschiedlichen Entwicklungen in Sachen Ehe und Partnerschaft besonders stark ins Auge. In China werden Frauen in den zwanziger Jahren noch wie Ware gehandelt; die Übergänge zwischen Ehe und Prostitution können fließend sein. So werden arme Mädchen vom Land in die Stadt in Bordelle verkauft, zu Prostituierten ausgebildet; dort werden sie teils aber auch als Ehefrauen weitervermittelt, sofern sich ein reicher Bräutigam findet.[125] Die Tradition der arrangierten Ehe – und des Frauenhandels – ist in einigen Ländern Asiens bis weit ins 20. Jahrhundert prägend und wirkt in manchen ländlichen Gebieten bis heute nach.[126]

Im westlichen Europa laufen zu Beginn des 20. Jahrhunderts ganz andere Entwicklungen ab. So führen die Avantgardedichterin Gertrude Stein und ihre Partnerin Alice Toklas im freizügigen Paris eine homosexuelle Ehe, wenngleich ohne Trauschein. Was die Homosexualität betrifft, ist bemerkenswert, dass sie über weite Strecken der Geschichte bei großen Bevölkerungsteilen ein normales Phänomen ist; erst im 12. und 13. Jahrhundert unterdrückt die Kirche sie im Rahmen der Ketzerbekämpfung; im 19. Jahrhundert wird sie auf pseudomedizinische Weise zur

Krankheit gestempelt.[127] Auch in westlichen Ländern ist homosexueller Verkehr bis in die zweite Hälfte des 20. Jahrhunderts strafbar, erst Ende des Jahrhunderts besinnt man sich eines Besseren. Umso ernüchternder ist es zu sehen, welch heftiger Widerstand sich noch im 21. Jahrhundert gegen die Ehe von gleichgeschlechtlichen Partnern formiert. Dabei schwingen irrationale, oft kirchlich motivierte Vorurteile mit, teils wohl auch die archaische Vorstellung, wonach die Ehe der Sicherung einer eng genetisch definierten Nachkommenschaft dienen soll.

Insgesamt sind Ehe und Partnerschaft im 20. Jahrhundert wie auch in den Jahrhunderten davor mitunter durch Wellenbewegungen zwischen Liberalisierung und Strenge geprägt und nicht durch eine lineare Entwicklung. In den fünfziger Jahren erlebt die Ehe ihre Hochzeit als konservatives Modell. Menschen, die in den fünfziger Jahren – meist sehr jung, vor dem 21. Lebensjahr – heiraten, haben mit 96 Prozent die höchste Ehequote aller Generationen.[128] Als Erklärung für den Heiratsboom wird die Angst der Frauen genannt, wegen des Männermangels nach dem Krieg allein zu bleiben.[129] Auch lässt sich ein Sicherheitsbedürfnis nach den Zeiten des Leids und der Wirren anführen. Jedenfalls etabliert sich in den fünfziger Jahren das Bild von der Standardehe mit dem arbeitenden Mann und der Frau, die sich daheim um den Haushalt und die Kinder kümmert.

In Deutschland ist das sogenannte Konkubinat seit 1872 nicht mehr strafbar. Doch kann man in der Nachkriegszeit in einer Ehe ohne Trauschein noch wegen Erregung öffentlichen Ärgernisses belangt werden. Vermieter oder Eltern, die ein unverheiratetes Paar zusammenleben lassen, setzen sich dem Vorwurf der Kuppelei aus und dem Vorwurf, einen Verlobtenbeischlaf zu ermöglichen.[130] Beratung in Sachen Sex und Verkauf entsprechender Hilfsmittel, wie sie Beate Uhse organisiert, müssen noch unter dem Schlagwort »Ehehygiene« vonstatten gehen und landen immer wieder vor Gericht. Dafür ist die Vergewaltigung in der Ehe in Deutschland erst seit 1997 als solche strafbar.

## VERBEAMTETE DON JUANS UND GERUCHSTESTS: NEUE RATGEBER UND VORBILDER

Vor dem Hintergrund, dass die Nachkriegszeit noch äußerst repressiv ist, wird nachvollziehbar, was für eine Faszination und Vorbildfunktion prominente Paare ausüben, die einen freieren Umgang mit Liebe, Sexualität und Partnerschaft vorleben: Bis heute ragen hier Paare wie Jean-Paul Sartre und Simone de Beauvoir und Liz Taylor und Richard Burton heraus.

Liz Taylors und Richard Burtons Ehe bezeichnete die Presse als »Marriage of the Century«. Als sie, beide anderweitig verheiratet, 1963 – bei den Dreharbeiten zu *Cleopatra* – eine Affäre beginnen, werden sie von Boulevardmedien, US-Kongressabgeordneten und dem Vatikan verurteilt. Im Laufe ihrer Beziehungsgeschichte sind Burton und Taylor dann zweimal miteinander verheiratet, Liz Taylor heiratet in ihrem Leben insgesamt acht Mal. Ihre vielen Streitereien und Exzesse, die durch die Medien gehen und sich in Filmen wie *Wer hat Angst vor Virginia Woolf?* spiegeln, wirken aus heutiger Sicht teils albern. So prahlt Burton offenbar schon am Film-Set von *Cleopatra* vor Technikern damit, wie zügig er Liz flachgelegt habe. Als später nur sie einen Oscar kriegt, ist er sauer und überredet sie dazu, der Verleihung fernzubleiben. Auch wenn Taylor und Burton im Rückblick in manchem pubertär oder vulgär erscheinen, stehen sie inmitten des damaligen Konservativismus für eine unkonventionelle Ehe und offene Auseinandersetzung. Die beiden wirken befreiend, zumal sie, wie Liz Taylor sagt, für damalige Verhältnisse »ehrlich« sind.[131]

Ähnlich offen wie Burton und Taylor, aber auf gediegenere Weise inszenieren sich die französischen Existenzialismus-Stars Jean-Paul Sartre und Simone de Beauvoir mit einer alternativen Form von Partnerschaft. Und diese Partnerschaft wird immerhin vom Ende der zwanziger Jahre über Jahrzehnte bis zu Sartres Tod im Jahr 1980 halten. Die beiden versuchen, ihre eheähnliche Beziehung auf einem ganz eigenen philosophischen Fundament zu errichten. Unabhängig davon, ob man die Beziehung letztlich überzeugend findet, wirken sie, seit sie in der Nachkriegszeit Berühmtheit erlangen, für viele inspirierend in dem Bestreben, eine andere Form der Ehe oder Partnerschaft zu konzipieren.

Die Grundlage für die Beziehung sind de Beauvoirs theoretische Auseinandersetzungen in ihrem Buch *Das andere Geschlecht* (Orig. 1949), das später zur Bibel der Frauenbewegung wird: Auf der Ehe, schreibt sie, »lastet deswegen ein Fluch, weil die Individuen sich in ihr allzu oft in ihrer Schwäche und nicht in ihrer Stärke zusammenfinden und weil jedes vom andern etwas fordert, statt ihm gern etwas zu gewähren«.[132] Für die Frau bestehe der Ausweg, so de Beauvoir, im Beruf. Der allein vermag »eine konkrete Freiheit zu garantieren«. Heute klingt das pathetisch; damals waren Arbeit und Eheleben für Frauen schwer vereinbare Gegensätze. Stewardessen der Air France erhielten – ähnlich wie weibliche Angestellte in Japan im Allgemeinen – erst 1963 das Recht, nachdem sie geheiratet haben, weiterzuarbeiten.[133] Davor verloren sie bei einer Eheschließung schlicht ihren Job.

Simone de Beauvoir und Jean-Paul Sartre führen eine Ehe ohne Trauschein. Sie haben getrennte Wohnungen, siezen einander und klügeln ein Konzept der absoluten Offenheit aus. Sie streben die Unabhängigkeit sexueller, emotionaler und intellektueller Art bei gewahrter Solidarität an. Beide haben Affären und Geliebte.

Zwar peppen die beiden ihr Konzept mit philosophischen Kategorien auf. Sie unterscheiden zwischen der zentralen »amour nécessaire« (nötige Liebe) und den restlichen »amours contingents« (zufällige, belanglose, anteilige Lieben). Doch erinnert das Konzept an ältere Modelle adeliger Haushaltsführung mit Ehefrau, Mätressen und Prostituierten. Im Vergleich erscheint Sartres und de Beauvoirs Ehe sogar als eine besonders trockene Version. So berichtet Sartres Geliebte Bianca Bienenfeld, dass er die Affäre mit ihr emotionslos wie ein Programm abspulte.[134] Im Rückblick lassen Sartres Briefe die Ehe in einem wenig vorteilhaften Licht erscheinen. Einmal rügt de Beauvoir ihn dafür, dass er mit einer Geliebten in einem brutalen Brief Schluss gemacht hat. Darauf schreibt er ihr: »Ich habe nie ein sauberes Sexual- und Gefühlsleben zu führen verstanden. Ich empfinde mich zutiefst und ehrlich als ein Schwein. Und obendrein ein mittelmäßiges Schwein, eine Art akademischer Sadist und verbeamteter Don Juan, bei dem man das Kotzen kriegt. Sagen Sie mir, was Sie von alldem halten.«[135]

Besonders der Nachsatz mit der Bitte, dass sie ihn beurteilen möge, klingt ein bisschen so, als wolle Sartre für seine Selbstbezichtigung eine B-Note von de Beauvoir erhalten, ein Lob für den künstlerischen Ausdruck. Dennoch öffnen derartige Experimente, ob man sie nun gelungen findet oder nicht, neue Räume für viele, die ihre Ehen und Beziehungen anders gestalten wollen. Insgesamt wird offener über Eheprobleme und -potentiale diskutiert.

Nach dem Aufruhr der 68er führt in den siebziger Jahren ein liberalisiertes Scheidungsrecht zu einer sprunghaften Zunahme der Trennungen. Mit ihrem Bestseller *Open Marriage* prägen die Anthropologen Nena und George O'Neill 1972 den Begriff der offenen Ehe. Was sie selbst auch als »Partnerschaftsehe« bezeichnen, ist, so die O'Neill, eine »fortlaufende Anpassung des Ehevertrages an die Gegebenheiten des Jetzt«.[136] Sie nennen Dinge, die aus heutiger Sicht selbstverständlich sind, aber weiterhin eine Herausforderung darstellen: So soll man Freiräume, Spontaneität, Freiheiten und Entwicklungsmöglichkeiten gewähren und offen, aber nicht brutal offen kommunizieren. Man soll die Barrieren der viktorianischen Moral und der romantischen Liebe mit ihren engen bzw. idealistischen Definitionen der Monogamie durchbrechen und die Ehe als dynamischen Prozess verstehen, im Rahmen dessen man lernt und wächst.

Nun hat sich die offene Ehe nicht durchgesetzt, sondern die serielle Monogamie. Das mag an der jahrhundertealten Prägung durch die Liebesehe liegen oder schlicht daran, dass eine offene

Ehe viel Verwaltungsaufwand mit sich bringt. Dennoch sind Ehe und Liebe in den letzten Jahrzehnten des 20. Jahrhunderts immer mehr zu dem geworden, was sich ausgerechnet in der Romantik angedeutet hatte: Gegenstand wissenschaftlicher Betrachtungen. Dabei hat sich die Erforschung der Ehe seit dem 18. und 19. Jahrhundert bis in die Gegenwart mehr und mehr von Romanen auf populärwissenschaftliche Sachbücher verlagert. In ihnen versucht man, die Begriffe Liebe, Treue und Eifersucht aus psychologischer, soziologischer und evolutionärer Perspektive zu beleuchten.

Der Evolutionspsychologe David Buss stellt sich die Frage, welchen Sinn die Eifersucht haben kann, die im Allgemeinen als destruktiv verschrien ist. Er bemüht sogar einen größeren historischen Zusammenhang, der, so Buss, bis heute nachwirke. So erklärt er in seinem Buch *Wo warst du?*, dass Eifersucht bei all den Risiken, die sie birgt, der Sicherung von Beziehungen dienen kann, vor allem vor Urzeiten, als es sozusagen noch keine anderen Formen der sozialen Absicherung gab.[137]

Buss zitiert Studien, in denen Frauen an T-Shirts rochen, die von fremden, anonymen Männern zwei Tage lang ohne Deo und ohne zu duschen getragen worden waren. Sie sollten sagen, welche T-Shirts bzw. Männer sie anziehend fanden. Bei dem Test kam heraus, dass Frauen besonders in der Phase des Eisprungs für den einmaligen, außerehelichen Sex aufgrund des Geruches symmetrische, das heißt angeblich besonders gesunde Männer auswählen. Das rühre, so Buss, daher, dass sich Frauen so über die Jahrtausende gute Gene für ihre Nachkommen beschaffen konnten, und zwar auch dann, wenn sie mit einem genetisch weniger gut ausgestatteten Partner verheiratet waren.

Nach der Lektüre des Buches von David Buss sind weniger symmetrische Männer gewarnt. Vielleicht aber auch beruhigt. Schließlich ist der außereheliche Sex gemäß Buss nichts Ernstes – und bleibt in Zeiten fortgeschrittener Evolution, die das Kondom und die Pille mit sich brachte, meist ohne gravierende Folgen.

In ihrem Buch *In guten wie in schlechten Tagen. Die Ehe – eine Wissenschaft* (2011) analysiert Tara Parker-Pope die Ehe aus mehreren Blickwinkeln. Sie schaut, wie sich unterschiedliche Faktoren auf die Institution auswirken: Dazu gehören Sprach- und Kommunikationsstil bzw. die richtige Streitkultur, Hausarbeit, Gene, Hormone, Finanzen und Bildungsstand. Für eine historische Betrachtung ist Parker-Popes Buch insofern aufschlussreich, als es zeigt, wie stark sich für die Ehe und feste Partnerschaft, obgleich sie so frei wie nie zuvor angegangen werden kann, doch wieder viele neue Kriterien und Überlegungen ergeben haben.

Wie Buss zitiert auch Parker-Pope Geruchsstudien. Doch anders als bei Buss laufen sie bei ihr weniger auf das Lob der Symmetrie hinaus als auf den alten Spruch »Gegensätze ziehen sich an«.[138] Firmen bieten bereits entsprechende Gentests zur Auffindung des Traumpartners an. Was den Sex betrifft, tun es laut Studien Verheiratete statistisch öfter als alle anderen, sogar als Menschen, die in wilder Ehe leben. Umgekehrt kann man, indem man die Sexfrequenz gezielt erhöht, die Ehe stabilisieren. Will man grundsätzlich mehr Sex in der Ehe, sollte man entweder Reiche oder Arme heiraten, aber nicht Mitglieder der Mittelschicht, die am wenigsten kopulieren. Collegeabsolventen haben allgemein angeblich weniger Sex als Menschen ohne Hochschulabschluss. Auf die Wahrscheinlichkeit, untreu zu sein, haben weder Bildungsstand noch Religionszugehörigkeit oder Alter einen nennenswerten Einfluss.

Statistisch sind Verheiratete – obwohl weniger schlank – laut Parker-Pope gesünder und glücklicher als andere. Dabei muss die Ehe gemäß dem bereits erwähnten Selektionseffekt nicht der Grund dafür sein, sondern es könnte schlicht sein, dass gesündere und glücklichere Menschen öfter heiraten. Auch verweisen Studien auf große individuelle Schwankungen beim Zusammenhang von Ehe und Glücksgefühl. Das Glücksgefühl, das zu Beginn einer Ehe ansteigt, pendelt sich laut Parker-Pope bei der Mehrheit – ähnlich wie nach der Geburt eines Kindes bei

Eltern – nach zwei Jahren wieder beim vorherigen Wert ein; anderen Erhebungen zufolge senkt sich das Glücksgefühl, das auf die Heirat folgt, nach einem Jahr ein wenig, bleibt aber über dem von Unverheirateten.[139]

Schon in der Debatte über die Vorzüge der genetischen oder psychologischen Ähnlichkeit und Unterschiedlichkeit von Paaren gehen die Meinungen auseinander.[140] Unabhängig von der Frage, wie hilfreich man Sachbücher und Ratgeber zum Thema findet, zeigen sie – ähnlich wie Romane des 19. Jahrhunderts –, wie viel Aufwand betrieben wird, um die Geheimnisse der Ehe und Partnerschaft zu durchleuchten. Der große praktische Unterschied zu den Zeiten der Eheromane ist zum einen die Verwissenschaftlichung des Themas; zum anderen herrscht heute im Vergleich eine viel größere Wahlfreiheit und Akzeptanz unterschiedlicher Formen des Zusammenlebens. Auch spielen materielle Gründe für eine Ehe im Westen – noch – eine historisch einzigartig geringe Rolle.

Umso erstaunlicher könnte man es finden, dass die Ehe als Lebensform statistisch höchst relevant bleibt. Zwar gibt es in den letzten Jahren einen Trend zu mehr Singlehaushalten.[141] In Deutschland sind mit 1,5 Millionen zwar etwa zehnmal mehr Lebensgemeinschaften nichtehelich als 1972; doch stehen ihnen immer noch 15 Millionen eheliche gegenüber.[142]

## ARRANGEMENT UND ASEXUALITÄT – FREE LOVE 2.0 UND DIE NEUEN BRÄUTE CHRISTI?

Im Sommer 1985 reiste eine Freundin von mir nach bestandenem Abitur allein durch Indien. Weil sie einen falschen Bus nahm, landete sie in einem kleinen Dorf. Es wurde dunkel, weit und breit keine Pension in Sicht. Da trat ein Inder, der ebenfalls aus dem Bus gestiegen war, auf sie zu und fragte sie, wo sie hinwolle. Als sie ihre Lage erklärte, bot er ihr an, für die Nacht sein Gast zu sein. Sie hatte Bedenken und lehnte das Angebot ab. Daraufhin verabschiedete sich der Mann höflich und verschwand in der Dunkelheit. Wenig später kamen zwei Frauen auf sie zu und stellten sich als Frau bzw. Tochter des Mannes vor, mit dem sie gerade gesprochen hatte. Sie könne das Angebot ruhig annehmen, solle keine Angst haben. Mit Blick auf den abendlichen, menschenleeren Dorfplatz entschloss sie sich, den Frauen zu folgen. Am Ende freundete sie sich mit der Familie an und blieb eine Woche zu Gast.

Irgendwann zeigte die Mutter ihr ein Foto ihres Sohnes, der in der Stadt studierte, und fragte sie, ob er ihr gefalle. Der Sohn werde demnächst zu Besuch kommen. Wenig später nahm die Tochter des Hauses meine Freundin beiseite und erklärte ihr: Man wolle sie mit ihrem Bruder verheiraten. Sie solle heimlich ihre Sachen packen und ihr am nächsten Morgen folgen, sie bringe sie zum Bus. So fuhr sie davon, schickte später eine Dankeskarte. Als sie über das Ganze nachdachte, fiel ihr ein, dass die Familie sie über ihre Eltern ausgefragt hatte, besonders über den Beruf des Vaters, der Banker war.

Zwar macht die Episode deutlich, wie unterschiedlich die Vorstellungen über die Ehe, global betrachtet, noch sind; die versuchte Eheanbahnung lässt zunächst an vergangene Zeiten denken. In dem geschilderten Fall wäre es allerdings wohl kaum auf eine brutale Zwangsehe hinausgelaufen, wie sie in Ländern wie Indien, Bangladesch und Afghanistan noch heute üblich sind und wo junge Bräute in der Familie des Mannes oft wie Gefangene leben.[143]

Tatsächlich ist die Geschichte aus Indien gar nicht so weit weg von einer auch in unserem Verständnis normalen Annäherung eines Paares. Sie ähnelt durchaus heutigen Formen, bei denen Freunde, Bekannte, Verwandte oder Kollegen im Spiel sind. Auch in der westlichen Welt scheint es wieder die Tendenz zu geben, dass man die Herangehensweise an Ehe und Beziehung pragmatischer plant – stärker zumindest als vor 25 Jahren. Ein äußeres Anzeichen dafür ist der Boom von Agenturen im Internet, die entweder Partner mit ähnlichen Interessen und aus gleichen Schichten suchen oder aber Partnerinnen aus armen Ländern, früher Katalogbräute genannt, die finanzielle Gründe für eine Ehe im reichen Westen haben. Weiterhin gibt es im Rahmen des Neokonservativismus in den USA einen Trend junger Leute, die Eltern bei der Auswahl ihrer Ehepartner wieder stärker zu beteiligen.

Man muss nicht gleich das Ende der Liebesheirat nach rund zwei Jahrhunderten einläuten. Zunächst scheint das Angebot nur differenzierter zu sein. Schlagwörter wie »Free Love 2.0« machen die Runde; als virtuelle Person kann man anonym »Avatar-Affären« haben.[144] Immer mehr und immer offener bieten nicht nur Agenturen für die Partnerschaft fürs Leben ihre Dienste an, sondern auch Flirtportale und Seitensprungbörsen. Insgesamt kann man wohl sachlicher als zu früheren Zeiten definieren, was man will, welche Schwächen und Treulosigkeiten des Partners akzeptabel sind, welche Bedürfnisse man wie ausagieren kann. Die Frau des russischen Basketball-Stars Andrei Kirilenko würde ihrem Mann erlauben, genau einmal im Jahr eine Nacht Sex mit einer anderen Frau zu haben.[145]

Zur pragmatischen Herangehensweise passt es, dass Frankreich am 15. November 1999 als Alternative zur Ehe mit ihren Treueschwüren auf ewig per Gesetz den *pacte civil de solidarité* einführte (PACS). Der zivile Solidaritätspakt gleicht die Partner in Bereichen wie Versicherung, Steuer-, Miet- und Erbrecht Ehepaaren an, lässt sich aber im Unterschied zur Ehe einfach durch eine schriftliche Erklärung kündigen.[146] Eine exzentrischere Möglichkeit, Enttäuschungen und langwierige Streitereien mit Ehepartnern zu umgehen, wählte 2010 eine Taiwanesin: Sie heiratete sich selbst.[147] In Indien ehelichte eine 60-Jährige die hinduistische *Bhagavatgita*, die Teil des weltlängsten Gedichts ist. Ehen mit heiligen Bäumen und Tieren sind traditionell nicht unüblich.[148] Hier geht es natürlich um symbolische, oft religiös motivierte Ehen, der Ehe vergleichbar, wie sie im Westen die Bräute Christi mit Jesus schließen. Aktuell erweitert sich in Industrieländern in einem ganz anderen kulturellen Kontext die Bandbreite möglicher Partner allerdings schon deshalb, weil die Reproduktion und die Wahrung des Familienbesitzes keine Hauptfunktionen der Ehe mehr sind. So spielt es vielleicht keine so große Rolle mehr, ob man mit einem Menschen, einem Tier, einem Gegenstand oder einem alten Haus verheiratet ist – und sich die dabei fehlenden Elemente der Beziehung woanders holt.

Neue Formen der Ehe könnten auch durch eine Tendenz zum Asexuellen gefördert werden, wie sie Volkmar Sigusch, Professor für Sexualwissenschaft, in der Gesellschaft sieht.[149] Er bezeichnet den Trend als die »neosexuelle Revolution« nach jener der sechziger Jahre, die mehr und freieren Sex gebracht hat. Sigusch schildert, wie sich seit den neunziger Jahren immer mehr Asexuelle in Gruppen wie den »Leather Spinsters« (»Lederne Jungfern«) im Internet formieren oder auf einem »Nonlibidoism«-Forum austauschen. Sie wehren sich gegen den kulturellen Druck, immer mehr und vermeintlich besseren Sex zu haben. Einige Studien deuten, so Sigusch, auf die Tendenz hin, dass immer mehr junge, gesunde Menschen kein oder kaum Interesse am Sex haben. Über die Gründe wird spekuliert. Genannt werden ein Ausweichen auf Selbstbefriedigung, Perversionen, eine Anziehung durch Tiere oder Gegenstände, existentielle Krisen sowie die Vermutung, dass sich, wie Sigusch meint, das »sexuelle Zeitalter« seinem Ende zuneigen könnte.

In Japan haben immer mehr junge Männer virtuelle Freundinnen, etwa aus dem *Love Plus* bzw. *Love Plus* + Videospiel für das tragbare Nintendo DS. Auf dem Bildschirm erscheint eine virtuelle junge Frau, mit der man per Spracherkennung und Touchpen kommunizieren kann. Die Spieler sind zum Teil Otaku, was allgemein für obsessive Fans steht und insbesondere für junge Männer, die sich dermaßen in virtuelle Welten stürzen, dass sie die Fantasie-Figuren in ihr Leben integrieren. So fahren manche mit den virtuellen Freudinnen in den Urlaub und heiraten sie in einer echten Zeremonie, wie der Otaku »Sal 9000« die junge Frau Nene Anegasaki, eine virtuelle Figur aus *Love Plus*.[150] Warum zeichnet sich die Tendenz gerade in Japan ab? Man vermutet, die Tatsache, dass sich Frauen in Japan in den letzten Jahrzehnten gegenüber Männern fordernder verhalten, könnte eine Rolle spielen.[151] Allgemein lässt sich eine Übersättigung mit jederzeit abrufbaren erotischen oder pornografischen Bildern anführen. Außerdem ist Japan die Avantgarde beim Ausbau virtueller Welten.

Allerdings kann man bei der Suche nach Gründen dafür, dass sich Tendenzen zum Asexuellen abzuzeichnen scheinen, auch bei traditionellen Formen ansetzen: Historische Vorbilder dafür, Liebe und Leidenschaft auf virtuelle Figuren zu projizieren, können die Romantik und die mittelalterliche Minne sein. Womöglich sucht sich eine Tendenz des Asexuellen, die stets bei einem bestimmten Teil der Bevölkerung vorhanden oder kultivierbar ist, heute nur andere Wege als beispielsweise jenen des religiös motivierten Zölibats. Die Suche nach einem Ersatz läge insofern nahe, als sich die Zahl derer, die diese traditionelle Form des Asexuellen leben, deutlich verringert hat.[152]

## SITTLICHE SCHLAMPEN UND SINNLICHE BESUCHSEHEN

Bis heute färben alte Bilder und Mythen über Ehe und Partnerschaft unsere Wahrnehmung. Besonders berühmt und grundlegend ist der Mythos, wonach der Mensch unbedingt seine passende »andere Hälfte« finden müsse, um ganz zu werden und somit glücklich. Die bekannteste Variante dürfte die Passage aus Platons *Symposion* über ein ursprünglich drittes Geschlecht sein, die androgynen Kugelmenschen bzw. das »mannweibliche« Geschlecht.[153] Die Kugelmenschen wurden – so gibt Platon wiederum eine launige Geschichte des Komödiendichters Aristophanes wieder – von den Göttern geteilt. Deshalb suche der Mensch seither nach der Ergänzung, um wieder rund zu werden. Derartige Mythen haben Psychoanalytiker wie Jacques Lacan im 20. Jahrhundert abgewandelt. Erhalten blieb das Prinzip des Mangels und der Ganzheit, die man durch eine reale oder symbolische Vereinigung mit der oder dem anderen zu erlangen versucht, der Verkörperung dessen, was einem selbst fehlt.

Die Verabsolutierung dieser Mythen und die resultierende ideologische Dominanz der Monogamie kritisieren Anhänger des eingangs erwähnten Polyamory-Modells.[154] Um ihr Anliegen voranzutreiben, bezeichnen sich die Autorinnen Dossie Easton und Janet Hardy in dem Buch *The Ethical Slut*, das eine Art Polyamory-Bibel geworden ist, provokativ als »sittliche Schlampen«. Die Schlampen legen allerdings ein strenges Programm vor. So soll man stringent planen, um all die Lieben zu koordinieren. Aus den sechziger Jahren stammt die Forderung, »emotionale Muskeln« zu trainieren, um die Eifersucht zu überwinden, die ein überflüssiges Gefühl sei wie Wut oder Neid.

Ein noch älteres Projekt, eines der künstlerischen Moderne, versuchen die Polyamory-Autorinnen sozusagen ins echte Leben zu überführen, wenn sie vorschlagen, dass man an öffentlichen Plätzen beim Betrachten von Passanten üben soll, mehr attraktive Eigenschaften in verschiedenen Menschen zu finden: So übersetzen sie ins Alltagsleben, was Künstler und Dichter von Baudelaire bis Picasso versuchten, als sie in ihren Werken der je eigenen Schönheit von Menschen huldigten, selbst wenn diese nicht dem Ideal ihrer Zeit entsprachen. Wenn man sich zumindest teilweise von den Idealen emanzipieren kann bzw. nicht nach dem *einen* Ideal sucht, eröffnen sich neue Möglichkeiten für mehr Menschen, auf ihre Art glücklich zu werden.

Einerseits wollen die Polyamory-Schlampen den Druck aus Beziehungen nehmen; andererseits ist ihr Vokabular merkwürdig ökonomisch und leistungsbezogen. Man könnte sich eine witzig gemachte iPad-oder Tablet-Werbung mit Szenen vorstellen, in denen Polyamoristen mit Hilfe ihrer Geräte die Verwaltung ihrer

Liebschaften mehr oder weniger im Griff haben. Bei Polyamory geht es offenbar auch um Effizienz, um Flexibilität, im weiteren Sinn um Love-Teams und Netzwerke. Ähnlich wie Polyamoristen sehen Vertreter dessen, was sich heute schlicht »offene Beziehung« nennt, die traditionelle wie serielle Monogamie als eine »historische Zwischenstation« auf dem Weg zu anderen Formen der Partnerschaft.[155] Die historisch neuen Formen sollen freundschaftlicher und pragmatischer ausgerichtet sein und Begriffe wie Fremdgehen und Untreue hinfällig werden lassen. Immerhin gibt es inzwischen die Facebook-App »Bang With Friends«. Mit ihr kennzeichnet man die Freunde, mit denen man gerne Sex hätte. Wenn die Wahl auf Gegenseitigkeit beruht, wird man informiert, damit man ohne große kommunikative Umwege zur Sache kommen kann.

Schlüssig wirken derartige Ansätze in Sachen Sexualität und Partnerschaft möglicherweise vor dem Hintergrund, dass viele leidenschaftlichen Sex nicht unbedingt mit Nähe und Liebe assoziieren, sondern mit einer gewissen *Distanz* zum Partner. In der Sexualforschung heißt es, zärtlicher Sex mit einem vertrauten Partner im Sinn der Verschmelzung sei historisch jüngeren Datums.[156] Gibt es Beispiele für Gesellschaften, in denen Familie und Reproduktion ohne feste sexuell oder »romantisch« definierte Paarbeziehungen möglich sind? Zunächst mag man an negative Zukunftsvisionen wie Aldous Huxleys Roman *Schöne neue Welt* von 1932 denken oder den Science Fiction-Film *Flucht ins 23. Jahrhundert* (*Logan's Run*, 1976). Da werden Sex und Kindererziehung staatlich und emotionslos organisiert. Doch ein realexistierendes, sehr ungewöhnliches und altes Modell findet sich beim Volk der Moso im südwestlichen China.

Seit Jahrhunderten leben bei den Moso Schwestern und Brüder eheähnlich zusammen, ohne eine besonders intime Beziehung zu haben. Die Frauen zeugen ihre Kinder mit Männern, die abends zu Besuch kommen, aber nicht zur Familie ihrer Kinder gehören; sie müssen ihre Kinder nicht einmal kennen. Da diese

»Vater-Geliebten« nicht in der Familie der Frau und bei ihren Kindern leben, nennt man das Modell »Besuchsehe« oder »mobile Ehe«; *sese*, das Moso-Wort dafür, bedeutet »laufen«.[157] In ihrer Autobiografie *Das Land der Töchter* (2003) schreibt die Moso-Frau Yang Erche Namu, die inzwischen in den USA lebt: »Männer und Frauen heiraten nicht, denn die Liebe ist wie die Jahreszeiten.«[158] Wenn Frauen eine Tasche außen an ihre Tür hängen, ist das, so Namu, »nach unserem Brauch die angemessene Art, wie eine Frau mit einem Liebhaber bricht«. Bei den Moso schäme man sich seiner vielen Liebhaber nicht. Zwar gebe es wie anderswo Eifersucht, sie müsse aber einem Moralkodex zufolge unterdrückt werden. Diese gesellschaftlich geforderte Unterdrückung der Eifersucht ist ein mentalitätsgeschichtlicher Unterschied zu anderen Kulturen. Bei den Moso, so Namu, »wirkt niemand lächerlicher als ein eifersüchtiger Liebhaber«. Erst als Yang Erche Namu andere Chinesen außerhalb ihres Volkes kennenlernt, begreift sie die ganze Tragweite von Eheproblemen: »Mir ging auf, dass außerhalb unseres Moso-Landes die Ehe eine große Quelle des Unglücks und die Liebe eine äußerst komplizierte Angelegenheit waren.«

Anders als man dies zumindest prinzipiell in der westlichen Welt und inzwischen auch global in einer Paarbeziehung erwartet, bleibt Sex bei den Moso langfristig getrennt von der Lebens- und Familiengemeinschaft. Allerdings fühlt man sich mit Blick auf die Moso daran erinnert, dass sich Langzeitbeziehungen im Lauf der Jahre oft ohnehin einem geschwisterlichen Verhältnis annähern. Auch wird die Elternschaft aktuell in westlichen Ländern immer weniger direkt an das Beziehungs- oder Eheglück gekoppelt. So wirft die chinesische Ausnahme-Ethnie einmal mehr die alte Frage auf, welche gesellschaftlichen Funktionen die enge Verbindung von Ehe und Liebe bzw. Intimität hat und wie dehnbar die Begriffe sind. Dazu meint der Soziologe und Systemtheoretiker Niklas Luhmann in seinem Klassiker *Liebe als Passion* (1982), dass »das Medium Liebe selbst kein Gefühl« sei; es handle sich vielmehr um einen »Kommunikationscode, nach dessen Regeln man Gefühle ausdrücken, bilden, simulieren, anderen unterstellen, leugnen« könne.[159]

Auch die Ehe ist in gewisser Weise ein Code. Ihre staatliche Bevorzugung – auch in steuerlicher Hinsicht – als stabilisierender Faktor der Gesellschaft ist schon deshalb fragwürdig, weil der Begriff von Ehe und Familie historisch mehrmals umdefiniert worden ist. Zu anderen Zeiten hat man Sklaven, Knechte und Mägde als Teil der Familie gesehen, worauf schon der Wortstamm aus dem Lateinischen *famulus* hindeutet, was Diener heißt; demnach ist *familia* die Gemeinschaft der Dienerschaft, des Gesindes. Heute sind es neben der eigentlichen Familie eher enge Freunde, die eine Familie im weiteren Sinn bzw. eine Ersatzfamilie bilden. Zwar ist eine ledige Kanzlerin oder ein lediger US-Präsident selbst Anfang des 21. Jahrhunderts kaum vorstellbar. Auch heißt es im Artikel 6 des deutschen Grundgesetzes: »Ehe und Familie stehen unter dem besonderen Schutze der staatlichen Ordnung.« Doch was mit Ehe und Familie genau gemeint ist, bleibt offen.

## STEAK ODER HAMBURGER – WÜRSTCHEN UND SENF: DAS BILD ALS HILFSMITTEL

Vielleicht gibt es keinen zwingenden Grund mehr für die tradierte Form der Paarbeziehung, und es sind auch andere Strukturen denkbar. Zumindest ist die Bandbreite der Versuche, die bislang unternommen wurden, wenn man die prominente Ahnenreihe der Liebes- und Eheformen betrachtet, groß: Sie erstreckt sich von Kleopatra und Caesar über das Volk der Moso, Martin Luther und Katharina von Bora bis zu Jean-Paul Sartre und Simone de Beauvoir. Vor dem Hintergrund wäre zu fragen, welches prominente Paar in den letzten Jahren ein Vorbild in Sachen guter Partnerschaft war.

Bei einer entsprechenden Umfrage, die ich im Freundes- und Bekanntenkreis machte, wurden recht unterschiedliche Paare genannt. Neben einigen der bereits erwähnten historischen Paare waren es: Brad Pitt und Angelina Jolie, John Lennon und Yoko Ono, Barack und Michelle Obama, Helmut und Loki Schmidt, Queen Elisabeth und Prinz Philipp, Senta Berger und Michael Verhoeven, Johnny Depp und Vanessa Paradis (vor ihrer Trennung), Niki de Saint-Phalle und Jean Tinguely, Harold und Maude, Statler und Waldorf. Ein Freund meinte, für ihn seien es Würstchen und Senf, für seine Frau ein Paar Schuhe.

Insgesamt ergab die Umfrage nur die allgemeine Tendenz, dass fast alle mit ihrer Antwort zögerten und wenige von dem Paar, das sie letztlich wählten, total überzeugt waren. Am ehesten lässt sich sagen, dass lange Beziehungen punkteten, bei denen die Unabhängigkeit der Partner auffällt. Bei Brad Pitt und Angelina Jolie ist historisch immerhin neu, dass sie als Paar unter dem Markennamen »Brangelina« firmieren. Ähnlich wie bei Kleopatra und Caesar und de Beauvoir und Sartre kann man als Außenstehender mit Blick auf das Bild, das sie inszenieren, nicht so genau erkennen, in welchem Verhältnis Konzept, Marketing, Teamwork, Romantik und Selbstmythisierung zueinander stehen.

Meine spontane Antwort auf die eigene Umfrage waren Paul Newman und Joanne Woodward. Als eines der wenigen Hollywood-Paare lebten sie, soweit man weiß, über Jahrzehnte in Treue zusammen. Pauls Antwort auf die Frage, wie er es geschafft habe, seiner Frau bei all den Versuchungen, denen er als Sexsymbol ausgesetzt war, treu zu bleiben, ist in den USA recht bekannt: »Warum soll ich ausgehen, um einen Hamburger zu essen, wenn ich zu Hause Steak bekomme.«[160]

Schief ist das schöne Bild zum Lob der Monogamie insofern, als für viele das Problem genau darin liegt, mal Lust auf Hamburger, mal auf Steak zu haben. Vielleicht hilft der Vergleich aber, Prioritäten im Blick zu behalten. In jedem Fall macht das Zitat deutlich, wie wichtig Bilder von der Antike bis heute im Allge-

*Peter Paul Rubens: »Rubens und Isabella Brant in der Geißblattlaube«, um 1609*

meinen bei der Frage nach Sinn und Funktion der Ehe oder Partnerschaft sind und wie sehr sie sich gewandelt haben. Kleopatra und Antonius inszenierten sich als Dionysos und Aphrodite. Später, in der Neuzeit, kann man in der Kunst den erwähnten Übergang von der Ehe als Geschäft zur liebevolleren Hausgemeinschaft ablesen. So kontrastiert ein älteres, steifes Ehebild wie Jan van Eycks *Arnolfini-Hochzeit* (1434) mit späteren Gemälden: Auf dem Paarbild *Rubens und Isabella Brant in der Geißblattlaube* von Peter Paul Rubens (um 1609) finden sich zwar auch noch symbolische Hinweise. Das Geißblatt, vom Volksmund als »Jelängerjelieber« bezeichnet, steht seit dem Mittelalter für eheliche Liebe und Beständigkeit; die übereinandergelegten Hände entsprechen der seit der Antike bekannten Geste der Eheschließung. Doch sitzen die Eheleute für damalige Verhältnisse locker in der Natur und berühren einander zärtlich. Im 19. Jahrhundert sorgen dann Skulpturen mit eng umschlungenen Paaren von Auguste Rodin und Constantin Brancusi für Furore. Im 20. Jahrhundert sind sie, etwa bei Picasso, auf mitunter schräge, zotige und karikierende Weise ineinander verzahnt und verkeilt wie im Kampf der Geschlechter.

Inzwischen hat die Reklame die Kunst in vieler Hinsicht bei der Darstellung und Etablierung gesellschaftlicher Ideale abgelöst. Auch innerhalb dieses Bereiches lässt sich eine historische Verschiebung feststellen. Das meint auch die Soziologin Eva Illouz, die in ihrem Buch *Der Konsum der Romantik* grundsätzlich bekräftigt, dass Romantik und (Luxus-)Konsum, anders als manchmal angenommen, einander nicht widersprechen, sondern ergänzen. Als Indiz für ihre Thesen zieht sie unter anderem Werbebilder heran. Wenn man Reklamen mit Ehepaaren vom Anfang des 20. Jahrhunderts (1900 – 1930) mit solchen vom Ende des Jahrhunderts (1989 – 1991) vergleiche, gebe es, so Illouz, vor allem zwei Unterschiede.[161] Erstens habe die Zurschaustellung des Luxus nachgelassen zugunsten von mehr Freizeit und Natur. Zweitens könne man in den älteren Werbungen im Gegensatz zur aktuellen Reklame leicht zwischen verheirateten und verliebten Paaren unterscheiden; die aktuellere Darstellung der Ehe sei also »geschönt«. Laut Illouz können die »Attribute der Ehe zunehmend unter diejenigen des Flirts und der Erholung subsumiert« werden.

Diese Deutung liefe darauf hinaus, dass sich die erwähnte kunsthistorische Entwicklung, in Ehebildern immer lockerer immer mehr Emotionen und Leidenschaft zu zeigen, auch in der Werbung fortsetzen würde. Hinzufügen kann man für die letzten Jahre allerdings, dass Werbe-Paare zunehmend ironisch mit der häuslichen Situation und Problemen wie jenem umgehen, dass die sexuelle Leidenschaft im Lauf der Zeit nachlässt. Dabei wird die Leidenschaft zwischen Paaren – oft augenzwinkernd und auf karikaturartige Weise – durch die Passion für Autos, Deos, Internetportale, Fertiggerichte, Sprachlernprogramme und Lebensversicherungen ersetzt und optimalerweise sogar neu entfacht.

Abgesehen von kleineren Trends lässt sich festhalten, dass das Bild der Ehe im Lauf der Geschichte insgesamt stark mit symbolischen Werten und formalen Widersprüchen und Reizen aufgeladen worden ist. Das wiederum trägt zur Komplexität und letztlich auch zur Attraktivität und Aufwertung der Ehe ohne Zutun der Einzelpersonen bei. Dank des Ehe- und Paarbildes kann beispielsweise jeder hoffen, im Gesamteindruck gut wegzukommen. Schließlich gewinnt man sowohl im Zusammenspiel mit seiner besseren Hälfte, da man mit ihr assoziiert wird, als auch dann, wenn man *selbst* die bessere Hälfte ist und sich positiv vom Partner abhebt.

## VOM DEREGULIERTEN HEIRATSMARKT ZUR EIGENEN BEZIEHUNGSGESCHICHTE

Bis heute hängen übergreifende gesellschaftliche Entwicklungen und Einschätzungen zur Ehe und Partnerschaft zusammen. So heißt es manchmal, in Zeiten der allgemeinen Ökonomisierung werde in der Liebe wie an der Börse entschieden, wie verbindlich man sich einlässt. Je nach Angebotslage und Rating heirate man oder auch nicht und entscheide, ob und wenn ja wann man Partner wieder »abstößt«, wie eine Aktie. In diesem Sinn vergleicht die erwähnte Soziologin Eva Illouz in ihrem Buch *Warum Liebe weh tut* die Freiheit bei der Partnerwahl und die Vielfalt des Angebotes, die sich in Europa seit 300 Jahren entwickelt haben, mit der Herauslösung der Ökonomie aus dem Zusammenhang gesellschaftlicher Normen, sozusagen mit einer marktliberalen Deregulierung.[162] Für Illouz findet die Partnerwahl auf einem stark wettbewerbsorientierten Markt statt. Auf diesem Markt sei, so Illouz, die »erotische Wertigkeit« bzw. *Sexyness* ein »Schichtungskriterium« und ermögliche Statusgewinne. Dabei habe sich die Sexyness erst im Lauf des 20. Jahrhunderts zu einer positiven Qualität gemausert; zuvor waren es der familiäre Stand oder die Schönheit. Illouz betont das Paradox, dass Emotionalität, Liebe und Romantik »erkaltet« seien, man aber die Liebe für das

Selbstwertgefühl mehr denn je benötige. Vor diesem Hintergrund schließt sie ihr Buch mit dem allgemein formulierten Wunsch, dass man »vielleicht neue Formen leidenschaftlicher Liebe wiedererfinden« sollte.

Man kann sich fragen, wie relevant diverse Marktvergleiche statistisch sind, so sehr sie in Zeiten, in denen die Wirtschaft das Denken und Begriffe in vielen Lebensbereichen historisch einzigartig stark durchdringt, auf der Hand liegen. Grundsätzlich war die Berücksichtigung von Marktfaktoren zu früheren Zeiten mindestens so stark wie heute, nur eben anders. Sucht man nach Vergleichen für die Diskussion selbst, lassen Ausführungen wie jene von Eva Illouz an Zeiten des Umbruchs wie im 18. Jahrhundert denken. Damals klagte die bereits erwähnte Madame Necker darüber, dass die erstmals erlaubte Scheidung alles unübersichtlich mache und keine längerfristige Liebe mehr ermögliche.

Historisch einzigartig ist heute jedenfalls, wie frei man in Sachen Partnerschaft die Form wählen kann, die einem zusagt. Diese Situation erzeugt unter Umständen einen merkwürdigen Doppeleffekt. Einerseits kann man sich freuen, dass man mehr Spielraum hat als jemals zuvor. Andererseits scheint es, als machten wir es uns in mancher Hinsicht schwerer als unsere Vorfahren. Wir haben – vielleicht ähnlich wie im Beruf – hohe Ansprüche, investieren einiges und erwarten womöglich mehr als Generationen vor uns.

Nun wird man sich kaum ein Zurück zu weniger differenzierten Beziehungsmärkten vergangener Tage wünschen. Ein *Blick* auf die Geschichte kann allerdings dabei helfen, Alltagsprobleme zu relativieren. Wenn man gerade wutentbrannt mit dem Partner streitet, könnte man innehalten und statt des Partners die Geschichte selbst zum Sündenbock machen: »Schuld ist nur die verdammte Romantik!«, könnte man schimpfen. »Sie hat unsere Erwartungen über Seelenverwandtschaft, garantierten Spitzensex und lauter gemeinsame Interessen so verdammt hochgeschraubt. Lass uns mal runterkommen.« Man mag auch an das Mittelalter denken und an das Ideal, wonach eine geistige, auf transzendente und ewige Werte zielende Verbindung aktuelle Differenzen, individuelle Empfindlichkeiten und materielle Probleme als nichtig erscheinen lässt. Sucht man einen Mittelweg zwischen Idealismus und Pragmatismus, um schlechte Zeiten zu überbrücken, kann als Vorbild die solide Teamleistung von Martin Luther und Katharina von Bora dienen. Manche mögen – zumindest vorübergehend – Halt in philosophischen Konstruktionen finden wie jenen von Simone de Beauvoir und Jean-Paul Sartre.

Natürlich soll eine historische Betrachtung auch in Sachen Ehe und Partnerschaft nicht in einen Eklektizismus münden, die unschöpferische Übernahme fremder Formen und Stile. Doch kann man über den Tellerrand gucken, indem man sich andere Herangehensweisen in Erinnerung ruft. Vielleicht ermutigt das dazu, offen auszuprobieren, was für die eigene Beziehung am besten funktioniert – so wie Woody Allen dies in seiner Komödie *Whatever Works* (2009, dt.: *Liebe sich wer kann*) thematisiert.

Zuträglich mag es auch sein, wenn man die *eigene* Ehe oder Partnerschaft unter einem historischen Gesichtspunkt betrachtet. Schließlich hat jede längere Beziehung ihre eigenen Spannungsbögen. Wie in der Geschichte der Ehe und Partnerschaft *insgesamt* treten in der privaten Historie im Lauf der Zeit unterschiedliche Faktoren in den Vordergrund: Mal ist es stärker die romantische Verschmelzung, mal das Geschäft, das Teamwork oder eine geschwisterliche Liebe und Fürsorge. Ähnlich wie historische Epochen lassen sich die Phasen nicht klar voneinander trennen; sie greifen ineinander. Doch mag es manchmal hilfreich sein, wenn man die unterschiedlichen Qualitäten erkennt und mitunter vielleicht sogar Schwerpunkte verlagert. Falls wir am Ende feststellen sollten, dass wir doch nicht als Standardpaar funktionieren, ist es mit Blick auf die Anregungen, die die Geschichte bereithält, hoffentlich einfacher, unsere Beziehung in eine andere gute Form der Partnerschaft zu überführen.

# Das halbe Leben

## Die Arbeit: eine wesentliche menschliche Tätigkeit zwischen Sklaverei und Selbstverwirklichung

»Weh mir! Dieser Mann wird nichts zustande bringen, weil er zuerst an das Ende der Arbeit denkt, bevor er sie überhaupt begonnen hat.«[1] So klagt Anfang des 16. Jahrhunderts kein Geringerer als Papst Leo X. über den großen Leonardo da Vinci. Der Künstler hatte einen Auftrag erhalten, sich aber nicht gleich ans Werk gemacht. Stattdessen hatte er zunächst die Bestandteile für den Firnis besorgt, der erst ganz am Ende, wenn das Gemälde fertig ist, als Schutzschicht aufgetragen wird.

Die Episode berichtet Giorgio Vasari in seinen *Lebensläufen* berühmter Künstler (1568). Allgemein kritisiert der einflussreiche Biograf, dass Leonardo ein zweifelhaftes Verhältnis zur Arbeit gehabt habe. Er sei zwar »göttlich« und voller »Tatkraft« gewesen, aber auch »wechselhaft und unbeständig«. Nicht nur Vasari, auch der bekannte Schriftsteller Matteo Bandello betont, dass bei Leonardo »auf Tage intensiver Arbeit 2, 3 oder 4 Tage« folgten, an denen er »ganz der Arbeit fernblieb«.[2]

Allerdings hat Leonardo für sein merkwürdiges Arbeitsverhalten eine Ausrede parat. So erklärt er, dass »sich schöpferische Menschen gerade am meisten mühen, wenn sie nicht arbeiten, weil sie nämlich im Geist Neues ersinnen und sich so die perfekten Ideen ausbilden, die dann die Hände zum Ausdruck bringen«. Leonardo präsentiert den Beruf des Künstlers, dessen Image über Jahrhunderte dem des Handwerkers ähnelt, als innovative Verbindung von körperlicher und geistiger Arbeit. Oft setzen Handwerker seine Konzepte für ihn um. Auch in der Akquise ist er geschickt. Er stellt sich selbst ein Empfehlungsschreiben für den Herzog von Mailand aus, einen möglichen Auftraggeber.[3] Historisch neuartig ist auch Leonardos Arbeitsweise. Seine Zeichnungen sind oft eine kreative Kritzelei zwischen Absicht und Zufall. Da er beim Malen die Zeit vergisst, beginnen Tierkadaver, Schlangen, Eidechsen und Fledermäuse, die er als Modelle verwendet, zu stinken.[4]

Am Ende zahlt sich Leonardos scheinbarer Mangel an Effizienz aus. Als gefragter Maler, Architekt, Ingenieur, Forscher und Hofdekorateur schafft er den sozialen Aufstieg. Seinen Lebensabend darf er als eine Art verbeamtetes Wunderkind in Frankreich am Hof von Franz I. verbringen. Er muss nichts mehr leisten. Der französische König entlohnt ihn fürstlich dafür, dass er ihn bei Bedarf Gästen vorführen kann, um sie mit dem hauseigenen Universalgenie zu beeindrucken. Viele Zeitgenossen empfinden Leonardos Haltung, seine Selbstvermarktung und Allüren allerdings als anmaßend. Schließlich ist noch die mittelalterliche Vorstellung verbreitet, wonach man grundsätzlich von Geburt an auf einen Stand und Beruf festgelegt ist und damit auf eine Lebensweise.

Heute hat Leonardo den Ruf eines vorbildlich kreativen Vielarbeiters, der sich seine Zeit relativ frei einteilt, um frisch und produktiv zu bleiben. Kreativität, Flexibilität, offensive Selbstvermarktung und Hingabe gelten als Voraussetzungen für den beruflichen Erfolg. Allerdings stellt sich inzwischen die Frage, ob man es mit dem Lob der genannten Eigenschaften nicht ein wenig übertrieben haben könnte. Sie können in Stress umschlagen und kontraproduktiv werden.[5] 1998 hat der Soziologe Richard Sennett das Schlagwort »flexibler Mensch« geprägt.[6] Er untersucht kritisch, was es mit der geforderten Beweglichkeit und Eigenverantwortung auf sich hat. Bringt das Arbeiten in Teams, die nur befristet und für bestimmte Projekte zusammengestellt werden und sich dabei bewähren müssen, mehr Abwechslung oder mehr Leistungsdruck? Für Sennett gehen in der aktuellen Arbeitswelt das Vertrauen und die gegenseitige Fürsorge verloren, die früher eine längere Zusammenarbeit gewährleisteten. Das schade, so Sennett, dem Charakter der Menschen.

Man mag sich fragen, ob Leonardo da Vinci den Begriff »flexibler Mensch« überhaupt verstanden hätte. Er etabliert sich erst Ende des 20. Jahrhunderts. Ähnliches gilt für den Begriff »Selbstausbeutung«. Über ihn schreibt der Soziologe Ralf Dahrendorf im Jahr 1983 noch wie über ein exotisches Phänomen: »Ich war etwas beunruhigt, darüber zu hören, daß die Redakteure der grünen, sogenannten ›Tageszeitung‹ in Hamburg, die offenbar sehr gut floriert, sich darüber beklagt haben, daß es nur darum der Fall sei, weil sie zur ›Selbstausbeutung‹ gezwungen seien. (...) Selbstausbeutung ist das, was man ja doch gerne macht, d.h. also Tätigkeit nach eigenen Zwecken und mit eigenen Mitteln, unter Umständen bis zur Erschöpfung. Daran ist an sich nichts Unmenschliches oder Böses.«[7]

Wie zu Leonardos Zeiten wandeln sich in der jüngsten Geschichte die Vorstellungen, die man von der Arbeit, ihrem Wert und ihrer Qualität hat. Wie vor einem halben Jahrtausend scheinen sich aktuell sogar die Grenzen zwischen Arbeit und Nicht-Arbeit zu verschieben und mitunter zu verschwimmen. Heute geht es dabei weniger wie für Leonardo darum, dass spielerisch-kreative Tätigkeiten endlich als ordentliche Arbeit anerkannt werden. Aktuell diskutiert man eher, wie man beispielsweise die Arbeit von Hausfrauen und Müttern – oder Hausmännern und Vätern – entlohnen und in Sachen Rente veranschlagen soll. Im Englischen unterscheidet man zwischen unbezahlter *emotion work*, eine Art Beziehungsarbeit, die jeder in seinem Privatleben leistet, und bezahlter *emotion labor* im Dienstleistungs- und Pflegesektor, bei Krankenschwestern, Altenpflegern oder Flugbegleiterinnen.[8]

Betrachtet man die letzten Jahre und Jahrzehnte, erscheint es merkwürdig, dass Stress und Burnout in Wohlstandsländern zunehmen. Schließlich sind die Arbeitsproduktivität und das Bruttoinlandsprodukt im 20. Jahrhundert um ein Vielfaches gestiegen.[9] Grundsätzlich steht mehr Freizeit bei gesteigerter Wirtschaftsleistung zur Verfügung. Nur verteilt sich die Arbeit nicht gleichmäßig. Bei den einen geht sie aus, bei anderen ballt sie sich in einer 60-Stunden-Woche. Außerdem haben sich die Qualität der Arbeit und die *wahrgenommene* Belastung verändert. Ein Problem ist beispielsweise, dass Arbeitnehmern, die über Zeitarbeitsfirmen angestellt sind, immer wieder Arbeitslosigkeit droht, dass sie ständig das Gefühl haben, sich bewähren zu müssen, um eventuell als Festangestellte übernommen zu werden. Dazu kommt das Gefühl, ein Arbeitnehmer zweiter Klasse zu sein. Doch auch abgesehen von prekären Beschäftigungsverhältnissen hat Umfragen zufolge die Zufriedenheit mit der Arbeit in den letzten 25 Jahren insgesamt ständig nachgelassen; nur *13 Prozent* bewerten in Deutschland ihre Arbeit als positiv.[10]

Mitte des 20. Jahrhunderts ging man noch davon aus, dass, wer Arbeit hat, zufrieden sein kann, auch weil er in einer Gemeinschaft aufgehoben ist. Inzwischen ist von einer Krise der Arbeitsgesellschaft die Rede. Allerdings ist das Thema Arbeit wie kaum ein anderes durch gegensätzliche Meinungen und Prognosen gekennzeichnet. Die einen reden vom »Ende der Arbeit« (Jeremy Rifkin), das drohe, wenn wegen der Automatisierung immer weniger niedrig Qualifizierte gebraucht werden. Andere meinen, dass ein Zurück zur Vollbeschäftigung wie in den »goldenen sechziger Jahren« möglich sei.[11] Dazu beitragen könnten der Eintritt geburtenschwacher Jahrgänge ins Berufsleben, die Erschließung neuer Absatzmärkte in China und Russland, eine verbesserte Berufsausbildung und die Bereitschaft zur Mobilität.

Einig ist man sich darin, dass Umbrüche anstehen, was die *Art* betrifft, wie wir arbeiten. Hier ist eine Bestandsaufnahme darüber hilfreich, was Arbeit war, ist und sein kann. Im Brockhaus-Lexikon heißt es zum Stichwort Arbeit: »(...) das bewusste, zielgerichtete Handeln des Menschen zum Zweck der Existenzsicherung wie der Befriedigung von Einzelbedürfnissen; zugleich wesentliches Moment der Daseinserfüllung.« Schon die Sache mit der Daseinserfüllung hätte im alten Rom für die meisten merkwürdig geklungen. Vereinfacht gesagt, verbindet man Arbeit in der Antike gemäß der Bedeutung, die das lateinische Wort *labor* hat (»Mühe«, »Beschwerde«, »Not«, »Arbeit«), stärker als heute mit Mühsal. Wer hart arbeiten muss, hat schlicht Pech gehabt; als erstrebenswert gilt die Muße.

Im Lauf der Jahrtausende haben sich sehr unterschiedliche Vorstellungen über Wesen und Wert der Arbeit etabliert. Führt man sich den historischen Zusammenhang vor Augen, hilft das dabei, aktuelle Reformvorschläge einzuordnen und Grundsatzfragen zu erörtern. Was ist etwa vom bedingungslosen Grundeinkommen zu halten? Wie wichtig und wie gerechtfertigt ist die enge Koppelung von Sozialstatus an Berufe? Woher kommen entsprechende Muster?

Derartigen Fragen gehe ich im Folgenden mit Blick auf diverse Arbeitsgesellschaften, Berufe und Theorien nach. Plastisch nachvollziehen lassen sich Entwicklungen der Arbeitswelt auch anhand berühmter Figuren, die bestimmte Vorstellungen verkörperten und langfristig prägten. Die Beispiele reichen von Jesus und Platon über Robin Hood, Martin Luther und Karl Marx bis zu Unternehmern, Pop- und Sportstars unserer Zeit. In jedem Fall wird klar, dass selbst grundlegende Eigenschaften, Strukturen und Ideale der Arbeitswelt nicht naturgegeben sind. Sie wurden gemacht und lassen sich auch wieder verändern.

## VON DER 15-STUNDEN-WOCHE ZUR PLACKEREI – VOM JÄGER UND SAMMLER ZUR SOZIALPYRAMIDE

Aus heutiger Sicht mag es erstaunen, dass der Mensch über rund 2,5 Millionen Jahre, also über 99 Prozent seiner Geschichte hinweg, nur einen Zwei-Stunden-Tag kannte. Er galt bis zur Sesshaftwerdung des Menschen ab ungefähr 10 000 v. Chr. Zu diesem Ergebnis kommt jedenfalls Marshall Sahlins in seinem Buch *Stone Age Economics*, das 1972 für Diskussionen sorgte. Seine Ergebnisse wurden seither relativiert, doch regte Sahlins eine neue

Sicht auf vermeintlich primitive Völker und Kulturen an – und auf alternative Arbeitskulturen. Sahlins ermittelte die Arbeitszeiten bei Jäger und Sammler-Kulturen wie den australischen Aborigines und afrikanischen Hadza, die teils heute noch so leben wie zu vorgeschichtlichen Zeiten. Es zeige sich, so Sahlins, dass sie »etwa eine 15-Stunden-Woche haben«.[12] Bei allen Einschränkungen, die man in Sachen sozialer Sicherheit machen muss, beschreibt Sahlins einen eher angenehm gemächlichen Alltag. Die Mitglieder nomadischer Stämme stehen morgens ohne Stress auf und ziehen am späten Vormittag, am Wegrand Früchte sammelnd, weiter.[13]

Zwar suchen heute in den USA die sogenannten *Primitivists* bzw. Anhänger eines *Anarcho-Primitivism*, angeregt durch Stammeskulturen und den Autor Sahlins, ihr Heil im einfachen Leben der Jäger und Sammler.[14] Sie essen Rohkost, kritisieren eine Entfremdung durch Arbeitsteilung, Akkumulation, die repressiven Sitten und Moralvorstellungen der sogenannten Hochkulturen. Allerdings können sie trotzdem zum Zahnarzt gehen, wenn es sein muss. Insgesamt werden nur wenige von ihnen wirklich wie die Hadza zwischen Dornengestrüpp umherschweifen wollen, mit knurrendem Magen stundenlang einer Antilope nachstellen, von Moskitos und Schlangen gebissen werden. Abgesehen davon arbeiten Hadza-Frauen neueren Studien zufolge je nach Alter und Jahreszeit immerhin zwischen vier und 7,5 Stunden täglich.[15] Dennoch bleibt es dabei, dass diese Kulturen einen lockeren Arbeits- und Zeitbegriff haben. So eignen sie sich für zugespitzte Vergleiche in Bezug auf heutige Auffassungen von der Arbeit und auf das, was wir in dem Bereich für natürlich halten.

Tatsächlich ist die Arbeit zu festgelegten Uhrzeiten historisch eher jung. Die längste Zeit herrschte die Subsistenzwirtschaft, die sich nach konkreten Erfordernissen der Nahrungsbeschaffung richtete. Man war von Erntezeit und Witterung abhängig, konnte seinen Arbeitsrhythmus aber selbst bestimmen und längere Pausen einlegen. Die Subsistenzwirtschaft wurde schließlich ab etwa 3000 v. Chr. zurückgedrängt. Erst mit den Hochkulturen wird die Arbeit zum Mittel, mit dem man einen Status-, Sinn- und Machtgewinn gegenüber anderen erzielen kann und will.

Ein herausragendes Beispiel dafür ist das alte Ägypten. Dort finden sich fast alle Grundzüge späterer Arbeitsgesellschaften bis heute angelegt: die Hierarchisierung und Schichtung der Gesellschaft je nach Tätigkeit und Qualifizierung sowie eine grundsätzliche Arbeitsteilung.[16] Seit den alten Ägyptern kann man von speziellen Lebenswelten und sozialen Umfeldern sprechen, in denen man sich je nach Tätigkeit und Ausbildung bewegt.

Ein Symbol für die zwei Seiten der Medaille der hochkulturellen Arbeitswelt sind denn auch die Pyramiden: Einerseits stehen die monumentalen Gräber für die Fähigkeit der Menschen, ihre Umwelt zu gestalten und mit Hilfe von Arbeit über sich hinauszuwachsen. Andererseits werden sie zum Bild für eine sinnlose – und ungerecht verteilte – Plackerei. Schließlich hätten die ägyptischen Arbeiter, statt Steine für den Bau zu schleppen, im Schatten sitzen, sich vergnügen, sich bilden oder Pilates zu Ehren des Pharao treiben können. Sie hätten die Zeiten der Nilschwemme, in denen Landarbeiter zum Pyramidenbau abkommandiert wurden, in einem Urlaub überbrücken können, um sich dann erholt wieder produktiven Tätigkeiten auf dem Feld zuzuwenden. Trost und Hoffnung auf ein Leben nach dem Tod hätte man auch weniger aufwändig als mit Hilfe von Monumentalgräbern zum Ausdruck bringen können, die so groß sind wie Kathedralen, in denen am Ende aber nur eine einzige Person bestattet wird.

Betrachtet man die Pyramiden mit Hilfe heutiger ökonomischer Begriffe, treten ihre absurden Seiten besonders klar zu Tage – und erstaunliche Parallelen zu unserer Zeit. So wäre das Bruttoinlandsprodukt (BIP), wenn man es bei den alten Ägyptern gekannt und errechnet hätte, dank des Pyramidenbaus und der Nebenprodukte und Dienstleistungen, die mit dem Bau einhergehen, zwar höher gewesen als ohne Pyramiden. Doch schon damals hätte man theoretische Diskussionen führen können, wie man sie heute kennt: darüber, bis zu welchem Punkt ein hohes BIP die Lebensqualität verbessert und ab wann es – etwa in Anbetracht sinnloser Großprojekte und des Massenkonsums – unnötigen Stress für die Menschen und Verschwendung von Ressourcen für die Gesellschaft bedeutet.

Jedenfalls sind die ägyptischen Monumentalgräber Grundlage und Sinnbild der sogenannten Sozialpyramide, die bis heute die Struktur aller größeren Gesellschaften ausmacht. Spätestens seit den Ägyptern gilt die hierarchische Aufteilung von körperlicher und geistiger Arbeit. Das ägyptische Wort für Arbeiter entspricht damals jenem für »Träger«; Bäcker und andere Handwerker haben ihre eigenen Bezeichnungen.[17] Bei den Ägyptern genießen Schreiber, Verwaltungsbeamte, Aufseher oder Spezialisten für Grabinschriften höchstes Ansehen. Demgegenüber werden »Meru«, Hörige, zu Zehntausenden zum Pyramidenbau verdonnert. Durch die Entlohnung der Arbeit mit Getreide- und Nahrungsmittelrationen werden Fisch und Fleisch zum Luxusgut. Das führt zu einer – in Jäger und Sammler-Kulturen unbekannten – *künstlichen* Verknappung von Gütern. Diese Wirtschaftsform dient der Vorsorge für Notzeiten, aber auch der Hierarchisierung und Sozialkontrolle.

## DIE PHILOSOPHIE DER SKLAVEREI UND DIE KULTUR DER MUSSE: DIE ALTEN GRIECHEN UND RÖMER

In ihren Grundzügen finden sich die hierarchischen Strukturierungen, die die Arbeitswelt bis heute prägen, schon in den frühen Hochkulturen. Was die Kultivierung und theoretische Rechtfertigung von Ungerechtigkeiten wie der Sklaverei betrifft, sind die griechische und römische Antike hervorzuheben. Dort gibt es zwei Hauptquellen zur Beschaffung der billigen Arbeitskräfte: erstens Kriege bzw. Eroberungszüge, zweitens die sogenannte

Schuldknechtschaft. Bei Letzterer muss man sich als Sklave verdingen, wenn man zahlungsunfähig ist. Teils werden aber auch ganze Volksgruppen versklavt – ein Modell für spätere Kolonialisierungen.[18]

Wenn man dazu neigt, manche heutige Jobs alltagssprachlich als Sklavenarbeit zu bezeichnen, muss man bedenken, dass die Unterschiede zwischen den Sklaven in der Antike groß sind. Die Bandbreite reicht von einer äußerst brutalen, unmenschlichen Behandlung von Sklaven bis zur Tradition, dass Sklaven auch relativ privilegierte Berufe wie den des Arztes, Lehrers, Architekten oder Sekretärs ausüben können.[19] Unter bestimmten Voraussetzungen können sie von ihren Besitzern freigelassen werden. In den Anfangszeiten der Römischen Republik sitzen Sklaven mit am Tisch einer bäuerlichen Großfamilie. Doch ab dem 3. Jahrhundert v. Chr. kommt es in der Agrarwirtschaft zu einer Konzentration und der Produktion für überregionale Märkte mit dem Ziel der Gewinnmaximierung. Großgrundbesitzer halten Sklaven und sogar Freie, die sie verschleppen, wie Vieh. In Bergwerken bleiben die Zwangsarbeiter teils monatelang unter Tage und sind giftigen Grubengasen ausgesetzt.

In seinem Buch *Der Staat* beschreibt der Philosoph Platon die nötige Arbeitsteilung in einer idealen Gesellschaft. An der Spitze stehen Philosophenkönige. Sie können, so Platon, weil sie bestens ausgebildet sind, selbstlos dem Gemeinwohl dienen. Am unteren Rand der Gesellschaft stehen diejenigen, die harte körperliche Arbeit verrichten. Zwar redet Platon nicht explizit von Sklaven: »Es gibt«, so der Philosoph, »aber auch noch, wie ich glaube, andere Dienstleistende, die von Seiten des Verstandes wohl nicht sehr in die Gemeinschaft gezogen zu werden verdienen, aber hinreichende körperliche Stärke haben zu allerlei schweren Arbeiten.«[20] Bei Platon werden die »Tagelöhner«, die im Übrigen ganz bewusst nur bestimmte Dinge lernen dürfen, im Sommer »unbeschuht« gelassen; und erst auf Nachfrage seines Bruders Glaukon bewilligt er ihnen Oliven und Käse zum Brot.

Ähnlich wie Platon verleiht auch sein Schüler Aristoteles, der Alexander den Großen unterrichtete, der Geringschätzung körperlicher Arbeit und der strukturellen Armut philosophische Weihen. Im 4. Jahrhundert v. Chr. rechtfertigt er in seinem Buch *Politik* nach einigem dialektischen Hin und Her die Sklaverei. Er vergleicht die Herrschaft über Sklaven mit jener der Seele über den Körper bzw. der des Menschen über Tiere.[21] So sehr man derartige Aussagen im damaligen historischen Kontext sehen muss, in dem es keine Vorstellung von allgemeinen Menschenrechten gibt, so erstaunlich ist es, wie lange und wie stark die Idee einer strukturell ungerechten Verteilung der Arbeitslast bis heute nachwirkt.

Auch abgesehen von Extremen wie der Sklavenarbeit muss man allerdings, wenn man die Arbeitswelt der Antike beleuchtet, vorsichtig sein, weil entsprechende Begriffe und Vorstellungen anders definiert sind und aufgrund unterschiedlicher Mentalitäten auch völlig anders bewertet werden. So hat Hannah Arendt in ihrem Buch *Vita Activa oder Vom tätigen Leben* (Orig. *The Human Condition*, 1958) mit Blick auf die Antike zwischen »drei Grundtätigkeiten« unterschieden: der Arbeit, die dem puren Überleben dient, dem Herstellen, also dem Schaffen eines bleibenden Werkes, und dem Handeln, etwa im Rahmen eines politischen Engagements.[22] Während Letzteres damals ein hohes Ansehen genießt, sehen viele in unseren Zeiten politische Tätigkeiten und die Kriegskunst, wie sie privilegierte Griechen ausübten, als undankbare bzw. langweilige Jobs.

Wie auch immer man die Tätigkeiten im Einzelnen sehen will – in jedem Fall dienen im antiken Griechenland philosophische Theorien dazu, die ungleiche Verteilung und die Höherbewertung geistiger Tätigkeit gegenüber körperlicher Arbeit durchzusetzen. Zwar verteidigt der Dichter Hesiod die körperliche Arbeit mit dem berühmten Spruch: »Vor den Verdienst haben die Götter den Schweiß gesetzt.«[23] Doch überwiegt die Auffassung, dass freie Bürger keiner Erwerbsarbeit nachgehen müssen.

Vor dem Hintergrund mutet die Art und Weise, wie der stoische Denker Seneca in seinem Text *Von der Kürze des Lebens* Mitglieder der römischen Oberschicht beschreibt, zunächst merkwürdig an. Die Menschen, die Seneca im 1. Jahrhundert n. Chr. schildert, wirken aus heutiger Sicht wie abgehetzte Manager, Politiker oder Medienmenschen, die ihr Smartphone auch im Urlaub nicht ausgeschaltet kriegen. So schimpft Seneca, der selbst Senator und Erzieher von Kaiser Nero war, über das, was er »geschäftige Betriebsamkeit« nennt: Rhetorisch fragt er, wann man vor lauter Anspannung zuletzt einen »ungekünstelten Gesichtsausdruck« gehabt habe.[24] Er betont, die Muße sei das höchste Gut, und nach ihm habe sich sogar der mächtige Kaiser Augustus oft vergeblich gesehnt.[25]

Insgesamt ist die hierarchisierte Arbeitsteilung seit den alten Hochkulturen eine der historischen Grundlagen für das, was man noch heute beklagt: die Spaltung der Gesellschaft. Die Urspaltung der Gesellschaft in bequem und weniger bequem Arbeitende geht unter anderem auf das Konto der Götter. Sie kreieren in Mythen wie dem sumerischen »Hymnus von der Hacke« den Menschen – ähnlich wie im Alten Testament –, um die mühsame Arbeit auf ihn abzuwälzen. Bei den Griechen müssen ein paar ihrer weniger gut gestellten Götter zumindest Praktika in der Arbeitswelt machen. Zum einen schmiedet Hephaistos fleißig, statt sich wie die anderen Götter auf dem Olymp zu fläzen und gelegentlich unproduktiven Abenteuern nachzugehen. Zum anderen haben die Griechen mit dem Halbgott Herkules das Urbild des Helden der Arbeit geschaffen.

Herkules muss, um in den Olymp aufzusteigen, die berühmten zwölf Arbeiten verrichten. Dazu zählen allerdings vor allem kriegerische, jagdbezogene und athletische Tätigkeiten wie der Kampf mit Löwe und Hydra, das Einfangen von Hirschkuh, Eber und Stier. Selbst die eine echte Arbeit, die Säuberung der Augiasställe, erledigt der Halbgott, da sie als entehrend gilt, nicht, indem er die Ärmel hochkrempelt und den Boden wischt. Vielmehr leitet er einen Fluss durch den Stall und erfindet so heroischerweise den Hochdruckreiniger. Trotz erledigter Arbeit verweigert ihm sein Auftraggeber Augias just den versprochenen Preis. Herkules muss ihn – sozusagen als erster proletarischer Revolutionär – töten, um endlich im Olymp auf der faulen Haut liegen zu können. So gesehen zeigt der Mythos des Herkules, wie wenig Ansehen echte Arbeit im antiken Griechenland genießt.

Aus dem Altertum kann man mitnehmen, dass die Arbeit seit Beginn der Hochkulturen stark hierarchisch gegliedert ist und eine entsprechende Honorierung oft willkürlich ausfällt. Philosophen und Priester betreiben einigen theoretischen Aufwand, um die Hierarchien abzusegnen. Immerhin gilt die Muße, auch wenn die Realität der Arbeitswelt für weite Teile der Bevölkerung nicht von ihr geprägt ist, anders als in späteren Zeiten, der Neuzeit und vor allem der Industrialisierung, als Ideal.

## 100 FEIERTAGE UND DIE PLACKEREI ALS SÜHNELEISTUNG: DAS CHRISTLICHE MITTELALTER

Zum ersten Mal beschäftigte ich mich mit der Geschichte der Arbeit im Jahr 1997, kurz nachdem ich meinen Doktor gemacht hatte. Wie so viele Geisteswissenschaftler wusste ich nicht genau, in welche Richtung ich beruflich gehen sollte. Während meines Studiums hatte ich bereits Erfahrungen als Kulturjournalist gesammelt. Ich hatte aber Zweifel, ob mir das langfristig liegen würde. Sollte ich lieber als Lektor in einem Verlag anfangen – oder mich für ein Volontariat bei einem Nachrichtensender bewerben? Da ich zudem Beziehungsprobleme hatte, fühlte ich mich bei der Lebensplanung überfordert.

Obwohl ich mich damals noch nicht explizit mit der Frage beschäftigte, was man aus der Geschichte lernen kann, verfiel ich auf das, was ich das Mittelalterspiel nannte: Einen Tag lang wollte ich mir fest vorstellen, ich hätte vor rund tausend Jahren gelebt. Neben den offenkundigen Nachteilen hätte das auch Vorteile gehabt. In der damaligen Standesgesellschaft wären meine Wahlmöglichkeiten in Sachen Beziehung und Arbeit von vornherein sehr beschränkt gewesen. Ich hätte wohl etwas Ähnliches wie mein Vater gemacht bzw. mir nicht den Kopf darüber zerbrechen müssen, was zu mir passt. Damals, so dachte ich, war das Bestreben, durch Beten und Meditieren das Seelenheil zu erlangen, wichtiger als die Selbstverwirklichung über den Beruf. Das ist natürlich ein haarsträubend vereinfachtes Bild vom Mittelalter. Und natürlich wollte ich nicht wirklich tauschen. Doch tatsächlich waren die Perspektiven und war die *Einstellung* vieler Menschen in Sachen Berufswahl und Lebensplanung im Mittelalter anders, statischer und in dem Sinn einfacher, dass man weniger Wahlmöglichkeiten hatte. Zwar war das Mittelalterspiel nicht die Lösung für meine Luxusprobleme, doch hat es die Fragen, vor denen ich stand, zumindest ein wenig relativiert.

Wirft man einen genaueren Blick auf die Arbeitswelt des Mittelalters, erweist sie sich allerdings als durchaus widersprüchlich. Einerseits erfährt die Arbeit zumindest eine theoretische Aufwertung, weil sie aus christlicher Sicht die Sühne für die Erbsünde von Adam und Eva ist, die faul vom Obst naschten, das schlau und glücklich macht. Andererseits sollen im Mittelalter Andacht und Gottesfurcht mehr zählen als Arbeitsleistung und beruflicher Erfolg. In der Bibel verteidigt Jesus Maria gegen ihre Schwester Martha, als Martha Maria dafür kritisiert, dass sie, statt ihr bei der Hausarbeit zu helfen, nur Jesu Worten lauschen will (Lk 10, 39-42). Vielleicht passt Jesu Reaktion dazu, dass er selbst als arbeitsloser Wanderprediger von Almosen lebt. Jedenfalls erklärt er in der Bergpredigt: »Seht euch die Vögel des Himmels an: Sie säen nicht, sie ernten nicht«, aber »euer himmlischer Vater ernährt sie … Lernt von den Lilien, die auf dem Feld wachsen: Sie arbeiten nicht und spinnen nicht.« (Mt 6,26 und 6,29)

Was Jesus poetisch formuliert, verdrehen seine Nachfolger auf prosaische Weise. So meint schon Kirchenvater Augustinus (354–430), dass das Gleichnis mit den Vögeln und Lilien nicht so wörtlich gemeint gewesen sei.[26] Es sei lediglich als Warnung an die Werktätigen vor zu großer Zukunftsangst zu verstehen. Augustinus rät zum Fleiß – und fügt hinzu, dass ihm als Bischof bedauerlicherweise keine Zeit für körperliche Arbeit bleibe. Schon in der Bibel werden Jesu Worte relativiert. In seinem Brief an die Thessalonicher formuliert Apostel Paulus im Abschnitt »Zurechtweisung der Müßiggänger« seine berühmte Mahnung: »Wer nicht arbeiten will, soll auch nicht essen.« (2 Thess 3,11) Dieser Slogan vom Ur-Ideologen des Christentums wirkt nachhaltig und auch an Orten, an denen man es nicht unbedingt vermutet. Im Jahr 1924 wird Paulus' Leitsatz ausgerechnet in die Verfassung der Sowjetunion, dem Zentrum des Atheismus, aufgenommen; 1975 fließt er in das Grundgesetz der anderen atheistischen Großmacht ein, der Volksrepublik China.[27]

Im mittelalterlichen Denken spielt der Widerspruch zwischen der Auffassung, wonach Arbeit Sühne sei, und dem alten Lob der Muße eine wichtige Rolle. Auf je unterschiedliche Weise tragen beide zum Seelenheil bei. Eine Art Kompromiss stellen vielleicht die Ordensregeln der Benediktiner dar. Benedikt fordert gemäß seinem Motto »Müßiggang ist der Seele Feind« eine Verbindung von Handarbeit und Beten bzw. geistlicher Lektüre.[28] Später wird daraus der Slogan *ora et labora*. Praktisch setzen Mönche dies um, indem sie im Kloster einen durchgetakteten Alltag mit Gebeten zu genau vorgeschriebenen Uhrzeiten haben. Das lässt sie im Rückblick als Vorläufer der Industrialisierung oder zumindest des *nine to five*-Jobs erscheinen. Dies umso mehr, als im 14. Jahrhundert die ersten mechanischen Uhren Verbreitung finden, und zwar vor allem in Klöstern, wo der Tag wohl erstmals streng in 24 Stunden eingeteilt wird.[29] Mit Hilfe der mechanischen Uhren kann man den Plan für Stundengebete einhalten, auch ohne die ganze Nacht wachen zu müssen und die

Stundengläser, Sanduhren, immer wieder umzudrehen. Was die Arbeit im engeren Sinn betrifft, verrichten Mönche eher leichte Tätigkeiten und meist nicht länger als sechs Stunden am Tag. Zwar müssen Skriptoren – ähnlich wie gebildete Sklaven in der Antike – bei schlechter Beleuchtung stundenlang mit dünner Tinte Pergamente beschreiben.[30] Doch spannen sich Geistliche kaum, wie dies Bauern tun, vor den Pflug, um auf dem Feld, so wie es die Bibel empfiehlt, im Schweiße ihres Angesichts zu schuften (Gen 3,6; 3,19).

Einerseits wird die Arbeit im Mittelalter als Strafe und Sühne gesehen. Andererseits wird sie damit indirekt zu etwas Positivem. Mit der schrägen Mischung lässt sich einiges rechtfertigen. Dazu passt es, dass die Etablierung des Christentums als Staatsreligion wenig Einfluss auf die konkreten Lebensverhältnisse von Sklaven hat. Im Mittelalter hält sich die Sklaverei trotz der Verbote, Glaubensbrüder zu unterjochen, bei Christen wie bei Moslems. Bis weit ins 19. Jahrhundert hinein werden Christen Menschenhandel treiben. Im mittelalterlichen Alltag Europas verdrängt allerdings die Leibeigenschaft die Sklaverei als dominante Organisationsform der Arbeitswelt. Leibeigene sind zwar nicht handelbar wie Sklaven, müssen aber Fronarbeit leisten und dürfen grundsätzlich nicht vom Land des Feudalherrn wegziehen. Er darf sie züchtigen, wenn ihm ihre Arbeit missfällt, und bestimmt insofern über ihr Privatleben mit, als er beispielsweise Eheschließungen erlauben muss.

Dass die Leibeigenschaft im ausgehenden Mittelalter zurückgedrängt wird, ist ein Schritt hin zu mehr sozialer Mobilität. Tatsächlich können ab dem 14. Jahrhundert immer mehr Nicht-Adelige als Handwerker, Kaufleute und Banker und später auch als Künstler wie der eingangs erwähnte Leonardo da Vinci Reichtum und politische Macht erlangen. Manche Historiker betonen allerdings, in der Neuzeit sei die Belastung Arbeitender in den »kapitalistischen Kernländern«, also Ländern wie England und Italien, im Vergleich zu mittelalterlichen Leibeigenen größer gewesen; einigen Untersuchungen zufolge waren die Reallöhne im Spätmittelalter bei Handwerkern höher als um 1800.[31] Es sei den Menschen im 14. und 15. Jahrhundert besser gegangen, zumal auch die Arbeitszeiten kürzer waren. Bis in Zeiten der frühen Industrialisierung hinein ist ein arbeitsfreier blauer Montag üblich, teils zusätzlich ein blauer Dienstag.[32]

Natürlich ist es kaum möglich und oft irreführend, einen pauschalen Vergleich zwischen dem Mittelalter und der Neuzeit in Sachen Arbeitsbelastung anzustellen. Generell lässt sich sagen, dass im Mittelalter eine andere *Auffassung* von Arbeit herrscht. Das äußert sich unter anderem darin, dass es zeitweise bis zu 100 Feiertage gibt. Das heißt zwar nicht, dass die Arbeit an den Feiertagen für Bauern und Landarbeiter völlig ruht und Kühe ungemolken bleiben. Doch stellen Arbeit, Effizienz und Fleiß noch nicht so sehr Werte an sich dar. Feiertagsrituale sind stärker als heute Mittel zur Teilhabe an der Gemeinschaft. Etwa bei der Kirmes, ursprünglich die Kirchmess bzw. Kirchweih, die Einweihung einer Kirche. Derartige Feiertage entwickeln sich im Lauf des Mittelalters mehr und mehr zu Volksfesten mit Musik, Schaustellern, allerhand Darbietungen und Ausschweifungen.

Anders als in der Antike werden im Mittelalter als hart und unangenehm empfundene Arbeiten verstärkt mit übergeordneten, spirituellen Werten aufgeladen. Wer hart arbeiten muss, wird auf zukünftige Paradiese vertröstet. Immerhin bekommt theoretisch jede Tätigkeit einen Wert zugesprochen. Zugleich ist die Arbeit noch nicht breitenwirksam Droge und Kult. Vielleicht gibt es ein paar Workaholics, die freiwillig bis spät nachts schuften, aber sie sind nicht die Regel, geschweige denn das Ideal. Die Arbeitswut gilt nicht als Weg zur Selbstverwirklichung; Arbeitstiere können sich in den wenigsten Fällen als Helden stilisieren.

Im Spätmittelalter zeichnet sich allerdings ein Wandel ab. Vereinfacht gesagt ist es eine Entwicklung von der erwähnten Fest- und Feiertagskultur zum strengeren Arbeitsethos, von feudalen, statischen Arbeits- und Wirtschaftsformen zum dynamischeren Frühkapitalismus. Diesen Übergang verkörpert auf realistische und symbolische Weise zugleich der Legendenheld Robin Hood. Zwar ist Robin keine historische Persönlichkeit, aber als Held von rund 40 Volksballaden und Chroniken ist er eine Identifikationsfigur im Alltag der Menschen. Aus heutiger Sicht erstaunt, dass Robin damals nicht einfach nur ein Räuber ist, der von den Reichen nimmt, um den Armen zu geben. Das tut er zwar auch. Doch in der längsten und kulturhistorisch wichtigsten Robin Hood-Ballade, *A Gest of Robin Hood* (um 1400), ist er vor allem ein *Kaufmann*: »In ganz England«, erklärt Bandenmitglied Little John, »gibt es keinen reicheren Händler. Das wage ich zu sagen.«[33]

In *A Gest of Robin Hood* handelt der reiche Händler Hood mit Tuch, vergibt Kredite, tätigt also Zinsgeschäfte, wie dies damals unter Kaufmännern üblich ist. Wenn der Volksheld und beliebte Outlaw Robin als Kaufmann auftritt, ist dies vor dem Hintergrund bemerkenswert, dass diese Berufsgruppe im Mittelalter wegen ihrer sündigen Geld- und Zinsgeschäfte noch als anrüchig gilt. Zugleich faszinieren frühkapitalistische Jungunternehmer, weil sie den sozialen Aufstieg schaffen, der in einer Standesgesellschaft schwierig ist. Die Robin Hood-Figur der Balladen trägt dazu bei, das Bild des Kaufmanns aufzupolieren. Das passt insofern zu Entwicklungen im echten Leben, als sich Kaufleute wie die Medici und Fugger zur gleichen Zeit zur neuen gesellschaftlichen Elite mausern.

Das Besondere an Robin Hood im Vergleich zu den echten Händlern ist, dass er eine Art Kompromiss zwischen unternehmerischem Ehrgeiz bzw. dem neuen Arbeitsethos und dem alten Ideal der Muße und der Feiertagskultur verkörpert, der dem Balladenpublikum gefallen konnte. So plagt sich Robin weder wie ein Bauer im Schweiße seines Angesichts, noch gehört er dem faulen und unsympathischen Stand des Adels oder Klerus an, der die Armen oft ausbeutet. Als Unternehmer ist Robin zwar umtriebig und passt sich jeder Situation flexibel an. Dabei gelingt es ihm – ähnlich wie dem eingangs erwähnten Leonardo da Vinci – aber auch, sich seine Zeit frei einzuteilen. Trotz seines wirtschaftlichen Erfolges und Ehrgeizes sitzt Robin im Wald mit seinen Kameraden am Lagerfeuer, ohne dass ihm ein Feudalherr etwas zu sagen hätte.

## DER BERUF ALS ABENTEUER UND BERUFUNG: DIE NEUZEIT

Zu Beginn des 16. Jahrhunderts zeigen reformatorisch inspirierte Holzschnitte dicke Priester, die faul vom Ablass leben, während schuftende Bauern hungern. Die Stichserie *Passional Christi und Antichristi* (1521) von Lucas Cranach d. Ä., der gewissermaßen Martin Luthers Hofmaler war, präsentiert die Widersprüche der Arbeitswelt auf symbolische Art und Weise. Auf einem der Bilder wäscht Jesus, der in den Jahrhunderten zuvor als fragil und jenseitig dargestellt worden war, fleißig und mit starken Arbeiterhänden die Füße der Jünger. Auf der anderen Seite, der Seite des »Antichristen«, segnet der dekadente Papst im Ornat träge die

*Lucas Cranach d. Ä.: »Passional Christi und Antichristi«, 1521, Stichserie, drittes Bildpaar*

Könige, die seine Füße küssen. Derartige Darstellungen der guten Arbeit und dekadenten Faulheit unterscheiden sich von jenen der mittelalterlichen Monatsbilder. Auf ihnen ackern Bauern, während die adeligen Herrschaften müßig schlemmen und ausreiten, ohne dass diese angeblich gottgegebene Arbeitsordnung in Frage gestellt würde.

Cranachs Stichserie kann man als zugespitzten Ausdruck dessen sehen, dass die Neuzeit von einer Adelung der Arbeit und des Fleißes geprägt ist. Es ergeben sich verstärkt Aufstiegsmöglichkeiten für jene Schicht, die man später Bürgertum nennen wird und die die heutigen Gesellschaften dominiert. Harte Arbeit wird zur Tätigkeit, an der man persönlich wächst und mit der man es in diesem Leben zu etwas bringt. Natürlich gibt es berufliches Erfolgsstreben, Unternehmertum und eine Identifikation mit der Arbeit auch schon im Mittelalter und zu früheren Zeiten. Und im alten China basiert ein Arbeits- und Leistungsethos bereits in den vorchristlichen Jahrhunderten auf dem Konfuzianismus. Doch in der europäischen und amerikanischen Neuzeit werden entsprechende Ideale besonders herausgestellt und ideologisch wie religiös überhöht.

Wie sich die Vorstellung von der Arbeit mit der historischen Durchsetzung eines Leistungsdenkens ändert, beschreibt der Soziologe Max Weber in seinem begriffsbildenden Buch *Die protestantische Ethik und der »Geist« des Kapitalismus* (1904/5). Er spricht von Martin Luthers Neudefinition der Arbeit bzw. des Berufes als *Berufung* im 16. Jahrhundert.[34] Tatsächlich wertet Martin Luther, der das Neue Testament im Schaffensrausch in einer Rekordzeit von nur elf Wochen übersetzt, in seinem Pamphlet *An den christlichen Adel deutscher Nation* (1520) die Arbeit in vieler Hinsicht auf. Er warnt vor »Saufen, Spielen, Müßiggang und allerlei Sünden«, auch weil man dadurch »seine Arbeit versäumt«.[35] Im Gegenzug hält Luther einen Rat für jedermann bereit: »Will er aber reich sein, so greife er mit der Hand an den Pflug.« Mit Blick auf den *calvinistischen* Protestantismus meint

Max Weber sogar, dass durch eine »innerweltliche Askese« im 16. Jahrhundert Fleiß, Sparsamkeit und »rastlose Berufsarbeit« zu neuen Lebensidealen gemacht worden seien.

Bis heute streiten Historiker darüber, wie relevant das protestantische Arbeitsethos für spätere Entwicklungen tatsächlich war.[36] Jedenfalls hat sich das Schlagwort vom protestantischen Arbeitsethos verbreitet und allein dadurch eine Wirkung entfaltet. Natürlich haben auch Bilder von *katholischen* Unternehmern wie den Fuggern und Medici, von Entdeckern, Eroberern und Künstlern wie Leonardo da Vinci, Michelangelo und Raffael dazu beigetragen, ein Arbeitsethos aus *Berufung* zu propagieren.

Manche Historiker betonen die dunklen Seiten, die der Wandel der Arbeitswelt in der Neuzeit mit sich brachte. So wird hervorgehoben, dass in der frühen Neuzeit mit einer militärischen Revolution die Voraussetzungen geschaffen worden seien für die Zucht, Irren- und Arbeitshäuser des 16. und 17. Jahrhunderts.[37] Die Etablierung eines Militärapparates habe die gedrillten Soldaten sozusagen als erste Lohnarbeiter hervorgebracht, lohnabhängig vom *Sold* ihrer Söldnerführer, den risikofreudigen und brutalen Unternehmern. Daraus leite sich, so die Argumentation, der destruktive Charakter der späteren Industrialisierung ab.

Wie auch immer man zu derartigen Deutungen stehen mag – mit dem Abstand mehrerer Jahrhunderte betrachtet, denkt man beim Stichwort Neuzeit an das vielzitierte Arbeitsethos. Will man etwas Positives aus der Neuzeit mitnehmen, wäre es die Zunahme an sozialer Mobilität und die Möglichkeit, seinen Beruf im Prinzip freier wählen zu können. Im besten Fall kann man seiner Berufung folgen.

## HELDEN DER ARBEIT UND HOCHLEISTUNGSDENKER: DIE INDUSTRIELLE REVOLUTION

Bis heute prägen Kreative wie Leonardo da Vinci und Unternehmer wie die Medici unsere Vorstellung davon, wie man geschickt in der Welt der Arbeit agiert. Für die Widersprüche und Widrigkeiten der Industrialisierung steht allerdings ein anderer Star: Charlie Chaplin. In seinem Film *Moderne Zeiten* (1936) muss er am Fließband so heftig schrauben, dass ihm die Bewegungen in Fleisch und Blut übergehen. Zugleich verschmilzt er beinahe poetisch mit der Maschine. So bietet Chaplin – der selbst ein gewiefter Künstler-Unternehmer war – die Parodie zu einem Idealtypen, der sich in Zeiten der Industrialisierung ab den 1760er Jahren langsam und schrittweise etabliert: dem Helden der Arbeit. In Reinform ist der Held der Arbeit der muskulöse Malocher, der schwitzend, würdevoll und ehrlich zupackt. Relativ spät in der Menschheitsgeschichte kommt dieser Idealtyp, nachdem er jahrtausendelang Sklave oder Fronarbeiter war, zumindest theoretisch zu Ansehen und Ehren.

Zwar macht die Industrialisierung in ihrer reinen, gesellschaftlich dominanten Form nur eine relativ kurze historische Phase von rund 200 Jahren aus. Doch hat sie uns stark geprägt, konkret und bis ins Denken und Fühlen hinein. War das Wort für Arbeiter im alten Ägypten »Träger«, werden die Arbeiter im Verlauf der Industrialisierung endlich offiziell als Säulen der Gesellschaft geehrt. Der Begriff des *Lohnarbeiters* ist schon seit dem 14. Jahrhundert nachweisbar, und zwar im Bereich des Bergbaus.[38] Er gilt als unabhängig und frei, weil er kein Leibeigener ist, sondern der feudalen Gerichtsbarkeit enthoben, teils genossenschaftlich organisiert. Erst mit der Industrialisierung entwickeln sich jedoch eine Kultur und ein Selbstbewusstsein der lohnabhängigen Arbeiterklasse.

Zunächst bedeutet die Fabrikarbeit, die mit der Industriellen Revolution im 19. Jahrhundert in Europa und den USA Einzug hält, allerdings einen brutalen Einschnitt in das Alltagsleben. Man schuftet 16 oder 18 Stunden am Tag. Waisen, die unter 14 Jahren sind, werden in der Baumwollindustrie für »Unterkunft und Verpflegung« zur Arbeit geprügelt; selbst unter Zehnjährige malochen bis zu 14 Stunden täglich.[39] Fünfjährige werden in England als *chimney sweeps* eingesetzt. Sie müssen in Kamine hineinkriechen, um sie zu reinigen, bleiben teils stecken, ersticken oder tragen langfristige gesundheitliche Schäden durch das Einatmen von Ruß davon.

Es ist kein Zufall, dass bezahlbare Taschenuhren im 19. Jahrhundert Verbreitung finden und ab Mitte des Jahrhunderts Armbanduhren mit Ziffernblättern wie jenen, an denen wir auch heute noch die Uhrzeit ablesen.[40] Schließlich wird die Arbeit immer strenger und enger getaktet, in überschaubare und planbare Zeiteinheiten gepackt, um mechanische Abläufe zu optimieren. Dabei versuchen manche Unternehmer das Zeitmonopol an sich zu reißen: Sie sanktionieren, wie der anonyme Autor des Buches *Life of a Dundee Factory Boy* (1850) berichtet, das Tragen von Uhren bei Arbeitern – und manipulieren Fabrikuhren zu ihren Gunsten: Sie stellen sie morgens vor, abends zurück, um Arbeitszeit zu »gewinnen«.[41]

Zugleich verbrämt man die Arbeit als erzieherische Maßnahme und Quelle der Tugend in Sprichwörtern und Sentenzen, die im Mittelalter auf Unverständnis gestoßen wären – und auch heute in Zeiten des Burnouts zumindest skeptisch werden lassen: »Arbeit adelt«, heißt es da. »Arbeit ist des Blutes Balsam, Arbeit ist der Tugend Quell.« (Herder), »Arbeit ist des Bürgers Zierde, Segen ist der Mühe Preis« (Schiller), »Nur in der Arbeit wohnt der Frieden, und in der Mühe wohnt die Ruh« (Fontane).

Vereinfacht gesagt, ist die Arbeitsideologie zunächst eine Sache des Bürgertums. Man will sich vom Adel abheben, indem man es durch die eigene Leistung zu etwas bringt. Theoretisch kann man über Arbeit und Fleiß seine gesellschaftliche Stellung verbessern. Tatsächlich ist die neue Welt der Lohnarbeit in Zei-

*»Arbeit« (1852–65), von Ford Madox Brown: In Zeiten der Industrialisierung wirkt harte Arbeit an der frischen Luft fast schon wieder idyllisch. Am Geländer rechts lehnen zwei Kopfarbeiter, die der Anblick körperlicher Tätigkeit womöglich dazu anregt, politische Theorien aufzustellen.*

ten der Industrialisierung für viele aber ein ständiger Kampf, weil immer wieder Entlassungen wegen konjunktureller Schwankungen drohen. Zugleich sind alte Sicherheiten verloren gegangen, sei es nur die Möglichkeit, sich mit eigenem Vieh, einer Kuh, Ziege oder Hühnern und der kostenlosen Nutzung von Gemeindeland, der Allmende, über Durststrecken zu retten.[42]

Vor diesem Hintergrund erstaunt es kaum, dass in Zeiten qualmender Schlote ältere, traditionelle Arbeitswelten in der Literatur und Kunst romantisiert werden. Maler wie Millet, Courbet und van Gogh stellen das Arbeitsleben als hart, aber würdevoll dar und verleihen ihm eine Art religiöse Aura, etwas Erhabenes.[43]Leo Tolstoi, der adelige Literat, der selbst nicht für seinen Lebensunterhalt arbeiten muss, versucht historisch als einer der ersten, das zu beschreiben, was man heute Flow nennt: das angenehme bis rauschhafte Gefühl, das sich einstellt, wenn die Arbeit wie von selbst zu gehen scheint, man mit der Tätigkeit, die man ausübt, verschmilzt und nicht mehr über ihren

*»Bauer beim Pfropfen eines Baumes« (1855), von Jean François Millet: Der arme Bauer geht einer symbolträchtig ehrlichen und wertvollen Arbeit nach. Die Ähnlichkeit zu Bildkompositionen der Renaissance wertet das Thema zusätzlich auf; es herrscht eine Atmosphäre von Würde und Beschaulichkeit.*

*Das Profil des Webers gleicht einem Teil des Webstuhls, in dem er sitzt. So zeigt van Gogh in seinem Gemälde »Der Weber« (1884), wie die Arbeit die Menschen buchstäblich formt und verformt.*

Sinn oder Sonstiges nachdenkt. In Tolstois Roman *Anna Karenina* (1878) sagt der Landadelige Lewin: »Ich brauche körperliche Bewegung, sonst nimmt mein Charakter ganz gewiß Schaden.«[44] Zusammen mit seinen Bauern mäht er – ähnlich wie Tolstoi dies im echten Leben manchmal tat – eine Wiese: »Je länger Lewin mähte, um so häufiger wurden die Momente der Selbstvergessenheit, wo nicht die Arme die Sense führen, sondern umgekehrt die Sense den Körper zu regieren schien.« Am Schluss ruft Lewin glücklich aus: »Ich möchte die Medizin um einen neuen Fachausdruck bereichern: Arbeitskur!«

Die Bauern staunen in Tolstois Roman nicht schlecht über den Landadeligen und darüber, wie er die gelegentliche körperliche Arbeit stilisiert. Was die Aufwertung der Arbeit insgesamt betrifft, erfasst sie immer mehr auch die, die eigentlich nicht müssten. Seit der Industrialisierung gelten Kaiser und Monarchen wie Maria Theresia, Napoleon und Königin Victoria nicht mehr als Müßiggänger, sondern als adelige Arbeitstiere. Was die breite, abhängig beschäftigte Masse anbelangt, gehen die meisten Historiker davon aus, dass sich der Lebensstandard durch die Industrielle Revolution in der zweiten Hälfte des 19. Jahrhunderts verbessert. Von nun an erstreiten Gewerkschaften Arbeitnehmerrechte wie den Zehn-Stunden-Tag; eine Wirkung entfalten auch technische Innovationen und die Einsicht, dass allzu brutale Arbeitszeiten der Produktivität nicht zuträglich sind.[45]

Auf der Ebene der Theorie wird die Arbeit in Zeiten der Industrialisierung besonders intensiv ausgelotet bzw. integraler Bestandteil von Denkmodellen. Auf plastische Weise kann man sich das über eine schlagwortartige Aufzählung wichtiger Stationen vergegenwärtigen: So nimmt sich Adam Smith – der als Zollkommissar, Moralphilosoph und Mitbegründer der klassischen Nationalökonomie selbst ein breites Feld beackert – in seinem bahnbrechenden Buch *Der Wohlstand der Nationen. Eine Untersuchung seiner Natur und seiner Ursachen* 1776 grundsätzlich die Arbeit als Wirtschaftsfaktor vor. Er lobt die Spezialisierung und Arbeitsteilung und den Eigennutzen als Antrieb zu Höchstleistungen. Die Arbeits*armut* rechtfertigt wiederum David Ricardo mit Theorien darüber, dass sich das Lohnniveau für die Lohnabhängigen in wirtschaftlich schlechten Zeiten bzw. bei einer verringerten Nachfrage nach Arbeitskräften zeitweilig leider nach unten anpassen müsse, ohne dass man dagegen etwas tun könne.[46] Während der Sozialdarwinismus auf primitive Art und Weise behauptet, dass sich die Fleißigen und Geschickten gerechter- und gottgewollterweise durchsetzen, bietet der Utilitarismus eine differenziertere und freundlichere Rechtfertigung der Armut in der Industriegesellschaft: Zum größtmöglichen Glück oder Nutzen der größtmöglichen Zahl gehöre leider das unvermeidliche Unglück der Übrigen. Der Sozialismus, der parallel aufkommt, wirft historisch erstmals fundamental die Frage nach dem Los der lohnabhängigen Proletarier auf – rund 5000 Jahre, nachdem schwere körperliche Arbeit in Form der Sklaverei als Normalzustand etabliert worden war.

Ein herausragendes Beispiel für eine philosophische Analyse der Arbeit in Zeiten der Industrialisierung ist der Denker des deutschen Idealismus Georg Friedrich Wilhelm Hegel. Sein Hauptwerk *Phänomenologie des Geistes* (1807) kann man als ein demonstratives Sich-Abarbeiten an Begriffen wie »Bewusstsein« und »Geist« fassen. Doch auch den Begriff der Arbeit selbst beleuchtet Hegel so abstrakt und vielfältig wie kaum ein Philosoph vor ihm: »Durch die Arbeit«, so Hegel, »kommt es [das Bewusstsein] aber zu sich selbst. (…) Die Arbeit hingegen ist *gehemmte* Begierde, *aufgehaltenes* Verschwinden, oder sie *bildet*. (…) Diese *negative* Mitte oder das formierende *Tun* ist zugleich *die Einzelheit* oder das reine Fürsichsein des Bewußtseins, welches nun in der Arbeit außer es in das Element des Bleibens tritt; das arbeitende Bewußtsein kommt also hierdurch zur Anschauung des selbstständigen Seins *als seiner selbst*.«[47]

Hegel gewinnt der Arbeit ziemlich viele Aspekte ab. So schwer es fällt, seinen Ausführungen zur Arbeit im Einzelnen zu folgen, so sicher ist, dass er seinen Lesern die Mühen der (Kopf-)Arbeit, die er ihnen bei der Lektüre seiner Texte abverlangt, spürbar nahebringt. Natürlich gab es auch *vor* Hegel schwierig zu lesende Texte. Doch verkörpert Hegel auf herausragende Weise die Idee, dass das Verfassen, Lesen und Verarbeiten von Texten einem anstrengenden, aber produktiven Arbeitsprozess entspricht, der auch unabhängig vom Inhalt durch den Prozess der Lektüre selbst zu neuen Erkenntnissen verhelfen kann. Zu einer solchen Auffassung passt die Beschreibung seines Vortragsstils durch einen seiner Schüler: »Abgespannt, grämlich saß er [Hegel] mit niedergebücktem Kopf in sich zusammengefallen da und blätterte und suchte immer fortsprechend in den langen Folioheften vorwärts und rückwärts, unten und oben; das stete Räuspern und Husten störte allen Fluß der Rede, jeder Satz stand vereinzelt da und kam mit Anstrengung zerstückt und durcheinandergeworfen heraus; jedes Wort, jede Silbe löste sich nur widerwillig los.«[48]

In einem ähnlichen Stil wie Hegel, aber konkret auf die ökonomischen Verhältnisse zielend, macht sich ein Schüler und Kritiker Hegels, der Sozialist Karl Marx in seinem Buch *Das Kapital* (1867) ans Werk. Dabei verwendet er gleich mal die ersten 50 Seiten seines Hauptwerkes, um den Begriff der Arbeit zu definieren und auszudifferenzieren. So sind Waren bei Marx im Wesentlichen »festgeronnene Arbeitszeit«, und zwar, wie er schreibt, *abstrakter* Arbeit.[49] Die abstrakte Arbeit entwickelt sich aus der konkreten Arbeit, also zum Beispiel Landarbeit, die als nützliche Arbeit, so Marx, eine »ewige Naturnotwendigkeit« ist. Daneben gibt es noch die kompliziertere Arbeit, das heißt in Marx' Worten »*potenzierte* oder vielmehr *multiplizierte* einfache Arbeit«. Auf die Produktion bezogen meint Marx: »Während der Dauer des Spinnprozesses saugt die Baumwolle also 6 Arbeitsstunden ein.« Marx nennt die Arbeit eine »gesellschaftliche Hieroglyphe«, die es zu entschlüsseln gilt.

Der Komplexität seines Arbeitsbegriffs entspricht Marx' eigenes Arbeitsleben. Er ist ein Workaholic, hat allerdings kein Interesse an der Erwerbstätigkeit und lebt mit seiner Familie in Armut. Es ist nicht ohne Ironie, dass Marx, während er an seinem Buch, einer fulminanten Kritik der Ausbeutung der Proletarier arbeitet, vom Industriellensohn Engels unterstützt wird, und zwar mit Geld, das gemäß Marx' Theorie von der entfremdeten Arbeit des Proletariers bzw. dem Mehrwert, den die Arbeiter schaffen, abgezweigt worden ist.

Mit Blick auf Texte von Denkern wie Marx und Hegel könnte man versucht sein, einen Zusammenhang zwischen der Art, wie sie schreiben, und der Industrialisierung als gesellschaftlichem Phänomen herzustellen. Wie intellektuelle Dampfmaschinen produzieren sie extrem lange, komplizierte, verschachtelte Texte, so als wollten sie sich durch die Tätigkeit nebenbei ihrer eigenen Produktivität und Arbeitsleistung versichern. Abgesehen von derart assoziativen Interpretationen lässt sich wohl festhalten, dass im Vergleich zu jenen Zeiten heute weder die körperliche noch die geistige Arbeit *an sich* eine solche Faszination ausübt und so auch eher locker zu lesende Texte gefragt sind.

Letztlich kann der Versuch, verschiedene Arten und Aspekte der Arbeit im Stil von Marx abstrakt zu quantifizieren, zu qualifizieren und in Einheiten einzuteilen, die sich direkt gegeneinander aufrechnen lassen, nicht gelingen. Einer der Gründungsväter der Soziologie, Georg Simmel, beschreitet allerdings noch um die Jahrhundertwende einen ähnlichen Weg. In seinem Aufsatz »Zur Philosophie der Arbeit« versucht er »Muskelarbeit« und »geistige Arbeit« im Wert zu vergleichen.[50] Dabei wendet er sich gegen die Annahme, die Kopfarbeit sei »kein Aufwand«. Komisch ist dabei, dass Simmel dies teils in einer unnötig komplizierten und umständlichen Sprache tut, so als wolle er demonstrieren, wie aufwändig die Kopfarbeit ist. Simmels logisches Argument ist, dass in geistigen Arbeiten viel mehr »Mühen der Vorbereitungsjahre«, also eine längere Ausbildungszeit steckt als in der körperlichen. Deshalb sei »*höhere* [geistige] Arbeit« auch »*mehr* Arbeit«.

Das kuriose Argument, wonach sich eine höhere Bezahlung für geistige Tätigkeiten dadurch rechtfertige, dass sie meist eine längere Ausbildung voraussetzen, spielt bis heute eine Rolle. Insgesamt führt Simmel die Kultur der Höherbewertung von der Kopfarbeit, die aus dem Alten Ägypten stammt, mit anderen Mitteln fort. Dabei trifft sich die Argumentation des Soziologen auf erstaunliche Weise mit realen Verhältnissen seiner Zeit. So legt die Chemnitzer Handelskammer 1906 fest, dass für *geistig* Tätige die Erteilung von Erholungsurlaub zwar gerechtfertigt sei; »für Arbeiter dagegen«, heißt es da, »ist ein solcher Urlaub in der Regel nicht erforderlich«.[51]

## ARBEIT ZWISCHEN WISSENSCHAFT, HOBBY UND EXISTENZIELLER ERFAHRUNG IM 20. JAHRHUNDERT

In den achtziger Jahren des 20. Jahrhunderts schlüpft der Journalist Günter Wallraff für sein Buch *Ganz unten* (1985) in die Rolle des Türken Ali, um aufzudecken, auf welch brutale und gesundheitsschädliche Weise Hilfs- und Leiharbeiter ausgebeutet werden. Zu Beginn des 21. Jahrhunderts nimmt die Journalistin und Bestsellerautorin Barbara Ehrenreich für ihr Buch *Arbeit poor* (2001) Jobs als Kellnerin, Putzfrau, Zimmermädchen, Verkäuferin und Pflegekraft an. Sie will zeigen, wie sogenannte *working poor*, zig Millionen Menschen, in der Wohlstandsgesellschaft der USA für einen Hungerlohn schuften. Ehrenreich flicht subjektive Beschreibungen des Gefühls der Demütigung ein und darüber, wie die Arbeitsbedingungen auf das Selbstbild abfärben. Sie merkt aber auch an, dass sie natürlich nie ganz wird nachvollziehen können, wie es den Betroffenen tatsächlich geht, weil sie selbst anders als jene jederzeit aus der Rolle aussteigen kann.

Eine historische Pionierin darin, fremde Arbeitswelten im Selbstversuch und auf umfassende Weise zu ergründen, ist die Philosophin, gewerkschaftsnahe Aktivistin und Mystikerin Simone Weil (1909 – 1943), die unter anderen Albert Camus und Simone de Beauvoir beeinflusste. Sie ist insofern besonders faszinierend, als sie weiter geht als die genannten Autoren. Im Rückblick ragt Simone Weil unter Intellektuellen dahingehend heraus, dass sie zwei Dinge verbindet: die praktische und theoretische Beschäftigung mit dem Thema Arbeit, die Analyse und die Einfühlung in die konkrete Situation. Theoretisch nähert sie sich dem Thema an wie vor ihr Denker von Platon über Hegel bis Marx und nach ihr die bereits erwähnte Hannah Arendt. Arendt wird 1958 feststellen, eine zentrale Gefahr in der »Arbeits- und Konsumentengesellschaft« bestehe darin, dass der Fokus auf einem reibungslosen bzw. automatischen Funktionieren der Abläufe liege.[52] Simone Weil bedenkt derartige Aspekte, ergründet aber, welche praktischen Auswirkungen verschiedene Tätigkeiten und Arbeitsbedingungen auf das persönliche Wohlbefinden und die individuelle Wahrnehmung haben und somit auf die Lebensqualität des Einzelnen.

Zwar hat Weil nach dem Philosophiestudium an der Eliteuniversität Ecole Normale supérieure einen Job als Lehrerin, doch versucht sich die zierliche Frau, die immer wieder mit ihrer schwachen Konstitution zu kämpfen hat, als Landarbeiterin und im Bergwerk. Ab Dezember 1934 arbeitet sie für ein Jahr in zwei Fabriken und dokumentiert ihre Erfahrungen mit der Akkordarbeit in einem »Fabriktagebuch«. Mit ihrem stichwortartigen Schreibstil vermittelt sie das, worüber sie berichtet: »Samstag. – 1 Std., um ein Loch in Messingstücke zu machen, die an einem sehr niedrigen Anschlag lagen, den ich nicht sah, wodurch ich 6 oder 7 Stücke verdarb (eine am Vortag von einer Neuen ausgeführte Arbeit, wie der Einrichter Léon behauptet, der ununterbrochen schreit). Verlust – aber kein Verweis wegen der verdorbenen Stücke, weil die Anzahl stimmt.«[53]

Weil schildert die Arbeitsbedingungen, Hitze, Kälte, Lärm in der Fabrik, Kopfschmerzen und wie sie ein »Gefühl der Versklavung« überkommt. Der schleichende Verlust ihres Selbstwertgefühls geht so weit, dass sie im Bus daran zweifelt, ob sie das gleiche Recht wie andere Bürger hat, das Verkehrsmittel zu benutzen. Sie betont die Gefahr der Abstumpfung, Kriminalisierung und des Alkoholismus in dieser harten Arbeitswelt. Dann wieder empfindet sie, so ihre Notiz, bei aller Anstrengung »nach einiger Zeit eine Art mechanischen, eher erniedrigenden Glückes«. Worin es besteht, hält sie stichwortartig fest: »nicht mehr denken, einziges Mittel, um nicht zu leiden.« Einmal freut sich Weil über die »vollständige Kameradschaft« unter Kollegen jenseits der Klassenschranken.

Natürlich projiziert Weil sehr viel auf die Fabrikarbeit und Fabrikarbeiter und mischt christliche Elemente der Askese und

Selbstaufopferung in ihre Interpretationen hinein. Sie bringt ganz andere Voraussetzungen mit als ihre Kollegen. Dennoch sticht ihre Auseinandersetzung mit der Arbeitswelt unter jenen anderer Intellektueller hervor. Sie schöpft aus eigener Erfahrung, wenn sie detaillierte Briefe an Fabrikleiter schreibt, um ihnen Verbesserungsvorschläge für die Produktionsstätten zu unterbreiten. An anderer Stelle betont Weil, dass die Politik von Lenin und Trotzki schon deshalb ein Witz gewesen sei, weil diese Theoretiker wohl nie einen Fuß in eine Fabrik gesetzt hätten.

Während Simone Weil ihre Recherchen in Fabriken betreibt und sich dabei aufreibt, zeigen in der Sowjetunion Propagandafilme Helden der Arbeit in Stahlwerken beim dramatischen Abstechen des heißen Erzes. Doch die sozialistische Realität sieht anders aus. Im Namen des Plansolls werden Proletarier brutal zugrunde gerichtet; in Arbeitslagern werden Häftlinge unter schlimmsten Bedingungen geschunden. Auch im »Dritten Reich« gibt es einen ungeheuren Widerspruch zwischen dem Lob der Arbeit und ihren konkreten Formen. An den Toren von Konzentrationslagern, in denen sich die Häftlinge zu Tode schuften, prangt der zynische Slogan »Arbeit macht frei«.

Zur gleichen Zeit wird die Industriearbeit in den USA zur Wissenschaft. Seit Beginn des 20. Jahrhunderts gestaltet man Arbeitsabläufe in Fabriken bei der Fließbandproduktion immer effizienter. Dies geschieht im Rahmen des Fordismus mit seiner perfektionierten Fließbandproduktion, benannt nach dem Autohersteller Henry Ford (1863 – 1947). Dazu kommt der Taylorismus, entwickelt von Frederick Winslow Taylor (1856 – 1915), dem Ingenieur und Begründer der sogenannten Arbeitswissenschaft. Er beobachtet und misst Abläufe in Fabriken und Büros mit der Stoppuhr, analysiert und optimiert sie bis auf Sekundenbruchteile. Man filmt Arbeiter in Fabriken, um Standardzeiten für alle Bewegungen zu ermitteln; Fabrikbesitzer sondieren »überflüssige« Bewegungen wie Gähnen und Sich-Kratzen; man erstellt Listen darüber, dass das Öffnen und Schließen einer Aktenschublade 0,04 Minuten zu dauern hat, das Aufstehen vom Stuhl 0,033 Minuten.[54]

Taylors Arbeitswissenschaft greift auf andere Lebensbereiche über. Er selbst hat offenbar einen extrem durchgetakteten Tag. Er steht um 5 Uhr morgens auf, arbeitet von 7 bis 17 Uhr, recherchiert nach dem Abendessen bis 23 Uhr und geht dann noch Joggen.[55] Er verbessert mit der Stoppuhr und Time-and-Motion-Studien nicht nur Abläufe im Berufsleben, sondern auch seine Technik beim Tennis.[56]

Im 20. Jahrhundert wird die Arbeit zum Begriff, der unterschiedlichste Bereiche bis hin zum Hobby durchdringt. In privilegierten, müßigen Kreisen gewinnt die Vermählung von Arbeit und Freizeit im Hobby schon seit dem 19. Jahrhundert an Bedeutung. In der amerikanischen Überflussgesellschaft (*affluent society*) der Nachkriegszeit soll eine ausgeprägte Freizeitkultur samt Konsum dafür entschädigen, dass man am Arbeitsplatz relativ langweilige, eintönige Tätigkeiten verrichtet. Dazu passt die verstärkte Kultivierung von Hobbys als Ausgleich, zum Beispiel in der Kultur des *hot rod* (etwa: heiße Röhre): Nach Feierabend motzen junge Männer alte Automodelle wie Fords Model T zu heißen Flitzern auf.[57]

In der Bundesrepublik der Nachkriegszeit lächeln Bergarbeiter in Wochenschauen im Stollen in die Kamera und erklären, dass sie sich freuen, einen Beitrag zum Sozialprodukt zu leisten. In dem Sammelband *Ein halbes Leben. Biografische Zeugnisse aus einer Arbeitswelt im Umbruch* (2010) bejaht ein ehemaliger Bergarbeiter im Interview die Frage, ob er stolz auf seine Arbeit gewesen sei, im Rückblick auf die Gründungsjahre der BRD: »Es war ja alles zerstört, und es war dieses Wissen: ›Wir sind dafür zuständig, dass es, dass es hier mit dem Staat wieder aufrechter geht.‹« »Und heute?«, fragt der Interviewer nach. »Ja«, antwortet der ehemalige Bergarbeiter, »heute gibt es keinen Stolz mehr.«[58]

Im Rückblick könnten die Nachkriegsjahrzehnte golden wirken, weil man davon ausgehen durfte, in einer Anstellung lebenslang aufgehoben zu sein und an einem sinnvollen Ganzen mitzuwirken. Arbeit solidarisierte in einem Maß, das heute kaum noch vorstellbar ist. Noch in den achtziger Jahren ist der Flugbegleiterin Yvette, die Studs Terkel für sein Buch *Arm und reich* (1988) interviewt, ein Streik wegen schlechter Arbeitsbedingungen nicht nur das Risiko wert, den Job zu verlieren – was am Ende passiert. Sie ist sogar bereit, ihre Ehe aufs Spiel zu setzen, weil ihr Mann Bill, der Pilot ist, den Streik ablehnt: »Ich habe mir öfter überlegt«, so Yvette, »den Streik abzubrechen, um unsere Ehe zu retten. Mir war aber auch klar, daß ich den Streik nicht abbrechen konnte, weil ich dann unglücklich gewesen wäre und unehrlich zu mir selbst.«[59]

Zu den Kehrseiten der Solidarisierung im Rahmen der Arbeitswelt zählen vielleicht die größere auch innere Abhängigkeit vom Job und die Stigmatisierung der Arbeitslosigkeit. In den sechziger Jahren, in Zeiten der Vollbeschäftigung und festen Arbeitszeiten in Deutschland werden junge Erwachsene, die auf der Straße herumhängen, als »Gammler« beschimpft. In den siebziger Jahren sind die Straßen zu Bürozeiten lange nicht so mit Männern im besten Erwerbsalter gefüllt wie heute. Erst seit der Wirtschaftskrise von 1974/75 spricht man von einer »Sockelarbeitslosigkeit«, davon, dass es keine Vollbeschäftigung mehr geben muss.[60] Seitdem gilt ein gewisses Maß an Arbeitslosigkeit selbst in einer boomenden Wirtschaft als normal. Im 21. Jahrhundert lungern Angehörige aller Altersgruppen und Einkommensklassen zu jeder Tageszeit in Cafés herum.

Einerseits scheint sich die Arbeitswelt mit ihren festen Bürozeiten aufzulösen, so dass man seine Work-Life-Balance selbst organisieren darf. Andererseits ist man noch so an die Arbeit als Routine, Rahmen und Ort der Sinnstiftung gewöhnt, dass Hartz IV-Empfänger in Hamburg in einem unechten Supermarkt der Agentur für Arbeit Plastikeier in Regale einräumen oder mit Spielgeld bezahlen. Sie spielen Kaufladen, um den Kontakt zum echten Leben trotz Langzeitarbeitslosigkeit aufrechtzuerhalten.[61]

Über die Jahrhunderte bis heute ergibt sich ein zunehmend differenziertes Bild, was die Arbeit als Möglichkeit der Sinnstiftung, aber auch die Arbeitseinstellung und die subjektive Arbeitsbelastung betrifft. Die Frage, welche Art von Arbeits*ent*lastung der Mensch im Lauf der Geschichte für sich verbuchen kann, beschäftigte die Menschen offenbar schon vor 2000 Jahren. Mit Blick auf damals moderne Wasserräder schreibt der griechische Dichter Antipatros von Thessalonike, Lehrer im Rom zur Zeit des Kaisers Augustus: »Laßt die Hände nun ruhn, ihr Mädchen vom Mahlstein./ Schlaft länger, wenn auch das Krähen des Hahns den Morgen ankündigt./ Ceres hat ihren Nymphen befohlen, eurer Hände frühere Arbeit zu tun./ Von oben auf das Rad springen die Geister des Wassers,/ Drehen die Achse und mit ihr die Speichen des Rades, das wirbelnd umläuft / Dadurch die schweren zermalmenden Mühlsteine tanzen lassend.«[62]

In modernen Zeiten stehen dem Bild des antiken Poeten die vielzitieren Worte des Utilitaristen John Stuart Mill aus dem 19. Jahrhundert entgegen: »Es ist fraglich«, so Mill, »ob alle bisher gemachten mechanischen Erfindungen die Tagesmühe irgendeines menschlichen Wesens erleichtert haben.«[63] Die Diskussion wird bis heute in Varianten fortgeführt, wenn es um technische Innovationen wie Smartphones und die Frage der ständigen Erreichbarkeit auch außerhalb der Bürozeiten geht bzw. das Für und Wider eines Home Office. Wie man die »Tagesmühe« sieht, hängt auch davon ab, wo und wie man sie misst und welche Faktoren man dazu zählt.

Immerhin gibt es inzwischen ausgefeilte Erhebungen darüber, wie sich die Arbeitsbelastung unabhängig von den faktisch geleisteten Stunden für welche Schichten oder Berufsgruppen gestaltet. So machen Südtiroler Bergbauern keinen so großen Unterschied zwischen Arbeit und Freizeit.[64] Bäuerinnen verspüren erst ab elf Stunden Arbeit einen Mangel an Freizeit. Demgegenüber empfinden Rentner in Industriegesellschaften schon ab vier Stunden und 45 Minuten Verpflichtungen am Tag eine gewisse Zeitnot. Bei einer Umfrage in Frankreich sehen Frauen mit geringerem Schulabschluss die arbeitsfreien Phasen mit ihren Kindern oder beim Einkaufen als Freizeit und Muße; Frauen mit Hochschulabschluss empfinden sie eher als Pflicht. Unter Londoner Büroangestellten sind diejenigen, die *weniger* Stunden im Büro verbringen, stärker gestresst und öfter krank als andere, die länger arbeiten, aber hierarchisch höher stehen und sich ihre Zeit frei einteilen können.

In seinem Buch *Muße. Vom Glück des Nichtstuns* (2010) knüpft Ulrich Schnabel an die antike Tradition von Autoren wie Seneca an und schildert, wie man die Muße wiedererlernen kann. Er gibt Beispiele für beruflich erfolgreiche Müßiggänger. Die Bandbreite reicht von John Lennon, der faul vor sich hin komponierte, über den Hirnforscher Ernst Pöppel, der Auszeiten als Quelle der Kreativität anpreist, bis hin zum Unternehmer Yvon Chouinard. Der taucht auch mal sechs Monate am Stück nicht im Büro auf und lässt seine Mitarbeiter im Rahmen der »Flextime« bei schönem Wetter surfen gehen, damit sie gut drauf sind und hinterher wieder gerne arbeiten.[65]

Natürlich ist die Muße auf hohem Niveau noch ein Luxusphänomen, mit dem sich vor allem privilegiert Beschäftigte befassen können. Doch immerhin findet sie wieder verstärkt gesellschaftliche Anerkennung.[66] In Hochzeiten der Industrialisierung hatte sie der Soziologe Thorstein Veblen mit dem Schlagwort »demonstrative Muße« (»conspicuous leisure«) in seinem begriffsbildenden Buch *The Theory of the Leisure Class* (*Theorie der feinen Leute*, 1899) noch als Privileg der Superreichen gegeißelt, die gesellschaftlich unnütz seien und schmarotzten. Aktuell gibt es in Großbritannien und in den USA bei denen, die es sich leisten können, die Tendenz zum *Downshifting*, zur freiwilligen Verringerung der Arbeitszeit.[67]

*»Viehweide mit schlafender Hirtin« (nach 1650) von Jan Siberechts: Die Hirtin und ihre Tochter genießen die Pause, die Ruhe, das absolute Nichtstun. Sie tun dies so uneingeschränkt und unabgelenkt, wie man es heute kaum je in der Kunst oder Werbung dargestellt findet.*

Passend dazu liest man in Studien von Philosophie- und Wirtschaftsprofessoren Thesen, die zu Hochzeiten der Industrialisierung allenfalls eine Außenseitermeinung darstellen konnten: Da heißt es heute, dass »die moderne Arbeitsgesellschaft durch etwas grundlegend Pathologisches charakterisiert ist«; die bürgerliche Arbeitssucht ähnle einer Zwangsneurose.[68] Die Arbeit sei »eine Verhaltensstörung der Moderne«. Viele erfahren die »Arbeit als milde Krankheit«, ähnlich einer Erkältung, die man tapfer aussitzen muss, bis man wieder in die Freizeit hinaus darf.

Im Vergleich zu derartigen Ausführungen zeichnet Sigmund Freud im Jahr 1930 in seinem berühmten Essay »Das Unbehagen in der Kultur« noch ein eher positives Bild von der Arbeit, und das obwohl er insgesamt in dem Text die Frage stellt, ob nicht ganze Kulturen, Kulturepochen oder die gesamte Menschheit »neurotisch« geworden seien. Über die Arbeit meint Freud jedenfalls: »Keine andere Technik der Lebensführung verbindet den einzelnen so fest an die Realität als die Betonung der Arbeit, die ihn wenigstens in ein Stück der Realität, in die menschliche Gemeinschaft sicher einfügt. Die Möglichkeit, ein starkes Ausmaß libidinöser Komponenten, narzißtische, aggressive und selbst erotische, auf die Berufsarbeit und auf die mit ihr verknüpften menschlichen Beziehungen zu verschieben, leiht ihr einen Wert, der hinter ihrer Unerläßlichkeit zur Behauptung und Rechtfertigung der Existenz in der Gesellschaft nicht zurücksteht.«[69]

So schafft Freud damals die theoretischen Grundlagen für das, was inzwischen selbstverständlich ist: Jeder projiziert sehr Unterschiedliches auf seine Arbeit, erwartet sich individuell etwas anderes. Man sieht sich je nach Persönlichkeit durch Unterschiedliches belastet, gefordert, ausgefüllt. Für die einen ist ihre Arbeit anregend und angenehm, ja erotisch, für andere Askese oder sogar der Rahmen, in dem sie Aggressionen ausleben. Die einen vermischen freudig Arbeit und Privatleben, andere sind froh, nach oder sogar bei einer an sich langweiligen Arbeit abschalten zu können. Auch kann man bei einer Arbeit, die geistig weniger in Anspruch nimmt, *innere* Freiräume erschließen, um ungestört den eigenen Gedanken nachzugehen. Die einen wollen sich in der Arbeit selbst verwirklichen, andere finden genau das anstrengend oder sogar unreif. Gemeinsam haben auch sehr unterschiedliche Positionen, dass die Arbeit doch Dreh- und Angelpunkt ist, eine zentrale Referenz im Leben.

Dass jemand gar nicht arbeiten will, kommt selten vor. Das Vorurteil, dass viele Arbeitslose schlicht faul seien, wird durch Statistiken widerlegt.[70] Wie sehr die angebliche Faulheit von Arbeitslosen auf einem Mythos und Stammtischgerede beruht, muss man klar hervorheben, wenn man darauf verweist, dass heute, nach rund 200 Jahren Industrialisierung *auch* ein Lob der Arbeitslosigkeit möglich ist. So schreibt die Gruppe, die sich die »Glücklichen Arbeitslosen« nennt und in den neunziger Jahren entstand, in ihrem Manifest im Internet bewusst provokativ, dass Arbeitslosigkeit Spaß mache. Damit nicht genug: Man sollte, so heißt es im Manifest, für die Arbeitslosigkeit gut bezahlt werden.[71] Schließlich sei die Entlassung von Arbeitnehmern das Ergebnis von Sanierungsmaßnahmen, und so »schaffen die Arbeitslosen mehr Profit als ihre Ex-Kollegen«.

Bei den »Glücklichen Arbeitslosen« scheint die Tradition der Situationisten aufzuflackern, der aktionistischen Antikunstgruppe, die in den fünfziger und sechziger Jahren des 20. Jahrhunderts den Slogan »Ne travaillez jamais!« (»Arbeitet niemals!«) an Pariser Hauswände schmierte. Theoretisch vorbereitet wurde die Kritik an der Arbeitsideologie im 19. Jahrhundert durch ein paar wenige Stimmen. Friedrich Nietzsche betrachtet die »atemlose Hast der Arbeit«, den Verlust der Ruhe und die »Gewissensbisse« beim »langen Nachsinnen« als »das eigentliche Laster« seiner Zeit.[72] Deutlich weiter geht Paul Lafargue mit seinem Text »Das Recht auf Faulheit« von 1880.

Als Gründer der ersten französischen Arbeiterpartei nimmt Lafargue die heute vorgetragene Kritik am Konsumzwang und *Workaholism* um fast ein Jahrhundert vorweg: Das »Dogma der Arbeit« hätten, so Lafargue, christliche Missionare zusammen mit der Syphilis auch den »stolzen Wilden« gebracht, die zuvor über Jahrtausende ohne unseren Arbeitsbegriff glücklich waren.[73] Neben der Arbeitssucht geißelt er die »Überproduktion«, das Wecken »künstlicher Bedürfnisse« und, in heutigen Worten, die geplante Obsoleszenz: Bei dieser künstlichen Verkürzung der Lebensdauer von an sich haltbaren Waren, um den Verbrauch hoch zu halten, denkt man inzwischen an Glühbirnen, Computerdrucker und Nylonstrumpfhosen. Lafargue führt damals einen Stoff an, der schnell reißt und »Renaissance« heißt. Selbst der Fitness- und Kulturindustrie als Arbeitsbeschaffer in Wohlstandsgesellschaften scheint Lafargue ironisch vorzugreifen. So meint er, wer gar nicht von der Arbeit lassen könne, müsse in seiner Idealgesellschaft viermal im Jahr »in Tretmühlen zehn

Stunden lang Wind mahlen«. Generäle und Politiker dürfen nurmehr »Schauspiele und Theateraufführungen veranstalten«.

Mit seiner konkreten Forderung nach einem Drei-Stunden-Tag ragt Lafargue umso mehr heraus, als in seiner Zeit nicht nur Kapitalisten das Lob der Arbeit singen, sondern auch fast alle Sozialisten und einige Anarchisten.[74] Blickt man auf die letzten 200 Jahre zurück, lässt sich zusammenfassend sagen, dass eine kritische Wahrnehmung des Arbeitskultes mit der Industrialisierung zwar anhebt, aber punktuell und theoretisch bleibt. Erst in den letzten Jahren gibt es eine Gegenreaktion auf breiter Front. Natürlich würde es zu kurz greifen, wenn man einfach nur die Muße fordern und die Arbeit generell abwerten würde. Doch scheint es in Anbetracht einer weit verbreiteten Unzufriedenheit mit der Arbeit hilfreich, einen Blick auf alternative Arbeitsmodelle zu werfen, wie sie die Geschichte durchaus bietet.

## VORBILD STUBENFLIEGE ODER ANTIKES ATHEN? ARBEITSZEITVERKÜRZUNG UND GRUNDEINKOMMEN

In seinem Aufsatz »Arbeit und Tätigkeit – Wandlungen der Arbeitsgesellschaft« von 1983 bezieht sich der Soziologe Ralf Dahrendorf darauf, wie Marx, von Aristoteles und Hegel inspiriert, zwischen zwei Begriffen unterschieden hat, die man heute alltagssprachlich synonym verwendet: nämlich zwischen Arbeit und Tätigkeit. Marx ordnet die Arbeit dem »Reich der Notwendigkeit« zu und die Tätigkeit dem »Reich der Freiheit«. Mit dem Reich der Freiheit sind Beschäftigungen gemeint, die nicht dem reinen materiellen Überleben dienen.[75] Dahrendorf fragt, wie man mehr Qualitäten der *Tätigkeit* »in die Arbeit hineintreiben« könne. Er nennt die Arbeitszeitverkürzung als ein mögliches Mittel.

Manchen Autoren zufolge ist es dem Menschen im Verlauf der Geschichte nicht gelungen, in Sachen weniger Arbeitsbelastung und mehr Muße Fortschritte zu machen.[76] Nicht einmal im Vergleich zur Stubenfliege. Die weibliche Fliege verbringt ein Drittel ihrer Wachzeit mit Fressen, 40 Prozent mit Ruhen, 14 Prozent mit Körperpflege und zwölf Prozent mit Spazierengehen und lockerem Herumfliegen.[77] Über den zugespitzten Vergleich mit der Stubenfliege möchte der Historiker Theodore Zeldin in seinem Buch *Eine intime Geschichte der Menschheit. Über die Kunst des Lebens* vergegenwärtigen, dass man es im Westen zwar geschafft habe, die aktuell geleistete Arbeitsmenge im Vergleich zu jener von 1945 drastisch zu reduzieren. Doch dafür müsse man mehr Zeit für die Ausbildung und die Anreise zum Arbeitsplatz aufwenden. So bleiben uns weniger als 30 Prozent für die Muße – also weniger als der Fliege.

Abgesehen von solch drastischen Vergleichen kann man zumindest davon ausgehen, dass die Menge der geleisteten Arbeit während der Industrialisierung in der westlichen Welt einen Höchststand erreicht hat – wie er heute noch in der Industrieproduktion von Entwicklungs- bzw. Billiglohnländern wie China, Vietnam und Indonesien üblich ist. Zumindest in der westlichen Welt ist die Menge der Arbeitsstunden dann mehr oder weniger kontinuierlich gesunken, vom 10-Stunden-Tag auf den 8-Stunden-Tag nach dem Ersten Weltkrieg.

Dabei spielt nicht nur Menschenfreundlichkeit eine Rolle, sondern auch das Bestreben, die Effizienz zu steigern, indem man Übermüdung, Verletzungen und Gesundheitsschäden der Arbeitnehmer vermeidet und umgekehrt die Motivation verbessert. Seit den achtziger Jahren des 20. Jahrhunderts sollten Arbeitszeitverkürzungen Jobs retten. Insgesamt wird seit dieser Zeit die Arbeitszeitverkürzung verstärkt als Mittel diskutiert, Arbeitsplätze zu schaffen und die Lebensqualität zu verbessern. Allerdings sind Maßnahmen wie die 30-Stunden-Woche in manchen deutschen Betrieben und die 35-Stunden-Woche in Frankreich teils wieder rückgängig gemacht worden. Mal sperrten sich die Arbeitnehmer dagegen, meist die Arbeitgeber. Im Fall von VW gab es in der Presse Schlagzeilen wie »Die 4-Tage-Woche entpuppt sich als

Ehe-Killer«; angeblich sorgten gelangweilte Wenig-Arbeiter, die aber flexibel abrufbar sein sollten, zu Hause für Stress.[78] Das Gegenargument lautete, dass bei Entlassungen die Scheidungsraten evtl. noch höher gestiegen wären und umgekehrt durch die Arbeitszeitverkürzung andere Märkte und Arbeitsbereiche wie jene der Reise, Gesundheit und der Hobbys gefördert worden seien.

Wie tief die Angst vor der Gehalts- und Profiteinbuße und vor der globalen Konkurrenz durch Arbeitszeitverkürzung sitzt, zeigt ein Blick auf die dreißiger Jahre. Damals hatten Großunternehmen wie Kellogg's, Sears und Standard Oil in den USA freiwillig die 30-Stunden-Woche eingeführt, um Arbeitsplätze zu erhalten. Kellogg's legte sogar eine Studie vor, der zufolge die Produktivität dabei gestiegen sei, einfach wegen des besseren Arbeitsklimas, der Erholungszeiten und technischer Innovationen.[79] Doch ein Gesetz für die 30-Stunden-Woche wurde in letzter Minute im Repräsentantenhaus abgelehnt, weil Präsident Roosevelt und einige Unternehmen um die internationale Wettbewerbsfähigkeit der USA bangten.[80]

Immer wieder gab es von unterschiedlicher Seite Ideen für eine Arbeitszeitverkürzung. Abgesehen vom erwähnten Paul Lafargue, dem Verfechter des Rechts auf Faulheit, forderte der Anarchist Peter Kropotkin Ende des 19. Jahrhunderts: »nicht länger als täglich vier bis fünf Stunden« Arbeit; von einer 15-Stunden-Woche, wie sie die Jäger und Sammler haben, träumten nicht nur Sozialutopisten des 19. Jahrhunderts, sondern auch einer der einflussreichsten Ökonomen des 20. Jahrhunderts, John Maynard Keynes.[81] Heute wollen Gruppen wie die *new economics foundation (nef)* eine 21-Stunden-Woche. Die Zahl ergibt sich daraus, dass rein rechnerisch in Großbritannien bei gleichmäßiger Verteilung der insgesamt verrichteten Arbeit im Land ungefähr 21 Stunden auf jede Erwerbsperson entfallen würden und umgekehrt etwa ebenso viele Stunden unbezahlte Arbeit geleistet werden.[82]

Eine Möglichkeit, einen Ausgleich bei der Arbeitszeit und Einkommensverteilung zu erwirken und dabei ökonomische

Effizienz und Innovationen zu fördern, sehen manche im Konzept des bedingungslosen Grundeinkommens. Es entwickelt sich schon in den sechziger Jahren aus Ideen wie jener des Ökonomen Milton Friedman über eine negative Einkommensteuer, die bei geringem Einkommen vom Finanzamt automatisch ausgezahlt wird. 1966 wünscht sich Erich Fromm in einem Aufsatz des Sammelbandes *The Guaranteed Income. Next Step in Economic Evolution* eine »Psychologie des Überflusses« statt einer der Angst.[83] So könnte man davon abrücken, Depressionen mit sinnlosem Konsum bekämpfen zu wollen, man könnte Angst, Neid und Egoismus überwinden; das wiederum würde, so Fromm, die Motivation zu arbeiten beflügeln.

Zu Beginn des 21. Jahrhunderts wird das bedingungslose Grundeinkommen in einer breiteren Öffentlichkeit diskutiert, zum Teil mit Bezug zu anderen Honorierungssystemen wie dem Bürgergeld.[84] Bei allen Unterschieden im Detail gehen Verfechter der Idee davon aus, dass jeder ein staatliches Einkommen unabhängig von Ausbildung oder Arbeit bekommen soll. Es soll optimalerweise so hoch sein, dass niemand mehr zu unterbezahlten Tätigkeiten gezwungen werden kann. Es würde also nicht mehr zu solch archaischen Situationen kommen, wie jenen, in denen sich heute Hartz-IV-Empfänger wiederfinden, wenn sie Arbeiten fernbleiben, die sie nicht machen wollen, und dafür von der Agentur für Arbeit sanktioniert werden. Weiterhin würde das Grundeinkommen vielleicht eine ausgewogenere finanzielle Wertschätzung verschiedener Tätigkeiten gewährleisten. Insgesamt ließen sich, so die Verfechter des Grundeinkommens, die Motivation steigern und das Stigma der Arbeitslosigkeit überwinden. Auch würde Raum geschaffen für ehrenamtliche Tätigkeiten, neue Formen der Arbeit und Wertschöpfung, weil die enge Definition von Arbeit im Sinn der Erwerbsarbeit hinfällig wäre.

Die Kosten für ein Grundeinkommen lassen sich unter anderem mit dem Hinweis rechtfertigen, dass schon jetzt nur noch rund 50 Prozent der Bevölkerung ihren Lebensunterhalt durch

Erwerbsarbeit bestreiten. Der Rest lebt als Hausfrau oder -mann, Kind, Rentner, krankheitsbedingt Arbeitsunfähiger oder reicher Erbe, von staatlichen oder privaten Transferleistungen. Götz Werner, der Gründer der dm-Drogeriemarktkette und einer der prominenten Verfechter des Konzeptes in Deutschland, verteidigt die Idee des Grundeinkommens auch mit Blick auf das antike Griechenland: »Ein normaler Grieche«, so Werner, »hat nicht gearbeitet – dafür hatte er seine Sklaven. Und unsere Sklaven sind die Methoden und Maschinen, die es uns erlauben, immer mehr Güter herzustellen mit immer weniger Arbeit.«[85]

Das Grundeinkommen wird nicht nur im politischen linken Spektrum oder von wirtschaftsfernen Träumern befürwortet. Ein Freund von mir, ein Unternehmensberater, ist schon allein wegen der administrativen Effizienz für ein Grundeinkommen, weil er meint, dass man so die schwerfällige Bürokratie abbauen kann, die etwa für die Vergabe von Hartz IV-Geldern zuständig ist und die Zeit und Energie der Menschen auf unproduktive Weise verschwende. Ansonsten kann das Grundeinkommen durchaus als logischer historischer Schritt erscheinen, da die Grenze zwischen Arbeit und Nicht-Arbeit zunehmend schwerer zu ziehen ist. Das gilt für den Bereich der Hausarbeit, der Kindererziehung und die Frage, wie man Derartiges honoriert und an eine Altersversorgung koppelt.

Allerdings müsste man – neben der Frage, wie man ein nationales Grundeinkommen in Zeiten globalisierter Arbeitsmärkte organisieren will – Unwägbarkeiten, was die Motivation oder die Abhängigkeit vom Staat betrifft, analysieren. Unabhängig davon, zu welchem Urteil man kommt, lässt sich festhalten, dass wohl weder ein Grundeinkommen noch eine Arbeitszeitverkürzung *per se* die Strukturen beseitigen, die heute bei vielen eine Unzufriedenheit mit ihrer Arbeit hervorrufen. Vor diesem Hintergrund kann man alternative ältere Arbeitsmodelle in den Blick nehmen.

## ALTE UND NEUE ADELUNGEN DER ARBEIT: GENOSSENSCHAFT UND HANDWERK

Das Jahr 2012 haben die Vereinten Nationen zum »International Year of Coopertives« ausgerufen. Generalsekretär Ban Ki-moon betonte, dass Genossenschaften für eine gelungene Verbindung von ökonomischer Gangbarkeit und sozialer Verantwortung stehen.[86] Tatsächlich ragt unter den alternativen Modellen, die die Arbeitszufriedenheit verbessern sollen, jenes der Genossenschaft heraus. Es enthält kapitalistische und sozialistische Elemente. Idealerweise haben Genossenschaften keinen Chef, jeder ist beteiligt, hat ein demokratisches Mitspracherecht; verschieden belastende Arbeiten werden tendenziell gerechter verteilt.

In seinem Buch *Gegenseitige Hilfe* (1902) beschreibt der Anarchist Peter Kropotkin in einer umfassenden Darstellung über mehrere Jahrtausende die Grundidee der Genossenschaft als historisch und sogar evolutionär schlüssiges und wünschenswertes Modell. Für die jüngste Geschichte könnte man den Eindruck gewinnen, als blühe die Genossenschaftsidee besonders dann auf, wenn der Kapitalismus in eine Sinnkrise gerät wie in den zwanziger Jahren des 20. Jahrhunderts und zu Beginn des 21. Jahrhunderts. Seit der letzten Finanzkrise ab 2007 werben Raiffeisen- und Volksbanken mit Slogans wie: »Die genossenschaftliche Idee ist nicht trotz, sondern wegen ihrer Fairness erfolgreich.« In den letzten Jahren ist in Deutschland ein sprunghafter Anstieg bei Neugründungen von Genossenschaften zu verbuchen, von 83 im Jahr 2006 und 178 im Jahr 2008 und auf 355 im Jahr 2011.[87] Weltweit haben Genossenschaften rund 800 Millionen Mitglieder, rund 100 Millionen arbeiten dort. Es handelt sich zum großen Teil nicht um Arbeitsgenossenschaften, sondern um Konsum- oder Dienstleistungsgenossenschaften, Energiegenossenschaften, Wohngenossenschaften, Dorfläden, Theater und Hallenbäder.

Bei Genossenschaften in Reinform denkt man spontan an Kibbuzim, wie sie im damaligen Jischuw, dem späteren Israel, ab

1910 gegründet wurden, oder an Utopien wie jene des Frühsozialisten Charles Fourier im 19. Jahrhundert. Er wollte Arbeits- und Lebensgemeinschaften von jeweils rund 1800 Personen schaffen, genannt »Harmonien«.[88] Zwar gab es wie erwähnt schon im Mittelalter genossenschaftliche Organisationen, doch als Erfinder der Genossenschaft im modernen Sinn gilt der Unternehmer und Sozialreformer Robert Owen. Anfang des 19. Jahrhunderts gründet er in Schottland sein Unternehmen »New Lanark« und bietet bessere Arbeitsbedingungen, als sie damals, in den schlimmsten Zeiten der Industrialisierung, üblich sind.[89] Bei aller Kritik an seinem autoritären Führungsstil verringert Owen in »New Lanark« die Arbeitszeiten, bietet Unterkünfte, eine Krankenversorgung und lässt Arbeiterkindern in einem gewissen Rahmen eine Ausbildung zukommen. Die erste wirkliche Genossenschaft ist sein Projekt »New Harmony« in den USA, das sich allerdings nicht lange hält.

Heute ist die größte international operierende Genossenschaft mit über 80 000 Mitarbeitern Mondragon, der spanische Hersteller von Elektrogeräten und Autoteilen, genau genommen ein Konzern, der aus mehreren Genossenschaften besteht.[90] Er schließt inzwischen auch einen Finanzsektor mit Banken und Versicherungen ein sowie Forschungsabteilungen samt eigener Universität. Gegründet wurde Mondragon im Jahr 1956 von einem jungen Priester namens José Maria Arizmendiarrieta (1915 – 1976) in der baskischen Stadt Mondragón. Arizmendiarrieta wollte etwas gegen die Arbeitslosigkeit unternehmen. Zuvor hatte er schon eine Fachhochschule ins Leben gerufen, aus der sich die ersten Mitglieder der Genossenschaft und einer Sparkasse rekrutierten, die Geld von Genossen sammelte. Bis heute stimmt bei Mondragon die ganze Belegschaft, deren Mitglieder mehrheitlich Teilhaber sind, bei richtungsweisenden Entscheidungen ab. Keiner, auch ein Topmanager, verdient mehr als sechsmal so viel wie der am geringsten bezahlte Mitarbeiter. In Zeiten, in denen Vorstände anderer Unternehmen oft das *Hundertfache* ihres Fahrers erhalten, ist das eine vorbildliche Leistung.

Das andere Extrem unter den Genossenschaften sind heute an Kommunen gekoppelte Kleinunternehmen, beispielsweise mit Schreinerei, ökologischer Landwirtschaft, Bio-Partyservice und Graphic Design-Büro. Hier kommt alles erwirtschaftete Geld in einen Topf, und jede größere Privatausgabe von der neuen Winterjacke bis zur Fernreise muss von der Gemeinschaft diskutiert und bewilligt werden.[91] Dass mit der alternativen Gestaltung der Arbeitswelt auch jene des Privatlebens einhergehen kann, hat bei Genossenschaften eine lange Tradition. Das gilt für die 1920 gegründete religiöse Gemeinschaft Bruderhof mit ihren fast 1000 Mitgliedern in drei Siedlungen in Nordamerika und England, die in der Tradition der Wiedertäufer steht und in der Spielzeug hergestellt wird.[92] Sie bietet bis heute eine lebenslange Versorgung mit Nahrung, Kleidung, Genussmitteln und ärztlichen Leistungen, dafür werden eine Rotation bei unangenehmeren Arbeiten und die Bereitschaft zur »Egopreisgabe« gefordert.

Der Arbeitsteilung im negativen Sinn, also der Reduzierung auf einseitige Tätigkeiten, wirken Genossenschaften tendenziell entgegen. Heute könnten Genossenschaften ein größeres Erfolgspotential haben als zu Zeiten der Industrialisierung. Schließlich geht man inzwischen weniger ideologisch an Projekte heran. High-Tech-Produktion und effiziente Verwaltung sind dank IT im kleinen Rahmen machbar. Zudem sind immer mehr Konsumenten in Wohlstandsgesellschaften dazu bereit, höhere Preise für Produkte zu bezahlen, die eine Art ethischen Mehrwert haben.

Natürlich muss offen bleiben, ob Genossenschaften mehr als nur ein Nischenmodell innerhalb der bestehenden, auf Profitmaximierung und Effizienz ausgerichteten Unternehmenslandschaft sein können. Auch Unternehmen, die Genossenschaften darin ähneln, dass sie mit flachen Hierarchien und ohne Chefs im traditionellen Sinn auskommen wie der amerikanische Spieleentwickler und Softwarehersteller Valve, sind in einer hochspezialisierten und privilegierten Sparte tätig.[93] Weiterhin sollte man fragen, wieweit sich die beschriebenen demokratischen und gemeinwohlorientieren Strukturen bei Genossenschaften über längere Zeiträume halten können. Auch sie sind natürlich nicht gegen Misswirtschaft, Gier und Korruption gefeit.[94] Nach kurzen Blütezeiten etwa nach den beiden Weltkriegen gingen zahlreiche Genossenschaften pleite oder wurden in normale Unternehmen umgewandelt, weil sie sich nicht gegen konventionelle billiger produzierende Unternehmen behaupten konnten.[95] Es mangelte an betriebswirtschaftlichen Fachkenntnissen, oder sie zerbrachen an ideologischen Streitereien.

Unabhängig von ihrer insgesamt geringen wirtschaftlichen Bedeutung dienen historische wie aktuelle Genossenschaften als Anregung dafür, die herrschende Arbeits- und Produktionskultur zumindest in einigen Bereichen zu überdenken. In ihrer demokratischen Ausrichtung und mit ihrer gerechteren Honorierung bleiben Genossenschaften ein positiver Orientierungspunkt vor dem Hintergrund, dass die meisten Unternehmen immer noch archaische Machtstrukturen aufweisen wie in früheren Jahrhunderten Monarchien oder Oligarchien.

Abgesehen von den genannten organisatorischen Punkten verbindet man mit Genossenschaften, auch was die konkrete Arbeit betrifft, reizvolle Qualitäten. Eine davon ist nach Meinung mancher Autoren die Förderung des Handwerks im Unterschied zu einseitigen mechanischen Tätigkeiten. Grundsätzlich reizt am Handwerk die Verbindung aus Kopf- und Handarbeit, Ehrgeiz und Selbstbestimmung, Spezialisierung und relativ flachen Hierarchien. Im 21. Jahrhundert wird das Handwerk von Soziologen wie Richard Sennett als Alternative zu gegenwärtigen Produktionszusammenhängen gelobt, wobei er den Begriff allerdings so weit fasst, dass Tätigkeiten vom Schreinern bis zum Programmieren darunterfallen.[96]

Das Lob des Handwerks entspringt einer Tradition, die ungefähr so alt sein dürfte wie die Etablierung der Fabrikarbeit, die das Handwerk auf teils brutale Weise verdrängt hat. Schon William Morris, der Mitbegründer der Arts and Crafts Movement, dem es um die Wiederbelebung des Kunsthandwerks in Zeiten der Industrialisierung und um Kreativität im Design ging, preist die handwerkliche Arbeit in seiner Utopie *News from Nowhere* (1895) an: Sie sei, so Morris, eine gesunde, erfüllende, gesellschaftlich nützliche Tätigkeit in mittelalterlicher Tradition; sie stehe im Gegensatz zur »cheap production«, die der Gemeinschaft durch den »World-Market« aufgezwungen werde.[97] Auch im echten Leben versucht Morris getreu seinen Idealen – und einem idealisierten Bild des Mittelalters – mitten in Zeiten der Industrialisierung hochwertige Möbel unter teils genossenschaftlichen Bedingungen zu produzieren. Obwohl Morris ökonomisch scheitert, unter anderem weil er so hohe Löhne zahlt und insgesamt zu teuer produziert, hat er langfristig zum guten Image des Handwerks beigetragen – von dem aktuell Ladenketten wie Manufactum zehren.[98] Im 21. Jahrhundert wirbt der Zentralverband des deutschen Handwerks (ZDH) mit Slogans wie: »Selbst bei einem 0:0 haben wir zwei Tore gemacht.« Wie weit der Begriff des Handwerks auch vom Zentralverband gefasst wird, zeigt der Werbespruch: »Faustkeil. Dampfmaschine. Nanotechnologie. Fortsetzung folgt.«[99]

In einer abgewandelten Form, als Mischung aus Handwerk, Hobby, Do it yourself und Kleinunternehmen kommt das Handwerk in den letzten Jahren wieder verstärkt in Mode, etwa in der sogenannten Crafting- und Maker-Bewegung. Dabei wird gebastelt, gestrickt, getöpfert und mit Hilfe von 3-D-Druckern produziert. Gerade das Persönliche und der Mangel an Perfektion werden als Vorteil verkauft, der Vertrieb läuft oft über Online-Shops oder -Portale. Als zusätzlicher Mehrwert gilt der Nebeneffekt, dass diese Produktion zur Entschleunigung beitrage, zur Reduzierung des Massenkonsums und entsprechend schädlichen Produktionsformen.

Nachdem die Renaissance des Handwerks Ende des 19. Jahrhunderts nicht wirklich gegriffen hat, mag man sich fragen, welche Chancen es heute hat. Historisch unterscheidet sich das

Handwerk von anderen Berufen und Arbeitsweisen darin, dass es nie Sache der Mächtigen war. Vielleicht könnte das ein Vorteil sein. Zwar genossen Handwerker im antiken Griechenland als *bánausoi* zumindest aus Sicht von tonangebenden Philosophen kein besonderes Ansehen.[100] Doch kann man wohl sagen, dass das Handwerk – trotz kleiner Imageveränderungen schon in der Antike – historisch nicht so stark auf- und wieder abgewertet wurde wie der Beruf des Priesters, Ritters, Großgrundbesitzers, Kaufmanns (später Manager und Investmentbanker), Intellektuellen, Arbeiters und Bauern.[101] Vielleicht ist die Tatsache, dass das Handwerk historisch eine Art Mittelstellung eingenommen hat, eine gute Voraussetzung für ein Konzept zur Neugestaltung der Erwerbstätigkeit, das Elemente des Handwerks neben solchen der erwähnten Genossenschaftsidee enthält: das der sogenannten Neuen Arbeit.

Der Begriff Neue Arbeit stammt von Frithjof Bergmann. Der Philosophieprofessor gründete in den achtziger Jahren des 20. Jahrhunderts »Zentren für Neue Arbeit«, um Menschen zu Tätigkeiten zu führen, die ihnen wirklich liegen. So sollen zum Beispiel Fabrikarbeiter die Hälfte ihrer Jahresarbeitszeit eine andere als ihre übliche Tätigkeit ausüben können.[102] Insgesamt lasse sich, so Bergmann, die eintönige Lohnarbeit langfristig reduzieren, indem man »60 bis 80 Prozent von dem, was wir zum Leben brauchen«, in einer dezentralen, kleinen »High-Tech-Produktion« mit Hilfe von *personal fabricators* und *direct manufacturing* herstellt.

Mit seinem Konzept für die Neue Arbeit schöpft Bergmann nicht nur aus seiner persönlichen Geschichte, seinem Weg vom Tellerwäscher, Hafen- und Fließbandarbeiter, Preisboxer, Stückeschreiber und Selbstversorger zum Philosophieprofessor und Projektmanager. Er betont, dass die Lohnarbeit, die wir heute als Maß aller Dinge sehen, mit einem Alter von gerade mal 200 Jahren eine historische Eintagsfliege ist. Zudem habe sie die Menschen seit Beginn der Industrialisierung unglücklich gemacht. Als positive historische Beispiele für gutes Arbeiten nennt Bergmann das antike Athen, die Renaissance in Venedig, das Elisabethanische England und die »frühen Phasen der Computerindustrie«. Das ist insofern kurios, als es sich dabei um Phasen des Aufbruchs handelt, in denen bestimmte Gruppen innovativ arbeiteten und Erfolg hatten, aber nicht unbedingt eine Verbesserung der Arbeitswelt für die breitere Bevölkerung bewirkten.

Bergmann schwebt wohl eine Verbindung vor zwischen dem urliberalen amerikanischen Glauben an Eigeninitiative und Unternehmertum und genossenschaftlichen Elementen, ähnlich wie man sie heute in den USA in der ehemaligen Industrie- und Autostadt Detroit umzusetzen versucht, mit *urban gardening* bzw. einer ökologischen Landwirtschaft auf dem Stadtgebiet, Sozialunternehmertum und neuen, dezentral organisierten Produktionen.[103] Dass Bergmanns Denken nicht frei von Ideologie ist, zeigt sich, wenn er meint, nebenbei könnte man in seinem System sinnlose, teure und inneffiziente Verwaltungs- und Marketingapparate einsparen – und am Ende vielleicht sogar die kommerziellen Medien abschaffen. Das ist umso erstaunlicher, als manche gerade in immateriellen Produkten, wie sie die Medien anbieten, ein Potential für neue Arbeitswelten sehen.

## *MOOD ENHANCER*, ERLEBNISMACHER, SELBSTUNTERNEHMER: NEUE BERUFE UND ARBEITSFELDER

Man stelle sich folgende Situation vor: In der U-Bahn kommen ein paar einander gegenübersitzende Fahrgäste, die sich vorher offenbar nicht kannten, miteinander ins Gespräch. Es entspinnt sich ein netter Dialog über Gott und die Welt. Die drei Frauen, die das Gespräch mit verschiedenen Passagieren anfangen, sind zuvor gemeinsam eingestiegen. Als ich das für eine U-Bahn-Fahrt eher untypische Erlebnis später einer Freundin erzähle, erklärt sie mir, ein Freund von ihr, ein arbeitsloser Schauspieler in Berlin, mache das auch. Bei den auffällig netten Zeitgenossen handle es sich um *mood enhancer*, Stimmungsheber. Der Industrieverband (BDI) und das Arbeitsamt haben in einer gemeinsamen Initiative beschlossen, Hartz-IV-Empfängern im Rahmen eines Versuchsprogramms eine neuartige Tätigkeit anzubieten: Verbesserung der öffentlichen Stimmung als Ein-Euro-Job.

Das ist nur ein Gedankenspiel; die *mood enhancer* gibt es noch nicht. Aber entsprechende ökonomische und theoretische Überlegungen durchaus. Durch die Volkskrankheit Depression verliert die deutsche Volkswirtschaft Schätzungen zufolge jährlich 22 Milliarden Euro.[104] In einer Schweizer Studie des Staatssekretariats für Wirtschaft (SECO) heißt es, »Stresserscheinungen« am Arbeitsplatz hätten die Volkswirtschaft im Jahr 2000 4,2 Milliarden Franken gekostet.[105] Sogar ein Begriff wie der des Vertrauens wird heute wirtschaftlich eingeschätzt. Wenn, so das Ergebnis einer »neuroökonomischen« Untersuchung, 15 Prozent mehr Menschen in den USA andere Menschen als vertrauenswürdig einschätzten, als momentan der Fall, ergäbe das einen Zuwachs des Pro-Kopf-Einkommens um ein Prozent.[106]

Was auch immer man von solchen Berechnungen und Maßnahmen wie dem Versuch, die Wirtschaft beispielsweise mit antidepressiven und vertrauenssteigernden *mood enhancers* zu fördern, halten mag – von Firmen organisierte Motivationsseminare und Wochenendausflüge zur Teambildung gehören längst zum Alltag. Neben dem traditionellen Urlaubsanimateur etablieren sich mehr und mehr Karriere-Coaches, aber auch Mode- und Stilberater, deren Dienstleistung am Ende ja auch für gute Stimmung sorgen soll. In den USA bieten Firmen wie *Videogames Adventure Services* (VAS) inzwischen zahlenden Kunden inszenierte Geschichten an, die Teil des echten Lebens werden: Dabei treten Schauspieler und Statisten mehr oder weniger verdeckt wie zufällig in den Alltag der Kunden, verschaffen ihnen spannende Erlebnisse.[107] In einer Bar wird man etwa von einer Frau angesprochen, die einen mit auf eine abenteuerliche Reise nimmt. Letztlich macht sie aber nur ihren Job.

Der Begriff der Arbeit wandelt sich und weitet sich aus. Manche Ökonomen und Zukunftsforscher meinen, eine *Creative Class* bzw. Kulturarbeit könne in Zukunft Wohlstand bringen.[108] Schon vor fast einem halben Jahrhundert beobachtete der Zukunftsforscher Alvin Toffler in seinem Buch *Der Zukunftsschock* (1970) einen Trend zur Psychologisierung der Wirtschaft jenseits des industriellen Wachstums; er dachte an »Erlebnismacher« und »Erlebnisindustrien«.[109] Neuerdings geben »fliegende Buchhändler« in Berlin Cafébesuchern Leseempfehlungen und versorgen sie gleich mit dem richtigen Buch. Ähneln sie den sogenannten Kolporteuren der zwanziger Jahre des 20. Jahrhunderts? Walter Benjamin sprach von »ärmlichen Existenzen, die mit Schundromanen mit bunten Bildern oder am häufigsten vielleicht mit Noten und Liedertexten gehandelt haben«, indem sie von Tür zu Tür zogen.[110] Sind fliegende Buchhändler heute ein neues Prekariat oder die Elite von morgen – oder zumindest eine Anregung für eine mehr auf persönlichen Austausch ausgerichtete Arbeitswelt? Auch mittelalterliche Bettelmönche begannen ihre Karriere als »Erlebnismacher«, als unterhaltsame Straßenprediger und volkstümliche Seelsorger. Erst nach und nach schwangen sie sich zur gesellschaftlichen Macht auf und wurden zum Wirtschaftsfaktor.

Theoretisch kann man Tätigkeiten, die bislang unterbezahlt sind, so hoch honorieren wie aktuell Investmentbanker oder Notare. Schon mehrmals in der Geschichte wurden immense Geldströme auf Tätigkeiten umgeleitet, die zunächst sehr abstrakt erschienen und keinen direkten Gegenwert hatten. Im Mittelalter waren das Werte wie Ablässe oder auch nur Gelübdeablösungen, welche die Kirche verkaufte; im Lauf des zwanzigsten Jahrhunderts wurden es besonders abstrakte Finanzprodukte. Womöglich ließen sich in diesem Sinn Teile der Geldströme auf Erlebnisproduzenten und Stimmungsheber umleiten, auf das Friseurhandwerk, die Gastronomie, Pflege-, Therapie-, Trainer- und Bildungsberufe, das Handwerk oder die ökologische Landwirtschaft, die personalintensiv ist und gesellschaftlich wünschenswert.

Dazu, dass ein Umdenken stattfindet und eine Umleitung von Mitteln auf neue Arbeitsbereiche erfolgt, können Helden beitragen, die neue Tätigkeiten attraktiv machen oder ältere abwandeln und stärken. Schließlich polierte Robin Hood im Mittelalter, wie erwähnt, das schlechte Image des Kaufmanns auf. Leonardo da Vinci stärkte den Stand des freien Künstlers und etablierte das »Kreative«, scheinbar Nutzlose als Wert in der Arbeitswelt. Ein Beispiel aus der jüngeren Geschichte für die Umwertung eines ganzen Berufes durch eine einzelne, herausragende Persönlichkeit ist die britische Pflegerin und Gesundheitsunternehmerin Florence Nightingale (1820 – 1910).

Im England des 19. Jahrhunderts träumt Nightingale davon, Krankenschwester zu werden. Damals kommt dem Beruf, schon weil er nah an der Tätigkeit von Dienern ist, kein hoher Status zu; er ist für Töchter des Großbürgertums wie Florence daher indiskutabel.[111] Schließlich setzt sich Florence jedoch gegen ihre Eltern durch. Sie macht ein Praktikum in einem Krankenhaus in Ägypten – und übernimmt 1853 in England die Leitung des »Establishment for Gentlewomen during Illness«, einer privat finanzierten Einrichtung für kranke Frauen. Berühmt wird Nightingale durch ihren Einsatz während des Krimkrieges. Auf eigene Initiative reist sie 1854 zusammen mit 38 Krankenschwestern nach Konstantinopel, um im dortigen Militärkrankenhaus der britischen Armee tätig zu werden. Indem sie die hygienischen Bedingungen verbessert, säubert, wäscht, lüftet und Geräte sterilisiert, trägt sie zur Senkung der hohen Sterblichkeitsrate der Patienten bei.[112] Zuhause feiert die Presse sie als Heldin, als »The Lady with the Lamp« (wegen ihrer unermüdlichen Nachtarbeit) und als »ministering angel« (etwa: betreuender Engel). Man ehrt sie in Liedern und als Namensgeberin für Schiffe und Rennpferde und später auch mit Briefmarken und einem Denkmal. Nightingales Buch *Notes on Nursing*, eine Anleitung zur modernisierten Krankenpflege, wird in zahlreiche Sprachen übersetzt.

Man kann bemängeln, dass Florence Nightingale mit dazu beigetragen hat, den pflegenden Beruf als weiblich zu definieren und ihm das Element der Selbstaufopferung beizumischen. Auch ist der Beruf der Krankenschwester bis heute ein viel zitiertes Beispiel für Unterbezahlung. Doch hat Nightingale einen Schritt getan. Manchen gilt sie auch als Vorläuferin des Sozialunternehmertums, das heute als Alternative zum reinen Gewinnstreben gehandelt wird.[113] Aktuell denkt man beim Begriff *social entrepreneur* an Unternehmer, die soziales Engagement mit gewinnbringendem Unternehmertum verbinden.[114] Allerdings bleibt die Frage offen, ob das Sozialunternehmertum, das de facto häufig von öffentlicher Förderung, Spenden und ehrenamtlichen Tätigkeiten abhängig ist, mehr als ein Nischenphänomen sein kann.[115]

Grundsätzlich überlegen Soziologen, was nach der »Arbeitnehmergesellschaft« kommen könnte, der Gesellschaft, in der man von einer Festanstellung ausgeht: Wird die zukünftige Gesellschaft eine des »unternehmerischen Einzelnen« sein?[116] Unter dieses Schlagwort fallen sogenannte Selbst- und Miniunternehmer. Sie tummeln sich oft mit Nischenprodukten am Markt, mit handwerklichen Erzeugnissen, barocken Pornos, alternativen Cafés, Galerien und Agenturen. Der Unterschied zum klassischen Unternehmer besteht ähnlich wie beim Sozialunternehmertum darin, dass sie nicht primär auf eine Profitmaximierung abheben. Sie sehen ihre Projekte selbst oft als »Experiment«, ihr erklärtes Ziel liegt irgendwo zwischen dem Traum vom guten Geld und der Selbstverwirklichung.[117]

Lässt sich beim Verzicht auf Gewinnmaximierung eine Entwicklung einleiten, die historisch neu ist? Oder ist das eine Träumerei im Randbereich der Arbeitswelt? In ihrem Bestseller *Wir nennen es Arbeit* haben Holm Friebe und Sascha Lobo den Begriff der »digitalen Boheme« für Selbstständige als ein mögliches Zukunftsmodell bekannt gemacht. Die digitale Boheme soll, so die Autoren, »so arbeiten, wie man leben will, und trotzdem ausreichend Geld damit verdienen; das Ganze ermöglicht und befördert durch das Internet«; gemeint sind Bereiche wie Blogs, Grafik, Design und Onlinehandel.[118] Zwischen 1890 und 1982 fiel der Anteil der Selbstständigen an der Gesamtzahl der Beschäftigten von 25,6 Prozent auf 8,7 Prozent; in den letzten zwanzig Jahren ist er (einschließlich traditionell Selbstständigen wie Arzt, Rechtsanwalt und Landwirt) in Deutschland wieder gestiegen.[119] Dennoch sind heute in Deutschland nur rund zehn Prozent der Erwerbsbevölkerung selbstständig. Auch in den USA hat sich der Anteil der Selbstständigen, wie Richard Sennett schreibt, bei allem Aufhebens, das um sie gemacht wird, »in den letzten vierzig Jahren hartnäckig bei 8,5 Prozent gehalten«.[120]

Gerade beim komplexen Thema Arbeit sind Statistiken widersprüchlich, Definitionen und Prognosen schwierig. So mag ein Blick auf den Bereich der Literatur, Kunst und Fernsehserien zur groben Orientierung dienen. Dabei lässt sich zumindest erahnen, welche Trends in der Wahrnehmung von Arbeit relevant sind. Zunächst fällt auf, dass die Arbeit in den letzten Jahren *überhaupt* wieder verstärkt Thema in Fernsehserien, in der Kunst und in der Literatur geworden ist. Das erinnert an andere Zeiten des Umbruchs in der Arbeitswelt. Um 1500 zeigen protestantische Bilder wie das bereits erwähnte von Lucas Cranach einen fleißigen Jesus Christus, der seinen Jüngern zupackend die Füße wäscht (Abb. S. 113). Ein zweiter Schub in der Darstellung von Arbeit zeichnet sich Ende des 18. Jahrhunderts und im Lauf des 19. Jahrhunderts ab, als auf Gemälden körperlich harte Arbeit zunehmend positiv, würdevoll und mitunter sogar heroisch dargestellt wird (Abb. S. 118 und 119).

Was gesellschaftlich relevante Bilder betrifft, sind es im weiteren Sinn einer medialen Inszenierung heute Spitzensportler, die als Helden der Arbeitswelt gefeiert werden. Darauf, wie sie symbolisch Arbeit und Spaß, Spiel und Spitzeneinkommen, Ehrgeiz und Teamgeist verbinden, gehe ich in Kapitel 5 über den Sport ein. Doch was tut sich bei der Darstellung von Arbeit, wie sie die breitere Bevölkerung ausübt? Fernsehserien wie *The Office, Stromberg* und *Peep Show* zeigen auf karikierende Weise die tägliche Absurdität, Inhaltsleere und den Verlust des Zusammenhaltes am Arbeitsplatz von Büroangestellten.

In der Literatur kommt die Arbeit seit der Industrialisierung zwar verstärkt vor. In seinem Roman *Der Dschungel* (Orig. 1906) beschreibt Upton Sinclair die Ausbeutung der Arbeiter in den Schlachthöfen in Chicago zu Beginn des 20. Jahrhunderts; schon Emile Zolas *Germinal* von 1885 enthält beeindruckende und ausführliche Schilderungen der Plackerei im Stollen. Doch ist die Arbeit selten das Hauptthema. In diesem Sinn ragt als literaturhistorische Besonderheit Magnus Mills' Roman *Ganze Arbeit* von 2003 heraus (engl. *The Scheme for Full Employment*). Mit Humor schildert der Autor den Arbeitsalltag eines Fahrers bei einem Lieferunternehmen, die Sinnlosigkeit von Leerfahrten, Routine, Langeweile und Konflikte mit Kollegen, aber auch das Gemeinschaftsgefühl und die kleinen Freiheiten hinterm Steuer. Der Autor Mills ist insofern ein ungewöhnlicher Fall, als er selbst jahrelang Busfahrer war, bevor er auf Schriftsteller umsattelte. Romanautor erschien ihm, so erklärt er, als Traumberuf.[121] Doch schließlich langweilte es ihn doch, immer allein zu Hause am Schreibtisch zu sitzen. Nun fährt er wieder einen Londoner Linienbus. Er meint, die Jobs des Autors und Busfahrers ähnelten einander ohnehin, da man in beiden Fällen Menschen mit auf eine Reise nehme.

Schilderungen und Lebensläufe wie jene von Mills haben dazu beigetragen, die Arbeitswelt und damit verbundene Bilder zu öffnen. Sucht man nach den auffälligsten *Konstanten* der Arbeitswelt, ist es die Tatsache, dass über die gesamte Geschichte hinweg Arbeiten, die körperlich anstrengend waren oder als eintönig und wenig attraktiv galten, auch noch gering entlohnt worden sind. In seinem Alterswerk *Die Ökonomie des unschuldigen Betrugs* schreibt der einflussreiche Volkswirtschaftler John Kenneth Galbraith

(1908 – 2006) im Kapitel »Die Scheinwelt der Arbeit«: »Diejenigen, denen die Arbeit am meisten Spaß macht – das kann nicht genug betont werden –, sind im Allgemeinen zugleich diejenigen, die am besten bezahlt werden.«[122] Selbstkritisch fügt der ehemalige Harvard-Professor hinzu: »Professoren an allen angesehenen Universitäten sind bestrebt, ihre Lehrdeputate zu verringern, und lassen sich so oft wie möglich für Forschungssemester von Lehrverpflichtungen freistellen.«

Insgesamt muss man vorsichtig mit der Tendenz mancher vor allem politisch links orientierter Autoren sein, eigene Vorstellungen über mehr oder weniger anstrengende oder anregende Arbeiten auf andere zu projizieren. Doch bleibt die Ungerechtigkeit beim Einkommen für viele Bereiche der Arbeitswelt in heutigen Zeiten unfassbar groß. Betrachtet man größere Zeiträume, ist die Einkommensungerechtigkeit im Einflussbereich solch unterschiedlicher Denkschulen oder Glaubensformen wie dem Platonismus und Hinduismus, dem Christentum, dem Kommunismus und dem Kapitalismus erhalten geblieben. Vom Pyramidenbau bis zur wirtschaftsliberalen Profitmaximierung war die Arbeit stets ein wichtiger Teil der Sozialkontrolle und Machtausübung. Immer wieder waren diverse Tätigkeiten abhängig von politischen und kulturellen Entwicklungen und Ideologien recht unterschiedlich angesehen.

Wie erwähnt, gelten Kaufleute im Mittelalter als dubios. In der Neuzeit bauen sie riesige Unternehmen auf und gründen Adelsgeschlechter wie die Medici und Fugger. Im 18. und 19. Jahrhundert kommt der Kaufmann zu neuem Ruhm, als das Schlagwort vom »süßen Handel« (*doux commerce*) die Runde macht, der angeblich den Effekt habe, Menschen zusammenzubringen, völkerverbindend zu wirken und Kriege zu verhindern.[123] Der Beruf des Lehrers erfährt im 19. Jahrhundert dank einer Professionalisierung einen Statusgewinn, büßt im Lauf des 20. Jahrhunderts deutlich an Reputation ein und gewinnt im 21. Jahrhundert langsam wieder an Boden.

## SOZIALE MOBILITÄT IM 21. JAHRHUNDERT UND DER AUFSTIEG NACH UNTEN: DIE ROTATION

Auch in der jüngsten Geschichte lässt sich eine Umwertung von Berufen beobachten. Während Jobs wie Müllmann und Lehrer seit 2007 in Sachen Ansehen deutlich zugelegt haben, sind andere zurückgefallen. Zu den Berufen, die an Ansehen verloren haben, zählen der Unternehmer, der im Jahr 2011 auf Platz 16 liegt, der Anwalt auf Platz 17, der Manager auf 25, der Mitarbeiter einer Werbeagentur auf 29.[124] Das war in den achtziger Jahren noch anders. Als mögliche Gründe lassen sich unter anderem die Finanzkrise nennen und die daraus resultierende Tendenz, wieder etwas weniger direkt Profitorientiertes zu honorieren – Bildung beispielsweise oder eine Arbeit, deren Nutzen für die Allgemeinheit so direkt nachvollziehbar ist wie jene des Müllmanns.

Historisch neuartig wäre es, wenn keine Berufe mehr geadelt oder herabgesetzt würden. Was für Möglichkeiten der grundlegenden und zugleich alltagstauglichen Veränderung gibt es? Vielleicht wäre ein Ansatz denkbar, für den sich ein paar historische Vorbilder im Kleinen finden und der sich innerhalb des bestehenden politischen und ökonomischen Systems realisieren ließe: die Rotation. Man könnte den Versuch starten, dass jeder einen Tag in der Woche – oder eine Woche im Monat, einen Monat im Jahr – etwas anderes macht als seinen normalen Job. Eine Job-Rotation innerhalb von Firmen gibt es bereits. Dabei werden verschiedene Tätigkeiten ausgeübt, um Monotonie zu vermeiden, Korruption vorzubeugen und das Unternehmen von anderen Seiten kennenzulernen. Die neue Rotation würde weiter ausgreifen. So könnten Manager einen Tag in der Woche saubermachen, Politiker wären Museumswärter, Neurochirurgen Straßenkehrer; Autoren fahren Bus, Busfahrer schreiben Feuilleton- und Magazinartikel, Kassierer entwickeln Werbesprüche.

Mit der Idee von der Rotation im Hinterkopf habe ich in meinem Freundeskreis die Frage gestellt, welche andere Tätigkeit als jene, die man im Rahmen des eigenen Berufes ausübt, man jeweils an einem Tag der Woche durchführen wollte. Fast alle konnten relativ schnell eine Tätigkeit nennen, die sie reizvoll fänden. Teils entsprachen sie sogar einem lang gehegten Wunsch. Eine Fachärztin für Neurologie und Psychiatrie wollte mal Verkäuferin sein, um einfach und direkt Wünsche zu erfüllen, wie es in ihrem Beruf meist nicht möglich ist. Eine Pressesprecherin wollte als Kindergärtnerin arbeiten, eine Kleinunternehmerin wollte Krankenschwester sein, ein Unidozent Umzüge und Einkäufe für Leute machen. Eine Redakteurin wollte kochen, ein Redakteur Briefträger sein, ein anderer Fahrradkurier, ein Unternehmensberater Barkeeper, eine Vertriebsleiterin Kellnerin, ein Regisseur im Hospiz arbeiten, ein Anwalt auf dem Bau. Eine Richterin wollte jüdische Einrichtungen bewachen. Ich würde mich, um zwischendurch vom Schreibtisch wegzukommen, als Kellner, Verkäufer oder Aushilfskraft in der Landwirtschaft versuchen wollen.

Natürlich schwingt hier einiges von der bereits erwähnten Romantik mit, wie sie vor allem seit dem 19. Jahrhundert kultiviert wird und die darin besteht, dass geistig Tätige auch mal etwas Körperlicheres, direkt Spürbares mit einem direkt nachvollziehbaren Ergebnis tun wollen. Da man in der Praxis auf die Schnelle eher in weniger speziell qualifizierte Jobs wechseln kann als umgekehrt, könnte die Rotation den Nebeneffekt haben, dass sich weniger Qualifizierte in der Zeit, in der andere ihren Job übernehmen, neu orientieren oder weiterbilden könnten. Allgemein könnte die Rotation manchen den Druck nehmen, genau »ihr Ding« zu finden. Sie könnte dabei helfen, die Verbindung von Beruf und Persönlichkeit und »Status« aufzulockern. Dies wird besonders wichtig in Zeiten, in denen auch in westlichen Industrieländern bedenklicherweise von »Unterschicht« die Rede ist und in denen die Arbeiterklasse bzw. Arbeits*losen*klasse in Großbritannien unter dem Begriff »chavs« (etwa: »Prolls«) in den Medien und in der Werbung verunglimpft wird.[125]

Derartigen Tendenzen könnte eine Rotation entgegenwirken. Dabei sollte die Rotation weiter reichen als der symbolische Rollentausch bei den Saturnalien im alten Rom. Damals bedienten Herren einmal im Jahr ein paar Tage im Dezember rituell ihre Sklaven, womit an die willkürliche Privilegierung der Herrschenden erinnert wurde und ein Sozialventil geboten wurde. Bei einer heutigen Rotation ginge es auch um mehr als bei der Doku-Soap *Undercover Boss* (RTL), bei der sich ein leitender Angestellter als einfacher Mitarbeiter verkleidet und unerkannt im eigenen Betrieb arbeitet, um einmal die andere Seite kennenzulernen.

Bei einer weiter gefassten Rotation müsste natürlich alles freiwillig sein. Der Organisationsaufwand wäre zwar beträchtlich, aber womöglich auch nicht größer als jener, der in anderen Bereichen der Verwaltung betrieben wird. Sucht man nach Vorbildern für die Rotationsidee, fallen mir die bereits erwähnten Genossenschaften ein – und Mahatma Gandhi. Er gründete seinen Satyagraha Ashram, eine dörfliche Gemeinschaft in der Tradition des hinduistischen Ortes der Meditation und Schulung. In dem Ashram, in dem zeitweise rund 200 Mitglieder zusammen lebten und arbeiteten, sorgte Gandhi dafür, dass jeder die Latrinen putzte, um alte Gesellschaftshierarchien zu überwinden.[126]

Die Rotation könnte konkreter und schneller in der Gesellschaft mit ihren heutigen Strukturen greifen als beispielsweise Ideen für eine multiaktive »Kulturgesellschaft«, wie sie André Gorz, einer der bekannteren, marxistisch inspirierten Theoretiker der Arbeit, als Alternative zur Arbeitsgesellschaft anführt. Das Modell von Gorz beinhaltet, dass jeder Bürger zum Beispiel einem »kooperativen Selbstversorgungsunternehmen« angehören soll, einer wissenschaftlichen Forschungsgruppe, einem Orchester, Chor, einer Theater- oder Malereiwerkstatt, einem Sportverein, einer Yoga- oder Judo-Schule usw.[127] Das Konzept erinnert an den urkommunistischen Traum, wonach jeder im Prinzip alles machen darf, morgens jagen, nachmittags fischen, nach dem Abendessen kritisieren. Ähnlich wie die erwähnten Autoren

Frithjof Bergmann, Verfechter der Neuen Arbeit, und Götz Werner, der das Grundeinkommen propagiert, nennt Gorz als Prototypen für eine multiaktive »Kulturgesellschaft« das antike Athen.

Gegenüber der Kulturgesellschaft hätte das beschriebene Rotationssystem den Vorteil, dass damit keine besonderen Ansprüche und Wertungen dahingehend verknüpft wären, dass Tätigkeiten beispielsweise im konventionellen Verständnis kreativ sein sollten. Ein Effekt des Systems wäre aber die Entschleunigung, die seit einigen Jahren viel gelobt wird. Indirekt können das Innehalten, Kreativpausen und Perspektivenwechsel die Entwicklung frischer Ideen und produktiver Arbeitsweisen fördern. Das wusste schon Leonardo da Vinci – und das wird heute von manchen Unternehmen dahingehend beherzigt, dass Arbeitnehmer im Rahmen eines Sabbatical-Jahres pausieren können.

Bei einer freiwilligen und begrenzten Rotation stelle ich mir die Situation interessant vor, dass man einen Straßenarbeiter oder Müllmann sieht und nicht sagen kann, ob es vielleicht der Chef von Apple Deutschland oder ein Professor für Nanophysik ist. Einer Freundin von mir, die aus Vietnam stammt, ist die Idee allerdings nicht geheuer. Ihre Eltern haben als Ärzte in Südvietnam gearbeitet. Nach dem Fall von Saigon 1975 im Vietnamkrieg und der Machtübernahme durch die nordvietnamesischen Kommunisten wurden sie dazu gezwungen, neben ihrer Arbeit als Ärzte im Krankenhaus auch andere Tätigkeiten zu übernehmen, unter anderem Putzen. Zur gleichen Zeit starben Patienten an medizinischer Unterversorgung. Insgesamt ergab sich die absurde Situation, dass Offiziere der nordvietnamesischen Armee im Krankenhaus ohne jegliche Kompetenz auf dem Gebiet über medizinische Belange entschieden.

Immerhin finden sich auch historische Vorbilder für erste Schritte in Richtung Rotation, die nichts mit derartigen Pervertierungen bzw. mit Ideologien wie jener des Sozialismus zu tun hatten: etwa die Löwenberger Arbeitsgemeinschaft, die 1927 auf Betreiben unter anderem von Helmuth Graf von Moltke gegründet wurde, dem späteren Juristen und Widerstandskämpfer gegen Hitler. Von 1928 bis 1930 werden in Schlesien sogenannte Arbeitslager organisiert – ein Begriff, der damals offenbar noch nicht negativ belegt ist. Hier versammeln sich Professoren, Studenten, Journalisten, Bauern, Arbeiter und Arbeitslose jeder politischen Ausrichtung, um gemeinsam zu singen, Theater zu spielen, körperliche Arbeit zu verrichten und eine berufsübergreifende Ausbildung in staatsrechtlichen Belangen zu bekommen. Man tauscht Erfahrungen aus, hört Vorträge zur Lösung wirtschaftlicher Probleme und versucht, ein Verständnis für andere Berufe, Probleme und Sichtweisen zu entwickeln.[128] Punkt 5 der gemeinsam erarbeiteten Leitsätze von 1928 lautet: »Den im Betrieb Tätigen soll jährlich ein Urlaub von vier Wochen dadurch ermöglicht werden, dass sie zeitweise durch Arbeitslose, die gleichfalls im jugendlichen Alter stehen, ersetzt werden.«Das klingt heute lange nicht mehr so spektakulär wie damals. Womöglich würde man das, Jahrzehnte nachdem ein Rotationssystem eingeführt worden wäre, auch über dieses System sagen können. Natürlich ist ein Rotationssystem schwer umsetzbar. Vielleicht kann man das Gedankenspiel als Anregung dahingehend verstehen, dass man zu einem Berufswechsel ermutigt wird – oder im Rahmen einer Art *inneren* Rotationssystems im Stillen und für sich etwas aus der Geschichte der Arbeit zieht. Dann mag man sich im Alltag daran erinnern, ab und an eine stärker mittelalterliche Haltung in sein Arbeitsleben zu integrieren, indem man die Feiertagskultur wichtiger nimmt und weniger fixiert auf beruflichen Erfolg und Karriere ist.

Womöglich kann man aber auch aktiv werden und neue Berufe und Arbeitsweisen erfinden oder ihr Image stärken, wie dies zu anderen Zeiten alternative Helden der Arbeit taten. Zu nennen sind solch unterschiedliche Leute wie Florence Nightingale, Robin Hood oder Leonardo da Vinci. Inspirierend könnten aber auch Jesus und Buddha sein, die eine recht spezielle Arbeitsauffassung hatten, und Paul Lafargue, der 1880 den erwähnten Text »Das Recht auf Faulheit« publizierte.

# Schuld und Chance

## Steuern: vom biblischen Zehnt über die Reichensteuer zur Glückssteuer – die Abgabe als politisches und ökonomisches Instrument und als Spiegel des Gemeinsinns

»Matt Damon for President« – mit der Forderung reagiert der Medienrebell Michael Moore im Sommer 2011 auf ein Statement des Hollywood-Stars.[1] Damon hatte es »kriminell« genannt, dass Reiche wie er selbst in den USA so wenig Steuern zahlen müssen. Er hatte darauf hingewiesen, dass die oberen Einkommen in der jüngeren Geschichte noch nie so wenig abgeben mussten wie heute. Darüber hinaus bekräftigte er, dass er gerne mehr beisteuern wolle, etwa für eine bessere Bildung und dafür, dass er »Amerikaner sein darf«.

Matt Damon ist nicht allein. In den letzten Jahren haben auch prominente Milliardäre wie Bill Gates, die L'Oréal-Erbin Liliane Bettencourt und der Finanzinvestor Warren Buffett höhere Steuern für sich verlangt, auf dass das Gemeinwesen an ihrem Reichtum teilhabe.[2] Die Genannten stehen für ein historisch neuartiges Phänomen: Zu Beginn des 21. Jahrhunderts hat ein neuer Typ Steuerrebell die Bühne betreten. Anders als seine Vorgänger will dieser Typ nicht weniger Steuern zahlen, sondern *mehr*. Begonnen hat die Rebellion erstaunlicherweise in Deutschland. Vor der Bundestagwahl 2005 forderte der Reeder Peter Krämer in offenen Briefen an Abgeordnete und in Zeitungsanzeigen, dass Wohlhabende wie er höhere Steuern zahlen sollten, um zur Aufrechterhaltung der sozialen Gerechtigkeit und zum Erhalt des sozialen Friedens beizutragen.[3] Bei den Statements einiger Superreicher mag es sich um Imagepflege handeln; teils kontrastieren sie mit ihrem Steuerverhalten.[4] Auch kostet der Volkssport Steuerhinterziehung das Gemeinwesen in Deutschland immer noch rund

30 Milliarden Euro jährlich.[5] Doch scheinen die zitierten Stimmen für einen gesellschaftlichen Trend zu stehen. Vor dem Hintergrund, dass sich die Einkommensschere zwischen Arm und Reich seit Jahrzehnten wieder öffnet, finden es laut Umfragen immer mehr Bürger in Ordnung, höhere Steuern zu zahlen, wenn es den Sozialstaat stärkt.[6]

Die erwähnten Beispiele zeigen, wie sehr es bei Steuern immer wieder um Aspekte geht, die über rein finanzielle Fragen hinausreichen und die Symbolpolitik betreffen. So ist die sogenannte Reichensteuer bzw. Millionärssteuer zwar materiell unerheblich, weil sie im Verhältnis zum gesamten Steueraufkommen nur kleine Summen ausmacht. Doch geht es bei der Diskussion um die Reichensteuer um mehr. Von einer Fraktion wird sie als begrüßenswertes Signal gewertet, von der anderen hingegen als Diskriminierung von Wohlhabenden oder als Neidsteuer.

Steuern rühren an grundsätzliche Vorstellungen über Gerechtigkeit, Gemeinsinn und Opferbereitschaft. Über die Jahrtausende bis heute haben Steuern verrückte Wandlungen und Wendungen durchgemacht – vom kultischen Opfer über die gottgewollte Abgabe, die Willkürherrscher einsacken, zum demokratisch legitimierten Steuerungsinstrument. Selbst die drei faktischen Hauptfunktionen, die Steuern inzwischen erfüllen, decken eine große Bandbreite ab: die Finanzierung des Staatshaushaltes, die Beeinflussung sozio-ökonomischer Entwicklungen und der Ausgleich bei der Einkommensungerechtigkeit zur Wahrung des sozialen Friedens. In der Literatur, die sich damit beschäftigt, wird deutlich, dass das Thema Steuern bis heute die Gemüter erhitzt.[7] Über Jahrtausende hatte die arme Bevölkerungsmehrheit unter hohen Abgaben zu leiden. Bis ins 19. Jahrhundert ist der Zehnt üblich, die Abgabe von zehn oder mehr Prozent der Ernte, eine religiös motivierte Opfergabe, die man in frühen Hochkulturen in Ägypten, Mesopotamien und Palästina an Könige und Priesterherrscher abliefern muss, später an die

Kirche bzw. Feudalherren. Eine weitere Frühform der Steuern sind Tribute, die man unterworfenen Völkern abpresst.

Wie tief Abgaben in den Alltag eingegriffen haben, davon zeugen schon ihre Namen: etwa die Fenstersteuer, Ofensteuer, Klaviersteuer, Hochzeitssteuer, Junggesellensteuer, Bartsteuer, Pelzsteuer und Mordsteuer. Die Mordsteuer dient im mittelalterlichen England als Straf- und Erziehungsmittel in Gemeinden, in denen ein Mord unaufgeklärt geblieben ist.[8] Die Fenstersteuer soll im 18. und 19. Jahrhundert in England und Frankreich dazu beigetragen haben, dass Häuser mit weniger Fenstern gebaut wurden.

Insgesamt werden Steuern vom 18. Jahrhundert an langsam aber etwas gerechter verteilt und mit Parlamentarismus, Rechtssicherheit und Freiheit des Eigentums assoziiert. Die Lohnsteuer, die heute selbstverständlich erscheint, entwickelt sich erst mit der Industrialisierung im Lauf des 19. Jahrhunderts zur Haupteinnahmequelle. Davor überwiegen Zölle, Zehnte, Naturalabgaben, Frondienste. Auch die Vorstellung, dass man mit Hilfe von Steuern den sozialen Frieden wahrt, die gesellschaftliche Schichtung oder Wirtschaftsentwicklungen beeinflusst, ist vor dem 20. Jahrhundert wenig verbreitet. Eine der großen Revolutionen des 20. Jahrhunderts ist die Einführung einer starken Steuerprogression, mit der die Ärmsten geschont werden und Spitzenverdiener am meisten zahlen.

Wegen der Progression, Freibeträgen für Geringverdiener, zahlreichen Ausnahmeregelungen und Abzugsmöglichkeiten beeinflusst die Höhe der Abgaben unseren Lebensstandard heute lange nicht mehr so grundlegend wie in früheren Zeiten. Allerdings sind Steuern weiterhin ein Katalysator für Fragen zu Grundwerten und zur Alltagsmoral. Wofür arbeite ich? Wie viel Geld habe ich für meine Tätigkeit wirklich verdient? Wie sehr profitiere ich auf Kosten derer, die mir unterbezahlt zuarbeiten oder mit ihren Steuern meine lange Ausbildung finanziert haben? Wie viel soll man abgeben an diejenigen, die weniger Glück und

Erfolg im Leben hatten? Wie definiert man das Glück und den Erfolg – über materielle oder anhand von anderen Kriterien?

Für derartige Diskussionen ziehe ich im Folgenden prominente Ökonomen und Philosophen von Aristoteles über Adam Smith bis Milton Friedman und John Rawls sowie Denker unserer Zeit zu Rate. Auf eine reine Theoriediskussion sind Steuerfragen aber nie beschränkt gewesen. Steuerkonflikte waren auch immer wieder Auslöser von sozialen Unruhen und Revolutionen. In David Burgs *World History of Tax Rebellions* (2004) finden sich für den Zeitraum vom 3. Jahrtausend v. Chr. bis ins 21. Jahrhundert mehr als 400 Einträge. Zwar können Steuerstreitigkeiten heute wohl kaum noch Anlass für Umwälzungen in der Art der Französischen Revolution sein. Doch gibt es zahlreiche Beispiele dafür, welchen Einfluss Steuern potentiell auf das Gemeinwesen haben. In der jüngeren Geschichte reichen sie vom erfolgreichen Wiederaufbau in Europa nach dem Zweiten Weltkrieg, der sich auch Spitzensteuersätzen von über 90 Prozent verdankte, bis zu drohenden Staatsbankrotten von EU-Ländern im 21. Jahrhundert, bei denen die Steuerflucht ein wichtiger Faktor ist. Im Rahmen einer Steuerdiskussion lassen sich auch Szenarien darüber entwickeln, wie sich mit minimal angehobenen und geschickt eingesetzten Abgaben das Elend der Welt bekämpfen ließe.

Zum extremen Wandel der Steuern und ihrer mal materiellen, mal ideellen Funktionen passt die Vielfalt der Steuerrebellen. Dazu zählt neben dem eingangs erwähnten Typ Rebell unserer Zeit, der *mehr* Steuern zahlen will, auch eine Legendenheldin wie Lady Godiva, die im Mittelalter symbolisch gegen zu hohe Steuern aufbegehrt. Der Literat Henry David Thoreau und die Sängerin Joan Baez verweigern Steuern, um auf politische Missstände hinzuweisen. Stars wie Bono, der Sänger von U2, der sich sozial engagiert und privat mit Hilfe von Steuertricks offenbar seine Abgaben reduziert hat, verkörpern die Widersprüche in Sachen Steuermoral.[9] Im Bereich der Realpolitik sind Leute hervorzuheben wie Franklin D. Roosevelt, der US-Präsident der dreißiger

Jahre des 20. Jahrhunderts, und Matthias Erzberger, der Zentrumspolitiker der Weimarer Republik. Sie führten umfassende Steuerreformen zugunsten des Sozialstaates durch. Auf der anderen Seite stehen Anti-Steuer-Lobbyisten wie Grover Norquist, der im 21. Jahrhundert US-Präsidenten und Politiker in ihren Entscheidungen beeinflusst.

Da die Auswirkungen verschiedener Steuerpolitik komplex sind, von ökonomischen Details und politischen Kulturen abhängen, gibt es dazu viele unterschiedliche, mal technisch, mal ideologisch begründete Meinungen. Auch sind die Gestaltungsspielräume des einzelnen Bürgers im Hinblick auf die Steuern im Alltag kleiner als bei den Themen Arbeit und Ehe und Partnerschaft. Doch verdeutlicht eine Untersuchung dazu, wie Steuern gehandhabt werden, samt der entsprechenden Diskussionen darüber den mitunter rasanten Wandel von Mentalitäten und des Charakters ganzer Gemeinwesen. Die Einstellung zu Steuern hängt eng mit der Frage zusammen, wie man als Einzelperson zur Gemeinschaft steht und wie diese Gemeinschaft aussieht. Manchmal lassen sich mit Hilfe von Steuern tatsächlich Krisen ökonomischer, sozialer und moralischer Art, von nationalem oder globalem Ausmaß meistern.

## ERZWUNGENE GESCHENKE – VOM URZEITLICHEN STEUERPARADIES ZUR ZEITGEMÄSSEN SPENDENKULTUR?

Als ich vor einigen Jahren einen Artikel zum Thema Steuerrebellion schrieb, habe ich, um Anregungen zu sammeln, unter Freunden herumgefragt, ob sie finden, dass sie zu viel Steuern zahlen.[10] Umgekehrt wollte ich wissen, ob jemand vielleicht sogar *gerne* Steuern zahlt. Obwohl die Freunde aus einem ähnlichen Milieu stammen, fielen die Antworten recht unterschiedlich aus. Ein Redakteur mit einem mittleren Einkommen meinte, vom Gefühl her zahle er zu viel. Ein Manager, bei dem der Spitzensatz greift, würde gerne noch mehr abgeben, um die überragende Infrastruktur in Deutschland instand zu halten. Ein Vermögensverwalter gestand, dass er mit Hilfe der Schweiz bei der Steuer trickse, dafür aber einiges an NGOs wie Greenpeace und Amnesty International spende.

Mit der Haltung, lieber zu spenden, als Steuern zu zahlen, steht mein Freund nicht alleine da. Gemäß dem Schlagwort der »Selbst-Besteuerung« wollen Reiche in den USA selbst entscheiden, wofür sie geben.[11] Ein extremes Beispiel ist der Unternehmer Chuck Feeney. Er hat mit Duty-Free-Shops ein Vermögen von 7,5 Milliarden Dollar gemacht, schon 6,2 Milliarden Dollar für Bildungs- und Gesundheitsprojekte in aller Welt gespendet und will bis 2016 seine restlichen 1,3 Milliarden loswerden; seine Steuern hat er ein Leben lang mit Hilfe von Steueroasen minimiert.[12]

Die Bandbreite an Grundeinstellungen und Argumenten für oder gegen bestimmte Abgaben ist groß – und stark von persönlichen Vorlieben und kulturellen Einflüssen abhängig. Deshalb möchte ich kurz, bevor ich in den folgenden Abschnitten Aspekte der Steuergeschichte grob chronologisch vom Mittelalter bis zum 21. Jahrhundert beleuchte, auf das grundsätzliche Spannungsverhältnis zwischen Steuern und Spenden, Abgaben und Gaben eingehen, wie es sich seit dem Altertum entwickelt hat. Das betrifft auch das Verhältnis zwischen dem Denken in kleineren und größeren Einheiten, zwischen Zwang und Freiheit, Eigeninitiative und Unterordnung.

Die längste Zeit der Menschheitsgeschichte, die Millionen Jahre, bevor um etwa 3000 v. Chr. die Hochkulturen entstanden, lebten Jäger und Sammler in einem Steuerparadies. Es gab nur Spenden. Im übertragenen Sinn sind Steuern allerdings der Teil der Jagdbeute, die man mit der Schar teilt, weil andere weniger Glück gehabt haben. Im Rückblick ist schwer zu ermitteln, wie freiwillig das Teilen abläuft. In seinem einflussreichen Essay *Die Gabe* (1923) bezieht sich der Soziologe und Ethnologe Marcel Mauss auf Stammeskulturen, Pygmäen, Indianer, Südseevölker, die teils heute noch leben wie vor Jahrtausenden. Statt der Steuern im heutigen Sinn leisten sie Abgaben auf der Grundlage einer »Gruppenmoral«, in einem System von Konventionen: Dazu gehören der indirekte Zwang, auf eine Leistung mit einer Gegenleistung zu reagieren, und magische Vorstellungen über die Bedeutung von Geschenken.[13]

Steuersysteme sind da nötig, wo komplexe Hierarchien und Staatswesen entstehen, bei denen die soziale Interaktion über persönliche Kontakte hinausreicht. Der historische Übergang von der Gabe zur Abgabe geht mit der Geburt von Hochkulturen wie jenen in Ägypten und Mesopotamien vor rund 5000 Jahren einher. Von nun an werden die Gaben einzelner an die Gemeinschaft und die Opfer, mit denen man Götter positiv stimmt, institutionalisiert. Priesterkönige sammeln eine Tempelsteuer ein, Abgaben aus festgelegten Mengen von Getreide und Schafen.[14] Neben Schreibern und Staatsangestellten sind freiberufliche Steuerpächter tätig. Sie drangsalieren die Abgabepflichtigen mitunter, weil sie eine Pauschale an Herrscher entrichten müssen und versuchen, mit Mehreinnahmen, die sie den Steuerpflichtigen abknöpfen, Gewinn zu machen.

Von Anfang an sind Steuern ambivalent. Einerseits dienen sie der Machtsicherung und aufwändigen Lebensführung der Herrschenden. Andererseits legt man mit ihrer Hilfe Notreserven für Zeiten der Missernten und zur Armenfürsorge an. Man schafft gemeinschaftliche Infrastrukturen und Institutionen. Leider fehlen, was die Höhe und Begründung von Steuern betrifft, oft klare Kategorien. Im Alten Testament werden die Steuern je nach Alter und Geschlecht festgelegt, aber insgesamt bleibt die Abgabe vage definiert. In der Bibel, im Buch Levitikus ist der sogenannte Zehnt, die zehn Prozent, die man von seiner Ernte abgibt, »etwas Heiliges für den Herrn« (Lev 27,1-34).

Ein maßgeblicher Schritt bei der Organisation von Steuersystemen wird im Altertum mit der Steuerreform von Kaiser Augustus (63 v. Chr. – 14 n. Chr.) gemacht. Sie soll die Willkür bei der Steuereintreibung einschränken.[15] Er legt sie in die Hände von Beamten statt Steuerpächtern. Augustus führt einen genauen *census*, eine Volkszählung durch und legt Rechenschaft über die Gelder im Fiskus (lat. *fiscus* = »Korb, Geldkorb«) ab, der Staatskasse. Die Reform verringert Steuerprivilegien, die vormals Römer gegenüber Nicht-Römern hatten. Dennoch presst das Römische Reich wie andere vor ihm – und Kolonialmächte nach ihm – kleinere Völker aus; Aufstände erstickt man mit militärischer Gewalt.

Im alten Rom tun sich reiche Spender mit Stiftungen von Gebäuden, Zirkusspielen oder öffentlichen Speisungen hervor. Noch heute meinen manche, man sollte die Spendenkultur im Vergleich zur Zwangsbesteuerung stärken, und führen als Vorbild die sogenannten Liturgien im antiken Griechenland an.[16] Der Begriff Liturgien kommt aus dem Griechischen und bedeutet zunächst einmal »öffentliche Leistungen«, »Dienst an der Allgemeinheit«. Im Athen des 6. und 5. Jahrhunderts v. Chr. ist man der Meinung, ein freier Bürger sollte keine direkten Steuern zahlen.[17] Mit Liturgien finanzieren Wohlhabende Festzüge, kultische Fackelläufe, Komödien, Tragödien, Bauten, öffentliche Speisungen und Kulthandlungen von Priestern, später auch den Ausbau der Flotte. In heutigen Worten sind das Spenden. Doch zum einen existieren wohl Auflagen über die zu leistenden Liturgien und vielleicht sogar Gesetze. Zum anderen stammt ein großer Teil der Staatseinnahmen Athens aus Tributen, die man in Kriegen besiegten Staaten und Völkern abverlangt. Die größten Steuerzahler sind ohnehin die Sklaven, die in staatlichen Bergwerken schuften. Sie leisten unbezahlte Arbeit, strukturell ähnlich heutigen Malochern in Billiglohnländern, die dafür sorgen, dass viele Produkte bei uns so wenig kosten. Außerdem dienen Liturgien der Imagepflege und dem Wunsch, sich durch symbolische Großzügigkeit politischen Einfluss zu verschaffen.

Spenden finanzieren keine großen Gemeinwesen, weder bei den alten Griechen noch bei den mittelalterlichen Franken, bei denen es eine Kultur der Geschenke gibt, die Adelige dem König bzw. dem Reich machen.[18] Allerdings werden Gaben und Spenden durch die gesamte Geschichte hindurch für politische und private Interessen missbraucht. Im Spätmittelalter stehen dafür Adlige und Kaufleute wie die florentinischen Medici und Augsburger Fugger. Jakob Fugger (1459–1525), genannt »der Reiche«, ist ein Beispiel für die Widersprüche, die zwischen dem Willen zu spenden und jenem, Steuern zu zahlen, bestehen. Mit einem Vermögen von rund fünf Millionen Gulden – dem Wert von 15 Millionen Rindern – ist er seinerzeit vielleicht der reichste Mann der Welt. Einerseits schafft er sich bleibenden Ruhm, indem er stiftet, die Fuggerei in Augsburg etwa, heute die älteste noch existierende Sozialsiedlung. Andererseits wehrt er sich – in der Grundhaltung ähnlich wie manche heutigen Konzerne – gegen die Zahlung einer Art Körperschaftssteuer mit der Begründung, sein Handel bringe Land und Leuten Wohlstand.[19]

Auch in der Geschichte des 20. Jahrhunderts sind Spenden in ihren Motiven oft zweifelhaft und sollen die Öffentlichkeit von anderen Problemen oder weniger guten Eigenschaften der Spender ablenken. Das gilt zu Beginn des Jahrhunderts für die sogenannten Räuberbarone *(robber barons)* wie Andrew Carnegie und John D. Rockefeller. Sie betreiben – in Zeiten niedrigster Steuersätze – eine brutale Interessenpolitik zu Lasten ihrer Arbeiter und des Gemeinwesens und inszenieren sich mit Spenden zugleich als Wohltäter.

Seit 2000 Jahren halten sich gerade die Großspender nicht an das Bibelwort: »Wenn du Almosen gibst, soll deine linke Hand nicht wissen, was deine rechte tut. Dein Almosen soll verborgen bleiben, und dein Vater, der auch das Verborgene sieht, wird es dir vergelten.« (Mt 6,3-4) Im Vergleich zu Räuberbaronen und Renaissancemultis sind Großspender des 21. Jahrhunderts wie Warren Buffett, Bill Gates und George Soros humanitär und politisch korrekt. Man kann sich darüber streiten, inwieweit ihre an sich erfreuliche Spendentätigkeit etwas Zwielichtiges hat, weil sie ihr Geld zum Teil auf sozial wenig verträgliche Weise gemacht haben. Mitunter wird auch Kritik daran laut, dass die Spender mit ihrer Finanzkraft bestimmte Strategien zur Behebung von Problemen, etwa medizinischer oder politischer Art, gegen andere durchdrücken, ohne dass ein demokratischer Entscheidungsprozess abgelaufen wäre. Sicher ist, dass die Millionenspender unserer Tage nicht für den Bau und die Instandhaltung vitaler Infrastrukturen sorgen, etwa für die Straßenreinigung, das Trinkwasser, die Kanalisation. Dass wir diese Infrastruktur sowie Museen und Theater haben, verdankt sich Steuergeldern bzw. einer Staatsverschuldung über Generationen. Lorenz Stein, ein Vordenker des heutigen Sozialstaates, schreibt 1878 in seinem *Lehrbuch der Finanzwissenschaft:* »Ein Staat ohne Staatsschuld thut entweder zu wenig für seine Zukunft, oder er fordert zu viel von seiner Gegenwart.«[20]

Zwar verlangt heute zumindest in Europa kaum jemand ernsthaft, dass Spenden Steuern ersetzen sollen. Doch gibt es in den USA im konservativen politischen Lager eine Tendenz, mehr und mehr Verantwortung in die Hände privater Wohltäter legen zu wollen. In extremer Form propagiert dies der amerikanische Autor Charles Adams in seinem Buch *For Good and Evil. The Impact of Taxes on the Course of Civilization* (1993). Darin vergleicht er Steuerbehörden in westlichen Demokratien mit der Gestapo oder dem KGB.[21] Im Gegenzug lobt er das Spenden und verweist auf die erwähnten Liturgien im alten Griechenland als Ausdruck von Freiheit und Tugendhaftigkeit. In eine ähnliche Kerbe schlägt im Jahr 2009 Peter Sloterdijk, der bekannteste deutsche Philosophieprofessor der Gegenwart. In seinem Artikel »Die Revolution der gebenden Hand« schreibt er in der *Frankfurter Allgemeinen Zeitung,* dass wir »in einem steuerstaatlich zugreifenden Semi-Sozialismus« lebten.[22] Dort gäben, so Sloterdijk, die »produktiven Schichten« jedes Jahr die Hälfte ihrer »Wirtschaftserfolge« ab, ohne als »plausibelste Reaktion« einen »antifiskalischen Bürgerkrieg« anzuzetteln. Sloterdijk wünscht sich die »Neuerfindung der ›Gesellschaft‹«, die zur »Abschaffung der Zwangssteuern und zu deren Umwandlung in Geschenke an die Allgemeinheit« führen würde.

Selbst wenn man bei den locker formulierten Ausführungen – denen vielfach widersprochen wurde – einen ernsten Kern unterstellen will, findet sich kein historisches Beispiel dafür, dass in größeren Gemeinwesen Steuern durch Geschenke ersetzt worden wären.[23] Was die aktuelle Situation betrifft, genügt es, darauf hinzuweisen, dass in Deutschland rund vier Milliarden Euro jährlich gespendet werden: Das klingt gut, entspricht aber weniger als einem *Hundertstel* des jährlichen Steueraufkommens und – je nach Schätzung – ungefähr einem Zehntel der Summe, die dem Staat durch Steuerflucht jährlich an Einnahmen verloren geht. Selbst wenn genug gespendet würde, wäre ein Nachteil der Gabe, dass sie mit Erwartungen seitens der Gebenden einhergeht, sei es über eine individuelle Einflussnahme, Ruhm, der ihnen gebühre, oder auch nur eine Haltung der Dankbarkeit oder Unterordnung seitens der Empfänger.

Immerhin sind essayistische Ausführungen über Steuern und Spenden ein guter Anlass, grundsätzlich darüber nachzudenken, wo neue Formen der Abgabe zeitgemäß wären. Dabei geht es auch um die Frage der Motivation, die richtige Balance zwischen Freiheit und Zwang, privat initiiertem Engagement und staatlicher Regelung. Derartige Fragen werden schon seit Beginn des 20. Jahrhunderts diskutiert. So schreibt Joseph Schumpeter, einer der prominentesten Ökonomen des Jahrhunderts, in seinem Aufsatz »Die Krise des Steuerstaates« (1918), dass sich die Idee des Steuerstaates möglicherweise überlebt habe.[24] Das könnte der Fall sein, sobald sich, so Schumpeter, die »Lebensgefühle und Kulturinhalte, der psychische Habitus der Individuen« verändern und eine »Ausweitung des Kreises sozialer Sympathie« stattfinden würde, sich also ein Mitgefühl, eine Sorge und die Bereitschaft, etwas abzugeben, auf größere Kreise als beispielsweise das familiäre oder freundschaftliche Umfeld beziehen würden. Schumpeter vermutet die Zukunft jenseits des Steuerstaates allerdings in einer Art Sozialismus. In westlichen Ländern führte die Ausweitung der sozialen Sympathie, von der Schumpeter spricht, im 20. Jahrhundert immerhin dazu, dass eine starke Progression zugunsten des Sozialstaates eingeführt wurde – eine Revolution, auf die ich noch eingehe.

Mit den »Kreisen sozialer Sympathie« und entsprechenden Abgabesystemen beschäftigt sich zur gleichen Zeit wie Schumpeter auch der bereits erwähnte Marcel Mauss, indem er in seinem Essay *Die Gabe* (1923) Stammesgesellschaften beleuchtet. Der Sozialist Mauss ist politisch engagiert und leitet eine Konsumgenossenschaft in Paris; als Publizist und Forscher versucht er, alternative, nicht-kapitalistische Wirtschaftsmodelle zu fördern.[25] Er sieht die Systeme als mögliches Vorbild für alternative Gesellschaftsformen jenseits von Kapitalismus und Kommunismus.[26] Auf Mauss beziehen sich zu Beginn des 21. Jahrhunderts Theoretiker wie David Graeber, ein Vordenker der Occupy-Bewegung, in ihren Überlegungen dazu, wie sich anarchistische Lebens- und Wirtschaftsformen als Alternative zu jetzigen Systemen schaffen ließen.[27]

Zwar haben noch keine großen Gemeinwesen ohne Steuern existiert, doch mag man sich vor dem Hintergrund der Diskussionen fragen, ob wir, was Abgabe- und Verteilungssysteme betrifft, in einer Phase des Übergangs oder Aufbruchs leben. Vielleicht wären neue Kombinationen, Varianten und *Motivationen* denkbar. Will man verschiedene Möglichkeiten prüfen, ist es hilfreich, sich vor Augen zu führen, durch welch merkwürdige historisch gewachsene Strukturen wir etwa in Sachen Freiheit und Zwang, Nutzendenken und Opferbereitschaft geprägt sind.

## FANTASIEABGABEN ALS GESCHÄFTSMODELL UND DER SYMBOLISCHE SOZIALSTAAT: DAS MITTELALTER

Bis heute spricht man in Sachen Steuern im volkswirtschaftlichen Sinn von der Opfertheorie bzw. vom Opfer- und Nutzenprinzip. Der Grundgedanke dabei ist, dass der entgangene, sozusagen geopferte wirtschaftliche Nutzen, der mit der Zahlung von Steuern verbunden ist, möglichst für alle gleich sein soll. Allerdings gibt es verschiedene Ansätze und Auslegungen dazu, wie man diese Gleichheit definiert. Mal wird ein Opfer des Einzelnen im Verhältnis zu den jeweils unterschiedlichen finanziellen Möglichkeiten angestrebt, also eine progressive Besteuerung, bei der die individuellen finanziellen Möglichkeiten berücksichtigt werden. Mal soll die gleiche Nutzeneinbuße auf den gleichen Prozentsatz aller Einkommen hinauslaufen, also auf eine proportionale Besteuerung bzw. Flat-Tax, zum Beispiel zehn Prozent Steuern für alle unabhängig davon, wie hoch ihr Einkommen ist. Was man als gerecht empfindet, hängt natürlich davon ab, wie man die Begriffe Opfer und Nutzen im Verhältnis zu Leistung, Verdienst und Bedürftigkeit bestimmt. Wichtig ist ferner, ob man den Nutzen und das Opfer stärker individuell oder gemeinschaftlich fassen will, stärker materiell oder ideell. Schließlich kann es eine besondere Genugtuung sein, ein großes finanzielles Opfer zu bringen.

Derartige Argumente schwingen von Anfang an bei jeder Art von Abgabe oder Gabe mit. Doch erst im Mittelalter werden sie umfassend kultiviert und zu einer Steuerkultur ausgebaut, die uns bis heute prägt. Sie erscheint mitunter verrückt, hat aber dazu beigetragen, die Steuern zu einem spannenden Feld ökonomischer, politischer, soziologischer und theologischer Auseinandersetzungen zu machen – und indirekt sogar dazu, neuen Geschäftsbereichen wie der Finanzwirtschaft einen Schub zu geben.

Eine besonders lukrative Verbindung zwischen religiös und weltlich motivierten Abgaben herzustellen, gelingt im Mittelalter dem Papsttum. Grundsätzlich verdient die Kirche ihr Geld mit

»Ein Steuereinnehmer mit seiner Frau« (1538), von Marinus van Reymerswaele: Das Bildnis eines gewissen Boisselaer und seiner Frau ist ein repräsentatives Standesporträt. Zugleich enthält es mit den Münzen und der erloschenen Kerze Hinweise auf die Vergänglichkeit des irdischen Reichtums.

Steuern wie dem bereits erwähnten biblisch begründeten Zehnt. Ihn treiben geistliche wie weltliche Herrscher, die selbst von der Steuer befreit sind, ein – und dies teils in Konkurrenz zueinander.[28] Sie sollen den Zehnt zu bestimmten Teilen für ihre eigene Lebenshaltung, den Unterhalt von Kirchen, Infrastrukturen und die Armenpflege verwenden. Schon die Frage, wie hoch der Zehnt tatsächlich ausfiel bzw. welche Belastung er bedeutete, ist im Rückblick oft schwer zu ermitteln und variiert ja nachdem, wie man ihn definiert. So schreiben Alfons und Jutta Pausch in ihrem Buch *Kleine Weltgeschichte der Steuerzahler*, dass der Zehnt im heutigen Verständnis einer realen Belastung von rund 50 Prozent des Einkommens bzw. der Ernte entsprechen konnte, weil er vom Bruttoertrag abgerechnet wurde, das heißt ohne Abzug von Betriebskosten, Saatgut und Werkzeug.[29] Abgesehen davon ist man im Mittelalter besonders kreativ darin, zusätzliche Abgaben zu erfinden. Eine wichtige Geldquelle der Kirche neben dem Zehnt sind im 13. Jahrhundert Abgaben wie die Kreuzzugssteuern.[30] Dazu kommen Abgaben, die irgendwo zwischen Steuern und Spenden anzusiedeln sind. Etwa Gelübdeablösungen, mit denen man sich von dem geleisteten Versprechen, am Kreuzzug teilzunehmen, entbinden lassen kann. Oder Ablässe, mit denen sich Gläubige von ihren Sünden freikaufen.

Im Vergleich zu anderen Religionen hat die römisch-katholische Kirche die mittelalterliche Verbindung von Transzendenz und Diesseitigkeit, von gottgewollter Abgabe, freiwilligem Opfer und kalkuliertem Geschäft besonders systematisch ausgebaut. Kritik an zu hohen Steuern für das arme Volk kommt eher vonseiten der orthodoxen Kirche in Byzanz.[31] Sie wird zunächst selbst besteuert und hat ab dem 11. Jahrhundert eingeschränkte Rechte zur Steuererhebung. Mitunter intervenieren orthodoxe Bischöfe in Sachen Steuerhöhe beim Kaiser für die notleidende Bevölkerung.

Was die Westkirche betrifft, ist immer wieder Jesu Antwort, die er den Pharisäern auf deren Frage gibt, ob Abgaben an den Kaiser legitim seien, zitiert worden: »So gebt dem Kaiser, was dem Kaiser gehört, und Gott, was Gott gehört!« (Mk 12, 13-17) Zwar steht Jesus, als er die Frage beantwortet, unter einem gewissen Druck, weil die Pharisäer nur nach einem Anlass suchen, ihn bei den Römern zu denunzieren. Dennoch betonen Historiker, dass dem Volk in Judäa, das unter einer erheblichen Steuerlast litt, mit der Antwort Jesu, der ansonsten keine Konflikte scheute, nicht wirklich geholfen war.[32] Dies umso weniger, als man doppelt besteuert wurde, durch die eigenen Priester und durch die Römer, wobei die beiden Parteien oft zusammenarbeiteten.

Auch im Mittelalter bietet die katholische Geistlichkeit aus Sicht der Untertanen keine Unterstützung gegen Steuerforderungen, die von Fürsten, Königen und Kaisern erhoben werden und als ungerecht empfunden werden. Da man die eigene Unzufriedenheit damals aber besonders stark mit Hilfe einer höheren Autorität legitimieren will, müssen legendäre Figuren für die Steuerrebellion herhalten. Eine besonders charmante ist Lady Godiva. Sie lebt im England des 11. Jahrhunderts, doch ihre Steuerrebel-

John Collier: »Lady Godiva« (1897)

lion, die sie berühmt macht, ist wohl dem Reich der Legende zuzuordnen. Lady Godiva will ihren Mann, den Grafen von Leofric, zur Senkung der Steuern bewegen. Er reagiert auf ihre Forderung mit einer scherzhaften Gegenforderung: Sie soll nackt durch die Stadt reiten. Godiva tut es, nur von ihren langen Haaren bedeckt, und erwirkt eine Steuerreduzierung für das Volk.

Godiva gibt ein vorbildliches Beispiel, indem sie sich als Mitglied der herrschenden Schicht um die Armen kümmert und dabei auch bereit ist, persönliche Opfer zu bringen.

Sowohl systematischer als auch rabiater als Godiva geht Robin Hood vor. Er ist zwar, wie bereits im Kapitel über die Arbeit erwähnt, keine historische Figur, aber ein populärer Legendenheld und damit ein Vorbild. Robin Hood ist der wohl berühmteste Steuerrebell des Mittelalters. Er begehrt nicht nur gegen ungerechte Steuern auf, wenn er allzu hohe Abgaben, die der Sheriff von Nottingham den Untertanen abpresst, stiehlt und an das Volk zurückgibt. Indem er eine eigene Umverteilung vornimmt, errichtet er im Wald mit seiner Bande symbolisch einen kleinen Sozialstaat. Kultur- und mentalitätsgeschichtlich passt

*Das Gemälde »Robin Hood and His Merry Men« (1839/45) von Daniel Maclise lässt sich als Darstellung eines symbolischen Sozialstaates im Wald interpretieren. Da in Robins kleinem Gemeinwesen alle zusammenlegen, hat jeder mehr als genug.*

Robin Hood, dessen Legende in mündlicher Form ab dem 13. Jahrhundert kursiert, zu den Bestrebungen, die in der Magna Carta von 1215 zum Ausdruck kommen. Das Vertragsdokument ist unter anderem ein Meilenstein der Steuergeschichte, weil es die königliche Willkür bei der Erhebung von Abgaben einschränkt. Zwar haben gemäß der Carta nur Barone bei der Besteuerung mitzureden, doch spielt sie dahingehend eine Vorreiterrolle, dass ein politisches Mitspracherecht an die *Zahlung* von Steuern gekoppelt wird, und nicht an die Einnahme.

Die Legende von Robin Hood ist auch mit den Bauernaufständen von 1381 in Verbindung gebracht worden, die wegen der Erhebung einer *poll tax* losbrechen, einer Kopfsteuer, die für jeden unabhängig vom Einkommen gleich hoch ist und als ungerecht empfunden wird.[33] Die Balladen berichten jedenfalls, dass Robin in seinem kleinen Reich im Sherwood Forrest faire Abgaben erhebt. Zwar ähnelt er den Raubrittern, die Reisende ausnehmen oder ihnen eine Art Zoll abknöpfen. Doch nimmt er nur solchen Durchreisenden Geld weg, die offenkundig genug davon haben.

Als Held der Volksballaden gleicht der Outlaw Robin die real existierende Steuerungerechtigkeit auf symbolischer Ebene aus. Darüber hinaus erscheint er sogar als Vorreiter einer Steuergerechtigkeit im Sinn einer differenzierten Besteuerung nach Leistungsvermögen, also einer Progression. Immerhin gibt es zu Robin Hoods Zeiten tatsächlich eine frühe Form der Progression – im Florenz des 14. Jahrhunderts.[34]

Bis heute schlägt sich der alte Gedanke, dass materielle Opfer einen ideellen Gewinn mit sich bringen, besonders deutlich bei den Kirchensteuern nieder. Mittelalterliche Strukturen schimmern insofern durch, als das Verhältnis von Staats- und Kircheneinnahmen, die Mischung von finanziell, institutionell und ideell begründeter Macht weiterhin recht undurchsichtig sind. Noch im 21. Jahrhundert nehmen die beiden großen christlichen Kirchen in Deutschland über das Finanzamt Steuern in Milliardenhöhe ein und profitieren von Steuerprivilegien. Dabei generieren sie Summen, die nur zu einem geringen Prozentsatz in soziale Einrichtungen wie Kindergärten und Schulen fließen, zu einem größeren in die eigene Verwaltung und den Unterhalt von kirchlichen Gebäuden und Infrastrukturen. Das sind Dinge, deren Wert für die meisten Menschen, die Kirchensteuern zahlen, wenn nicht irrelevant, so zumindest immaterieller Natur sind. Zugleich bestimmen die Kirchen über konfessionelle Kindergärten und Schulen in einem weit höheren Maß die Erziehung von Kindern und das Verhalten der Arbeitnehmer mit, als es ihrem finanziellen Engagement und der Zahl der Kirchenmitglieder entspricht.

Dass im Mittelalter Steuern und Spenden, freiwillige Gaben und Zwangsabgaben noch eng beieinander liegen, dafür stehen beispielhaft die erwähnten Ablässe zum Freikauf von Sünden, mit denen die Kirche ein gutes Geschäft macht. Die Verquickung von Business und transzendenten Werten kommt auch bei der Entwicklung der Geldwirtschaft und insbesondere des Banken- und Finanzwesens zum Tragen. Aus heutiger Sicht mag es erstaunen, wie eng neben den Kaufleuten Mönche am Aufbau eines Banken- und Finanzsektors beteiligt sind. Im Spätmittelalter gründen italienische Franziskaner Leihhäuser, die *Monte di Pietà* (ital. wörtl.: »Berg der Barmherzigkeit«), aus denen später Banken wie die Monte dei Paschi in Siena hervorgehen, die älteste noch bestehende Bank der Welt. Die Mönche lassen sich etwas einfallen, um Grundkapital zu erhalten. Sie rufen Wohlhabende dazu auf, nach dem Vorbild Jesu, der auf dem Kalvarienberg für die Menschheit sein Leben gab, etwas von ihrem Geld zu opfern, damit es dann in Form von Darlehen an bedürftige Kreditnehmer (lat. *credere* = »glauben, vertrauen auf«) weitergereicht werden kann.[35]

Auch im Koran besteht ein enger Zusammenhang zwischen einer »Steuer«, Spende, Almosen und »Darlehen«, die man an Allah abführt, und dem materiellen und immateriellen Zins, den man dafür erhält. Grundsätzlich heißt es ähnlich wie in der Bibel, man solle Almosen geben, und zwar am besten nicht öffentlich, sondern im Verborgenen; Allah sieht es und erstattet das, was man »an Gutem spendet«, zurück (Sure 2, Verse 270-274). Während die Zinsnahme, so der Koran, verboten ist und der Zins am Ende dahinschwindet, werden Almosen durchaus im weiteren Sinn verzinst; dasselbe gilt für jenen, der »Steuern zahlt«, denn »deren Lohn ist bei ihrem Herrn« (Sure 2, Verse 275-279, Sure 3, Vers 130). Schulden soll man erlassen bzw. in ein Almosen umwandeln (Sure 2, Vers 280). In Sure 73, Vers 20 liest man: »(…) verrichtet das Gebet und entrichtet die Steuer und leiht Allah ein schönes Darlehen. Und was ihr für euch an Gutem vorausschickt, werdet ihr bei Allah wiederfinden. Das ist am besten und bringt den reichsten Lohn.«

Im 20. Jahrhundert meint der Philosoph Walter Benjamin in seinem Text »Kapitalismus und Religion« (Orig. um 1921), dass im Kapitalismus anstelle Gottes nun »der Markt« die diffuse Macht sei, der man Schulden als Ausdruck einer religiösen Schuld und in Form von aufgenommenen Krediten als Opfer darbringe, um dafür, indem man sie abbezahlt, später Erlösung zu erlangen, die aber ausbleibt.[36] Von derart essayistischen Überlegungen angeregt, kann man Steuern mit Investitionen oder Krediten vergleichen, die früher gemäß der Bibel ein Opfer, »etwas Heiliges für den Herrn« (Lev 27, 1-34) waren und die man inzwischen dem Staat gibt, um sie im Lauf der Zeit mit Zinsen zurückzubekommen: Die Rendite, die man vom Staat erhält, sind der Schutz von Leib und Leben, die Fürsorge und Hilfe in der Not. So gesehen sind Steuern historisch noch nie eine solch sichere Investition gewesen wie seit Mitte des 20. Jahrhunderts, seitdem zumindest westliche Staaten ihren Bürgern ein Existenzminimum und funktionierende Infrastrukturen garantieren. Um das zu erreichen, musste sich der Staat über Jahrhunderte weiterentwickeln, und bis heute gibt es Rückschläge und Rückschritte.

## REPRESSALIE UND REVOLUTIONSAUSLÖSER – STEUERN ALS GRUNDLAGE DES MODERNEN NATIONALSTAATES

»Stoppt den Steuerstaat!«, war auf Aufklebern zu lesen, die die *Bild*-Zeitung im Jahr 2006 verteilte. Mit Steuerstaat ist hier ein Staat gemeint, der zu hohe Steuern fordert, damit angeblich die Eigeninitiative der Menschen und die Wirtschaftskraft schwächt und Steuergelder verschwendet. Grundsätzlich ist mit dem Begriff im wertfreien Sinn ein Staat gemeint, der sich vorwiegend über Steuern finanziert, und nicht aus Tributen, Staatsbetrieben oder aus Naturalabgaben wie im Feudalismus, wo der Lehnsherr den Untertanen für ihre geleisteten Abgaben prinzipiell Schutz und Sicherheit bieten soll. Weiterhin verwendet der Steuerstaat die Abgaben als Mittel, um politische, wirtschaftliche und kulturelle Entwicklungen voranzutreiben.

Erstmals benutzt hat den Begriff Steuerstaat im Jahr 1895 der Nationalökonom Albert Schäffle, der maßgeblich an Bismarcks Sozialgesetzgebung mitwirkte.[37] Eine größere Bekanntheit verschafft ihm der Ökonom Joseph Schumpeter im Jahr 1918 mit seinem bereits erwähnten Aufsatz »Die Krise des Steuerstaates«. Am Ende des Ersten Weltkriegs meint Schumpeter, dass der Staat mit erheblichen Steuererhöhungen in Zeiten der Nachkriegskrise seine Einnahmen aufbessern könnte und ein alternatives Mittel zu jenem der Inflation an der Hand hätte.[38] Schumpeter denkt auch grundsätzlich über den Sinn des Steuerstaates nach. Als einen Grund für seine Entstehung nennt er die Tatsache, dass im 16. Jahrhundert die Kosten für Söldnerheere stiegen und die Fürsten zur Landesverteidigung eine neue Geldquelle brauchten, zumal die Lebens- und Wirtschaftsform des Lehnswesens, die auch Kriegsdienste der Untertanen vorsah, langsam überholt war.

Seit der Neuzeit wandelt sich der Staat vom Domänenstaat, der einen Großteil der Einnahmen aus seinen Besitzungen schöpft, in mehreren Schüben bis ins 19. und 20. Jahrhundert zum industrialisierten Steuerstaat.[39] Es ist schwierig, für frühere Zeiten stimmige Zahlen über Steuern und Steuersätze zu finden. Doch einigen Quellen zufolge steigt ab dem 16. Jahrhundert die Gesamtbelastung für die Masse der Bevölkerung in Westeuropa auf rund 50 Prozent.[40]

Zu Beginn des 16. Jahrhunderts begehrt Martin Luther gegen die hohen Abgaben auf, die der Papst in Rom ganz Europa abpresst, um beispielsweise Prachtbauten wie den Petersdom zu errichten. Luther prangert die horrenden Steuern an, die der Papst aus Gier und Verschwendungssucht in Frankreich und Deutschland eintreiben lässt. In seinem Text *An den christlichen Adel deutscher Nation* (1520) schreibt Luther, dass der Papst und römische Kardinäle reiche deutsche Klöster ausnehmen.[41] Luther nennt Zahlen. Er bemängelt, »daß jährlich mehr denn dreimalhunderttausend Gulden aus Deutschland gen Rom kommen, rein vergebens und umsonst«. Luther will unter anderem die Menge der Kardinäle verringern. Seine Kritik an Roms Steuerpolitik trägt dazu bei, dass ihn Fürsten unterstützen, die keine so hohen Abgaben mehr an Rom leisten wollen.

Dennoch erhöhen sich die Steuereinnahmen im Europa des 17. Jahrhunderts vielerorts; in Württemberg steigt die Belastung eines Bauernhofes im Lauf des Jahrhunderts um das Vierfache, das Kurfürstentum von Brandenburg *verzehnfacht* seine Jahreseinkünfte.[42] In Russland will Zar Peter der Große (1672–1725) sein Land modernisieren und mit westlichen Staaten gleichziehen. Dafür erhebt er neue Abgaben, Luxussteuern wie die oft zitierte Bartsteuer, aber auch Steuern auf Mützen, Stiefel, Bäder, Hochzeiten und Särge, Gurken, Nüsse und Bienen sowie eine Seelensteuer.[43]

Mit Blick auf das Modell des Steuerstaates wird nachvollziehbar, welche Unterschiede sich in der Abgabenpolitik und den Steuersystemen zwischen Ländern herausbilden und inwiefern sie in der Politik bis heute mitschwingen. Beispielhaft lassen sich drei Großmächte nennen: die USA, Frankreich und Großbritannien.

Vereinfacht gesagt, schafft man in Großbritannien mit der Glorious Revolution von 1688 und im Lauf des 18. Jahrhunderts eher einen Ausgleich zwischen den Schichten als in Frankreich, wo die arme Masse der Bevölkerung viel stärker als der Adel und die Geistlichkeit belastet ist. In England fallen die direkten Steuern wie auch die Abgaben insgesamt geringer aus als in Frankreich.[44] Frankreich hat 1759 mit 285 Millionen *livres* die höchsten Staatseinnahmen in Europa, im Verhältnis zur Einwohnerzahl vielleicht sogar die höchsten der Welt.[45] Während der Adel geschont wird, muss die Masse Kopfsteuern und Ertragsteuern zahlen, die »Vingtième«, den »Zwanzigsten«. Das verursacht Not und Elend, Unwillen und Wut.

Demgegenüber lobt der französische Aufklärungsdenker Voltaire an England, dass die Steuerlast einigermaßen gerecht und berechenbar verteilt sei: »Niemand«, so Voltaire, »gibt nach seinem Stand (was unsinnig ist), sondern gemäß seinem Einkommen; es gibt weder Lehnzins noch willkürliche Kopfsteuer.«[46] Wie wichtig Steuerdiskussionen werden, zeigt auch die Tatsache, dass Adam Smith in seinem Werk *Der Wohlstand der Nationen* von 1776, mit dem er die moderne Volkswirtschaftslehre mitbegründet, auf über hundert Seiten das Thema Steuern behandelt. Smith legt den theoretischen Grundstein für eine moderne Besteuerung, wie sie im Prinzip bis heute gültig ist. So sollen die Bürger zum öffentlichen Haushalt »im Verhältnis zu ihren Fähigkeiten beisteuern«; Steuern sind »genau und nicht willkürlich« festzusetzen.[47] Ausgerechnet Smith, der später zur Galionsfigur des Wirtschaftsliberalismus gemacht wird, warnt vor der Steuerflucht von Besitzern beweglichen Kapitals, die ihr »Vermögen in irgendein anderes Land bringen«. Insgesamt schwärmt er von Großbritannien – ziemlich ähnlich wie Voltaire, der sich in seiner *Enzyklopädie* gegen eine »willkürliche Steuerauflage« für Bauern wendet; im Gegenzug geißelt Smith das ungerechte Steuersystem Frankreichs, das ein Jahrzehnt später zur Französischen Revolution führen wird.[48]

Die Französische Revolution ist einer der Meilensteine der Steuergeschichte und wirkt sich langfristig auf das Staatsverständnis und politische Denken aus. 1789 beruft König Ludwig XVI. die Stände ein, weil er ihre Zustimmung zur Erhöhung der Steuern braucht. Selbst wenn gerade keine der häufigen Hungersnöte herrscht, müssen weite Teile der Bevölkerung den größten Teil ihres Einkommens für Grundnahrungsmittel ausgeben, ähnlich wie heute Menschen in der »Dritten Welt«. Als Vertreter des dritten Standes, des Bürgertums, der Arbeiter und Bauern die königlichen Steuerforderungen ablehnen, ist dies der Auftakt zum gewaltsamen Umsturz.

Seit dem 18. Jahrhundert sind Steuerdiskussionen in mehr und mehr Ländern von der Idee geprägt, dass Steuerzahler ein Recht auf Mitbestimmung haben, weil sie Abgaben *leisten*. Steuern zu zahlen ist eine Pflicht, aber auch ein Mittel des Bürgers, sich mit dem Staat zu identifizieren. Im Jahr 1800 benennt die französische Revolutionsregierung einen der schönsten Plätze von Paris, den Place Royale im Stadtteil Marais, in Place des Vosges um, weil man die Bürger aus dem Département der Vogesen (»Vosges«) dafür ehren will, dass sie als erste ihrer patriotischen Pflicht nachgekommen sind und die neuerdings fälligen Revolutionssteuern an Paris entrichtet haben.

Vielleicht hat die Vorstellung einer patriotischen Pflicht und Ehre in Sachen Steuermoral in Frankreich einen besonders starken Einfluss gehabt. Als der französische Präsident François Hollande im Jahr 2012 eine auf zwei Jahre befristete Reichensteuer von 75 Prozent für Jahreseinkommen von über einer Million Euro einführen will, wird er zwar beschimpft. Einige reiche und prominente Franzosen wie Gérard Depardieu verlegen ihren Hauptwohnsitz nach Belgien oder Russland. Doch müssen sie wiederum derbe Kritik vonseiten der Medien einstecken. Als Bernard Arnault, der reichste Mann Frankreichs, ankündigt, wegen der Reichensteuer auszuwandern, titelt die Tageszeitung *Libération* (10.9.2012): »Casse-toi riche con!« – »Verzieh dich, reicher Idiot!«

So etwas wäre in den USA undenkbar. Bekanntlich schlug sich der Republikaner Mitt Romney im Präsidentschaftswahlkampf 2012 nicht schlecht, obwohl er Finanzmarktmillionäre wie sich selbst mit rund 15 Prozent Spitzensteuersatz weiterhin deutlich niedriger besteuern wollte als Einkommen aus weniger gut bezahlten Tätigkeiten, wie sie die Bevölkerungsmehrheit ausübt. Er ist populär, obwohl er sich abfällig über 47 Prozent der Bevölkerung äußerte, die aufgrund ihres niedrigen *Arbeitseinkommens* angeblich wenig oder keine Steuern zahlen. Dass Romney trotz seiner ablehnenden Haltung gegenüber einem steuerlichen Ausgleich bei Einkommen so populär ist, hängt mit calvinistischen Vorstellungen zusammen, wonach man sich seinen Gotteslohn durch ökonomischen Erfolg selbst verdienen muss. Dazu kommt der Gründungsmythos der USA. Schließlich ist Anlass für die Unabhängigkeitserklärung Amerikas gegenüber Großbritannien am 4. Juli 1776 ein Streit darüber, dass London zu hohe Steuern verlange, ohne seiner Kolonie angemessene Gegenleistungen zu

*Sarony & Major: »Die Vernichtung von Tee bei der Boston Tea Party 1773«, Lithografie von 1846*

bieten, etwa ein Mitspracherecht von Amerikanern im britischen Parlament. So reagiert man in Amerika auf eine Stempelsteuer der Kolonialmacht mit dem Slogan: »No taxation without representation« – »Keine Besteuerung ohne Vertretung«.[49] Zwar erhebt England bald nur noch eine symbolische Teesteuer, doch werfen amerikanische Kolonisten 1773 im Rahmen der sogenannten »Boston Tea Party« im Hafen von Boston als Indianer verkleidet 342 Kisten britischen Tee über Bord. Das ist der Auftakt dafür, dass sich die Kolonie vom Mutterland loslöst und die erste moderne Demokratie der Welt gegründet wird.

Vor dem historischen Hintergrund gelten Steuern in den USA bis heute nicht so sehr als Instrument des sozialen Ausgleichs und der demokratisch legitimierten Regulierung gesellschaftlicher Prozesse, sondern als Beschränkung der Freiheit und individuell unbegrenzter Möglichkeiten. Da Reichtum zudem stärker mit Tugend gleichgesetzt wird als anderswo, fühlen sich Millionäre im 21. Jahrhundert, etwa als Präsident Obama im Jahr 2012 höhere Steuern für Spekulationsgewinne erwägt, verunglimpft und sehen sich sogar als »bedrohte Minderheit«.[50]

Sowohl in den USA als auch in Frankreich und – in moderater Form – in Großbritannien ist die Geburt des modernen Staates, der durch Steuern finanziert wird, mit einer Steuerrebellion verbunden. Insgesamt hat die enge Koppelung von Steuern an die Finanzierung und Legitimierung von Nationalstaaten im Lauf der Jahrhunderte merkwürdige Wandlungen durchlaufen. Das betrifft auch die Art und Weise, wie man sich als Einzelperson im Verhältnis zum Staat und zur Gemeinschaft positioniert.

## BLUMEN FÜR DIE GELIEBTE – DIE FISKALISCHE FEINJUSTIERUNG DES GEMEINWESENS IM 19. JAHRHUNDERT

»Das preußische Dreiklassenwahlrecht hatte schon einiges für sich.« Das ist nicht etwa das Zitat eines reaktionären Politikers aus der Weimarer Republik, sondern das eines Notars aus dem Saarland, mit dem ich mich vor ein paar Jahren unterhielt. Sein Lob des preußischen Dreiklassenwahlrechts äußerte er, nachdem er zuvor auf die seiner Meinung nach faulen und ungebildeten Wähler geschimpft hatte, die auf vermeintliche Populisten wie Oskar Lafontaine und die Partei der Linken hereinfallen.

Das Statement des Notars ist das Seltsamste, was ich bislang im persönlichen Gespräch zum Thema Steuern gehört habe. Das preußische Dreiklassenwahlrecht war von 1849 bis 1918 gültig und ist eine Variante des Zensuswahlrechts; dabei hat die Stimme Einzelner bei politischen Wahlen mehr oder weniger Gewicht, je nachdem wie viel Steuern man zahlt bzw. wie hoch Einkommen und Vermögen sind.[51] Da es sich bei dem Notar um einen älteren Herrn in verantwortlicher Position und mit konkreten Einflussmöglichkeiten im beruflichen Alltag handelt, fand ich seine Aussage noch etwas beunruhigender als den wesensverwandten Vorschlag, den der 25-jährige Gottfried Ludewig, der Vorsitzende eines CDU-nahen Studentenverbandes, im Jahr 2008 öffentlich machte: Man sollte, so Ludewig, darüber reden, sogenannten Leistungsträgern ein doppeltes Stimmrecht im Vergleich zu Arbeitslosen und Rentnern zu geben.[52] Bei meinem 25-jährigen Abi-Treffen 2012 dachte ein ehemaliger Mitschüler laut darüber nach, manchen Leuten das Wahlrecht abzuerkennen, etwa wenn jemand mit 16 schwanger werde.

Solche Haltungen, die heute den meisten von uns vermutlich absonderlich erscheinen, waren noch vor weniger als 100 Jahren, als das Zensuswahlrecht herrschte, normal. Beim Zensuswahlrecht wurde die Stimme von Menschen mit höherem Einkommen bzw. höherem Steueraufkommen bei Wahlen schwerer gewichtet als jene von Einkommensschwachen. Noch über ein Jahrhundert nach der Französischen Revolution waren weite Teile der Bevölkerung von Wahlen ausgeschlossen. Das Zensuswahlrecht berührte auch das *passive* Wahlrecht: Für ein politisches Amt kandidieren konnte lange Zeit nur rund *ein Prozent* der Bevölkerung, oft weit weniger.

Zwar gilt nach den Revolutionen des 18. Jahrhunderts theoretisch der Grundsatz des gleichen Rechts und Wahlrechts für alle. Doch verschafft sich das Bürgertum, nachdem es sich gegen Adel und Geistlichkeit durchsetzt, nicht zuletzt über das Zensuswahlrecht wirtschaftliche und politische Vorteile, auch gegenüber dem Bauerntum, Handwerkern und Arbeitern. Ähnlich wie der zitierte Notar aus dem Saarland heute rechtfertigt man damals das Zensuswahlrecht in den USA, Großbritannien, Frankreich und einigen deutschen Staaten damit, dass ein hohes Einkommen Hand in Hand gehe mit Bildung und Urteilsvermögen. Zwar enthält die Verfassung des revolutionären Frankreich vom 24. Juni 1793 die Garantie des allgemeinen Wahlrechtes ohne Beschränkung nach Einkommen oder Steuerleistung. Doch tritt sie nie in Kraft; deshalb haben manche Historiker sie lediglich als ein Manöver gesehen, mit dem das Volk beschwichtigt werden sollte. Jedenfalls fordert die Verfassung von 1795 dann doch einen gestuften Steuerzensus. Begründet wird dies damit, dass einkommensstarke Bürger in ihren Entscheidungen unabhängig seien und politisch mit größerer Wahrscheinlichkeit die richtige Wahl treffen würden. Aus heutiger Sicht erscheint es merkwürdig, dass Aufklärungsdenker des 18. Jahrhunderts wie John Locke, Montesquieu und Kant für das Zensuswahlrecht sind; auch Denis Diderot meint, nur »wer im Staat etwas besitzt, ist am Wohl des Staates interessiert«.

Insgesamt wächst das Mitspracherecht der ärmeren Bevölkerung im 19. Jahrhundert immerhin schrittweise. So führt in Großbritannien die erste Wahlrechtsreform, der *Reform Act* von 1832, zur Ausweitung der Gruppe von Wahlberechtigten von rund 500 000 auf etwas weniger als das Doppelte und schließt den oberen Mittelstand mit ein. Als das Parlament das Gesetz 1831 diskutiert, reagieren Mitglieder der Konservativen Partei allerdings aufgebracht. Ein Abgeordneter fürchtet eine »Revolution«; Lord Salisbury, zukünftiger Premierminister der Tories, raunt: »Hervorragende Männer werden den Mob nicht für sich gewinnen können, und der Mob wird keine erstklassigen Männer wählen.«[53] Der zweite *Reform Act* von 1867 lässt auch Arbeiter zu, allerdings nur solche mit eigener Wohnung, insgesamt rund zwei Millionen Wahlberechtigte. Erst 1918 dürfen alle Männer und Frauen über 30 wählen, 1928 auch alle volljährigen Frauen. Wie weit die Abstufung noch im 19. Jahrhundert reicht, zeigt sich auch auf lokaler Ebene, wo ein Wähler zwei bis sechs Stimmen hat, je nachdem, wieviel Gemeindesteuern er bezahlt.[54]

Selbst heute entdeckt man Spuren des alten Zensus-Systems darin, dass in den USA nur reiche Politiker bzw. solche, die Großspender von sich überzeugen können, im Präsidentschaftswahlkampf eine Chance haben. An das 19. Jahrhundert erinnert es ferner, dass in Deutschland unter den Abgeordneten im Bundestag der Anteil von Arbeitern oder Einkommensschwachen niedrig ist, obwohl prinzipiell kein Fachwissen gefragt ist. Je nachdem, wie man den beruflichen und sozialen Hintergrund der Abgeordneten definiert, liegt er etwa bei einem Prozent, jedenfalls unter fünf Prozent.[55]

Im 19. Jahrhundert wird mit Hilfe von Steuern bzw. durch deren Verknüpfung mit dem Wahlrecht politische Macht nach Einkommen und Schichtung auf differenzierte Weise abgestuft. Ähnlich differenziert fallen Steuer*rebellionen* aus. So lehnt man Steuern nicht einfach nur ab, sondern zeigt mit Hilfe diverser symbolischer Aktionen, aber auch in Texten auf, welche Steuern man genau aus welchem Grund verweigert und wie das beispielsweise mit einem bestimmten Staatsverständnis sowie Fragen der persönlichen Integrität und des Gemeinsinns zusammenhängt.

Ein besonders eingängiges Beispiel für eine differenzierte Haltung ist der wohl berühmteste (real existierende) Steuerrebell der Weltgeschichte: der amerikanische Schriftsteller Henry David Thoreau (1817–1862). Im Jahr 1846 wird Thoreau in seiner Heimatstadt Concorde, Massachusetts, vom Steuereintreiber dazu aufgefordert, seine Steuern zu zahlen. Weil sich Thoreau weigert, verbringt er eine Nacht im Gefängnis, bis ihn eine geheimnisvolle Dame auslöst, vermutlich seine Tante Mary. Sein Erlebnis verarbeitet Thoreau in dem Essay *Über die Pflicht zum Ungehorsam gegen den Staat* von 1849, von dem sich später unter anderem Mahatma Gandhi und Steuerrebellen des 21. Jahrhunderts inspirieren lassen.[56] Thoreau erklärt seine Steuerverweigerung damit, dass die USA die falsche Politik betrieben, insbesondere im Hinblick auf den Krieg gegen Mexiko und die Sklaverei.[57] Thoreau hebt auf ein altes Thema ab, das Spannungsfeld zwischen Recht und Moral, das schon in antiken Stücken wie *Antigone* und von Philosophen wie Aristoteles diskutiert wird, nämlich dass manchmal die Billigkeit und Legitimität das Recht der Gesetzestexte aussticht.[58] Das Steuerthema ist deshalb so zentral, weil hier der einzelne Bürger der Regierung wirklich, so Thoreau, »begegnet«, und zwar, wie er weiter erklärt, »einmal im Jahr – unmittelbar, Auge in Auge – und zwar in der Person des Steuereinnehmers«.[59]

Im Vergleich zu früheren Zeiten sind derartige Auseinandersetzungen Mitte des 19. Jahrhunderts Luxusdiskussionen. Zwar provoziert noch im Jahr 1810 in Preußen eine neue Branntwein-, Bier- und Schlachtsteuer auf dem Land Proteste, teils Angriffe auf Steuereinnehmer; in Schlesien kommt es 1811 zu größeren Unruhen.[60] Insgesamt bedeuten Steuern im Verlauf des 19. Jahrhunderts aber selbst für Einkommensschwache keine so starke wirtschaftliche Belastung mehr – weil das Problem drückender Abgabenlasten durch jenes der frühindustriellen Hungerlöhne abgelöst worden ist. Allerdings sind Wohlhabende schon von einem Spitzensteuersatz von *drei* Prozent genervt, wie er in Großbritannien ab 1798 gilt, nachdem das erste umfassende abgestufte Einkommenssteuersystem der Welt aus der Taufe gehoben wird.[61]

In Preußen ärgern sich im 19. Jahrhundert Wohlhabende sogar über die neuen Luxussteuern. Im Juli 1842 erhält Bettina von Arnim, die Schriftstellerin der Romantik, einen Bescheid vom Magistrat zur Erhebung der Luxushundesteuer für ihren Pudel: Sie soll Steuern nachzahlen plus vier Taler Strafe.[62] Daraufhin beauftragt sie einen Justizrat mit ihrer Verteidigung. Nach detaillierten, aber nicht triftigen Ausführungen zu Fristen und Regelungen, die das Vergehen entschuldigen sollen, schließt der Justizrat seinen Brief mit einem pathetischen Zitat seiner Auftraggeberin: »Streiten soll ich, kämpfen soll ich für Gerechtigkeit! Das Schicksal waltet ewig auf und ab! Welche Freude, kämpfen für Gerechtigkeit! Kämpfen für den Geist, der Millionen sein nennt auf dem Erdenrund!« Trotz Verurteilung hat Bettina von Arnims Rebellion letztlich keine negativen Folgen, weil sie gute Beziehungen zum Finanzministerium unterhält. Im Rückblick ist es vor allem merkwürdig, zu welch pathetischen Statements sich die deutsche Romantikerin in Sachen Luxusteuer hinreißen lässt. Sie ist nicht die einzige Literatin ihrer Zeit, die das Thema Steuern umtreibt. Ihr Dichterkollege Novalis schreibt, wenngleich mit entgegengesetzter Schlagrichtung: »Man soll dem Staat die Steuern zahlen, wie man einer Geliebten Geschenke darbringt.«

Indem Novalis für eine bessere Steuermoral wirbt, unterstützt er offenbar Bestrebungen seines Verwandten Karl August

Freiherr von Hardenberg. Als preußischer Staatskanzler und Reformer will er Steuerprivilegien für den Adel abschaffen und sogar eine ständige Einkommenssteuer einführen; am Ende belasten allerdings eine Reihe von Verbrauchssteuern vor allem die Ärmsten der Bevölkerung.[63] Schon der Preußenkönig Friedrich Wilhelm III. hatte 1810 bei einer Steuerreform an den »patriotischen Gemeinsinn« seiner Untertanen appelliert. Bis heute wird das Schlagwort vom Steuerpatriotismus benutzt, wenn es um die Hebung der Steuermoral geht.

Aus heutiger Sicht mag es erstaunen, dass man Steuern erst im Lauf des 19. Jahrhunderts als Instrument sieht, um soziale Gerechtigkeit zu fördern. So ist der preußische Finanzminister Johannes von Miquel ein Vordenker seiner Zeit, als er seine Reform, die 1891 ein gestaffeltes System mit Einkommens-, Vermögens- und Gewerbesteuer sowie einem Höchstsatz von *vier* Prozent beinhalten wird, im Abgeordnetenhaus als ein »Werk der ausgleichenden Gerechtigkeit« vorstellt.[64] Im Gegenzug lässt der offene, mitunter kollektive Steuerprotest im Lauf des 19. Jahrhunderts nach. Dafür nimmt die individuelle Steuerhinterziehung zu; zum offiziellen Straftatbestand wird sie allerdings erst mit der Reichsabgabenordnung von 1919.[65]

## REVOLTEN VON UNTEN, REVOLUTIONEN VON OBEN: DAS 20. JAHRHUNDERT

Zwar scheinen die Zeiten, in denen Steuerkonflikte Umstürze wie die Französische Revolution auslösten, seit Mitte des 19. Jahrhunderts, spätestens aber seit dem 20. Jahrhundert vorbei zu sein. Doch findet 1920 in Deutschland eine kleine Revolution von oben statt: die Einführung einer starken Steuerprogression. Als die entsprechende Gesetzesvorlage von Finanzminister Matthias Erzberger am 29. März 1920 im Reichstag verabschiedet wird, schnellen die Spitzensteuersätze von vier Prozent (mit kommunalen Zuschlägen zehn Prozent) auf 60 Prozent hoch.[66] Erzbergers verordnete Revolution löst zwar nicht die damals brennenden Probleme wie Staatsverschuldung und Inflation, wirkt aber langfristig.

Mit der Erhöhung der Spitzensätze und der Erbschaftssteuer will Erzberger nicht nur wirtschaftspolitisch wirken, sondern auch für mehr soziale Gerechtigkeit sorgen. Wie Christopher Dowe in seinem Buch *Matthias Erzberger. Ein Leben für die Demokratie* schildert, versucht der Katholik aus der Zentrumspartei im Rahmen einer SPD-geführten Regierung, den politischen Extremen im rechten wie im linken Spektrum in der jungen Weimarer Republik entgegenzuwirken, dem Bolschewismus wie dem reinen Kapitalismus: Sein Mittelweg soll, so Erzberger, ein »christlicher Solidarismus« sein.[67] Dieser Ansatz baut auf der katholischen Soziallehre auf, deren Vertreter seit dem 19. Jahrhundert die soziale Gerechtigkeit als politisches Ziel hochhalten. Er deutet auf das Konzept der sozialen Marktwirtschaft voraus, das sich nach dem Zweiten Weltkrieg etabliert.

Erzbergers Reichsfinanzreform verlegt die Steuerverwaltung stärker von den Ländern auf das Reich. Er führt das bis heute gültige Lohnsteuerabzugsverfahren ein und vereinheitlicht die Steuersätze auf nationaler Ebene, auch um die *innerdeutsche* Steuerflucht zwischen den Ländern mit unterschiedlichen Steuersätzen und »günstigen Steuerinseln« zu reduzieren. Dass die Steuerreform nach kurzen Erfolgen letztlich nicht die gewünschten Effekte bringt und die Hyperinflation nicht verhindern kann, hat mehrere Gründe. Zum einen ist die wirtschaftliche Lage in Deutschland schlicht schon zu verfahren. Darüber hinaus verliert das Reich trotz der Steuererhöhung Einnahmen, weil Selbstständige, Unternehmer, Aktien- und Großgrundbesitzer anders als Lohnabhängige ihre Steuern mit einer Verzögerung von mehreren Jahren entrichten dürfen, dies aber nicht inflationsbereinigt tun müssen. So werden für das Jahr 1920 von den 18,06 Milliarden Mark, die Selbstständige nachträglich zu bezahlen haben, letztlich nur 7,231 Milliarden beglichen. Entgegen Erzbergers Intention zahlen die Reichen am Ende wenig Steuern und die ärmeren Lohnempfänger im Verhältnis doch mehr, 1920 bis zu 95 Prozent des Aufkommens aus Einkommens- und Körperschaftssteuer.[68] Die neu aufgebaute Verwaltung kommt mit der Bearbeitung der Steuern nicht schnell genug nach. Eine Vermögensabgabe darf man in Raten über 28 bis 47 Jahre tätigen; im Gegenzug belasten staatliche Subventionen für die Reichsbahn, aber auch die Schiffsbau-, Eisen- und Stahlindustrie den Haushalt.[69] Zudem fehlt nach dem Rücktritt von Erzberger im Jahr 1920 der politische Wille, die Ungerechtigkeiten und technischen Lücken im Steuersystem auszugleichen.

Die Erzberger'sche Steuerreform ist ein Paradebeispiel dafür, welche Folgen technische Mängel haben können. Sie verdeutlicht aber auch, wie sehr an sich gut gedachte Systeme oft aus Gründen der Ideologie und des Egoismus hintertrieben werden. 1923 helfen nur die Hyperinflation und die nachfolgende Währungsreform, die Staatsschulden loszuwerden; das fördert wiederum eine Verarmung der Mittelschicht und ein Misstrauen gegenüber der Demokratie, die ohnehin schon unter Beschuss steht.[70] Erzberger sieht sich einer Hetzkampagne vonseiten rechtskonservativer und reaktionärer Kräfte ausgesetzt. Vielen ist er schon deshalb verhasst, weil er die Friedensverträge von Versailles als deutscher Vertreter unterzeichnet hat. In weiten Kreisen gilt er deshalb als Vaterlandsverräter. Verstärkt wird dieser Hass dadurch, dass Erzberger die großen Vermögen der Eliten zum ersten Mal in der deutschen Geschichte derart stark belastet. Er weicht dem politischen Druck und tritt zurück. Zwar gewinnt Erzberger die von seinen politischen Gegnern angestrengten Prozesse, in denen er absurderweise sogar der Steuerhinterziehung beschuldigt wird. Doch endet sein Leben tragisch. Kurz nach einem versuchten politischen Comeback wird er am 26. August 1921 von Rechtsextremisten, zwei ehemaligen Offizieren und Freikorpsmitgliedern, im Auftrag der Organisation Consul ermordet.

Mit seiner Steuerreform hat Erzberger Strukturen geschaffen, die in vielem bis heute bestehen. Insgesamt ist die Einführung einer starken Steuerprogression in westlichen Industrienationen eine der großen Revolutionen des 20. Jahrhunderts. Erstmals in der Geschichte dienen Steuern nun spürbar einem Ausgleich der jahrtausendealten Einkommensungerechtigkeit, auch wenn die Sozialstaatlichkeit nur langsam gedeiht, besonders in den USA.[71] Eine weitere Neuigkeit besteht darin, dass man seit den zwanziger Jahren und dann vor allem den sechziger Jahren unter dem Schlagwort *Fiscal Policy* mit Steuermitteln Wirtschaftspolitik betreiben will.[72] Staatliche Investitionen sollen in Krisenzeiten die Wirtschaft ankurbeln. Langfristig bringt die Revolution von oben bis Mitte des 20. Jahrhunderts einen deutlichen Zugewinn an sozialer Gerechtigkeit. Das hat einen Nebeneffekt darauf, wie *individuelle* Steuerrebellionen und eine entsprechende Symbolpolitik zu gestalten sind. Von nun an muss man sich, wenn man mit Einzelaktionen gegen Steuern aufbegehren will, auf bestimmte Aspekte der Steuerthematik konzentrieren, sofern man nicht als unsozial oder kontraproduktiv oder einfach nur naiv gelten will.

Ein Beispiel für eine gezielte und besonders ausdifferenzierte Steuerrebellion liefert die amerikanische Folksängerin Joan Baez. In Zeiten des Vietnamkriegs (1965 – 1975) beschließt sie, einen Anteil ihrer Steuern, nämlich 60 Prozent, gegenüber dem US-Finanzamt (Internal Revenue Service, IRS) einzubehalten.[73] Das sei, so Baez, genau der Teil der Steuern, der in den Militärhaushalt fließe. Baez erklärt sich in einem Brief an das Finanzamt und schließt: »Alles was ich also tun kann, ist meine eigene Grenze zu ziehen. Ich beteilige mich nicht länger am Rüstungswettlauf.« Bis heute verweist in Deutschland die pazifistische Initiative »Steuern zu Pflugscharen« bzw. das Netzwerk Friedenssteuer auf historische Rebellionen wie jene von Baez und (explizit) von Henry David Thoreau, wenn es Abgaben für Militärausgaben verweigert, Unterschriften sammelt und eine Gesetzesinitiative im Bundestag anregt.[74] Im Januar 2010 weigert sich der britische sozialistische Songwriter Billy Bragg, Steuern zu bezahlen, solange mit Hilfe der Abgaben Banken gerettet werden, die ihren Managern Boni in Millionenhöhe ausschütten.[75] Auch wenn sich derartige Steuerrebellionen heute nostalgisch und fast antiquiert ausnehmen, dienen sie dem Zweck, kritische Botschaften zu unterstreichen und in zugespitzter Form die Frage aufzuwerfen, worum es im Gemeinwesen wirklich geht.

In ähnlich geregelten Bahnen wie symbolträchtige Aktionen von Prominenten, die sich über die Medien Gehör verschaffen, läuft die Steuerrebellion des »kleinen Mannes« im 20. Jahrhundert ab: Indem man im Rahmen der Steuererklärung trickst, spart man nicht nur Geld, sondern wischt dem Staat in der subjektiven Wahrnehmung eins aus. Im stillen Kämmerlein macht man seinem Ärger über diese und jene gefühlte Ungerechtigkeit im Alltag Luft. Gerade weil man bei der Steuererklärung wie sonst kaum jemals ungestraft mit kriminellem Verhalten davonkommen kann, lassen manche hier ihren Frust gegen die staatlichen Institutionen ab. Genau deshalb ist die Steuer aber – im Sinn des erwähnten Schriftstellers Thoreau – ein Mittel, mit dem man sein Gewissen prüfen und sehen kann, wie ehrlich und gesetzestreu man ist bzw. welche Maßstäbe man für sich anlegt.

Für unterschiedliche Formen der Steuerrevolten von Privatleuten sind Kategorien aufgestellt worden wie jene einer sozialstaatlich motivierten Rebellion und jene einer egoistisch-materialistischen.[76] Für Letztere stehen in Deutschland auch Prominente wie Boris Becker, Franz Beckenbauer und Michael Schumacher; sie wurden in den Medien dafür kritisiert, dass sie, um Steuern zu sparen, ihren Wohnsitz ins Ausland verlegten. Selbst Bono, dem Sänger der Rock-Band U2, der sich für zahlreiche soziale Projekte engagiert, wird vorgeworfen, dass er – wie seine Band-Kollegen – mit Hilfe einer Holding in Amsterdam die Gewinne aus Musikrechten weitgehend an den Steuern in seiner Heimat Irland vorbeimanövriert.[77] Dabei gilt Irland schon als kleine Steueroase innerhalb der EU.

## BUCHHALTERISCHE FREIBEUTER: DIE SCHRÄGE KARRIERE DER STEUEROASEN

Seit der Antike verstecken Menschen ihren Besitz vor Steuereintreibern an abgelegenen Orten. Nach der Französischen Revolution von 1789 schaffen französische Adelige ihr Geld aus dem Land und ins schweizerische Genf.[78] Erst im 20. Jahrhundert machen sich jedoch ganze Staaten zu dem, was man inzwischen eine Steueroase (engl. *tax haven*) oder einen Offshore-Finanzplatz nennt. Ein Blick auf die relativ kurze Geschichte von Steueroasen zeigt auf zugespitzte Weise, wie sich das Problem der Steuervermeidung und -hinterziehung, legal, halblegal und kriminell globalisiert hat.

Steueroasen sind deshalb ein besonders augenfälliges und seltsames Beispiel für den sogenannten Steuerwettbewerb zwischen Staaten, internationale Unternehmen und Anleger mit niedrigen bzw. fehlenden Steuern zu locken, damit sie ihr Geld hier anlegen und verwalten lassen. Die Oasen stehen für zahlreiche Widersprüche heutiger Steuerpolitik – und inzwischen auch als Mahnung dafür, dass bald etwas unternommen werden sollte, um die illegale wie legale Steuerflucht zu verhindern. Als Steueroase gelten sehr reiche Länder wie die Schweiz, Liechtenstein und Monaco, aber auch Andorra, strukturschwache Ex-Kolonien bzw. britische Überseegebiete, die Bermudas und Cayman-Inseln in der Karibik, Länder wie das südamerikanische Belize oder das arabische Dubai – und sogar die US-Bundesstaaten Nevada und Delaware. Dort werden Billionen von Dollar, oft aus zweifelhaften Quellen an den Steuern verbeigeschleust oder gewaschen.[79] An einigen dieser Finanzplätze haben sich internationale Bankenfilialen, Hedgefonds, Briefkastenfirmen und Privatiers angesiedelt. Fast die Hälfte des Barvermögens und der Wertpapiere aus Lateinamerika soll heute Schätzungen zufolge in Steueroasen angelegt sein; die Vermögen des Nahen Ostens liegen sogar zu 70 Prozent in Steuerparadiesen; ärmeren Ländern entgehen, je nach Schätzung, zwischen 50 und 500 Milliarden Dollar Steuereinnahmen; dem deutschen Staat gehen auf diese Weise um die 35 Milliarden verloren.[80] In Steueroasen sollen weltweit aktuell zwischen 21 und 32 Billionen Dollar gebunkert sein; in manchen Entwicklungsländern sind die Offshore-Vermögen angeblich größer als die Staatsschulden.[81]

Die historische Avantgarde der Steueroasen dürfte die Insel Jersey im Ärmelkanal sein. Im 19. Jahrhundert lassen sich dort pensionierte britische Offiziere nieder, um der damals neuen Einkommenssteuer zu entgehen.[82] Während heute das linke politische Lager Steueroasen tendenziell besonders kritisch sieht, meint 1912 der Anarchist Peter Kropotkin recht angetan, dass sich der Wohlstand auf Jersey unter anderem »der Freiheit von Staatssteuern« verdanke.[83] Systematisch betriebene Offshore-Finanzzentren werden in den zwanziger Jahren des 20. Jahrhunderts gegründet. Passend dazu wird im Jahr 1920 in Deutschland als Beilage zum *Fachblatt für die allgemeine Finanzverwaltung* der Text »Steuerflucht und Kapitalflucht – Zusammenfassende Darstellung der bis 1. Juli 1920 erschienenen Gesetze usw.« veröffentlicht. Darin werden die »wankend gewordene Steuermoral« beklagt und das neue Reichsgesetz gegen die Steuerflucht geschildert, das beim Verlegen des Wohnsitzes die Hinterlegung einer Sicherheit für Steuerschulden fordert.[84]

Der Trend zur Steueroase globalisiert sich in den dreißiger Jahren, als reiche US-Amerikaner und Kanadier ihr Vermögen auf die karibischen Bahamas verfrachten.[85] In den sechziger Jahren erleben die Steueroasen einen Boom. Verstärkt wird er ab 1971, als man das Bretton-Woods-System mit den festen Wechselkursen der Währungen, die an den durch Goldreserven gedeckten Dollar gebunden sind, auflöst. Ein erneuter Schub ist in den achtziger Jahren zu verzeichnen, als der Finanzverkehr weiter dereguliert wird. Steueroasen werden mit dem Hinweis darauf gerechtfertigt, dass sie dem Steuerwettbewerb und der Dynamisierung des Finanzmarktes zuträglich seien, und darauf, dass damit angeblich strukturschwache Länder gefördert werden. Zugleich ergab sich schon die absurde Situation, dass eine der größten Steueroasen, die Cayman-Inseln, auf denen Milliarden verwaltet werden, im Jahr 2009 knapp an der Staatspleite vorbeischrammte.[86]

Selbst Kritiker von Oasen betonen allerdings, dass immense Steuerverluste trotz allem durch rechtliche Schlupflöcher in Ländern zustande kommen, die nicht als Steueroasen gelten, aber eine Steuervermeidung ihrer Bürger und Unternehmen begünstigen.[87] So zahlten deutsche Unternehmen wie BMW und E.ON dank diverser (legaler) Tricks, dem Verschieben von Gewinnen und Verlusten auf internationale Niederlassungen, teils deutlich weniger Steuern als den offiziellen Satz.[88]

Auch EU-Länder betreiben untereinander einen Steuerwettbewerb. Doch in Steueroasen geht es traditionell besonders zünftig zu. 1996 erregen in Jersey die global agierenden Wirtschaftsprüfungsunternehmen Price Waterhouse und Ernst & Young Aufsehen, die Milliarden mit Beratungen zur Steuervermeidung machen: Sie wollen einen selbst ausgearbeiteten Gesetzentwurf, der auf Steuervorteile für bestimmte Unternehmungen zielt, im Parlament durchwinken lassen.[89] Die Aktion, über die unter dem Schlagwort »Gesetzgebung zu mieten« (»Legislature for Hire«) berichtet wird, scheitert am Widerspruch von nur wenigen Abgeordneten.

Die internationale Gemeinschaft, etwa in Gestalt der OECD, hat Steueroasen über die Jahre erstaunlich nachsichtig behandelt. Sie führt zwar eine »list of uncooperative tax havens« (Liste nicht kooperativer Steueroasen), zielt dabei aber nur auf Auskünfte über Finanzvorgänge ab.[90] Ronen Palan, der Londoner Professor für politische Ökonomie und Spezialist für Offshore-Finanzplätze, erklärt etwas nebulös: Indem man Steueroasen erlaube, trage man dazu bei, dass »mobilere ökonomische Sektoren«, die ansonsten »die Konfrontation mit dem Staat« suchen würden, einen »separaten Raum geboten bekommen, in dem ökonomische Aktivitäten mehr oder weniger ohne die Einmischung seitens Regierungen ablaufen können«.[91] So blieben laut Palan normale Staaten im Gegenzug gewissermaßen unangetastet von bestimmten Machenschaften.

Sucht man nach älteren historischen Beispielen für eine systematische Steuerflucht, die jener mittels Oasen ähnelt, bietet sich eine Episode aus der Geschichte Chinas an. Dort steigt im 5. Jahrhundert n. Chr. die Zahl buddhistischer Mönche sprunghaft an, weil viele Menschen die Möglichkeit wahrnehmen, als Geistlicher keine Abgaben zu zahlen und somit Steuern zu sparen.[92] Um 460 schafft es der einflussreiche Mönch T'an-yao, sich mit dem Herrscher des Reiches zu arrangieren. Er rekrutiert Kriminelle als Landarbeiter, macht Klöster zu wichtigen Agrarbetrieben und erhält eine Befreiung von Steuern und Militärdienst. Zu Beginn des 6. Jahrhunderts verdoppelt sich die Zahl der Klöster, bald sind es manchen Quellen zufolge 30 000 mit insgesamt zwei Millionen Geistlichen bzw. Pseudo-Geistlichen. In den folgenden Jahrhunderten werden die reichen Klöster zur Bedrohung. Also stärken die weltlichen Machthaber die Taoisten, die Konkurrenz der Buddhisten. Im 8. Jahrhundert greift der Kaiser hart durch. Er lässt buddhistische Klöster schleifen. Tausende von Mönchen und Nonnen müssen ins weltliche Leben zurückkehren.

Mit Blick auf die jüngere Geschichte lassen sich Steueroasen mit der Entwicklung des Seerechtes vergleichen. Was die Frage nach dem Einflussbereich der Staaten in Gewässern betrifft, ist das Seerecht eine Grauzone, bis es im 19. Jahrhundert geregelt wird.[93] Andere Vergleiche stimmen weniger optimistisch. So ist die Entwicklung von Steueroasen historisch parallel zu jener der sogenannten Billigflaggen verlaufen. Mit ihnen sparen Reeder aus reichen Industrieländern seit den 1920er Jahren und mit steigender Tendenz Steuern, indem sie ihre Schiffe unter der Flagge eines Landes fahren lassen, in denen die Steuersätze geringer sind als in ihrem Heimatland.[94]

Was Kleinanleger betrifft, beflügeln Publikationen mit Titeln wie *Ratgeber Steuerparadies* und *Geldanlage Steueroasen* Träume und Fantasien über die Freiheit in der Karibik. Sie schildern teils detailliert die Lebensqualität vor Ort – vom guten Wetter bis hin zur Mentalität der Einwohner. Zwar warnen die Ratgeber hier und da vor *illegaler* Steuerflucht und entsprechenden Tricks wie Karussellgeschäften; sie erinnern daran, dass Steuerflucht gerade für arme Länder ein Problem ist.[95] Doch wirkt dies oft rhetorisch, wie eine Art Alibi-Argument, wenn die Steuerflucht im selben Atemzug damit gerechtfertigt wird, dass die Steuern seit dem Zweiten Weltkrieg stark gestiegen seien, Staaten Steuergelder verschwenden und multinationale Konzerne und die katholische Kirche in größerem Stil Steuerflucht begehen als der Durchschnittsbürger.[96] So werden Steueroasen als Ausdruck einer Freiheit und eines Aufbegehrens gegen Ungerechtigkeiten präsentiert, die sie zu keinem historischen Zeitpunkt waren. Bis heute dienen Steueroasen so gut wie ausschließlich der Bereicherung Einzelner und einzelner Unternehmen auf Kosten der Staaten und der Mehrheit ihrer Bürger. Zu diesem Widerspruch zwischen Anspruch und Wirklichkeit passt es vielleicht, dass auf einer der karibischen Inseln ein Mann lebt, den man »Robin Hood von Antigua« nennt: Der Arzt Patrick Matthews lässt reiche Steuerflüchtlinge in seiner Klinik relativ teuer für ihren Aufenthalt bezahlen und behandelt dafür die vielen armen Einheimischen gratis.[97]

## PARADIESISCHE HÖLLEN: STEUERPOLITISCHE WELLENBEWEGUNGEN IN DEN LETZTEN 100 JAHREN

Bei Steueroasen erstaunt der Widerspruch, dass sie einerseits dem Anschein nach am Rand der Weltwirtschaft in einer Grauzone angesiedelt sind, dass andererseits aber ihre Dienste von etablierten Unternehmen und Banken und prominenten Persönlichkeiten in Anspruch genommen werden. Ähnlich merkwürdig ist es, dass der international vielleicht einflussreichste Steuerverweigerer mitten in der Schaltzentrale der Weltpolitik und Weltwirtschaft in Washington, D.C., agiert: der Anti-Steuer-Lobbyist Grover Norquist.

Aus europäischer Perspektive ist Norquist fast so etwas wie ein Steuer-Fundamentalist; in den USA zählt er zu den mächtigsten Konservativen. Als Mitbegründer und Präsident der Lobbygruppe »Americans for Tax Reform« kämpft Norquist seit Mitte der achtziger Jahre für die Beseitigung aller Steuern außer, wenn es sein muss, der Einkommenssteuer, die er, wenn nicht abschaffen, so doch als Flat Tax auf einen Einheitssatz von acht bis zehn Prozent drücken würde.[98] Das Unglaubliche ist: Norquist hat über 200 republikanische Abgeordnete einschließlich der Ex-Präsidenten George Bush und George W. Bush sowie des Präsidentschaftskandidaten von 2012, Mitt Romney, dazu gebracht, das sogenannte *Taxpayer Protection Pledge* zu unterschreiben. Dieser »Schwur zum Schutz der Steuerzahler« enthält das Versprechen, dass man *nie* wieder für Steuererhöhungen stimmen wird.

Wie tief die Aversionen gegen Steuern bei Norquist sitzen, wird deutlich, wenn er erklärt, woher seine Haltung rührt: Er gibt eine Anekdote zum Besten, wonach sein Vater, als er klein war, ihm und seinen Geschwistern nach dem Kirchgang stets ein Eis spendiert habe.[99] Dann sei er aber auf seine Kinder zugegangen und habe sich jeweils einen Bissen stibitzt – mit dem Kommentar: »Oops, das ist die Einkommensteuer, oops, das ist die Mehrwertsteuer.« Von Norquist stammt auch der Spruch: »Mein Ziel ist, den Staat in 25 Jahren zu halbieren, ihn so kleinzukriegen, dass wir ihn in der Badewanne ersäufen können.«[100] Für Norquist ist der steuerfinanzierte Sozialstaat ein Machwerk von »Sozialisten«. Begonnen hat das Unheil seiner Meinung nach zu Beginn des 20. Jahrhunderts, als Theodore Roosevelt zum US-Präsidenten gewählt wurde. Roosevelt war in den Augen vieler

Konservativer relativ arbeitnehmerfreundlich, aber natürlich kein Sozialist.

Wie erwähnt, ist die Steuerverweigerung in den USA auch deshalb so populär, weil der Staat anders als in Europa nicht als Garant der sozialen Sicherheit und Freiheit gesehen wird, sondern als Macht, die sich in die Privatsphäre des Einzelnen einmischt. Eine der Grundlagen dafür, dass die Steuerverweigerung in den USA ein besseres Image hat, ist die erwähnte Steuerrebellion im Jahr 1773 im Rahmen der Boston Tea Party. Auf diese Verweigerung von Steuern der britischen Kolonialherren bezieht sich nicht nur Mahatma Gandhi im 20. Jahrhundert, als er die Salzsteuern, die Inder an England bezahlen müssen, demonstrativ verweigert und damit ein starkes Signal in Richtung indischer Unabhängigkeit gibt. Im 21. Jahrhundert beruft sich auf die Boston Tea Party eine politisch völlig andere Strömung, nämlich die ultrakonservative Tea Party-Bewegung in den USA, die unter anderem gegen eine Steuerpolitik der staatlichen Gestaltung und Umverteilung kämpft. Zwar hat diese Position nach der Wiederwahl von Barack Obama im November 2012 und mit Blick auf den drohenden Kollaps des US-Haushalts an Boden verloren.[101] Doch stützen sich Steuerverweigerer in den USA auf historisch gewachsene Traditionen und auf den Glauben, dass man es ohne die Hilfe des Staates schaffen kann und soll.

Umso erstaunlicher ist es, dass ausgerechnet in den USA im 20. Jahrhundert zwischenzeitlich eine historisch herausragende Politik der *hohen* Steuern betrieben wurde, die manchen Ökonomen bis heute als vorbildlich gilt. Nachdem der Spitzensteuersatz noch 1929 bei 24 Prozent lag, schnellte er 1945 auf für heutige Verhältnisse unglaubliche 94 Prozent hoch.[102] Die Wende markiert Franklin D. Roosevelts New Deal ab 1933. Er bekämpft die Arbeitslosigkeit mit Konjunkturprogrammen, will Gleichheit und Demokratie fördern und erhöht dafür den Spitzensteuersatz zunächst auf 63, dann auf 79 Prozent. Bei aller Kritik, die politisch rechte wie linke Autoren am New Deal geübt haben, lässt sich sagen, dass das Programm vielen in ihrer Not geholfen hat, die Stimmung und ein Gefühl der Solidarität und des Vertrauens förderte – und langfristig zumindest im Ansatz die Idee des Sozialstaates in den USA vorangebracht hat.[103] Seit dem New Deal stiegen die Spitzensteuersätze im Prinzip an und lagen nach einem Höhepunkt in den vierziger Jahren selbst in den sechziger und siebziger Jahren noch bei rund 70 Prozent, in Großbritannien und skandinavischen Ländern teils bei 70, 80 Prozent und mehr.[104]

Aus heutiger Sicht ist es faszinierend zu sehen, wie normal damals Steuersätze waren, die heute undenkbar erscheinen. Insgesamt sind im 20. Jahrhundert starke Wellenbewegungen in der Steuerhöhe zu verzeichnen. Darauf bezieht sich Paul Krugman, Nobelpreisträger für Wirtschaft und Professor an der Princeton University, in seinem Buch *Nach Bush. Das Ende der Neokonservativen und die Stunde der Demokraten* (2007). Er will explizit Lehren aus der Steuergeschichte für die Gegenwart ziehen. Aus politischem Willen heraus habe Präsident Roosevelt, so Krugman, durch Lohnkontrolle und hohe Spitzensteuern nicht weniger als eine Mittelstandsgesellschaft mit einem relativ hohen Maß an Einkommensgerechtigkeit und einer florierenden Wirtschaft »geschaffen«.[105] Krugman betont: »Wenn sie das damals geschafft haben, sollten wir doch imstande sein, ihre Leistung zu wiederholen.« Natürlich ist auch Krugman nicht so naiv, Steuererhöhungen als Allheilmittel zu sehen. Er kritisierte sie im Zusammenhang mit der Krise des Euro im Jahr 2012, weil damit die Steuereinnahmen in manchen Ländern – wegen Reaktionen in der Bevölkerung bzw. einer verringerten Wirtschaftsleistung durch veränderte Investitionen – eher sinken können.[106] Oft ist ein flexibles Verhalten gefordert. In Deutschland steigt der Spitzensteuersatz 1946 zur Abschöpfung des Geldüberhangs zumindest kurzzeitig auf 95 Prozent, bis er 1953 und 1955 auf gut 50 Prozent gesenkt wird.[107] Man schaltet rasch von hohen Steuern auf niedrige um, weil der Staatshaushalt konsolidiert scheint und Anreize für unternehmerische Tätigkeiten geschaffen werden sollen.[108]

Wie sich hohe Steuern grundsätzlich auf die gesamtwirtschaftliche Leistung auswirken, war und ist theoretisch umstritten und lässt sich kaum pauschal beantworten. In seinem einflussreichen Lehrbuch *Volkswirtschaftslehre* (seit 1948 zahlreiche Neuauflagen bis heute) windet sich Paul Samuelson, Nobelpreisträger für Ökonomie, bei diesem Thema. So fragt er, »ob hohe Einkommensteuern nicht Leistungswillen und Risikobereitschaft einer freien Wirtschaft lähmen«. Er fährt fort: »Die Antwort auf die Frage ist gar nicht leicht zu geben, denn, wie wir später noch sehen werden, veranlassen hohe Steuern manche Leute, härter zu arbeiten, um die Million vollzumachen.« Er nennt die klassischen Beispiele, die bis heute hin und her gewendet werden. So erklärt er, dass riskante Investitionen durch hohe Steuern demotiviert werden; andererseits weist er darauf hin, dass eine Umverteilung des Einkommens auf Ärmere dazu beiträgt, den Konsum zu steigern.

In den siebziger und achtziger Jahren setzt sich jedenfalls eine Sichtweise durch – mit Auswirkungen auf die Wirtschaftspolitik bis heute: Den Theorien von Ronald Reagans und Margaret Thatchers neoliberalen Wirtschaftsberatern zufolge sollten Investitionen und Arbeitswille bei niedrigeren Steuern steigen und der Wille zur Steuervermeidung sinken, wodurch man indirekt doch ein höheres Steueraufkommen erreiche. Reagan senkt den Höchstsatz in den achtziger Jahren in zwei Schüben von 70 auf 28 Prozent. Diese Steuersenkungspolitik geht auf den neoliberalen Ökonomen Milton Friedman (1912 – 2006) zurück, auch er Nobelpreisträger für Wirtschaft. Friedman gilt neben seinem Antipoden John Maynard Keynes (1883 – 1946), der für eine staatliche Förderung der Nachfrage eintrat, als der einflussreichste Ökonom des 20. Jahrhunderts. Er ist gegen die progressive Besteuerung und für eine proportionale, eine Flat-Tax. Er argumentiert schon 1962, dass bei einer Flat-Tax, einer Pauschalsteuer von um die 20 Prozent – später spricht er von 15 Prozent – ohne Abzugs- und Umgehungsmöglichkeiten, die Einnahmen genau so hoch wären wie bei einer starken Progression, auch weil dann seitens der Bürger weniger Aufwand betrieben würde, um Steuern zu vermeiden.[109] Friedman meint, hohe Steuern führten tendenziell zur Vermeidung wirtschaftlicher Risiken, was »die Wahrscheinlichkeit reduziert, daß bestehende Kapitalanhäufungen neu verteilt werden«; er ist sogar für die Abschaffung der Körperschaftssteuer.[110] Fast ein wenig besessen wirkt es, wenn Friedman den Begriff der »versteckten Steuer« benutzt und damit auch Folgendes meint: Steigerung der Sozialausgaben, Inflation, Staatsanleihen und Auflagen zur umweltfreundlichen Ausstattung von Autos.[111]

Insgesamt haben sich die Theorien, wonach Steuersenkungen für Wohlhabende die Wirtschaft ankurbeln, nicht bewahrheitet. Die Steuersenkungen waren wohl *einer* der Gründe dafür, dass in den USA aktuell *ein Prozent* der Bevölkerung rund 25 Prozent des gesamten Einkommens einfährt. Das entspricht etwa dem Wert zu Beginn des 20. Jahrhunderts, als Räuberbarone wie Rockefeller und Carnegie die Wirtschaft dominierten. In Russland, der Slowakei, der Ukraine, Estland und Albanien gilt inzwischen eine Flat-Tax. Bei Flat-Tax-Staaten handelt es sich meist um arme, teils korrupte Länder, denen die Möglichkeiten fehlen, komplizierte Steuersysteme zu verwalten oder gegen die Interessen von sogenannten Oligarchen durchzusetzen, den Superreichen, die in osteuropäischen Ländern oft große politische Macht haben. Unabhängig von der Frage nach der sozialen Gerechtigkeit bleibt die ökonomische Wirkung umstritten. Natürlich lassen sich, wie erwähnt, über die ökonomische Wirkung von Spitzensteuersätzen kaum allgemeingültige Aussagen treffen. Eine wichtige Rolle spielen die Gewichtung verschiedener Steuerarten, Bemessungsgrundlagen, Schwellenwerte, der Unterschied von marginalem und durchschnittlichem Steuersatz – und der Vergleich mit der Steuerpolitik anderer Länder. Festhalten lässt sich dennoch, wie sehr sich die Haltung von Staaten und unterschiedlichen ökonomischen Denkschulen auch innerhalb des Systems der Marktwirtschaft und innerhalb kurzer Zeiträume immer wieder geändert hat.

Dass man selbst bei langfristigen Beobachtungen wirtschaftlicher Entwicklungen vorsichtig sein muss, zeigt beispielhaft eines der wohl einflussreichsten Aus-der-Geschichte-lernen-Bücher des 20. Jahrhunderts, dessen Autor der erwähnte Ökonom Milton Friedman ist. In *A Monetary History of the United States* (1963) untersucht er zusammen mit Anna Jacobson Schwartz die Entwicklung der Geldmenge von 1867 bis 1960. Die Autoren vertreten die Auffassung, dass die Steuerung bzw. Erhöhung der Geldmenge durch eine Zentralbank Krisen wie die von 1929 hätte verhindern oder abmildern können.[112] Die beiden schließen ihr Buch zwar, ohne direkt Patentrezepte zu nennen. Letztlich haben die Lehren, die die beiden aus der Geschichte ziehen, jedoch dazu beigetragen, die Theorie des Monetarismus bzw. die Geldpolitik im Vergleich zur Fiskalpolitik zu etablieren und zu einem der wichtigsten Instrumente der Wirtschaftspolitik im 20. Jahrhundert zu machen. Dabei ist die Steuerpolitik zur Stärkung der Staatseinnahmen oder zur Steuerung ökonomischer Vorgänge teils etwas vernachlässigt worden.

Was die Steuern grundlegend und unabhängig von ökonomischen Fachdiskussionen von anderen ökonomischen Instrumenten unterscheidet, ist, dass es dabei stärker um verschiedene Menschenbilder geht und die Frage, wie hoch in einer Gesellschaft die Bereitschaft ist, etwas zum Wohl des Gemeinwesens abzugeben. Die Steuergeschichte zeigt, dass in Krisenzeiten oder nach Kriegen eine kollektive Bereitschaft zur Umverteilung für den Wiederaufbau der Ökonomie herstellbar ist. Davon abgesehen haben sich lokale bzw. nationale kulturelle und institutionelle Unterschiede darin entwickelt, wie Einzelne zum Gemeinwesen stehen.

Ein aktuelles Beispiel mit historischen Wurzeln ist Dänemark. Das Land ist mit hohen Einkommenssteuern und Mehrwertsteuern von 25 Prozent (2011) im internationalen Vergleich zwar eine Steuerhölle.[113] Umfragen zufolge wohnen dort jedoch die glücklichsten Menschen der westlichen Welt.[114] Dabei spielt der geringe Unterschied zwischen Arm und Reich eine wichtige Rolle. In Dänemark hat sich seit den zwanziger Jahren des 20. Jahrhunderts, vorangetrieben vor allem durch den Sozialdemokraten Thorvald Stauning, ein gesellschaftlicher Konsens darüber entwickelt, dass ein Ausgleich zwischen den Einkommen sinnvoll ist und Statusunterschiede klein sein sollen.[115] Früh hat man versucht, im Rahmen eines Wohlfahrtsstaates ein Gleichgewicht zu halten zwischen Sicherheit und Eigenverantwortung, Solidarität und Flexibilität, auch Flexicurity genannt. In Sachen Wirtschaftswachstum und Arbeitslosigkeit steht Dänemark, das einzige Land, in dem die Steuern im Wesentlichen hoch geblieben sind, nicht schlechter da als das übrige EU-Europa, wo Steuern in den letzten Jahrzehnten gesenkt wurden.

Derartige Erfolge hängen mit vielen Faktoren zusammen – bis hin zur Frage, wie sehr die Bevölkerung dem Steuerstaat vertraut. In Deutschland hat sich der Anteil der Schattenwirtschaft am Bruttoinlandsprodukt, obwohl Steuersenkungen sie eindämmen sollen, in der jüngeren Geschichte erhöht: Im Jahr 1960 lag er Schätzungen zufolge noch bei zwei Prozent, 1980 bei elf Prozent, 1990 bei zwölf Prozent und im Jahr 2000 bei etwa 16 Prozent.[116] Bemerkenswert ist, dass Staaten wie Italien und Griechenland mit einem noch größeren Anteil an Schwarzarbeit und Steuerhinterziehung *keine* herausragend hohen Steuersätze haben. Insgesamt ist es ernüchternd zu sehen, dass es vielerorts nicht gelungen ist, ein Bewusstsein und eine freiwillige Bereitschaft zum Zahlen von Steuern seitens derer zu stärken, bei denen dies – anders etwa als bei Kleinunternehmern – keine oder kaum Einschränkungen in Sachen Lebenshaltung mit sich bringen würde. Vor diesem Hintergrund sind Überlegungen dazu interessant, wie man dem Zahlen von Steuern ein höheres Ansehen verschaffen könnte.

## VON DER STEUERFLUCHT ZUR GLÜCKSSTEUER – NEUARTIGE WERTE UND ABGABEN?

»Geh jetzt, du bist ein guter Mann, aber du bist ein Steuerflüchtling, und sowas ekelt mich an.« Diesen Satz haut eine attraktive junge Frau ihrem Geliebten um die Ohren – so jedenfalls in Funny van Dannens Lied »Steuerflüchtling« (2005). Der Songwriter erzählt die Geschichte einer Frau, die einen Mann liebt, ihn aber eine »Flasche« schimpft, einen »vaterlandslosen Gesellen« und einen »Finanzasylanten«, weil er durch die Verlegung seines Wohnsitzes ins Ausland Steuerzahlungen vermeidet. Doch das Lied schließt mit einem Happy End, mit der Bekehrung des Steuerflüchtlings: »Da hat er«, heißt es am Schluss, »seinen Wohnsitz zurückverlegt, so sehr hat er sie geliebt.«

Wenn Funny van Dannen die Tendenz zur legalen Steuervermeidung geißelt, spricht daraus eine ganz andere Einstellung zur Abgabe als aus dem wohl berühmtesten Steuersong der Pop-Geschichte, »Taxman« von den Beatles aus dem Jahr 1966. In »Taxman« stellt die Band den Finanzbeamten als Plage hin, vor dem man sich verkriechen will. Bezeichnenderweise wurde der Song der Beatles, die zu ihren Zeiten linksliberal waren, 40 Jahre nach seinem Erscheinen, im Jahr 2006 von der konservativen amerikanischen Zeitschrift *National Review* auf Platz zwei der »50 Greatest Conservative Rock Songs« gewählt.[117]

Sowohl die Beatles als auch Funny van Dannen reihen sich mit ihren Steuersongs in eine ältere Tradition ein. Bei van Dannen sind es Romantiker wie der bereits erwähnte Novalis, der Anfang des 19. Jahrhunderts das Zahlen von Steuern für den reformierten preußischen Staat damit verglich, einer Geliebten Geschenke zu machen. Ein weiteres Vorbild ist der Schriftsteller Heinrich von Kleist. Vor rund 200 Jahren druckte er in seiner Zeitung *Berliner Abendblätter* den fingierten Brief eines Steuerflüchtlings ab, um sein Verhalten als verwerflich zu zeichnen. In dem Brief erklärt der fiktive Steuerhinterzieher seinem Bruder, wie er seine Hunde, die er sich nur zum Vergnügen hält, fälschlicherweise als Nutztiere, als Jagdhunde ausgibt, die steuerfrei sind, und so trickreich Abgaben vermeidet.[118]

Das propagandistische Für und Wider, das in Sachen Steuern die Dichtung und Musik durchzieht, verweist einmal mehr auf die verrückte Mischung aus rationalen und emotionalen Elementen bei diesem Thema.[119] Im 18. Jahrhundert besingt der schottische Nationaldichter Robert Burns (1759 – 1796) im »Lied des Steuerbeamten«, wie dieser vom Teufel geholt wird. In dieselbe Kerbe schlägt im 19. Jahrhundert Hoffmann von Fallersleben, der Schöpfer der deutschen Nationalhymne. Er dichtet: »Oh sage mir, wie heißt das Tier,/ das vieles kann vertragen,/ das wohl den größten Rachen hat,/ und auch den größten Magen?/ Es heiße Haifisch auf dem Meer,/ und Fiskus auf dem Lande.«[120] Demgegenüber rufen im 18. Jahrhundert Lieder im Kirchengesangbuch zur Steuerzahlung auf, eine Tradition aus dem Mittelalter. Damals geißeln manche Lieder Zölle als Raub; in anderen werden Zehnttermine zu Festtagen erhoben, wenn es heißt: »Die Felder sind nun alle leer, die Scheunen alle voll! Frohlockend ziehen wir einher und bringen unseren Zoll.«[121]

Selbst vor dem Hintergrund, dass seit Jahrhunderten eine Propagandaschlacht um die Steuermoral tobt, enthält Funny van Dannens zitiertes Lied über den »Steuerflüchtling« historisch neue Elemente. Zwar verbinden auch seine Vorgänger vom Mittelalter bis zur Romantik die Frage der Steuermoral mit starken Emotionen. Neu ist beim Steuersong des 21. Jahrhunderts, wie sehr das Steuerverhalten mit Geschmacks- und Stilfragen zusammenhängt, mit Lifestyle und Sexappeal, und dass es sogar zur Bedingung des Liebesglücks wird.

Vor diesem Hintergrund lässt sich der Song mit der sogenannten Glücksökonomie bzw. Glücksforschung in Verbindung bringen, die seit einigen Jahren boomt. Erhebungen zufolge steigt das subjektive Glücksempfinden, sofern man ein gutes mittleres Einkommen hat, bei einem weiteren materiellen Zugewinn wenig bis gar nicht mehr an; in Großbritannien hat sich trotz eines starken Einkommensanstiegs das Glücksempfinden seit 1948 nicht mehr verbessert.[122] Aus derartigen Beobachtungen folgert Richard Layard, Ökonom und Glücksforscher an der London School of Economics, dass eine höhere Besteuerung von Spitzeneinkommen grundsätzlich sinnvoll ist, weil sie zur Erhöhung des Glücks bzw. seiner gleichmäßigeren Verteilung beiträgt. So könnte man entsprechende Abgaben – analog zu Ökosteuern – mit dem Überbegriff Glückssteuer belegen.

Ein Vordenker in Sachen Glücksökonomie und ihres Bezugs zur Besteuerung ist der Cambridge-Professor Arthur Pigou. In den zwanziger Jahren des 20. Jahrhunderts bezieht er wohl erstmals die weichen Faktoren Gesamtzufriedenheit und Wohlergehen in ökonomische Berechnungen mit ein.[123] Pigou wendet die Theorie des Grenznutzens unkonventionellerweise auf Einkommen statt wie üblich auf Güter an: Er erklärt, dass ein Mehr an Geld ab einer gewissen Menge für den Wohlhabenden sozusagen an Wert verliere und nicht mehr zur Steigerung der Zufriedenheit beitrage.[124] Pigou leitet daraus die Forderung nach einer starken Steuerprogression ab – geht aber noch weiter. In seinem Buch *Economics of Welfare* (1920) erörtert er, dass beispielsweise Unternehmen, die Alkohol herstellen oder vertreiben und bei denen der unternehmerische Gewinn im Gegensatz zum gesellschaftlichen Nutzen steht, entsprechend höher besteuert werden sollten.[125] Pigou äußert durchaus Zweifel an der Möglichkeit, gesellschaftlich erwünschte Effekte genau definieren zu können; auch räumt er ein, dass seine Konzepte zu potentiell suboptimalen Entscheidungen aus *rein ökonomischer* Sicht führen können. Dennoch sind ihm die Faktoren Gesundheit und Gesamtzufriedenheit wichtig genug, um sie in die volkswirtschaftliche Gesamtbetrachtung einzubeziehen.

In diesem Sinn hat sich inzwischen die sogenannte Pigou-Steuer etabliert. Sie ist der Überbegriff für Abgaben wie Alkohol-, Tabak- und Ökosteuern, bei denen (negative) externe

Effekte, etwa potentielle Umwelt- und Gesundheitsschäden, internalisiert werden: Das heißt, sie werden den Verursachern über Steuern in Rechnung gestellt. Ziel ist es, mit dem verdienten Geld die negativen Effekte, etwa Schädigungen der Gesundheit, hinterher zu lindern – und optimalerweise schon vorher den weniger zuträglichen Konsum zu reduzieren.[126]

Auf der politischen Ebene erhielten Überlegungen zur Glücksökonomie im Jahr 1972 einen Schub: Damals prägt König Jigme Singye Wangchuck im buddhistischen Bhutan den Begriff »Gross National Happiness«, Bruttonationalglück. Das Bruttonationalglück soll ebenso berücksichtigt werden wie das rein ökonomisch definierte Bruttonationaleinkommen, das vor allem dann irreführend sein kann, wenn es große Einkommensunterschiede in einem Land gibt. 1990 hat die UNO einen »Human Development Index« eingeführt, der neben dem Bruttonationaleinkommen Faktoren wie Gesundheitsversorgung, Bildung, Freizeit und Muße berücksichtigt. Natürlich birgt die Glücksökonomie die Gefahr des Missbrauchs, der Manipulation, der Diskriminierung Vermögender. Es droht eine Repression vonseiten der Politik, die bestimmt, welches Verhalten und welche Art von Konsum angeblich glücklich macht.[127] Wenn inzwischen sogenannte Cola-Steuern diskutiert werden, Abgaben auf zuckerhaltige Softdrinks, die zur Fettleibigkeit beitragen, mag man sich fragen, wo eine legitime Beeinflussung in eine Bevormundung umschlägt.[128] Auch hat man, da Glücksgefühle und Wohlbefinden sehr schwer messbare Kategorien sind, als Ersatz oder Ergänzung sozusagen bescheidenere vorgeschlagen wie »Wunscherfüllung« und »Verwirklichungschancen«.[129]

Eine sehr merkwürdige Form von Glückssteuer schildert schon Herodot, der antike Vater der Geschichtsschreibung, im 5. Jahrhundert v. Chr. In seinen *Historien* berichtet der Grieche von einem babylonischen Brauch, wonach in jedem Dorf jährlich die »Mädchen, die«, so Herodot, »für die Ehe reif geworden waren, auf einem Platz der Reihe nach, die Schönste zuerst, an den Meistbietenden verkauft« wurden.[130] Das Geld, das durch die Schönen eingespielt wurde, ging an die Heiratslustigen »aus dem gewöhnlichen Volk«, wie Herodot schreibt, an jene, »denen es nicht um die Schönheit zu tun war«. Sie »bekamen«, so Herodot, »die häßlichen Mädchen und noch Geld dazu«. »Auf die Art«, erklärt er, »brachten die gut gebauten die schlecht gebauten an den Mann.«

Den von Herodot berichteten Brauch kommentiert kein Geringerer als Georg Wilhelm Friedrich Hegel, der Denker des deutschen Idealismus, im 19. Jahrhundert wohlwollend, wenn er schreibt: »Auch deutet der Umstand, dass die Schönen die Hässlichen dotierten, auf die Vorsorge für alle hin.«[131] In gewisser Weise ist die Abgabe der Babylonier eine Glückssteuer. Diejenigen, die von der Natur mit dem Glück der Schönheit gesegnet worden sind, können reich heiraten, wobei ihre Männer eine Glückssteuer entrichten, die die weniger Schönen und Glücklichen, welche zudem arm bleiben, weil sie nur von Ärmeren geheiratet werden, trösten soll. Einen gewissen Realitätsgehalt hat Herodots verrückte Steuer-Story bis heute. So haben Männer, die als weniger gut aussehend gelten und kein Geld haben, statistisch seltener hübsche Frauen als jene, die auch nicht attraktiv sind, aber reich. Letztere zahlen im Allgemeinen auch höhere Steuern.

Nicht nur Geschichtsschreiber der Antike wie Herodot oder Glücksforscher und Songwriter unserer Zeit machen sich Gedanken über den Zusammenhang von persönlichem Glück und ökonomischen Faktoren, sondern auch der erwähnte Ökonom Milton Friedman. In seinem Buch *Kapitalismus und Freiheit* von 1962 fragt er rhetorisch, ob es denn gerechter sei, wenn ein Kind auf Grund einer ererbten schönen Stimme zu Reichtum komme, als wenn dies durch die direkte Vererbung von Geld geschehe.[132] Er unterstreicht, wie schwer sich Glück – zum Beispiel jenes, vorteilhafte Gene zu haben – und persönliches Verdienst auseinanderdividieren lassen. Friedman schließt mit dem sehr allgemein formulierten Hinweis, dass die Entlohnung »in Relation zur Leistung« erfolgen und zugleich »den Charakter verteilender Gerechtigkeit« besitzen solle.

## VON DER AUSGLEICHENDEN UNGERECHTIGKEIT ZU NEUEM GLANZ – DAS POTENTIAL DER STEUERN

Wenn man Steuerkonzepte mit Hilfe der Kategorie Glück entwerfen oder einordnen will, muss man natürlich im Auge behalten, dass die Kategorie schwer messbar ist und Manipulation und Missbrauch drohen. Zumindest als *Hintergrund* für Überlegungen dazu, wie eine sinnvolle Besteuerung aussehen sollte, ergibt der Begriff des Glücks jedoch Sinn. Schließlich entwickelte sich die progressive Besteuerung zugunsten eines Sozialstaates auch vor dem Hintergrund eines über die Ökonomie hinausreichenden Begriffs, den man lange Zeit gar nicht verstanden hätte: dem der allgemeinen Menschenrechte, die sich seit den Revolutionen des 18. Jahrhunderts langsam und schrittweise als Standard etabliert haben.

Auch wenn man einfach nur den Begriff der Gerechtigkeit als Kategorie heranzieht, wird schnell klar, wie schwierig es ist, Steuergerechtigkeit abstrakt zu definieren. Noch in der jüngsten Geschichte zeigt sich das in einem merkwürdigen Urteil des Bundesverfassungsgerichts aus dem Jahr 1995 zum sogenannten Halbteilungsgrundsatz. Darin wurde festgehalten, dass die höchste Besteuerung, also der Spitzensteuersatz, generell »in der Nähe einer hälftigen Teilung zwischen privater und öffentlicher Hand« bleiben soll.[133] Die Marke von 50 Prozent des Einkommens, das man als Abgabe noch als tragbar empfindet, ist irgendwie psychologisch begründet, letztlich aber willkürlich.[134]

Schon vor über 2000 Jahren hat man die mangelnde Klarheit von Gerechtigkeitsbegriffen thematisiert. In seiner *Nikomachischen Ethik*, einem Grundlagenwerk zum Thema, beleuchtet der

Philosoph Aristoteles (384-324 v. Chr.) unter anderem die sogenannte Verteilungsgerechtigkeit, bei der es um die Verteilung von Mitteln – auch jenen des Staates – nach Verdienst geht.[135] Aristoteles erklärt allerdings, wie sehr das Verständnis von Gerechtigkeit, das man hat, von den jeweils herrschenden gesellschaftlichen Werten abhängt und von den Kreisen, in denen man verkehrt. Er meint, die Gerechtigkeit müsse beim »Zuteilen auf einer bestimmten Würdigkeit beruhen«, und betont, dass diese Würdigkeit in Demokratien beispielsweise in der Freiheit gesehen werde, in Oligarchien aber im Reichtum, bei Aristokraten wiederum in der Tugend. Als zweite Kategorie der Gerechtigkeit, die speziell für die Besteuerung relevant ist, bringt Aristoteles jene der »Wiedervergeltung« ins Spiel. Sie zielt auf einen Ausgleich ab. Er fordert – allerdings ohne konkret auf Steuern einzugehen –, dass man »von dem, der zuviel hat, wegnehmen und dem, der zuwenig hat, dazugeben muß«.

Will man den Begriff der Wiedervergeltung auf Steuerfragen anwenden, kann man Steuern auch als ausgleichende *Un*gerechtigkeit bezeichnen. Für sich betrachtet ist es ungerecht, wenn manche Bürger mehr von ihrem Einkommen abgeben müssen als andere. Im sozialen Kontext gleicht diese Ungerechtigkeit nur größere Ungerechtigkeiten aus. Etwa die Einkommensungerechtigkeit, die darin besteht, dass viele Bürger für gleich anstrengende, verantwortliche oder »nützliche« Tätigkeiten deutlich weniger Geld bekommen als andere. In diesem Sinn hat im Übrigen auch der amerikanische Philosoph John Rawls in seinem Buch *Eine Theorie der Gerechtigkeit* von 1971, einem der einflussreichsten Werke des 20. Jahrhunderts zum Thema, den Begriff der ausgleichenden Ungerechtigkeit in Sachen Steuern ins Spiel gebracht. »In der Praxis«, schreibt Rawls, »muß man gewöhnlich zwischen mehreren ungerechten oder zweitbesten Lösungen wählen; wir ziehen dann die nichtideale Theorie heran, um die am wenigsten ungerechte Regelung zu finden. Dies wird manchmal Maßnahmen und Programme enthalten, die einem vollkommen gerechten System widersprechen würden. Doch zweimal ungerecht kann gerecht in dem Sinne ergeben, daß die beste mögliche Regelung ein ausgewogenes System von Unvollkommenheiten, von einander ausgleichenden Ungerechtigkeiten enthält.«[136]

Rawls, der 1971 für eine starke staatliche Umverteilung und Gestaltung der Wirtschaft mit Hilfe von Steuermitteln ist, wurde allgemein dafür kritisiert, dass sein Gerechtigkeitsbegriff zu abstrakt und zu wenig praxisbezogen sei.[137] Jedenfalls unterstreichen das erwähnte Urteil des Bundesverfassungsgerichts von 1995 und die Beispiele von Rawls bis zurück zu Aristoteles, wie schwierig es ist, eine abstrakte Steuergerechtigkeit zu definieren. Umso hilfreicher ist es, wenn man immer wieder den größeren geografischen und historischen Kontext betrachtet.

Das haben in den letzten Jahren prominente Ökonomen, Philosophen und Politiker getan und sich der Frage gewidmet, wie man für mehr Verteilungsgerechtigkeit auch mit Hilfe von Steuern sorgen soll. Ein Beispiel ist Jeffrey Sachs, Ökonom, Professor an der Columbia University und Sonderberater für die *Millennium Development Goals* der UNO, die unter anderem die Halbierung der globalen Armut bis 2015 beinhalten. In seinem Buch *Das Ende der Armut* (2005) rechnet er vor, dass die westlichen Industrieländer mit einer Entwicklungshilfe von gerade mal 0,5 Prozent des Bruttosozialproduktes einige große Ziele in Sachen Armutsbekämpfung erreichen könnten und dass in den USA dafür eine zusätzliche Steuerbelastung von nur 0,55 Prozent der Einkommen genügen würde.[138] Damit nicht einmal *diese* geringe Belastung spürbar wäre, sollten die Superreichen, so Sachs, einen Teil der Steuergeschenke, die sie von der Regierung Bush zu Beginn des 21. Jahrhunderts erhalten haben, zurückgeben. Dazu eignet sich, so Sachs, »ein fünfprozentiger Steuerzuschlag auf Einkommen über 200 000 Dollar, der direkt dem US-Beitrag zur Beseitigung der weltweiten Armut zufließen sollte und der 2004 etwa 40 Milliarden Dollar eingebracht hätte«.

Vor dem Hintergrund solcher Erwägungen ist es umso ernüchternder zu sehen, was tatsächlich getan worden ist. Das Verhältnis der Entwicklungshilfe zum Einkommen der OECD-Geberländer ist, so Sachs, seit den sechziger Jahren gesunken – von etwa 0,5 Prozent zu Beginn der sechziger Jahre auf 0,22 Prozent im Jahr 1997.[139] Das bereits 1970 gesetzte Ziel, 0,7 Prozent des Bruttoinlandprodukts (BIP) für die Entwicklungshilfe auszugeben, wurde weit verfehlt.

In seinem Buch *World Poverty and Human Rights* (2008) beschäftigt sich Thomas Pogge, Professor für Philosophie und internationale Angelegenheiten in Yale, mit der Frage der staatlichen Lenkung mit Hilfe von Steuermitteln. Dabei nimmt er die Kategorien Gerechtigkeit und Glück, aber auch historische Zusammenhänge in den Blick und versucht sich sogar in konkreten Verbesserungsvorschlägen. Zunächst betont er, wie tief die Kluft zwischen Erkenntnis und Handeln, lokaler und globaler Wahrnehmung ist: Einerseits habe die Menschheit, so Pogge, seit der Aufklärung im 18. Jahrhundert einen moralischen Entwicklungsschub erlebt, der weg von der selbstverständlichen Akzeptanz von Sklaverei, Autokratie, Kolonialismus und Genozid führte.[140] Andererseits bleibe eine Ungerechtigkeit von historischem Ausmaß bestehen: Schließlich sind, wie Pogge zusammenfasst, rund 830 Millionen Menschen weltweit unterernährt;[141] 1,1 Milliarden haben keinen Zugang zu sauberem Wasser; 2,6 Milliarden stehen nicht einmal rudimentäre sanitäre Einrichtungen zur Verfügung; zwei Milliarden fehlen die einfachsten Medikamente. Pogge fragt schlicht, warum »wir Bürger des wohlhabenden Westens es nicht wenigstens moralisch beunruhigend finden, dass auf dieser Welt, die so stark von uns dominiert wird, so viele Menschen mit solch unzureichenden und schlechten Startmöglichkeiten ausgestatten sind«. Ebenfalls bemängelt Pogge, dass, wie er schreibt, »schlaue Steuerberater für reiche Einzelpersonen und Konzerne Schlupflöcher zur Steuervermeidung suchen«.

Einen durchaus drastischen historischen Vergleich zieht Pogge mit Blick auf den Beschluss, der auf dem Welternährungsgipfel in Rom von 1996 gefasst wurde. Auf dem Gipfel einigten sich die 186 teilnehmenden Nationen darauf, bis zum Jahr 2015 die Zahl der Menschen, die an Unterernährung leiden, zu halbieren. Der Philosoph vergleicht diese Forderung – die im Übrigen nicht erreicht werden wird – mit einer hypothetischen Situation während des Zweiten Weltkriegs: Er entwirft das Szenario, wonach US-Präsident Franklin D. Roosevelt, so Pogge, »im Jahr 1942 als Reaktion auf das furchtbare Leid, das Nazi-Deutschland vielen seiner Bürger und dem Rest von Europa zufügte, versichert hätte, dass er die amerikanische Diplomatie und andere Möglichkeiten ausschöpfen werde mit dem Ziel, das Leid auf die Hälfte des aktuellen Standes zu reduzieren – bis zum Jahr 1962«. Diese absurde Haltung wäre vergleichbar mit dem, so Pogge, »auf groteske Weise unehrgeizigen« Plan aus dem Jahr 1996, bis 2015, also innerhalb von fast 20 Jahren, den Welthunger um die Hälfte zu reduzieren.

Pogge macht auch praktische Vorschläge dazu, wie sich Steuern sinnvoll zur Verbesserung der Lebensbedingungen armer Menschen einsetzen ließen und wie man dabei sogar noch marktwirtschaftliche Anreize schaffen könnte. Er führt sogenannte »pull programs« an, eine Art Preisgeld, mit denen sich die Entwicklung von neuen Medikamenten durch den Staat fördern ließe. Mit Hilfe der »Zieh-Programme« ließe sich, so Pogge, verhindern, dass »jährlich etwa 18 Millionen Menschen vermeidbarerweise an Krankheiten sterben, obwohl hier Prävention, Heilung und Behandlung möglich wären«.[142] Mit derartigen Projekten könnte man, so Pogge, die Schmach lindern, dass »wir an der größten Verletzung der Menschenrechte in der Menschheitsgeschichte beteiligt sind«.

Auch wenn fortlaufend diskutiert wird, wie man Entwicklungshilfe am besten organisiert, wo sie kontraproduktiv ist, wo stärker auf Selbsthilfe und dezentrale, genossenschaftliche oder sozialunternehmerische Projekte gesetzt werden soll, lässt sich festhalten, dass zu wenig Mittel vorhanden sind, um zu helfen. Wo Spenden nicht ausreichen, werden unter anderem Steuern aktuell. Dabei könnten Ansätze wie die erwähnten, die darauf zielen, Abgaben in verstärktem Maß und weltweit zur Rettung von Menschenleben einzusetzen, die also etwas offenkundig Großartiges, sozusagen Heroisches fördern, den Nebeneffekt haben, dass die Abgaben selbst einen neuen Glanz erhalten. So ließe sich die Motivation, sie zu zahlen, vielleicht erhöhen.

Schließlich hat man über die Jahrtausende immer wieder versucht, die Steuermoral mit dem Hinweis zu heben, dass die Abgaben etwas Großartigem zugutekommen sollten. Die Bandbreite der Gründe, die man dafür angeführt hat, ist groß. So glich die Steuer an ihren historischen Anfängen einem religiösen Opfer und sollte, wie bereits erwähnt, gemäß dem Alten Testament »etwas Heiliges für den Herrn« (Lev 27,1-34) sein. Im 19. Jahrhundert singt der Dichter Novalis das Loblied auf Steuern für den Staat, indem er sie mit Geschenken vergleicht, die man seiner Geliebten macht. Seit Anfang des 20. Jahrhunderts soll eine hohe Steuermoral dadurch motiviert werden, dass man mit seinen Abgaben den Sozialstaat stützt und ein historisch einzigartiges Maß an Sicherheit und sozialen Frieden für jedermann garantiert. Aktuell wäre die »Dritte Welt« an der Reihe, vom Steueraufkommen der Wohlhabenden zu profitieren – wobei sich das Image der Steuern vielleicht jenem von Spenden annähern ließe.

Eine historische Anregung für eine besonders bewundernswerte Verwendung von Steuergeldern führt Al Gore in seinem Bestseller *Wege zum Gleichgewicht* von 1992 über Klima- und Umweltprobleme an. Er erklärt, es gebe für die globale Bedrohung durch Umweltprobleme und Klimaerwärmung zwar kein Vorbild in der Geschichte, aber »aus der Geschichte kennen wir zumindest ein eindrucksvolles Beispiel für eine gemeinsame Anstrengung: den Marshallplan«.[143] Während es ab 1948 mit dem Marshallplan darum ging, mit einer Mischung aus Krediten und

Subventionen aus Steuermitteln beim wirtschaftlichen Wiederaufbau Westeuropas zu helfen und damit zugleich die amerikanische Wirtschaft und den politischen Einfluss der USA gegenüber der UdSSR zu stärken, wäre, so Gore, heute eine »zielgerichtete finanzielle Hilfe an Entwicklungsländer« zur Förderung neuer Technologien und zur Stabilisierung der Bevölkerung vonnöten. Ein solches Programm müsste verbunden werden mit Schuldenerlassen.

Seit Al Gores Ausführungen sind Versuche, einen globalen Marshallplan für arme Länder in die Tat umzusetzen, noch nicht wirklich erfolgreich gewesen. Was die Frage betrifft, wie sich die Steuermoral heben lässt, können allerdings nicht nur Ideen zur sinnvollen Verwendung von Abgaben dazu beitragen, ihr Image aufzupolieren. Die Qualität der Steuermoral hängt auch damit zusammen, *was* besteuert wird.

Über die Jahrhunderte wurde die Steuerbelastung mehrmals auf verschiedene Wirtschaftsbereiche und Einkommensquellen umgeschichtet. Am Übergang von der Agrargesellschaft zur Industriegesellschaft haben sich die Steuern von Naturalabgaben auf die Lohnarbeit verlagert, was mit der Finanzierung von Nationalstaaten einherging. Seit den siebziger Jahren des 20. Jahrhunderts, als die Finanzindustrie einen Schub erhielt, wurden Abgaben auf Gewinne aus internationalen Spekulationen mit Devisen diskutiert; hier ist die sogenannte Tobin-Steuer zu nennen. Ganze 40 Jahre später bringen einige Länder bescheidene Finanztransaktionssteuern auf den Weg, die teils als »Robin Hood-Steuern« bezeichnet werden.[144] Der Streit darüber, ob Finanztransaktionssteuern beispielsweise zu einer wünschenswerten Entschleunigung des Hochfrequenzhandels mit Wertpapieren beitragen würden und ob das ökonomisch schlau ist, betrifft technische Details. Grundlegend stellt sich die Frage, wie sich neue Bereiche zur Finanzierung des Gemeinwesens erschließen lassen, die der Produktivität gleichwohl nicht abträglich sind. Gemäß der Faustregel, nicht das steuerlich zu belasten, was ohnehin schon rar ist, wird seit Jahren diskutiert, wie man eine Verschiebung der Besteuerung weg von der Arbeit und hin etwa zur Finanzwirtschaft, zu großen Privatvermögen und zum Energiesektor wirtschafts- und sozialpolitisch am schlausten gestalten soll.[145]

Wenn diese Verlagerung nur sehr langsam vonstattengeht, erinnert das an historische Phasen, in denen ähnliche Umstellungen vollzogen wurden. Schon mehrmals sind besonders profitable Bereiche wider die Vernunft um eine hohe Besteuerung herumgekommen, weil sie an gesellschaftliche Macht gekoppelt waren. Allerdings sind, wie die erwähnten Beispiele von Matthias Erzberger bis Franklin D. Roosevelt zeigen, auch immer wieder Einzelpersonen und Staaten vorangeprescht, um neue sinnvolle Besteuerungen einzuführen. Vielleicht rekrutiert sich die heutige Avantgarde neuer Ansätze bei der Besteuerung aus den eingangs erwähnten wohlhabenden Steuerrebellen, die höhere Abgaben für sich selbst fordern.

Grundsätzlich legen die Glücksforschung und der gesunde Menschenverstand nahe, dass eine *relativ* ausgeglichene Verteilung der Einkommen durch hohe Steuerprogressionen der allgemeinen Zufriedenheit zuträglich ist, auch weil sich dann die Statusangst reduziert. Davon abgesehen spricht für starke Progressionen vielleicht ein praktisches Argument: Wenn ökonomische Eliten relativ hoch besteuert werden, können sie sich auch keinen exorbitant höheren Lebensstandard als die breite Masse leisten. Damit verringern sich ihre Möglichkeiten, sich von den negativen Konsequenzen ihrer Entscheidungen, die die Allgemeinheit betreffen, abzuschotten. Folglich werden sie mit einer größeren Wahrscheinlichkeit sozial verträglichere Entscheidungen fällen.[146]

Sucht man allgemein nach historischen Vorbildern für eine großzügige Haltung in der Steuerfrage in größeren Gemeinschaften, lässt sich, wie erwähnt, anführen, dass die Spitzensteuersätze in boomenden Marktwirtschaften der Nachkriegszeit zeitweilig über 90 Prozent lagen. Der Zuspitzung halber kann man auch die bereits erwähnten Amish People ins Spiel bringen, die Religionsgemeinschaft, die im 18. Jahrhundert aus Europa in die USA auswanderte und dort heute zum Teil noch so lebt wie vor Jahrhunderten. Sie bezahlen ihre Einkommenssteuern in den USA, ohne zu murren, obwohl sie keine staatliche Hilfe wie die Krankenversicherung Medicare in Anspruch nehmen und keine staatlichen Schulen besuchen.[147] Wenn jemand in Not gerät, weil sein Haus abgebrannt ist oder eine hohe Krankenhausrechnung anliegt, veranstalten die Amish gemäß der Idee von der gegenseitigen Hilfe eine Grillparty, um Geld zu sammeln. Oder sie bauen das Haus gemeinsam wieder auf. Natürlich erinnert die Gemeinde der Amish an die eingangs erwähnten Stammesgesellschaften mit ihrem System der Gabe, einer oft einengenden »Gruppenmoral« und entsprechenden Konventionen und Erwartungen. Unabhängig davon, wie man das System findet und ob es sich für größere Gemeinwesen eignet, scheinen die Amish in Sachen Steuern und Gemeinsinn eine großzügige und gemeinsinnige *Haltung* zu haben.

Es wird wohl noch eine Weile dauern, bis Steuern nicht mehr nötig sind, weil alle, die etwas übrig haben, es gerne freiwillig und anonym an das Finanzamt überweisen, damit alle Beteiligten glücklich sind. Das wäre ein mentalitätsgeschichtlicher Entwicklungsschub, wie er sich vielleicht nur alle paar Jahrhunderte ereignet. Er wäre vergleichbar mit der historisch bahnbrechenden Etablierung der allgemeinen Menschenrechte und der Demokratie bzw. der Stärkung der Parlamente, die – mit einer gewissen Verzögerung – mit jener der Steuerprogression einherging.

# Die permanente Renaissance

## Bildung und Erziehung: vom sokratischen Dialog zur Entschulungsbewegung – die schwierige Balance zwischen Wissensanhäufung und Lebenskunst

Alljährlich laden amerikanische Universitäten Film- und Showstars, Staatspräsidenten und prominente Unternehmer dazu ein, bei der Abschlussfeier eines Studienjahrgangs eine Rede zu halten. In dieser *Commencement Speech* sollen die Erfolgsmenschen den Studenten Ratschläge fürs Leben geben. Im Jahr 2005 tritt an der renommierten Stanford University Apple-Gründer Steve Jobs auf. Bei dieser Gelegenheit betont er prompt, »die beste Entscheidung« seines Lebens sei gewesen, sein Studium abzubrechen.[1] In seiner Ansprache, die auf *youtube* über 16 Millionen Mal angeklickt worden ist, erklärt er warum. Zum einen habe er so seinen einkommensschwachen Eltern die horrenden Collegekosten erspart. Zum anderen habe er ohne Leistungsdruck seinen Interessen nachgehen können. So habe ein scheinbar nutzloser Kurs in Kalligraphie dazu beigetragen, dass später die Apple Computer eine solch schöne Schriftgestaltung erhalten hätten.

Beherzter noch fragt Microsoft-Gründer Bill Gates, der die Universität ebenfalls ohne Abschluss verlassen hat, nach dem Sinn des Elitestudiums. In einer Rede vor dem Jahrgang 2007 der Harvard University, seiner ehemaligen Alma Mater, betont Gates, er bereue seinen Studienabbruch nicht. Traurig mache ihn, dass Harvard zwar großartiges Wissen biete, dass er aber von der Universität abgegangen sei, »ohne ein echtes Bewusstsein für die furchtbaren Ungleichheiten auf dieser Welt« entwickelt zu haben, »die Millionen von Menschen zu einem Leben in der Verzweiflung zwingen«.[2]

Das Nachdenken über Sinn und Unsinn des Elitestudiums passt zu den Widersprüchen, die den Bereich der Bildung aktuell prägen. Einerseits ist gerade in Zeiten der Verunsicherung am globalisierten Arbeitsmarkt ein Bildungsboom zu beobachten, teils eine Bildungshysterie. In chinesischen Kindergärten bläut man den Kleinen in ihrer Mittagspause Englisch ein; im Westen machen Eltern ihre Sprösslinge mit Nachhilfe fit fürs Gymnasium. Politikern ist ein fachlich unerheblicher Doktortitel aus Imagegründen so wichtig, dass sie schummeln, um ihn zu bekommen. Andererseits unterstreicht man inzwischen, dass Begabungen und Intelligenz nicht nur das analytische Denken betreffen, sondern auch Kreativität, Empathie, Einfühlungsvermögen und Sozialkompetenz. Mit Blick auf die Stoffmengen betont die Lernforschung, dass weniger mehr ist, und zwar selbst dann, wenn man auf Leistung im konventionellen Verständnis zielt.[3] Wichtig sind das individuelle Lerntempo und dass man seine sogenannte Kernpersönlichkeit findet, die passende Art und Motivation, sich Wissen anzueignen und es anzuwenden.[4]

Umso ernüchternder ist es, dass in Deutschland sieben Millionen sogenannte funktionale Analphabeten nur mit Mühe kurze Sätze lesen und schreiben können.[5] Das lässt Zweifel am Schulsystem aufkommen. Auf drastische Weise wurde es in den letzten Jahren durch Fälle in Frage gestellt wie jenen an der Rütli-Schule in Berlin-Neukölln. Im Frühjahr 2006 bittet das Kollegium der Hauptschule, an der 85 Prozent der Schüler ausländischer Abstammung sind, den Berliner Senat in einem Brief um Hilfe: Wegen der gewalttätigen Schüler, so die Lehrer, sei kein Unterricht mehr möglich. In diesem Fall werden daraufhin allerdings Maßnahmen ergriffen, die zeigen, was sich mit modernen Angeboten machen lässt. An der neugegründeten Gemeinschaftsschule, zu der auch eine Realschule gehört, lernen jetzt ganztätig alle zusammen, unabhängig von ihrer Grundschulempfehlung und etwaigen Behinderungen. Zugleich werden die Schüler individuell gefördert und durch Wahlpflichtfächer motiviert wie Trommeln, Klettern,

Eduardo Barrón: »Seneca und Nero« (1904)

Boxen, Schach, Türkisch, Arabisch, Tanz und Theater. Am Campus Rütli gelingt heute der Übertritt auf das Gymnasium öfter als von anderen Schulen mit ähnlich schwieriger Ausgangssituation.

Als Motto für ihre Arbeit zitiert die Schulleiterin des Campus Rütli den antiken Philosophen Seneca: »Die Richtung des Windes können wir nicht beeinflussen, aber wir können die Segel richtig setzen.«[6] Als Erzieher von Kaiser Nero kannte sich Seneca mit Problemschülern aus. In seinem Text *Von der Kürze des Lebens* warnt er vor dem »Studium unnützer Wissenschaften«; er wendet sich gegen unmotiviert angehäuftes Detailwissen.[7] Seneca lobt die Muße, während der ein Lernen fürs Leben möglich sei. Zwar hätte die Schulleiterin als Vorbilder auch Bildungsreformer aus der jüngeren Geschichte nennen können, die inhaltlich näher an ihren Problemen dran sind. Doch ein Blick auf die Antike zeigt, wie grundlegend die Auseinandersetzung ist.

Seit der Antike mahnen Philosophen, dass man immer wieder nach dem Sinn des Lernens fragen und die Didaktik öffnen und auffrischen soll. Schon Pädagogen wie Sokrates und Diogenes versuchen, einen erstarrten Bildungskanon zu erneuern oder zumindest zu entschlacken. Sie entlarven scheinbar Elitäres als gekünstelt und lebensfern. Während der Renaissance und zu Beginn der Neuzeit im 16. Jahrhundert starten Humanisten und Reformatoren ihre Bildungsrevolution. In seinem Buch *Utopia* wendet sich Thomas Morus im Jahr 1516 gegen die starre »Schulweisheit«.[8] Erasmus von Rotterdam meint: »Menschen, das glaube ich, werden nicht geboren, sondern erzogen.«[9] So erkennt Erasmus die Erziehung als ein Mittel, um Menschen eine Art zweite Geburt zu ermöglichen, eine Wiedergeburt nach ihrer natürlichen Geburt.

Doch mangelt es bis heute an Bildungschancen. Weltweit gibt es rund 860 Millionen Analphabeten. In den Industrienationen haben die PISA-Studien, die Schulleistungsuntersuchungen, in denen Kenntnisstand und Fähigkeiten von 15-Jährigen abgefragt werden, Diskussionen über eine Bildungskrise angeheizt. Man klagt über den Mangel an Ausstattung, Modernität und sozialer Durchlässigkeit von Schulen. Eine Schwierigkeit beim Thema Bildung und Erziehung besteht darin, dass schon Grundbegriffe weit gefasst sind. Mit Bildung kann die Berufsausbildung ebenso gemeint sein wie die Werteerziehung oder Charakterbildung. Auch ist oft schwer zu sagen, wie sich Erziehungs- und Bildungsmaßnahmen auf persönliche oder gesellschaftliche Entwicklungen auswirken. So ist es hilfreich, wenn man sich prägende Ideale, Theorien und Persönlichkeiten vor Augen führt. Die Beispiele reichen von Diogenes über Jesus und mittelalterliche Mystiker bis zu Bildungsreformern wie Philipp Melanchthon, Denis Diderot, Wilhelm von Humboldt, Maria Montessori und Ivan Illich, der den Begriff der Entschulung (»Deschooling«) prägte. Da Ansätze zur *politischen* Umgestaltung von Gesellschaften häufig fehlgeschlagen sind, erscheinen Bildung und Pädagogik inzwischen oft als die Bereiche, in denen man noch am ehesten positive Zukunftsvisionen und Utopien entwickeln kann.

## MORALPHILOSOPHEN UND PÄDERASTEN – DIE ANTIKE WIEGE UNSERER BILDUNG

Zu Beginn des 21. Jahrhunderts mieten Familien, die in Stadtteilen Berlins mit einem hohen Anteil an Kindern aus weniger privilegierten Milieus leben, zum Schein Wohnungen in anderen Vierteln an, damit ihre Kinder auf eine »bessere« Schule gehen können und ja nicht ins Hintertreffen geraten.[10] In den letzten Jahren wird ein großer organisatorischer Aufwand in Sachen Bildung betrieben. Zugleich wird aber immer öfter gefragt, ob der Aufwand an der richtigen Stelle ansetzt. Ist das Anhäufen großer Stoffmengen am Gymnasium überhaupt produktiv? Soll man nicht, wie dies inzwischen an manchen Schulen in Deutschland der Fall ist, mit dem Unterrichtsfach »Glück« auch öfter auf allgemeine Fragen zur Lebensführung und Lebenskunst eingehen?

Die ersten Grundsatzdebatten über das richtige Verhältnis von Wissensanhäufung und Lebenskompetenz wurden wohl im antiken Griechenland geführt. Den Griechen haben wir viele unserer Begriffe, Konzepte und Ideale im Bereich Bildung und Pädagogik zu verdanken und einiges, was bis heute auf den Lehrplänen steht. Dabei ist allerdings oft wenig von der Ursprungsbedeutung übrig geblieben. Das Wort Schule kommt vom griechischen *scholé*, was »Muße, Freizeit« heißt. Daran mag man denken, wenn heutige Schüler immer mehr in immer kürzeren Zeiträumen lernen sollen. Der Begriff Pädagoge geht auf *paidagogos* zurück, den »Knabenführer«; er begleitete die Jungen lediglich zur Schule und war meist ein Sklave. Dieser Zusammenhang erinnert daran, wie sehr die Funktion des Pädagogen eine unterstützende, in manchem auch dienende ist.

In Ägypten entstehen schon im 2. Jahrtausend v. Chr. kleine Schulen, in denen Lesen und Schreiben erlernt wird sowie Mathematik; der Unterricht besteht allerdings in mechanischem Auswendiglernen.[11] Im antiken Griechenland verhält es sich oft ähnlich, doch werden hier die Grundlagen späterer Pädagogik gelegt: Bildung soll mehr sein als die Vermittlung von reinem Faktenwissen und technischer Fertigkeit, *techné* genannt. Es geht um *paideia*: Das heißt auf Griechisch »Bildung, Erziehung« und meint im weiteren Sinn Ethik, tugendhaftes Verhalten und Entwicklung der Persönlichkeit.[12] So rückt die Pädagogik früh in die Nähe der Philosophie, der Liebe zur Weisheit.[13]

Natürlich darf man die Antike nicht idealisieren und muss zwischen Theorie und Praxis unterscheiden, über die im Übrigen auch die Fachliteratur oft keine genauen Angaben machen kann.[14] Außer in Sparta, wo Kinder in staatliche Internate gehen, sind Elementarschulen in Griechenland Privatunternehmen, und es gibt keine Schulpflicht: Sofern man sie nicht zu Hause unterrichtet, lernen Schüler aus Familien, die es sich leisten können, ab einem Alter von rund sieben Jahren teils im Freien, in Säulenhallen und auf dem Boden sitzend.[15] Zu keiner Zeit der Antike können in Griechenland oder Rom wohl mehr als 20 bis 30 Prozent der Männer lesen und schreiben, nur zehn Prozent der Gesamtbevölkerung.[16]

Das *gymnasion*, auf das privilegierte Familien ihre Knaben etwa vom 14. bis 18. Lebensjahr schicken, ist eine durch öffentliche Mittel unterhaltene Anstalt. Sie bietet Sportplätze, aber auch Bäder, Wandelhallen, Bibliotheken und Theater.[17] Kurios ist aus heutiger Sicht, dass das Wort Gymnasium vom griechischen *gymnos* kommt, griechisch für »nackt«: Im *gymnasion* entkleiden sich die Schüler für den Sportunterricht. Am *gymnasion* begegnen Jugendliche und Männer bzw. Lehrer einander auch, um die sogenannte Knabenliebe anzubahnen, die Päderastie. Was heute strafbar ist, gehört damals zum Erziehungsprogramm. Idealerweise soll die Päderastie, die Liebe zwischen Männern und Knaben zwischen zwölf und 18 Jahren, die Sex mit einschließt, die Erfahrung des körperlich und seelisch Schönen und Guten und damit des Tugendhaften ermöglichen.[18] Schon in der Antike ist die Knabenbliebe allerdings Gegenstand von Kontroversen. In seinem satirischen Dialog *Erotes* mahnt Lukian: »Der Verführte aber hat im Anfang nur Schmerzen und Tränen.«[19] Auf der einen Seite entsteht im Kontext der Knabenliebe das, was man bis heute den pädagogischen Eros nennt, eine freundschaftlich-fürsorgliche Haltung von Lehrern; auf der anderen Seite birgt ein zu enges Verhältnis die Gefahr des Missbrauchs.

Auch was die Didaktik, die Art der Vermittlung von Lehrinhalten im engeren Sinn betrifft, gibt es in der Antike bereits eine große Bandbreite. So betont Aristoteles, Erzieher von Alexander dem Großen, dass das Lernen über Gewöhnung, schöpferische *Nachahmung* ablaufe; demgegenüber hebt Platon die *Einsicht* als zentrales Moment des Lernens hervor.[20] Einig ist man sich im Prinzip über die Fächer, die man lehrt und aus denen die Römer und später Denker des Mittelalters den prägenden Kanon der *septem artes liberales* machen werden. Die sieben freien Künste sollte ein freier Mann beherrschen. Es sind Grammatik, Rhetorik, Dialektik, Arithmetik, Geometrie (inkl. Landvermessung), Musik (musische Fächer) und Astronomie.[21]

Insgesamt ist es faszinierend zu sehen, wie nur eine Handvoll sogenannter Akademien, in denen sich im 4. Jahrhundert einige lose verbundene Lehrer und Schüler zusammenfinden, der Nachwelt ihren Stempel aufdrücken können: Platons Akademie, am Heiligtum des Halbgottes Akademos gelegen, wird Namensgeber und Vorbild für Gründungen bis in unsere Zeiten. Dazu kommen jene von Aristoteles und die der Stoiker und Epikureer. Deren Ideal der *apatheia* (griechisch für »Unempfindlichkeit, Gelassenheit«) und *ataraxia* (»Unerschütterlichkeit«), ein Ideal der Gelassenheit und Seelenruhe, findet in der Antike Verbreitung. In späteren Zeiten setzen sich allerdings andere Ideale durch.

## WISSENSHEBAMMEN UND ONANISTEN – FRÜHE LEHRERFREAKS UND DER HÖHERE SINN DER MATHEMATIK

Als ich vor ein paar Jahren einen Freund fragte, warum er Lehrer geworden sei, gab er eine überraschende Antwort: Fernsehserien. Er ist in Japan aufgewachsen. Während seiner Kindheit und Jugend in den siebziger und achtziger Jahren liefen Serien, in denen langhaarige Lehrer ihre Schüler auf unkonventionelle Weise zum Lernen motivierten. Ausgerechnet in Japan mit seinem strengen Schulsystem tollten diese lockeren Fernseh-Lehrer mit ihren Schülern im Klassenzimmer oder in der Natur herum. Gemeinsam sang man Popsongs wie »Y.M.C.A.« von den Village People.[22]

Inzwischen wird dieser Typ Lehrer, der anders als die anderen ist und eine Inspiration fürs Leben bleibt, auch von Hollywood honoriert – in Filmen wie *Club der toten Dichter, Dangerous Minds, Bad Teacher* oder *School of Rock*. Im Grunde geht es immer darum, dass ein Lehrer das Vertrauen der Schüler gewinnt und sie zum Lernen motiviert, sei es durch Geheimbündelei, Hip Hop-Poesie, Projektunterricht oder einfach eine rebellische Haltung, mit der sich Jugendliche identifizieren können. Manche kennen den unkonventionellen Lehrertyp aus der eigenen Schulgeschichte. Das älteste gut dokumentierte Beispiel dürfte der Philosoph Sokrates sein.

Sokrates durchzecht im Athen des 5. Jahrhunderts v. Chr. mit Kumpels und Schülern die Nächte. Er nimmt sich Zeit für Gespräche, die, auch wenn sie streckenweise verworren wirken, die Diskussionspartner auf neue Ideen bringen. Mit seinen nervigen Fragen und Scheinargumenten trägt er dazu bei, dass die Leute um ihn herum zu Erkenntnissen gelangen. Und er ermöglicht Selbsterkenntnis. Die Methode hat man Mäeutik genannt, Hebammenkunst. Mit seinem ewigen Zweifeln, auch am eigenen Wissen, und dem Hin und Her seiner Dialektik ist Sokrates zum pädagogischen Vorbild für Denker wie Kant und Diderot geworden; Autoren der Renaissance und Historiker unserer Zeit bezeichnen ihn als Meilenstein in der Entwicklung einer Gesprächskultur. Dabei wird betont, dass es zwar auch bei Sokrates' Dialektik um ein Streitgespräch geht, das Für und Wider, Argument und Gegenargument und Hakeleien; doch ziele er letztlich auf einen produktiven Austausch ab.[23]

Sokrates hat die Dialektik nicht erfunden, sondern – gemäß Platons Überlieferung – nur freier gestaltet als die Sophisten, die als Wanderlehrer umherziehen und um zahlende Schüler werben.[24] Um einen frischen Zugang zum Lernen geht es in Platons Dialog *Laches*, den Sokrates mit mehreren Gesprächspartnern führt, darunter ein Mann namens Laches. Dabei wird grundsätzlich die Frage diskutiert, wer wen was lehren soll und welchen Sinn welche Art von Lernen hat. Zwei Väter bitten Sokrates um Rat, wie der Unterricht ihrer Söhne aussehen sollte. Durchaus modern wirkt es, wenn kritisiert wird, dass Eltern ihre Kinder zugunsten ihrer eigenen Karriere vernachlässigen.[25] Dagegen will man es besser machen, die richtigen Lehrer finden und die Kinder sogar nach ihrer Meinung über sie fragen.

Im Lauf des Gesprächs zeigt sich deutlich, dass es beim Lernen nicht nur darauf ankommt, sich eine Fertigkeit im Sinn der erwähnten *techné* anzueignen, sondern auch und vor allem darauf, sie gemäß *paideia* richtig anzuwenden: Da hat jemand beispielsweise einen »Sichelspeer« erfunden, der einige technische Vorzüge bietet. Als er damit beim Schaukampf angeben will, bleibt er aber im Takelzeug eines Schiffes hängen und setzt sich dem Gespött der Umstehenden aus. Grundsätzlich soll man allerdings, wie Sokrates betont, Schüler nicht schmähen, da sie sonst nicht bereit seien, Fehler einzugestehen, und das gefährde den Lernerfolg. Damit nicht genug. Laches fragt: »Wie doch, o Sokrates: Hast du noch nie solche gesehen, welche ohne Lehrer kunstreicher geworden sind in manchen Dingen als mit Lehrern?« Am Ende wird Sokrates wegen seiner Offenheit als Lehrer berufen. Seine lockere, mitunter lustige Dialektik ist wohl nicht repräsentativ für den

Unterricht im antiken Griechenland.[26] Im Rückblick wirkt Sokrates teils zwar auch besserwisserisch und polemisch. Doch wird in *Laches* nachgehakt, wenn man etwas nicht verstanden hat. Begriffe werden immer wieder geklärt.

Aus heutiger Sicht ist erstaunlich, wie viele Elemente der antike Text *Laches* aufweist, die man noch im 21. Jahrhundert als Voraussetzungen für ein gelungenes Lernen extra hervorheben muss. So führt der Bildungsforscher John Hattie aus Neuseeland im Jahr 2008 in einer groß angelegten und viel beachteten Studie unter dem Titel *Visible Learning* (etwa: sichtbare Lernprozesse) einige Punkte an, die auch von Sokrates stammen könnten. Dazu zählen: ein vertrauensvolles Schüler-Lehrer-Verhältnis; engagierte, selbstkritische Lehrer; klare, aber auch immer wieder angepasste und frisch vermittelte Lernziele; ein problemlösendes Lernen; eine ehrliche, angstfreie Selbsteinschätzung seitens der Schüler; wichtig ist laut Hattie auch das sogenannte Lehrerfeedback, bei dem derjenige, der den Unterricht gestaltet, gesagt bekommt, wo man was noch besser machen könnte.[27]

Bei den alten Griechen wird allerdings noch mit ganz anderen Ansätzen experimentiert. Einen Schritt weiter als Sokrates geht dabei ein zweiter berühmt unkonventioneller Pädagoge: Diogenes von Sinope. Platon nennt ihn sogar den »verrückten Sokrates«.[28] Öfter noch als die Geschichten über Sokrates entstammen jene über Diogenes dem Reich der Legende. Unabhängig von ihrem Wahrheitsgehalt wirken sie jedoch lange nach. Diogenes ist ein sogenannter Kyniker, ein Anhänger der philosophischen Strömung, die Bedürfnislosigkeit, Verachtung des Anstandes und, in heutigen Worten, Rebellion lehrt. Er geißelt nicht nur, dass sich Platon in der Hoffnung, sein Konzept der Philosophenherrschaft zu verbreiten, letztlich Tyrannen andiene.[29] Er kritisiert auch die Art, wie Platon unterrichtet, als »Zeittotschlagen«. Diogenes dagegen übt mit Knaben die »Methode der Stoffkürzung für die Gedächtnisspeicherung«. »Musik, Geometrie, Astronomie und dergleichen« bezeichnet er als »nutzlose, nicht notwendige Fächer«.[30] Diogenes will die Fächer nicht loswerden, er klopft sie aber darauf hin ab, in welcher Form sie etwas für den Alltag bringen. Die Philologen spüren, so Diogenes, allen Fehlern des Odysseus nach, aber ihre eigenen übersehen sie; Musiker stimmen zwar Saiten, aber ihre eigene Seele sei im Missklang.

Während Diogenes Kritik am abgehobenen Lernstoff und ebensolchen Theorien übt, wertet er weniger angesehene Verhaltensweisen philosophisch auf: Er onaniert öffentlich auf dem Marktplatz – und begründet seine Aktion mit dem Ideal der Selbstgenügsamkeit, der *autarkeia*. »Wenn man doch«, seufzt er, »auch so den Bauch reiben könnte, um den Hunger zu stillen.«[31] Aus heutiger Sicht ist das Lob der Masturbation bemerkenswert, da Pädagogen seit dem Mittelalter und verstärkt seit dem 18. Jahrhundert die Selbstbefriedigung mit pseudowissenschaftlichen Argumenten als gesundheitsschädlich und anti-sozial verurteilt haben.[32] In seinem Buch *Über Pädagogik* meint der Aufklärungsphilosoph Immanuel Kant, die Masturbation zehre an der »Lebenskraft« wie auch an der »Moralität«.[33] Zwar erscheint die Masturbation bei Diogenes noch – wie allgemein in der Antike – als legitimer Notbehelf.[34] Eine breitere Wertschätzung wird sie jedoch erst in den sechziger Jahren des 20. Jahrhunderts erfahren, unter anderem als Vehikel der Emanzipation. Mit seiner gezielten Schamlosigkeit will Diogenes befreiend wirken. Er dürfte der erste Philosoph sein, bei dem die Masturbation philosophische Weihen erhält und zu einer eigenen Form der Sexualität wird, mit ihren eigenen Reizen und Spielräumen.

Insgesamt lässt sich aus der Antike für die Gegenwart mitnehmen, dass man sich immer wieder daran erinnert, wie wichtig es ist zu wissen, dass man nicht weiß, und zu fragen, wozu welches Wissen gut ist.[35] Das wiederum wirkt sich positiv auf das aus, was man inzwischen intrinsische Motivation nennt und was für den Lernerfolg wesentlich ist – nämlich der eigene, innere Antrieb und Wille zu lernen. In der Antike werden diverse Fächer auf ganzheitliche Weise motiviert. In *Der Staat* fordert Platon »für den Leib die Gymnastik und für die Seele die Musik«.[36] Er betont, dass der Sport ebenso wichtig für die seelische Entwicklung sei wie die Rechenkunst bzw. Geometrie. Grundsätzlich meint Platon, dass die Mathematik Aufschluss über das Schöne gebe bzw. es in Perfektion verkörpere. Mit ihrer Hilfe wird, so Platon, sogar die »Bildung der philosophischen Seele« gefördert, die »Idee des Guten leichter gesehen« und die Seele gereinigt.

Es ist schade, dass die Mathematik heute selten so beworben wird bzw. selten in einen lebendigen Zusammenhang gestellt wird, auf dass ein breiteres Interesse geweckt werde. Was die Unterrichtsgestaltung insgesamt betrifft, kann man für das antike Griechenland das hervorheben, was man inzwischen – nach einer Bezeichnung Rudolf Steiners – Epochenunterricht nennt.[37] Dabei beschäftigt man sich unabhängig vom starren 45-Minuten-Rhythmus heutiger Schulstunden über einen längeren Zeitraum mit Inhalten, bis sie jeder verstanden hat. Im Rückblick ist es verwunderlich, wie sehr diese antike Tradition später eingeschränkt wurde. Praktisch spielt dabei eine Rolle, dass die Zeitnahme über die Jahrhunderte genauer wird und ab der Industrialisierung eine maschinelle Taktung das Leben dominiert. Auf theoretischer Ebene diskutieren Pädagogen vom 17. bis zum 19. Jahrhundert, ob eine Vielzahl von Fächern in einzelnen, zeitlich nah beieinander unterrichteten Schulstunden Ausdruck eines idealen universellen Wissens ist oder eher die »Zersplitterung« desselben.[38] Welche Gründe auch immer für die Verdrängung des Epochenunterrichtes ausschlaggebend waren – das Beispiel macht deutlich, wie sehr Entwicklungen und Ideale aus anderen Lebensbereichen die Gestaltung von Schule und Lernen mitunter beeinflussen.

## DIE MACHT DES WISSENS, SCHEINWISSENS – UND UNWISSENS: DAS MITTELALTER

In einem Handbuch für Inquisitoren, die ab dem 13. Jahrhundert im päpstlichen Auftrag vermeintlich Ungläubige, Ketzer und Hexen jagen, findet sich ein Tipp, der aus heutiger Sicht bizarr anmutet. Der Inquisitor soll, so heißt es, beim Verhör eines Angeklagten in irgendeinem Buch blättern, egal, ob es für den Fall inhaltlich relevant sei oder nicht. Denn allein mit der Geste könne man die Leute glauben machen, dass man alles über sie wisse und sie erst gar nicht zu versuchen bräuchten, sich herauszureden.[39]

Dieser Tipp zur Manipulation ist schon insofern seltsam, als der lateinische Stamm des Wortes Inquisition *inquirere* »untersuchen« bedeutet, was auf die Grundidee verweist, einen strukturierten Prozess zu führen und nachvollziehbare Urteile zu fällen. Die Praxis sah bekanntlich anders aus. Im Rückblick sind die Inquisition und der zitierte Tipp aus dem Handbuch ein extremes Beispiel dafür, wie ambivalent der Einsatz von Bildung und Wissen oft ist. Zwar trifft der Slogan »Wissen ist Macht« von Francis Bacon (1561 – 1626) prinzipiell für jede Epoche zu. Doch gilt er in besonderem Maß für das Mittelalter. Im Mittelalter werden verschiedene Formen von Wissen und Scheinwissen strategisch angewendet. Geistliche Bücherwürmer haben als Berater Einfluss auf Kaiser, Könige und Barone, die des Lesens oft nicht mächtig sind. Aber es entsteht auch ein geistlicher Adel, der direkt über weltliche Macht verfügt, über Ländereien und Armeen.

In seinem Buch *Wissen wird Macht* (2003) schreibt der Historiker Martin Kintzinger, »die Einsicht, daß das Wissen der Menschen über ihre Wirkungsmöglichkeiten entscheide und damit über die Zukunft ihrer Gesellschaft«, sei modern und mittelalterlich zugleich.[40] Tatsächlich verbessert Karl der Große mit einer Reform, die er mit Hilfe der Klöster umsetzt, im 8. Jahrhundert das Bildungsniveau, das mit dem Untergang des weströmischen Reiches gelitten hatte. Die Kathedralschulen des 12. Jahrhunderts mit ihrer wissenschaftlichen Methodik kann man als Vorläufer der ab dem 13. Jahrhundert gegründeten Universitäten sehen, der »Gemeinschaft der Lehrenden und Lernenden«.

Ähnlich wie bei den Themen Arbeit, Ehe und Partnerschaft steckt das Mittelalter bei Fragen der Bildung aus heutiger Sicht voller Widersprüche. Einerseits wird, da man die kirchliche Lehre ja umsonst von Gott erhalten hat, auf dem Laterankonzil von 1215 beschlossen, dass im Prinzip jedermann einen kostenfreien Unterricht an den Domschulen der Bischofssitze erhalten soll. Dank Stiftungen können Pfarrschulen Kinder armer Leute aufnehmen, was sich als erster Ansatz für ein öffentliches Schulwesen deuten lässt.[41] Andererseits schafft sich die Kirche ein Bildungsmonopol. Ab dem 6. Jahrhundert bringen einigermaßen wohlhabende Eltern ihre fünf- bis sechsjährigen Söhne zur Ausbildung in Klöster, die dafür Geschenke erhalten oder das Recht, Abgaben zu erheben.[42] Die Klosterbildung bietet in einer Standesgesellschaft die große Möglichkeit aufzusteigen. Zwar schaffen es meist nur Adelssprösslinge. Doch selbst wenn man nicht Kirchenfürst werden kann, verhilft einem die kirchliche Ausbildung zu einer guten Stelle als Schreiber oder Verwalter. Vom Kleriker (lat. *clericus*) kommt das englische *clerk*, »Büroangestellter«.

Auch wenn die geistige und geistliche Bildung im Sinn der erwähnten *septem artes liberales* im Mittelalter höchstes Ansehen genießt, kann eine andere Art von Bildung in Sachen Reputation zumindest mithalten: die *artes probitates* – die sieben »Tüchtigkeiten«, die ein Ritter beherrschen sollte. Das sind: Schwimmen, Reiten, Bogenschießen, Fechten, Jagen, Schachspielen und Verseschmieden. Mit diesen Fertigkeiten verfügt man, selbst wenn man Analphabet ist, über eine gute Bildung.

Was die Gestaltung des Schulunterrichtes betrifft, ist allerdings die christliche Körperfeindlichkeit prägend, und zwar bis in moderne Zeiten. So sitzen Schüler im Unterrichtsraum ordentlich in Reihen, der Lehrer hat einen erhöhten Sitz, es gibt eine Zeitdisziplin und Schläge mit Stock und Rute.[43] Grundsätzlich müssen Schüler schweigen, nur an Sonn- und Feiertagen dürfen sie während ein paar Stunden spielen, wobei sich ihre Kleidung nicht berühren darf. Im Unterricht wird laut vorgelesen, den Stoff wiederholt man mechanisch.

An den Universitäten werden im Mittelalter zwei Denkschulen ausgebaut, die einander gegenüberstehen und beide den Bereich der Bildung auf unterschiedliche Weise über Jahrhunderte und zum Teil bis heute beeinflussen: die Mystik und die Scholastik. Die Scholastik (lat. *scholasticus* = »zur Schule gehörig«) zielt mit Vertretern wie Thomas von Aquin (um 1225 – 1274) darauf ab, dass man systematisch Fragen erarbeitet, Begriffe klärt, Behauptungen beweist und logische Erörterungen durchführt; im weiteren Sinn sollen Glauben und Vernunft versöhnt werden.[44] Doch im Lauf des Hochmittelalters wird die Scholastik zunehmend abgehoben, künstlich und formalistisch – weshalb das Wort scholastisch heute auch »spitzfindig« und »wirklichkeitsfern« bedeutet. Bereits im Mittelalter formiert sich die Gegenbewegung der Mystiker. Sie streben die Vereinigung mit dem Göttlichen durch Versenkung und Ekstase an; das Wort Mystik kommt vom lateinischen *mysticus*, was »geheim, geheimnisvoll« bedeutet und auf ältere antike Traditionen von Mysterienkulten verweist. In Sachen Bildung sind die Mystiker auch deshalb wichtig, weil das Wort Bildung, so wie wir es heute gebrauchen, auf Vorstellungen von Denkern wie Meister Eckart basiert. Die Mystiker überführen das umgangssprachliche »bilden« aus dem handwerklich-künstlerischen Zusammenhang in einen größeren Kontext.[45] So soll man sich bzw. seine Seele nach dem Vorbild Gottes formen, »abbilden« und »bilden«. Darüber hinaus soll man sich »überbilden«, d.h. über sich hinauswachsen, indem man sich »in Gott einbildet« und schließlich »aller Dinge entbildet«, also von irdischen Dingen freimacht.[46]

Vor dem Hintergrund dieser Begriffsbildung wird nachvollziehbar, warum gerade in Deutschland der Bildungsbegriff so oft kultisch aufgeladen worden ist. In anderen Sprachen gibt es kein direktes Äquivalent zur deutschen »Bildung«. Die Englischen und Französischen gebräuchlichen Begriffe *education* und *culture* umfassen zwar auch mehr als reines Faktenwissen und technisches Knowhow, sie eignen sich aber weniger für Pathos, Überhöhung und Verklärung.

Wie lange religiöse Ideen im Bereich der Bildung und Pädagogik nachwirken, zeigt sich noch beim Aufklärungsdenker Gotthold Ephraim Lessing. In seinem Text *Die Erziehung des Menschengeschlechts* von 1780 heißt es: »Erziehung ist Offenbarung, die dem einzelnen Menschen geschieht, und Offenbarung ist Erziehung, die dem Menschengeschlechte geschehen ist und noch geschieht.«[47] Als Verbindung zwischen Offenbarung und »Vernunftwahrheiten« sieht Lessing die erwähnten mittelalterlichen Mystiker. Einer der berühmtesten, Thomas von Kempen, predigt in seinem viel gelesenen Buch *Nachfolge Christi* im 15. Jahrhundert gegen abgehobenes Schulwissen. Gleichsam vom Himmel herab verlautet es da: »Ich bin's, der den Demütigen in einem Augenblick so hoch erheben kann, daß er tiefer in die Wahrheit hineinschaut, als wenn er zehn Jahre auf den Schulen sich abgemüht hätte.«[48]

Der Ursprung dieser Art von alternativem Wissen liegt bei Apostel Paulus. »Wir stehen als Toren da um Christi willen«, schreibt er im ersten Korintherbrief (1 Kor 4,10). Tatsächlich gelten Christen im 1. Jahrhundert n. Chr. wegen ihres Glaubens an die Auferstehung Jesu vielen als Narren.[49] Gleichwohl sind sie davon überzeugt, ein *höheres* Wissen zu haben. Letztlich geht das Lob der Bildungsfernen, die über Herzensbildung verfügen, auf Jesus zurück. Als Sohn eines Tischlers wächst er wohl ohne höhere Bildung auf. Jedenfalls meint er: »Ich preise dich, Vater, Herr des Himmels und der Erde, weil du all das den Weisen und Klugen verborgen, den Unmündigen aber offenbart hast.« (Mt 11,25)

Ob Narren, Scholastiker oder Mystiker – das Mittelalter ist

mitunter von einer Inbrunst in Sachen Bildung und einer Begeisterung für Lehrer durchdrungen, die für heutige Ohren höchst merkwürdig klingt. So schreibt ein Student in einem Brief über die Universität in Paris, die er besucht, bzw. über den »Meister«, der dort lehrt: »Wenn wir seine Stimme vernehmen, glauben wir nicht einen Menschen, sondern einen Engel vom Himmel zu hören. Hier bestrebe ich mich, meinen ungebildeten Geist, der – o Schmerz! – durch Adams Schuld von den Finsternissen der Unwissenheit umfangen ist, durch Belehrung und Studium zu erleuchten.«[50]

Insgesamt bietet das Mittelalter in Sachen Bildung ein vielfältiges Bild. Im Prinzip steht die Bildung immerhin mehr Menschen offen als in der Antike. Bereiche wie die Medizin und die wissenschaftliche Methodik machen Fortschritte – auch dank des Einflusses der islamischen Kultur. Allerdings gehört zur höheren Bildung verstärkt eine Körperfeindlichkeit. Ein echter oder vermeintlicher Wissensvorsprung wird besonders beherzt missbraucht. Positiv kann man für die Gegenwart mitnehmen, dass es eine große Bandbreite an Bildungsbegriffen gibt. Mystiker heben das hervor, was man heute Herzensbildung nennt. Zumindest theoretisch geht sie mit der Vorstellung einher, dass jeder Seele eine Art Bildungskompetenz zukommt.

## DIE ZWEITE GEBURT DES MENSCHEN: DIE BILDUNGSREVOLUTION DER NEUZEIT

Im Frühjahr 1996 publiziert der amerikanische Physikprofessor Alan Sokal in einer wissenschaftlichen Zeitschrift einen Aufsatz mit dem Titel »Die Grenzen überschreiten: Auf dem Weg zu einer transformativen Hermeneutik der Quantengravitation«.[51] Nachdem der Text abgedruckt ist, teilt Sokal mit, dass es sich um eine Parodie handelt. Der Text ist im Stil französischer Denker verfasst, die in den neunziger Jahren in Mode sind und Universitätsseminare füllen. Dazu zählen Gilles Deleuze, Jacques Derrida, Luce Irigaray, Jacques Lacan, Bruno Latour, Jean-François Lyotard, Michel Serres und Paul Virilio. In seinen Text hat Sokal nicht nur Trugschlüsse in der *Art* der Denker eingebaut. Er habe sie, so Sokal, teils sogar korrekt zitiert; die Fehler lägen im Original. Mit seiner Parodie kritisiert der Physiker, wie die Denker ihre Leser mit nebulösen und pseudokomplexen Formulierungen beeindrucken wollen. Ein Seitenhieb trifft Fachzeitschriften, die Texte offenbar nicht auf ihre Substanz prüfen, bevor sie sie abdrucken. Die Angelegenheit landete auf den Titelseiten von Zeitungen wie der *New York Times*.

Sokals Wissenschaftsparodie hat ihre historischen Vorläufer. Vor 500 Jahren erregten die anonym publizierten *Dunkelmännerbriefe* (1515/17) Aufsehen. Sie stammen von Humanisten und Reformatoren wie Crotus Rubianus und Ulrich von Hutten und nehmen die Scholastik und insbesondere Ortwin van Graes, Theologieprofessor und Gegner der Humanisten, aufs Korn. Die *Dunkelmännerbriefe* sind in einem umständlichen, übertrieben scholastischen Stil gehalten. Sie bringen antike Mythen wie jenen über Jupiter und Kallisto auf offenkundig absurde Weise mit Bibelzitaten in Verbindung, verballhornen Namen und veralbern vermeintlich hehre Lehren.[52]

Ein wesentlicher Unterschied zwischen der Parodie des 16. Jahrhunderts und jener des 20. Jahrhunderts ist, dass die ältere an Grundsatzdebatten über Glaubensfragen, Institutionen und Lebensführung rührt. Schon vor den *Dunkelmännerbriefen* hatte Erasmus von Rotterdam in seinem *Lob der Torheit* (1508) über sämtliche Berufe vom Mönch bis zum Arzt hergezogen und Universalgelehrte als Erbsenzähler entlarvt. Lehrer nennt Erasmus »erbärmlich«, weil sie »ihren Schülern reinen Unsinn« vermitteln, bei jeder »passenden und unpassenden Gelegenheit« angeberisch Verse zitieren und in einem »Gegenseitigkeitsgeschäft« mit Kollegen Bewunderung austauschen.[53]

Gegenseitigkeitsgeschäfte gibt es in der akademischen Welt bekanntlich noch heute. Im 16. Jahrhundert steht Erasmus für jene Humanisten, die den Bildungskanon auflockern wollen, um die Erziehung zu beleben und sie kindgerecht zu gestalten. Erasmus' Werk *Vertraute Gespräche* ist bis ins 18. Jahrhundert Schullektüre. In Dialogen wie »Der Hausdrachen, oder: Die Ehe« diskutiert er alltagsrelevante Themen.[54] Grundsätzlich meint Erasmus, wie zu Beginn dieses Kapitels erwähnt: »Menschen, das glaube ich, werden nicht geboren, sondern erzogen.«[55]

Die Idee, dass durch Bildung und Pädagogik eine zweite Geburt auch im Sinn einer freien Gestaltung der Persönlichkeit möglich wird, stammt von Renaissancehumanisten wie Pico della Mirandola.[56] Auf unterhaltsame Weise zeigt sich der Glaube an die umfassende Wirkung der Bildung in Baldesar Castigliones einflussreichem *Buch vom Hofmann* (1528). In dem Buch diskutiert eine Gesprächsrunde, welche Disziplinen man als umfassend gebildeter, lebenskluger Mensch beherrschen sollte, vom Griechischen über das Malen bis zum Sport.[57] Zwischendurch wird auch gefragt, wie man sich kleiden soll und ob »das Auszupfen der Augenbrauen und Stirnhaare« bei Frauen nicht eher Pein statt Anmut zum Ausdruck bringe. Insgesamt brilliert der Idealtyp des Hofmanns mit ironischen Scherzen und einer lässigen Haltung, der *sprezzatura*.

Sucht man nach einem Buch unserer Zeit, das auf vergleichbar umfassende Weise die Frage nach Bildung und Lebensstil stellt, wird es schwierig. Ein Beispiel ist vielleicht Douglas Couplands Werk *Generation X* (1991), der Roman über die Generation der in den sechziger und siebziger Jahren Geborenen, die in den achtziger und neunziger Jahren junge Erwachsene sind. Coupland schildert einen Lebensstil des Verzichts auf Karriere, Konsum und konventionelle Statussymbole als alternativen Schick in ökonomisch schweren Zeiten. Dazu gehören ein augenzwinkernder Umgang mit konventionellen Bildungsinhalten und neuartige Begriffe wie *Lessness* und *Conspicuous Minimalism*. Bei aller Düsternis und Desillusionierung, die in *Generation X* mitschwingt, kann man die Lebenshaltung, die Coupland anhand seiner Figuren und deren Gesprächen beschreibt, als Update von Castigliones' *sprezzatura* sehen, der kultivierten Form von Lässigkeit.

Auf die Frage, welche Art von Bildung wem wie nützt, bezieht sich bereits zu Castigliones Zeiten der Autodidakt Pietro Aretino, der als erster Journalist und Kunstkritiker im modernen Sinn gilt und einigen Einfluss auf Kaiser, Könige und Päpste hatte. In seinem Buch *Kurtisanengespräche* (zwei Teile 1534/38) dient Bildung der Prostituierten Nanna zur Anwerbung zahlungskräftiger Kunden. »Singe ein Liedchen«, empfiehlt Nanna, »zupfe die Gitarre, rupfe die Laute; tu, als ob du im ›Furioso‹, im Petrarca, in den ›Cento‹ [Boccaccios *Decamerone*] läsest – diese Bücher mußt du immer auf deinem Tisch liegen haben.«[58] Spöttisch beschreibt Aretino, wie man Attribute der Bildung mit einem strategischen Interesse präsentiert. Aretino will selbst über Bildung Eindruck schinden und parodiert zugleich das pedantische Nachahmen Petrarcas, das Tragen einer, wie er schreibt, »Maske« der Bildung.[59] Er lobt die anschauliche Ausdrucksweise des Volkes, wendet sich dagegen, dass nur des Lateinischen und Griechischen Mächtige mitreden dürfen, und meint, er habe in der Schule nur das Abc gelernt.

Während Aretino in Italien in der ersten Hälfte des 16. Jahrhunderts mit Bildungsinhalten jongliert, erfindet in Frankreich Michel de Montaigne in der zweiten mit seinen *Essais* die Gattung des Essays für die persönliche Stellungnahme, die relativ unabhängig von einem traditionellen Wissenskanon erfolgt. Passend zur neuen Form, die er benutzt, fordert Montaigne mehr Lebensnähe und – wie Diogenes vor ihm und zahlreiche Pädagogen nach ihm – die Entrümpelung des Schulstoffes.[60] Um die Lebensferne des Schulsystems zu erläutern, schreibt Montaigne: »Hundert Scholaren haben sich den Tripper geholt, bevor sie im Aristoteles bis zum Kapitel von der Mäßigung gekommen waren.«[61]

Die Kritik von Humanisten und Reformatoren am Bildungssystem zeigt Wirkung. In einer süddeutschen Chronik aus dem Jahr 1525 heißt es: »Fast niemand mehr [will] seine Kinder in die Schule schicken und studieren lassen.« Warum? »Weil«, so erklärt es die Chronik, »die Leute aus Luthers Schriften so viel vernommen, dass die Pfaffen und Gelehrten das Volk jämmerlich verführt hätten.«[62]

Tatsächlich werden Reformatoren wie Martin Luther und Philipp Melanchthon das europäische Bildungssystem und seine Lehranstalten maßgeblich beeinflussen – bis hin zur Entwicklung eines staatlichen Schulwesens. In der Bildungsrevolution der Neuzeit vermischen sich humanistisch und reformatorisch motivierte Interessen mit politischen, etwa von protestantischen Stadtherren, die sich neue, nicht katholisch geprägte Schulen wünschen. So finden im 16. Jahrhundert erste landesherrliche Schulordnungen und – anstelle der traditionellen Lateinschulen – die in der Regel achtjährigen Gymnasien Verbreitung, das erste in Nürnberg im Jahr 1526. Zwar werden auch verstärkt Mädchenschulen eingerichtet, sie dienen aber meist der Vorbereitung auf ein Leben als Hausfrau und Mutter.[63]

Der deutsche Humanist und Reformator Philipp Melanchthon wird aufgrund der Innovationen, die er im Schulwesen eingebracht hat, *Praeceptor Germaniae* genannt, »Lehrer Deutschlands«.[64] Seine Lehrbücher sind didaktisch gegliedert, enthalten Alltagsbeispiele; an Melanchthons Privatschule gibt es ein Haustheater und Übungen zur Vertiefung des Wissens.[65] Um seine Schüler für die scheinbar lebensferne Dialektik zu begeistern, erklärt er, wenn man die Methode gut beherrsche, könne man Väter besser dazu überreden, einem mehr Taschengeld zu geben.

Insgesamt geht es nun etwas stärker um Nutzanwendungen des Gelernten. Das hilft später im Kaufmannsberuf, der im städtischen Bürgertum verbreitet ist. Dass die innovative Schulgestaltung neue Formen der Disziplinierung und des Leistungsdrucks mit sich bringt, kommt deutlich bei der zweiten großen Bildungsmacht der Neuzeit zum Tragen, die sich neben den Humanisten und Reformatoren positioniert: den Jesuiten. Der frisch gegründete Orden wird das Schulsystem in katholischen Ländern bis ins 18. Jahrhundert dominieren und langfristig prägen.[66] Der Leitfaden *Ratio studiorum* (1599), eine der ersten Schulordnungen im modernen Sinn, fordert die strenge Aufsicht der Schüler. Man erhält ein Zeugnis mit Noten, die die heutigen vorwegnehmen. Es gibt sechs Bewertungen: 1. *optimi* (sehr Gute), 2. *boni* (Gute), 3. *mediocres* (Mittelmäßige), 4. *dubii* (Zweifelhafte), 5. *retinendi* (Sitzenbleibende), 6. *reiiciendi* (ganz zu Entfernende).

Zusammenfassend lässt sich über die Bildungsrevolution der Neuzeit sagen, dass sie neue Freiheiten, aber auch neuartige Formen der Kontrolle mit sich bringt. Mit Blick auf Figuren wie Erasmus, Aretino und Montaigne mag man sich fragen, welche Medien und Persönlichkeiten im 21. Jahrhundert ihren Innovationen entsprechen. Kann man Pietro Aretino mit dem Autodidakten Michael Moore vergleichen, dem Autor und Filmemacher, der auf mitunter polemische Art Volksaufklärung betreibt? Insgesamt ist schon die Haltung der erwähnten Autoren anregend, wenn man nach neuen Formen und Formaten für eine locker-didaktische Darstellung von Wissen und Bildungsinhalten sucht.

## AUTODIDAKTIK, JOURNALISTISCHER STIL UND EROTISCHE KUNST – HILFSMITTEL IM JAHRHUNDERT DER PÄDAGOGIK

Zu Beginn des 21. Jahrhunderts wird über Fragen gestritten, die sachlich schon seit mindestens zwei Jahrhunderten geklärt sind. Etwa darüber, ob es sinnvoll ist, dass bereits bei zehnjährigen Schülern entschieden wird, ob sie auf das Gymnasium gehen sollen oder nicht. Dabei weiß man aus der Praxis schon lange, dass Talente und Interessen in diesem Alter noch nicht klar zu Tage treten. Davon abgesehen widerspricht die frühe Auswahl, die Kindern aus Akademikerfamilien Vorteile verschafft, der Idee der

Chancengleichheit, wie sie schon in der Französischen Revolution formuliert wurde: Im April 1792 verkündet Marquis de Condorcet, Präsident der Gesetzgebenden Nationalversammlung, die Beseitigung der Klassenunterschiede als »Ziel eines nationalen Unterrichtswesens«.[67] Es gehe darum, »allen Angehörigen des Menschengeschlechtes (...) jedem die Möglichkeit zu sichern, den ganzen Umfang seiner Talente, die er von der Natur empfangen hat, zu entfalten und dadurch unter den Bürgern eine tatsächliche Gleichheit herzustellen und die politische Gleichheit, die das Gesetz als berechtigt anerkannt hat, zu einer wirklichen zu machen.«

Insgesamt bekommt der Glaube an die Pädagogik und ihre Wirkungsmöglichkeiten im 18. Jahrhundert einen Schub. Das Jahrhundert ist deshalb als »Jahrhundert der Pädagogik« bezeichnet worden.[68] Der Glaube an die Pädagogik reicht von Rousseaus Erziehungsroman *Emile* über Diderots Anliegen, die Volksbildung zu fördern, bis zu Schiller und seinen hehren Vorstellungen darüber, wie man sich mit Hilfe von Kunst und Ästhetik weiterentwickeln kann. Wie ein Vorläufer in Sachen innovativer Ansätze ragt allerdings schon im 17. Jahrhundert der böhmische Bischof und Volkserzieher Johann Amos Comenius heraus (1592 – 1670). Mit seinem Werk *Orbis sensualium pictus* (*Die sichtbare Welt in Bildern*) nimmt er spätere illustrierte Wissens- und Schulbücher vorweg. In *Didactica magna* (*Große Didaktik*) fordert er historisch wohl erstmals, dass »alle alles gelehrt werden«, also »Adlige und Nichtadlige, Reiche und Arme, Knaben und Mädchen«; schließlich sei jedem Menschen von Gott ein »Wissensdrang« eingepflanzt.[69]

Comenius scheint heutigen reformpädagogischen Bestrebungen und neurologischen Erkenntnissen vorzugreifen. Schüler sollen einander im Gemeinschaftsunterricht helfen. Sogar verschiedene Lerntypen unterscheidet Comenius bereits: etwa langsame, die »wie spätreife Früchte« sind, dafür dauerhaft im Vergleich zu den »geistig Wendigen«, die »das einmal Aufgefaßte leicht wieder fahren lassen«. Er mahnt die Begrenzung der Stoffmenge und Unterrichtszeit an, die »sinnliche Anschauung«, dass »zu gegenwärtigem Nutzen gelehrt wird« und »alles Neue auf dem Vorhergehenden aufgebaut und alles Zusammenhängende ständig verknüpft wird«. Schließlich müsse man, so Comenius, feststellen, »daß nur wenige aus der Schule eine dauerhafte gelehrte Bildung mitbringen«, weil man so vieles so schnell wieder vergesse.

Damit mahnt Comenius bereits das an, was im 21. Jahrhundert von der Hirn- und Lernforschung betont wird. So schreibt Gerhard Roth in seinem Buch *Bildung braucht Persönlichkeit* (2011): »Alle Überprüfungen des Wissens, das junge Menschen fünf Jahre nach Schulabschluss noch besitzen, gelangen zu niederschmetternden Ergebnissen und lassen den zynischen Schluss zu, dass das deutsche Schulsystem einen Wirkungsgrad besitzt, der gegen Null strebt«.[70]

Im 18. Jahrhundert kämpft man allerdings weniger mit dem Problem des Wirkungsgrades als vielmehr mit jenem der Chancengleichheit. Wie schlecht es darum im Zeitalter der Aufklärung noch steht, zeigt beispielhaft ein Blick auf die Situation der Frauen. Grundsätzlich haben sie, da sie weder an der Universität noch an Gymnasien zugelassen sind, nur dann eine Chance auf eine höhere Bildung, wenn ihre Eltern sie privat unterrichten lassen. Das gilt auch für die Mathematikerin, Physikerin und Philosophin Emilie du Châtelet, die Freundin von Voltaire. Obwohl sie eine glückliche Ausnahme ist, muss sie sich 1733 als junge Frau in Männerkleidung quasi als Undercover in das Café Gradot einschleusen, um bei Diskussionen von Physikern und anderen Wissenschaftlern und Gelehrten mitmischen zu können.[71]

Eine politisch offensive Position nimmt eine der ersten Frauenrechtlerinnen ein: Mary Wollstonecraft. Anders als ihr Bruder wird sie, obwohl ihr Vater als wohlhabender Seifenfabrikant die Mittel hätte, eben nicht gefördert. Zwischenzeitlich wird sie von einem Lehrer, dem Vater ihrer besten Freundin, gratis unterrichtet, doch insgesamt muss sie sich als Autodidaktin durchschlagen.[72] Sie gründet eine Schule für Mädchen, die sich nicht lange halten kann. In ihrem Frühwerk *Thoughts on the Education of Daughters* von 1787 wünscht sie sich eine »rationale« Erziehung für Mädchen. Schließlich erhält sie eine Stelle als Gouvernante der Kinder einer Lordschaft. In ihrem Buch *Eine Verteidigung der Rechte der Frau,* einem frühen Manifest der Emanzipation, fordert sie 1792 die Einrichtung gemeinsamer Elementarschulen für Jungen und Mädchen. Sie verwehrt sich dagegen, dass Mädchen zu schönen, aber kraftlosen Geschöpfen erzogen werden, angehalten »mit Puppen zu spielen und albernen Unterhaltungen zuzuhören«, um später als unterwürfige Ehefrauen zu enden.[73]

Vor dem Hintergrund, dass es insgesamt an Chancengleichheit mangelt, ist es rührend zu sehen, mit welcher Hingabe Einzelne für eine bessere Bildung für breitere Bevölkerungsschichten kämpfen. Aufklärungsdenker wie Denis Diderot, Jean Baptist le Rond d'Alembert und Louis de Jaucourt geben ab 1751 die inzwischen berühmte *Enzyklopädie* heraus. Es ist weder das erste noch das größte Lexikon, aber ein besonders innovativ gestaltetes.[74] Die Enzyklopädisten wollen, so Diderot, einen vergnüglichen »Ratgeber« für eine möglichst große Bandbreite von Lesern mit unterschiedlichem Vorwissen bieten.[75] Dem Ideal kommt die *Enzyklopädie* insofern nahe, als unter den rund 200 teils prominenten Autoren wie Montesquieu, Rousseau, Quesnay und Voltaire, dort, wo es um praktisches Wissen geht, auch Handwerker sind. Ungewöhnlich ist auch die Offenheit, mit der Diderot Fehler und Schwächen einräumt. Er erklärt, bei einem solch großen und neuartigen Projekt erscheine man notwendigerweise hier, so Diderot, »geschwollen und unförmig, dort mager, klein, winzig, kraft- und saftlos«. Auch betont Diderot: »Es ist jedenfalls besser, daß ein Artikel schlecht geschrieben ist, als wenn er gar nicht geschrieben ist.«

Das ist ein wichtiger Punkt. Zunächst kann man an das Prinzip denken, wonach heute bei Wikipedia Artikel stehen, die noch nicht fertig sind oder bei denen wissenschaftliche Belege fehlen, die aber zur Mitwirkung anregen sollen. Vordergründig führt der Mut zur Lücke zu Qualitätseinbußen, doch wird die Autodidaktik gefördert, die selbstständige Aneignung von Wissen. Auch dient es der Auflockerung, wenn ein Nicht-Spezialist – der seinen Dilettantismus einräumt – über Themen schreibt. Leser der *Enzyklopädie* werden ermutigt, über die Artikel nachzudenken, ohne sich von vermeintlichen Autoritäten einschüchtern zu lassen. So lässt Diderot die Tradition des sokratischen Nichtwissens in sein Lexikon einfließen, die Neugier wecken soll – und die heute unter dem gelehrten Begriff der Agnotologie wieder belebt wird.[76]

Ein Beispiel für diesen Ansatz könnte Diderots *Enzyklopädie*-Artikel über das Stichwort »Gesetzgeber« sein. Zunächst schreibt er sachlich über die Systeme verschiedener Länder. Dann ergeht er sich in merkwürdigen Betrachtungen: »Da aber bei den Völkern des Südens«, so Diderot, »die Frauen die Schönheit gerade in einem Alter verlieren, in dem die Vernunft anfängt, legen diese Völker wahrscheinlich weniger Moral in die Liebe als die Völker des Nordens, bei denen Geist und Vernunft die Schönheit begleiten.«

Vielleicht wünscht sich Diderot, dass man bei der Gesetzgebung – um die es in dem Artikel eigentlich geht – unterschiedliche Mentalitäten berücksichtigen solle. Grundsätzlich will Diderot gemäß der auch etymologisch verankerten Grundidee, dass die Enzyklopädie *umfassendes* Wissen bietet, die Einbildungskraft fördern, die Fantasie, das Vorstellungs- und Assoziationsvermögen. Die Einbildungskraft ist ein Schlüsselbegriff der Zeit. Auf besonders kuriose Weise wird das deutlich bei Diderots Tätigkeit als Kunstkritiker. In seiner Kritik des Gemäldes *Magdalena in der Wüste* (1761) von Carle van Loo, einer Darstellung der Büßerin mit einem über die Schultern gerutschten Kleid, denkt sich Diderot beispielsweise einen Dialog zwischen sich als Bildbetrachter und der Heiligen im Gemälde aus. Dabei macht er sich regelrecht an die berühmte Sünderin heran: »Kommen Sie, schöne Heilige, gehen wir in diese Grotte. Vielleicht besinnen wir uns dort auf einige Augenblicke Ihres früheren Lebens.«[77]

Mit Hilfe der Einbildungskraft betont Diderot die Ambivalenz manch religiöser Kunst, die unter dem Vorwand der moralischen Läuterung sexuelle Fantasien bedient. Zugleich regt er dazu an, die Spielräume der Fantasie zu nutzen. In einer stärker theoretischen Ausrichtung führt Diderots jüngerer Zeitgenosse Friedrich Schiller die Einbildungskraft in seiner Schrift *Über die ästhetische Erziehung des Menschen* (1795) ins Feld. Wie Diderot und viele Autoren seiner Zeit fragt Schiller, wie der Mensch sich in dem Spannungsfeld zwischen Vernunft und Sinnlichkeit, Begierde und Liebe, Freiheit und Pflicht, Ideal und Wirklichkeit platzieren soll. Mit Hilfe der Einbildungskraft erhebt sich der Mensch, so Schiller, über die »Tierheit« und öffnet den »Weg zu dem Kopf durch das Herz«.[78] Statt sich dem unwägbaren »sinnlichen Trieb« nur mit Hilfe des vernunftgesteuerten, aber lebensfernen »Formtriebs« entgegenzustemmen, wünscht sich Schiller, dass man die beiden in einem »Spieltrieb« versöhne.

## NEGATIVE PÄDAGOGIK UND MENSCHENFREUNDLICHES LERNEN

Neben übergreifenden Reflexionen wie jenen Schillers hecken Denker im Jahrhundert der Pädagogik auch neue Ansätze zur Kindererziehung aus. Ein herausragendes Beispiel ist Jean-Jacques Rousseaus Werk *Emile oder Über die Erziehung* (1762). Darin schreibt er, »man kennt die Kindheit nicht«; Rousseau unterscheidet deshalb erst einmal Lebens- und Lernphasen sowie die passenden Formen des Lernens: nämlich durch die Natur, Menschen und Dinge.[79] Er meint, »wir werden dumm geboren, wir brauchen Verstand«. In einem fiktiven Szenario will Rousseau mit dem Zögling Emile erproben, welche Erziehungsmethoden förderlich sind. Grundsätzlich soll das Kind nicht von der

Meinung anderer abhängen. »Die erste Erziehung soll«, so Rousseau, »also bloß negativ sein. Sie besteht nicht darin, daß man die Tugend oder Wahrheit lehre, sondern das Herz vor dem Laster und den Verstand vor dem Irrtum bewahre.«

Negativ bedeutet hier also schlicht, das Kind von schädlichen Einflüssen fernzuhalten. Rousseau hat solch unterschiedliche Zeitgenossen wie Immanuel Kant und Heinrich Pestalozzi inspiriert.[80] Pestalozzi will seinen Sohn gemäß *Emile* erziehen, weshalb er bis zum Alter von elfeinhalb nicht lesen kann.[81] Seinen Grundsatz, ein Gleichgewicht zwischen Kopf, Herz und Hand zu vermitteln, versucht Pestalozzi bei ärmeren Kindern in einer Mischung aus Arbeit und Schulunterricht umzusetzen. Ab 1773 gründet er in der Schweiz Erziehungseinrichtungen, an denen Kinder arbeiten müssen, in der Landwirtschaft bzw. Textilproduktion. Die Ansätze sind sehr unterschiedlich bewertet worden.[82] Mit seinen Schriften hatte Pestalozzi jedenfalls Einfluss auf die Schweizer Regierung und das preußische Schulsystem. Er schafft theoretische Grundlagen für Ansätze späterer Zeiten: die Sozialpädagogik, die das Umfeld der Lernenden berücksichtigt, Industrieschulen, an denen Arbeiterkinder lernen, und die Volksschule als staatliche Einrichtung für jedermann. Pestalozzis Schüler Friedrich Fröbel begründet 1840 die Institution des Kindergartens. Er betont das Spiel als Mittel des Lernens und führt geometrische Formen und Bausteine ein, wie sie bis heute Verwendung finden.

Pestalozzi bevorzugt, wie er schreibt, die »Realkenntniß wirklicher Gegenstände« statt »das tausendfache Gewirre von Wortlehren«.[83] Das rückt ihn in die Nähe der sogenannten Philanthropen bzw. Philanthropisten. Diese zeitweise einflussreiche pädagogische Strömung ist heute fast vergessen, wird aber von manchen Historikern als Anregung für aktuelle Ansätze ins Spiel gebracht.[84] Sie boomt in den 1770er und 1780er Jahren. Passend zur Bezeichnung Philanthropie bzw. Philanthropismus, der aus dem Griechischen abgeleiteten Bezeichnung für »Menschenfreundschaft«, will man in der Schule ein Klima des Vertrauens schaffen und ein freudiges Lernen fördern. Dabei will man kognitive und praktische Elemente verbinden. In bequemer Kleidung sollen die Kinder Sport, Hand- und Gartenarbeit machen und Unterricht über religiöse Toleranz erhalten; zwar ist die Abhärtung durch Naturnähe ein Erziehungsziel, aber man verzichtet grundsätzlich auf die Prügelstrafe.[85] Der Historiker Jürgen Overhoff meint, dass man, wenn sich heute mehr Schulen an den Ansätzen der Philanthropisten orientieren würden, Probleme wie mangelhafte Lesekompetenz und unzureichende Förderung von Randgruppen, wie sie PISA- und IGLU-Studien belegen, reduzieren könnte.[86]

Jedenfalls eignen sich Leben und Schulkarriere des einflussreichsten Philanthropisten, Johann Bernhard Basedow (1724 bis 1790), für eine pädagogische Erfolgsstory. Als Jugendlicher will er, abgeschreckt vom Pauken an der Hamburger Gelehrtenschule des Johanneums, als Matrose in Richtung Indien segeln. Das Schiff kentert unweit der Küste. Mit Hilfe eines mitreisenden Kaufmanns, der ebenfalls gerettet wird, kommt Basedow an ein fortschrittliches Gymnasium in Hamburg. Dort hat er das Glück, dass ihn der Orientalist Hermann Samuel Reimarus nach Grundsätzen des amerikanischen Aufklärungsdenkers John Locke fördert.[87]

Berühmtheit erlangte Locke als Theoretiker der Gewaltenteilung, aber er war auch Pädagoge. Er prägte das Denken von Rousseau über Kant bis zu Benjamin Franklin, dem Gründer der University of Pennsylvania und der ersten öffentlichen Leihbibliothek in den USA, der Library Company of Philadelphia.[88] Als Arzt, Hauslehrer und Staatsmann betont Locke in seinem Buch *Some thoughts concerning education*, dass das Lernen ein »vergnügliches Spiel und Kurzweil« sein sollte.[89] Ähnlich wie Locke und viele Gelehrte des 18. Jahrhunderts arbeitet Basedow zunächst als Hauslehrer – für den achtjährigen Sohn von Landadeligen. Er erprobt den Verzicht auf Grammatikübungen beim

Latein. Stattdessen lernt man bei Spaziergängen mit Blick auf Tiere, Pflanzen und Dinge Vokabeln. Bei einer Schauprüfung seiner eigenen Tochter Emilie demonstriert er vor einem faszinierten Publikum, was für Lernerfolge er erzielt. In seinem *Elementarbuch für die Jugend* kommen Such-, Silben- und Reimspiele fürs Lesenlernen zum Einsatz. Er empfiehlt Belohnungen in Form einer Rosine, das Basteln von Lesekasten und die Beschränkung des Stoffes auf Mengen, die Spaß machen.

Basedows Bücher werden Bestseller. Er kann sich Gehör verschaffen, um eine Reform des Bildungswesens voranzutreiben. Immanuel Kant unterstützt die Philanthropisten. 1771 beruft Fürst Leopold III. Friedrich Franz von Anhalt-Dessau, ein Anhänger der Aufklärung, Basedow, auf dass er eine Modellschule einrichte. Das sogenannte »Philanthropin«, die »Schule der Menschenfreundschaft« in Dessau, wird eine Schule für Jungen im Alter von sechs bis 18. Sie stammen zumeist aus dem wohlhabenden Bürgertum und Adel, aber auch aus ärmeren Bevölkerungsschichten. In heutigen Worten ist es so etwas wie eine Einheitsschule.

Dass Bildungsreformen im Jahrhundert der Pädagogik buchstäblich als *lebenswichtig* gelten, wird deutlich, wenn man die Schilderung des Philanthropisten Friedrich Eberhard von Rochow darüber liest, wie ihm die Idee für seine Landschulen für Arme kam: Als während der nassen Sommer 1771 und 1772 Getreide verdirbt, ignorieren die Bauern seiner Ländereien seine Anweisungen und die eines Arztes, mit denen eine Hungersnot und Epidemien verhindert werden sollen. »Aber böse Vorurtheile«, schreibt Rochow, »Aberglauben, nebst gänzlicher Unwissenheit an Lesen und Schreiben, machten fast alle meine guten Absichten fruchtlos.«[90] Damit nicht genug. Rochow kritisiert auch die Schulbildung, die er selbst genossen hat, und zwar als abgehoben: »Mein lebhafter Geist verseufzte die lernfähigen Lebensjahre hinter lateinischen Autoren im dumpfen Zimmer. Sie handelten von Dingen, die mich nichts angingen.«[91]

So sehr mit den Philanthropisten ein frischer Wind weht, so sehr macht sich Ende des 18. Jahrhunderts Skepsis gegenüber ihren Methoden breit. Zur Frage, warum sie letztlich scheitern, gibt es verschiedene Meinungen. Genannt werden der schwierige Charakter Basedows, des Gründers des Philanthropismus, eine angebliche Abgehobenheit von den realen Lebensverhältnissen und Kostenfragen; erwähnt wird auch, dass der Philanthropist Ernst Christian Trapp, ein einflussreicher Pädagogikprofessor in Halle – der erste Deutschlands –, aus persönlichen Gründen seine Tätigkeit beendet habe und somit die Philanthropisten an Einfluss verloren hätten.[92] Sein Nachfolger wird jedenfalls Friedrich August Wolf, ein Vertreter des Neuhumanismus, der sich im 19. Jahrhundert durchsetzen wird.

## DIE SCHWARZE PÄDAGOGIK UND DER ANTIBILDUNGSROMAN

Aus heutiger Sicht lässt sich bei den Philanthropisten bemängeln, dass die Forderung an die Kinder, bestimmte Werte zu verinnerlichen, ähnlich repressiv sein kann wie der äußerliche Zwang, der mit Hilfe von Strafen ausgeübt wird. In diese Richtung argumentiert Katharina Rutschky in ihrem Buch *Schwarze Pädagogik* von 1977, das begriffsbildend war.[93] Als Beispiel für eine indirekte Repression zitiert sie just einen Text des Philanthropisten Basedow: Er schreibt, das Kind müsse die Strafe, die es bekommt, verständnisvoll anerkennen und dürfe bei einer Züchtigung nicht weinen.[94]

Wenigstens nimmt man derartige Missstände im »Jahrhundert der Pädagogik« kritisch unter die Lupe – etwa in der neuen Gattung des Bildungsromans. Das berühmteste Beispiel dürfte Goethes *Wilhelm Meisters Lehrjahre* (1796) sein, die Geschichte eines jungen Mannes, der durch Lebenserfahrungen in seinen Idealen enttäuscht wird, dabei aber letztlich reift. Auf ungleich spannendere, realistischere, psychologisch einfühlsamere und rührendere Weise geht der Philanthropist Carl Philipp Moritz in seinem autobiographisch geprägten Roman *Anton Reiser* vor (vier Teile, 1785–1790). Er zeichnet ein Bild frühkindlicher Erziehung bis zur Schul- und Universitätsbildung und ihrer Auswirkungen. Die Darstellung ist bis heute relevant, vor allem im Hinblick darauf, wie Anspruch und Wirklichkeit auseinanderklaffen können und welchen Einfluss Kleinigkeiten oft auf die Entwicklung von Schülern haben. Wegen des düsteren und kritischen Grundtons hat man *Anton Reiser* einen negativen Bildungsroman und Antibildungsroman genannt.[95]

Reiser, der Protagonist des Romans, wächst in einem pietistisch geprägten, lieblosen Elternhaus auf. Früh erfährt er, dass man sich, sofern man bis zur »Aufopferung« lernt, die Gunst der Lehrer, die oft Geistliche sind, erarbeiten kann und damit einen »höhern Platz« in der Klasse; Latein- und Poesiekenntnisse dienen – völlig unabhängig von Sinn und Gehalt rezitierter Texte – der Aufnahme in privilegierte Kreise.[96] Die Klasse mit bis zu 70 Schülern ist Schauplatz eines Konkurrenzkampfes, der Ausgrenzung und Erniedrigung. Etwa wenn der Direktor einen unsicheren, merkwürdigen *Blick* Anton Reisers als angeblichen Ausdruck für dessen »niedrige, gemeine Denkungsart« bemängelt und den Jungen so traumatisiert. Auch wenn die Schule in Reisers Augen »heilig« ist, Lehrer »übermenschliche Wesen« sind und die Universität »wie ein Traum« erscheint, zeichnet Moritz sie allesamt als Quelle der Enttäuschung.

Im echten Leben versucht Carl Philipp Moritz auf unterschiedlichste Weise Missstände zu bekämpfen. Er ist Lehrer am erwähnten Philanthropin, Verfasser des kindgerechten Werkes *Neues ABC-Buch* (1790) und Herausgeber einer der ersten psychologischen Zeitschriften, dem *Magazin für Erfahrungsseelenkunde*. Was eine literarische Kritik am Erziehungssystem betrifft, ist Moritz nicht der Einzige. 1795 geißelt Johann Ferdinand Schlez in seinem satirischen Buch *Gregorius Schlaghart oder die Dorfschule zu Langenhausen* das dumpfe Auswendiglernen. Er charakterisiert den Lehrer als Karikatur eines Priesters und fasst seine Wirkung auf die Schüler folgendermaßen zusammen: »Die Schadenfreude, diese Höllen-Wollust auf Erden, war schon in der Schule beim Hinausrücken ihr süßester Lohn und blieb es gewöhnlich durch ihr ganzes Leben.«[97]

Auch wenn sich die Schulen der Philanthropisten langfristig nicht durchsetzen können, werden im 18. Jahrhundert neue Schulkonzepte gestärkt, etwa jenes der Realschule.[98] Die Idee einer Realschule, einer Schule mit mehr Praxisbezug, geht auf Bestrebungen von Comenius und der Reformation und bis ins Mittelalter zurück. Sie wird im 18. Jahrhundert durch ein dem Handel zuneigendes Bürgertum gefördert. Im 19. Jahrhundert erhält sie in deutschen Ländern allerdings einen Dämpfer durch das neuhumanistische Gymnasium.

## BILDUNG ALS ERSATZRELIGION UND MITTEL DER HIERARCHISIERUNG IM 19. JAHRHUNDERT

Wenn das 19. Jahrhundert auch das »Jahrhundert der Bildung« genannt worden ist, scheint das gerechtfertigt vor dem Hintergrund, dass bei der breitenwirksamen Durchsetzung der Schulpflicht und der Alphabetisierung immense Fortschritte gemacht werden; die Alphabetisierungsrate beläuft sich in Preußen 1871 auf über 80 Prozent.[99] Im Rahmen der Industrialisierung braucht man Arbeitskräfte, die gut ausgebildet sind, lesen und schreiben können und im abstrakten Denken geübt sind. Der Begriff »Jahrhundert der Bildung« weist aber über derart praktische Fragen hinaus. In Zeiten, die viele als arg materialistisch empfinden und in denen die Kirche an Autorität einbüßt, wird Bildung zum Religionsersatz. Entsprechend schwingt in der einflussreichen Philosophie des deutschen Idealismus bei Hegel die Forderung nach einem heiligen Ernst in Sachen Bildung mit; sie soll harte und produktive Arbeit sein.[100]

Beispielhaft verkörpert wird die Bandbreite an Funktionen, die die Bildung im 19. Jahrhundert hat, von Wilhelm von Humboldt (1767–1835). Der Schriftsteller, Sprachforscher und Politiker ist von 1809 bis 1810 Leiter der Sektion Kultus und Unterricht in Preußen und gründet die Institution des neuhumanistischen Gymnasiums sowie die heutige Humboldt-Universität in Berlin. Zwar wird seine Wirkung teils überschätzt. Doch hat er das Bildungssystem bis ins 21. Jahrhundert – auch international – beeinflusst, zum Beispiel mit der Stärkung universitärer Forschung.[101] Mit Humboldt verbindet man inzwischen schlagwortartig die Forderung nach der Freiheit und Unabhängigkeit von Forschung und Lehre an den Universitäten. Allgemein steht er für das Ideal einer humanistisch geprägten Allgemeinbildung.

Humboldt und seine Mitarbeiter bereiten das heute etablierte dreistufige Bildungswesen vor – mit dem Elementarunterricht (Grundschule), Schulunterricht (idealerweise das Gymnasium) und Universitätsunterricht.[102] Humboldt setzt staatlich kontrollierte Qualitätsstandards und Kosteneffizienz in Zeiten durch, die geprägt sind von einem Durcheinander an Garnisonsschulen, Armen-, Winkel-, Schreib-, Industrie-, Latein-, Real-, Rats-, Bürger- und Trivialschulen von sehr unterschiedlicher Leistungsfähigkeit und Trägerschaft.[103] Während Humboldt straff organisiert, betont er theoretisch – im Sinn des deutschen Idealismus – das Offene und Prozesshafte jeder Bildung. In seiner frühen Schrift »Über den Geist der Menschheit« (1797) bezeichnet er Bildung sogar als das »unbekannte Etwas«.[104]

Das Spannungsverhältnis zwischen neuartiger Strukturiertheit und einem idealistischen Zugang zur Bildung prägt auch Pädagogen aus Humboldts Umfeld. So gliedert Johann Friedrich Herbart das Lernen in vier Phasen: Klarheit (über das Vorwissen), Assoziation (Aneignung neuen Wissens), System (Eingliederung des Wissens in das vorhandene System), Methode (Übung und Anwendung des Gelernten). Bei aller Methodik legt Herbart durchaus Wert auf eine emotionale Verankerung und

Vertiefung des Wissens und schreibt: »Wer jemals sich irgendeinem Gegenstand menschlicher Kunst und Liebe hingab: der weiß auch, was Vertiefung heißt.[105]

Die Mischung aus hehren Formulierungen und straffer Disziplin charakterisiert das 19. Jahrhundert in besonderem Maß. Sie betrifft auch das humanistische Gymnasium, später *neu*humanistisches oder altsprachliches Gymnasium genannt. Es wird zur dominanten Form der höheren Schule. Modern klingt, dass es prinzipiell jedem offenstehen und Kinder, so Humboldt, nicht zu früh auf eine bestimmte Schulkarriere festlegen soll.[106] Passend dazu heißt es in Humboldts zentralem Text zur Bildung, dem »Königsberger und Litauischen Schulplan« (1809), es gehe um die »allgemeine Menschenbildung«, um Charakterbildung: Der »gemeinste Tagelöhner und der am feinsten Ausgebildete muss«, so Humboldt, »in seinem Gemüth ursprünglich gleich gestimmt werden«, damit der eine nicht zu »roh«, der andere nicht »sentimental, chimärisch und verschroben« wird; auch »Griechisch gelernt zu haben könnte«, so Humboldt, »auf diese Weise dem Tischler ebenso wenig unnütz seyn, als Tische zu machen dem Gelehrten«.[107] De facto steht dem Ideal der Gemeinschaftsschule bzw. der Chancengleichheit allerdings entgegen, dass das Gymnasium Schulgeld kostet, der Besuch bzw. die Dauer des Besuches also abhängig von den finanziellen Möglichkeiten des Elternhauses ist.[108]

Letztlich tragen Humboldts Neuerungen dazu bei, dass die Schule prinzipiell für weitere Kreise geöffnet wird, innerhalb des Systems aber stark hierarchisiert wird. Er schränkt die Privilegien des Adels ein, dafür wird das leistungswillige Bürgertum zur neuen Elite. Sie definiert sich mehr als zuvor über Bildung und stärkt diese in ihrer Funktion als hochdifferenziertes Schichtungskriterium. Das Gymnasium vergibt als einzige Schule das Abitur, das – seit 1788 bestehend – 1834 zur Voraussetzung für ein Studium wird.[109] Die meiste Unterrichtszeit verwendet man auf die drei klassischen Stammsprachen Europas: Latein,

Griechisch und Hebräisch.[110] Insgesamt bevorzugt man das abstrakte Lernen. Eine allzu direkte Nutzanwendung von Wissen ist verpönt, es soll keinen banalen materialistischen Zwecken dienen.

Auf Humboldts Ideale beziehen sich heute Kritiker des sogenannten Bologna-Prozesses bzw. des Bachelor-Studiums, wenn sie eine Verschulung und Ökonomisierung der Universitäten anprangern. Schließlich pochte Humboldt auf die akademische Freiheit und die Einheit von Lehre und Forschung. Derartige Ideale haben damals schon deshalb eine besondere Relevanz, weil der Ruf der Universitäten ramponiert ist. An vielen besteht die Lehre darin, dass Professoren immer wieder dieselben Bücher vorlesen, die sie nicht geschrieben haben.[111] Studenten gelten als faul, versoffen und gewalttätig. Konkurrenten der Alma Mater sind – ähnlich wie heute im Fall der Fachhochschulen (inzwischen Hochschulen für Angewandte Wissenschaften) – Fachschulen für Ärzte, Bergakademien, Bauakademien und Ackerbauinstitute. In dem Kontext klingen Forderungen Humboldts nach einer Universitätsreform, einem Studium in »Einsamkeit und Freiheit« nicht romantisch oder gar verquast wie heute, sondern nach frischen und notwendigen Impulsen für die Forschung und das analytische Denken.[112]

Ähnlich wie Kritiker des Bachelorsystems im 21. Jahrhundert geißelt im Jahr 1963 der einflussreiche Soziologe Helmut Schelsky mit seinem Buch *Einsamkeit und Freiheit* im Geiste Humboldts, dass die Wissenschaft unter dem Diktat der »Anwendbarkeit« und »Verberuflichung« stehe.[113] Allerdings betonen Historiker inzwischen, dass die Berliner Universität, die Humboldt 1810 gründet, nicht unbedingt dem Bild entspricht, das manche heute davon haben. So sei sie »von Anfang an eine Einrichtung zur beruflichen Ausbildung« gewesen, »in der ›allgemeine Menschenbildung‹ kaum eine Rolle gespielt hat«.[114]

Passend zum schlechten Ruf der Universitäten im 17. Jahrhundert erscheint der Student auf Gerard van Honthorsts Gemälde »Der liederliche Student« als Trinker, Spieler und Wüstling.

Eine Kehrseite des Humboldtschen Ideals der »Einsamkeit und Freiheit« meine ich, während meines geisteswissenschaftlichen Studiums zu spüren bekommen zu haben. So bestanden die Vorlesungen oft darin, dass Professoren ihre Forschungsergebnisse auf wenig spannende Weise aufzählten. Die Seminarsitzungen waren, nachdem der Dozent in der ersten Stunde eine knappe Einführung geliefert hatte, fast komplett durch Referate der Studierenden ausgefüllt. Da sie in Einsamkeit und Freiheit entstanden sind, waren sie nicht immer didaktisch gut gemacht. Die Vorgehensweise ersparte dem Seminarleiter jedoch die Mühe, den Stoff aufzubereiten und auf eingängige Weise zu vermitteln.

Man sollte nicht verallgemeinern, und seit meinem Studium vor einem Vierteljahrhundert hat sich einiges geändert. Insgesamt ist es, wenn in heutigen Diskussionen Humboldt als Vorbild genannt wird, hilfreich, sich zu vergegenwärtigen, dass inzwischen viel in den Gelehrten hineinprojiziert wird. Bildungshistoriker sprechen sogar vom »Mythos Humboldt«, von der »Erfindung einer Tradition« und der »Allzweckwaffe« Humboldt.[115] Was die Nachwirkungen Humboldts betrifft, betonen manche, er hätte indirekt dazu beigetragen, dass Professoren sich statt aufs Unterrichten auf die Forschung konzentrierten, diese teils zum Selbstzweck gemacht und sich damit ein bequemes, schwer evaluierbares Nischendasein ermöglicht hätten.[116]

Eine der großen Leistungen Humboldts für seine Zeit besteht darin, dass er den Einfluss der Kirche reduziert und die Bildung säkularisiert. Allerdings kommt es im Gegenzug zu einer Renaissance religiöser Elemente in neuem Gewand. Dazu gehören auch die Professionalisierung des Gymnasiallehrers per Edikt im Jahr 1810, die Schaffung eines Berufsstandes, später Studienrat genannt: Er nimmt ähnlich wie zuvor Geistliche eine umfassende, von oben verliehene Autorität in Anspruch. Allgemein macht sich ein Glaube an »die« Bildung breit. Auf besonders merkwürdige Weise findet er seinen Ausdruck im Griechenglauben, der teils unkritischen Huldigung antiker griechischer Kultur. Die Verherrlichung der alten Griechen wird als Beispiel für die blinden Flecken des Neuhumanismus angeführt, eine relative Gleichgültigkeit gegenüber sozialen Ungerechtigkeiten wie der Sklaverei und eine Neigung zu undemokratischen Tendenzen.[117]

Vielleicht ist Humboldts Mischung aus Disziplin und Effizienz und einem Kanon alter Sprachen und antiker Texte eine Art Kompromissformel für seine Zeit: Einerseits lehnt man das Nützlichkeitsdenken ab; andererseits passen Zucht, Ernst und das betont abstrakte Denken der neuhumanistischen Bildung zu einer Epoche, in der Fabrikschulen Unterrichtszeiten an den Arbeitsschichten der Kinder ausrichten.[118] Zugleich wirkt der Neuhumanismus mit Blick auf die Industrialisierung , wenn man sich seine antiken Lehrinhalte und Ideale wie die Muße vor Augen führt, wie eine symbolische Kompensation für Dinge, die im echten Leben verloren zu gehen scheinen. Aus heutiger Sicht ist bemerkenswert, wie viele Elemente aus dem 19. Jahrhundert unser Schulsystem und unsere Universitäten noch prägen.

Dass es Humboldt selbst um eine lebensnahe Bildung und eine lebendige Auseinandersetzung ging, zeigt sich in einem Brief, in dem er 1816 rückblickend seine Jugendlektüre charakterisiert. Nachdem er erklärt, dass er Homer zu seinem »Heile« seit seinem sechzehnten Lebensjahr immer wieder gelesen habe, meint er: »Ehemals ging es den meisten Menschen so mit der Bibel. Jetzt sind viele, die weder die Bibel noch den Homer so haben und gar nichts, was so aus dem Dunkel der Jahrhunderte aufsteigt und durchs ganze Leben zieht. Ich begreife eigentlich nicht, wie man so leben kann.«[119]

Wie ein Kommentar zu diesem Humboldt-Zitat wirkt ein Spruch, der rund 200 Jahre später, im Jahr 2012 als Graffiti an der Wand des humanistischen Karlsgymnasiums in München-Pasing prangt: »Wenn du Ulysses nicht lesen kannst, kannst du dein Leben nicht leben.« In dem Graffiti geht es um *Ulysses,* den Roman von 1922, mit dem sich James Joyce auf Homers *Odyssee* bezieht und mit dem er zugleich in einer streckenweise wilden Mischung aus Stilelementen und freien Assoziationen, dem *stream of consciousness,* den modernen Roman begründet. So bleibt offen, inwieweit das Graffiti als Lob eines klassischen literarischen Allgemeinbildungskanons zu verstehen ist oder als augenzwinkernde Relativierung desselben.

## EIGENWILLE STATT BEDIENTENSEELE – ANARCHISTISCHE ALTERNATIVEN

Wenn man heute Humboldts Wirken beurteilt, muss man sich daran erinnern, dass sich nach ihm andere Entwicklungen auf das Bildungssystem niedergeschlagen haben. So werden Schulen schon mit der Restauration ab 1815 wieder stärker vom Adel und von der Kirche bestimmt.[120] Im Januar 1849 wettert der preußische König Friedrich Wilhelm IV. gegen die Revolution von 1848; anlässlich einer Konferenz von Seminardirektoren und -lehrern beschimpft er diese wütend: »All das Elend, das im verflossenen Jahre über Preußen hereingebrochen ist, ist Ihre, einzig Ihre Schuld: der Afterbildung, der irreligiösen Massenweisheit, mit der Sie den Glauben und die Treue in den Gemütern Meiner Untertanen ausgerottet haben.«[121] Noch im Jahr 1890 warnt Otto von Bismarck, der mächtige Reichskanzler im damaligen Deutschland: »Unsere höheren Schulen werden von zu vielen jungen Menschen besucht, welche weder durch Begabung noch durch die Vergangenheit ihrer Eltern auf einen gelehrten Beruf hingewiesen werden. Die Folge ist die Überfüllung aller gelehrten Fächer und die Züchtung eines staatsgefährlichen Proletariats Gebildeter.«[122]

Derartige Haltungen erscheinen wie die Karikatur von Platons Werk *Der Staat* aus dem 4. Jahrhundert v. Chr.: In dem Idealstaat sollen Philosophenkönige als die »Auserwählten«, als Bildungselite herrschen, während man Wehrmänner und Wächter, so Platon, wie gut dressierte »edle Hunde« durch »sorgsam ausgewählte Märchen« manipulativ zum Gehorsam erzieht.[123] Jedenfalls wirken Ideen über Bildungshierarchien lange nach. So meint die Soziologin Jutta Allmendinger mit Blick auf die deutsche Bildungspolitik im 21. Jahrhundert, die stärker als andere Länder Schichtenunterschiede stützt: »Bismarck setzt der staatlichen (Aus)Bildung zu einer Zeit enge Grenzen, zu der die USA schon den Gegenkurs einer Bildungsexpansion einschlug.«[124]

Sowohl was Ausbildungschancen als auch was ein hierarchisches Denken betrifft, formieren sich im 19. Jahrhundert allerdings Gegenbewegungen, die damals extrem sind, sich inzwischen aber in manchem durch die moderne Lernforschung bestätigt finden. An erster Stelle sind Anarchisten zu nennen, die etablierte pädagogische Methoden als Herrschaftsinstrumente in Frage stellen. Sie machen – im Unterschied etwa zu Marx – mitunter konkrete Gegenvorschläge und nehmen Projekte in Angriff.

Schon 1793 schreibt der Mitbegründer des Anarchismus, William Godwin, in seinem Buch *Über politische Gerechtigkeit*: »Die öffentliche Erziehung lehrt ihre Schüler nicht den unerschütterlichen Gleichmut, der jede Behauptung dem Test einer Überprüfung unterzieht, sondern die Kunst, jene Lehrsätze zu rechtfertigen, die zufällig zum etablierten Wissen zählen. (…) All das steht in diametralem Gegensatz zu den wahren Interessen der Menschheit. All das muß verlernt werden, ehe wir beginnen können, weise zu werden.«[125] Mit dem Lob des *Ver*lernens greift Godwin die Tradition von Diogenes und mittelalterlichen Mystikern auf und nimmt die Entschulungsbewegung des 20. Jahrhunderts vorweg, auf die ich noch eingehe. Eine Schippe drauf legt der Anarchist Max Stirner (1806 – 1856) mit seiner »Theorie des Egoismus«. Stirner bringt die Willensfreiheit des Einzelnen gegen die Züchtung von »Bedientenseelen« und unterwürfigen Bürgern in Stellung, wie sie seiner Meinung nach in den »Menagerien der Humanisten« betrieben wird.[126] Wenn man Menschen nur bildet, »werden sie sich«, so Stirner, »auf höchst gebildete und feine Weise allezeit den Umständen anpassen«.

Dem wollen Anarchisten entgegenwirken. Einer der prominentesten Anarchisten, Leo Tolstoi (1828 – 1910), gründet eine eigene Schule: die Bauernschule von Jasnaja Poljana. Dort lernen die Kinder der Bauern, die auf seinen Gütern arbeiten, Lesen, Schreiben, Grammatik und Kalligraphie.[127] Man kennt keine Noten, Strafen, Hausaufgaben und kein »Sitzenbleiben«. Die Schule, die von 1859 bis 1862 besteht, kann als die erste antiautoritäre Schule Europas gelten. Auf sie wird sich unter anderen George Dennison berufen, als er 1964 in den USA die *First Street School* für unterprivilegierte Kinder gründet.[128] Wenn Tolstoi das Sitzenbleiben wegfallen lässt, vermeidet er damit etwas, das erst zu Beginn des 21. Jahrhunderts von Bildungsforschern und -ökonomen bemängelt wird, weil es hohe Kosten verursache, die

Schüler vor allem demotiviere und eben nicht zu besseren Leistungen führe.[129]

Ganz grundsätzlich beschreibt Tolstoi etwas, das noch heute relevant ist: »Der Lehrer«, erklärt er, »strebt stets unwillkürlich danach, die Methode des Unterrichts zu wählen, die ihm am bequemsten ist. Je bequemer die Lehrmethode für den Lehrer ist, desto unbequemer für die Schüler. Nur die Unterrichtsart ist die richtige, mit der die Schüler zufrieden sind.«[130]

## VON DEN BILDUNGSFERNEN LERNEN IM JAHRHUNDERT DES KINDES

Pablo Picasso wird der Ausspruch zugeschrieben, dass er schon als Kind die Meisterschaft des Renaissancekünstlers Raffael erreicht hatte, aber ein Leben lang gebraucht habe, um zu lernen, wie ein Kind zu zeichnen. In ihrem einflussreichen Buch *Das Jahrhundert des Kindes* von 1902 schreibt die schwedische Schriftstellerin, Lehrerin und Reformpädagogin Ellen Key, dass »die zukünftige Willensstärke im Eigensinn des Kindes verborgen« liege.[131] Sie bekräftigt, erst wenn man bei der Erziehung Fehler des Kindes auch als Voraussetzung für eine »Evolution« sehen werde, könne die »Erziehung anfangen Wissenschaft, Kunst zu werden«.

Gerade weil die beiden Zitate von recht unterschiedlichen Persönlichkeiten stammen, unterstreichen sie, wie umfassend das Schlagwort vom »Jahrhundert des Kindes« gemeint ist, eine Art Motto für die Bildung und Erziehung im 20. Jahrhundert. Das Kind soll mit seinen Bedürfnissen und Qualitäten in den Mittelpunkt des Interesses rücken. Das Schlagwort vom Jahrhundert des Kindes steht aber auch für übergreifende kulturelle Entwicklungen. Ausgehend von der Romantik wird das Kindliche – auch bei Künstlern von Runge über Gauguin, Klee, Kandinsky und Münter bis zu den Futuristen – als etwas Reines, Unverbildetes, Lebendiges gesehen und als Heilmittel für gesellschaftliche Probleme. Die Qualität des kraftvoll Unverbildeten schreibt man zu Beginn des 20. Jahrhunderts auch Naturvölkern zu. So sammelt man im Umfeld des Kubismus, Expressionismus, Surrealismus und Dadaismus Kunst von Stammeskulturen, Masken und Totems, um etwas über die Wirkung der Magie, des Exorzismus und des Kultischen zu erfahren.[132] Nach dem Ersten Weltkrieg wollen sich manche vom zivilisatorischen Ballast und der bürgerlichen Bildung befreien, die offenbar versagt hat.

Nicht nur im Bereich der Kunst, auch in der Lernforschung lässt man sich bis heute von fremden Kulturen anregen, unter anderen den Buschmännern der Kalahari, bei denen das Lernen mit sehr viel Praxisbezug erfolgt, als »Zeigen im Handlungskontext«.[133] Schon im frühen 20. Jahrhundert setzen Reformer bei jenen an, die im traditionellen Verständnis wenig gebildet sind, sei es weil sie aus einer sogenannten primitiven Kultur stammen, aus bildungsfernen Milieus oder weil sie Behinderungen haben. Die Hinwendung zu Bildungsfernen im weiteren Sinn gilt, wie bereits erwähnt, für Diogenes, Jesus, Mystiker und Denker wie Rousseau. Im 20. Jahrhundert machen sie Naturforscher, Ärzte und Reformpädagogen wie Maria Montessori zum Programm, um zu zeigen, wie viel man mit Bildung erreichen kann, auch bei schwierigen Fällen.

Berühmtheit hat in diesem Zusammenhang die taubblinde Helen Keller (1880 – 1968) erlangt. Als Kind völlig von der Außenwelt abgeschnitten, lernt sie schließlich Lesen und Sprechen. Sie macht einen Uniabschluss und hält Vorträge für die Sozialistische Partei Amerikas. Mark Twain bezeichnet Keller und Napoleon als die beiden interessantesten Charaktere des 19. Jahrhunderts.[134] Auch der Historiker Theodore Zeldin stellt Keller neben einen Feldherrn: »Keine Geschichte der Welt ist vollständig, die nicht Mary Helen Keller erwähnt, deren Sieg über ihre Blindheit und Taubstummheit mehr wert sein dürfte als alle Siege Alexanders des Großen, weil Kellers Sieg immer noch von großer Tragweite für jeden Menschen heute ist.«[135]

Die Erfahrungen, die Helen Keller in ihrem Buch *Geschichte meines Lebens* schildert, zeigen auf höchst eindrucksvolle Weise, dass mit Geduld im Bereich Bildung und Erziehung eine zweite Geburt möglich ist. Sie beschreibt, dass der wichtigste Tag in ihrem Leben jener ist, als ihre neue Lehrerin, Anne Mansfield Sullivan, zu ihr kommt: Sullivan schenkt ihr, der Sechsjährigen, eine Puppe und buchstabiert das Wort »d-o-l-l« in ihre Hand.[136] Keller macht auf besondere Sensibilitäten aufmerksam, von denen Leute, die keine körperliche Einschränkung haben, lernen können. So schildert sie, wie intensiv sie Erschütterungen, Temperaturunterschiede und Lärm spürt, wo andere nichts wahrnehmen: »Das Getöse und der Lärm der Stadt peitschen meine Gesichtsnerven.«

Keller wird zur Galionsfigur für einen Wandel, im Rahmen dessen Menschen mit Behinderungen, auch geistigen, eine andere Wertschätzung erfahren. Inzwischen haben im Sinn der sogenannten Inklusion Kinder mit Behinderungen das Recht, jede Schule zu besuchen; Menschen mit Down-Syndrom studieren. Auch die Bezeichnung für Menschen mit geistigen Behinderungen hat sich historisch gewandelt. Noch im 20. Jahrhundert wurden sie als »Schwachsinnige« bezeichnet, dann als »Behinderte«, als Menschen mit Behinderungen, Beeinträchtigungen, Lernschwierigkeiten, Förderbedarf und schließlich auch als »anders begabt« oder als »Menschen mit besonderen Fähigkeiten«. Schon der Apostel Paulus betont (1. Kor 12), dass jeder Mensch eine andere »Gnadengabe« des Heiligen Geistes erhalten habe – griechisch *chárisma* –, um anderen damit etwas Gutes zu tun. Mal ist es, so Paulus, die Gabe, »Weisheit mitzuteilen«, mal, »Erkenntnis zu vermitteln« oder »Krankheiten zu heilen«. Bei manchen sind es »Wunderkräfte«, »prophetische Reden« oder die Zungenrede. Sie scheint zunächst unverständlich, kann Zuhörer aber auf Ebenen der mystischen Erkenntnis heben.

## MYSTIK + WISSENSCHAFT = LERNFORSCHUNG: MARIA MONTESSORI UND DIE REFORMPÄDAGOGIK

Erstaunlich mystisch angehaucht ist auch die Sprache der Reformpädagogin Maria Montessori (1870 – 1952), deren Methode sich inzwischen wegen ihrer praktischen Vorzüge etabliert hat. In ihrem Buch *Die Entdeckung des Kindes* wünscht sie sich für Lehrer den »strengen Opfergeist des Wissenschaftlers« und die »Verzückung eines solchen Mystikers«, der vom Kind, dem »ewigen Messias«, lernt, »sich als Erzieher zu vervollkommnen«.[137] Von den reformpädagogischen Ansätzen hat sich die Montessori-Pädagogik neben der Waldorfpädagogik und dem Jena-Plan bis heute am stärksten im Privatschulsystem durchgesetzt, das teilweise staatlich gefördert wird.

Die Pädagogik der Ärztin und Anthropologin Maria Montessori eignet sich gut für die Darstellung reformpädagogischer Anliegen, da sie sowohl praktisch greifende Lehrmethoden enthält als auch ein paar weltanschauliche Elemente, wie sie generell für die Reformpädagogik typisch sind. Bei Montessori schwingt das weltanschauliche Element in einem Hang zur christlichen Mystik bzw. in der sogenannten Kosmischen Erziehung mit, in einer Ganzheitsorientierung, einem sittlichen Weltauftrag und der Friedenserziehung; dazu kommt die – historisch einzigartig frühe – Integration der Ökologie in das pädagogische Konzept.[138]

Maria Montessori geht davon aus, dass Kinder aktiv, in ihrem individuellen Rhythmus besser lernen als in einem vorgegebenen zeitlichen und thematischen Gerüst, einem Unterricht, der nicht auf ihre Konzentrationsfähigkeit und emotionale Lernbereitschaft Rücksicht nimmt. Bis heute wird über die richtige Balance zwischen Frontalunterricht und Gruppenarbeit diskutiert. Eine zu starke Betonung der einen oder anderen Seite ist kontraproduktiv. Ähnliches gilt für die Frage nach dem Verhältnis von abstraktem und praktischem Lernen. Von Ärzten und Pädagogen des 19. Jahrhunderts wie Jean Itard und Edouard Séguin ist Montessori insofern beeinflusst, als sie die sinnliche Erfahrung für einen nachhaltigen Lerneffekt unterstreicht.[139] So sind damals wie heute Lernhilfen wie Perlenmaterial und Steckspiele in Mathe wichtig.

Mit ihrem Buch *Die Entdeckung des Kindes* erlangt Montessori Berühmtheit. Sie leitet ein Kinderhaus, gründet eine Modellschule zur Ausbildung von Lehrern behinderter Kinder und hält Vorträge in aller Welt.[140] Bei ihrer Vortragsreise durch die USA im Dezember 1913 wird Montessori von Margret Wilson, der Tochter des Präsidenten, begleitet.[141] John Dewey, Vertreter der *progressive education* und Star der amerikanischen Pädagogik, führt sie in der Carnegie Hall mit Begrüßungsworten ein. Gemeinsam ist Dewey und Montessori, dass sie – ähnlich wie Humboldt – ihre Methode sehr offen definieren. Die Idee der Erziehung lässt sich, so Dewey in seinem Buch *Demokratie und Erziehung* (1916), »zusammenfassend bezeichnen als ständige Erneuerung der Erfahrung«.[142] Sein evolutionäres Prinzip passt zum Motto *learning by doing*, das er etabliert. Dewey gründet eine Laborschule in Chicago, in der Kinder kochen und Hütten bauen, gemäß der Projektmethode, die heute auch in Regelschulen Verbreitung findet.[143]

Der Pädagoge Winfried Böhm betont, dass Maria Montessori Hitler und Mussolini, der in den zwanziger Jahren Ehrenpräsident der italienischen Montessori-Gesellschaft war, zeitweise als »politische Leitgestalten« gesehen habe, denen es gelungen sei, eine »Volksgemeinschaft« für eine »menschheitsbewegende Aktivität« zusammenzubringen.[144] Bald kommt es jedoch zu Meinungsunterschieden. Die Faschisten schließen Montessori-Schulen, die Pädagogin emigriert.[145] In Deutschland zerschlägt Hitler die Montessori-Bewegung.

Montessori ist ein gutes Beispiel dafür, wie Bildungsdiskussionen bei Kritikern wie Anhängern gelegentlich durch Rhetorik und streckenweise auch Polemik geprägt sind. So erklärt Winfried Böhm, dass Montessori »keineswegs – wie eine Montessori-

Legende hierzulande behauptet – die erste Italienerin« war, die in Medizin promovierte, sondern Ernestina Paper 20 Jahre früher, nämlich 1877 in Florenz.[146] Was eine inhaltliche Kritik betrifft, bemängelt A.S. Neill, der Gründer der Summer Hill School, einer Demokratischen Schule, auf die ich noch eingehe, dass Montessori »das Kind dem Apparat anpassen wollte«.[147] Damit dürfte er so etwas wie einen sanften Gruppenzwang gemeint haben. Insgesamt scheint es aber so, als ob sich die Montessori-Pädagogik, die nicht auf Konkurrenz und Hierarchie basiert, sondern auf Inklusion, Anschaulichkeit und Praxisbezug, für viele Lerntypen als Alternative oder als ein Gegengewicht zum oft angst- oder stressbesetzten, betont abstrakten Lernen eignet.

## SCHULE? WAS IST DAS? VOM BILDUNGSNOTSTAND ZUR ENTSCHULUNGSBEWEGUNG

Im Jahr 1895 publiziert der Künstler, Unternehmer und Sozialreformer William Morris in seinem Buch *News from Nowhere* eine Utopie, die die Pädagogik mit einschließt. Der Ich-Erzähler macht eine Zeitreise in die Zukunft. Er ist erstaunt darüber, Kinder zu Unterrichtszeiten auf der Straße zu sehen. Er fragt einen Passanten, ob die Kinder nicht in der Schule sein müssten. »Schule?«, fragt der zurück, »was meinen Sie mit diesem Wort?«[148] Im Folgenden erklärt der Passant dem Zeitreisenden, man fördere keine Stubengelehrsamkeit mehr. Dennoch lernten Kinder im Alter von vier Lesen und davor Französisch.

In mancher Hinsicht entspricht das, was William Morris als Utopie fasst, dem, was man heute beiläufiges Lernen nennt, ein Lernen, das im Alltag mit Blick auf praktische Anwendungen erfolgt. Doch selbst gemäßigte Konzepte dieser Art wie die Reformpädagogik werden, nachdem sie Anfang des Jahrhunderts im Aufwind sind, in den folgenden Jahrzehnten an den Rand der Bedeutungslosigkeit gedrängt. Als Gründe hierfür sind ein allgemeiner Konservativismus zu nennen, in Deutschland vor allem der Nationalsozialismus.[149] Eine Rolle spielen auch ein Effizienz- und Kostendenken sowie Interessen- und Klientelpolitik. Das gilt ganz allgemein für Innovationen. Schon als die SPD in der Weimarer Republik die achtjährige Einheitsschule einführen will, scheitert sie nicht zuletzt am Widerstand von Gymnasiallehrern, die um ihre Position in der Bildungshierarchie bangen.[150]

Nach dem Zweiten Weltkrieg besteht ein Ziel darin, mehr Jugendlichen eine umfassende Schulbildung zu bieten, in Großbritannien etwa mit Hilfe der *Education Act* (1944), gemäß der die höhere Schulbildung kostenlos wird.[151] In Deutschland greift man, da man aufgrund der verheerenden Erfahrungen mit der nationalsozialistischen Erziehungspolitik keine Experimente machen will, auf eine Form des Bildungswesens aus der Zeit vor 1933 zurück.[152] In den fünfziger Jahren besuchen nur 15 Prozent der 16-Jährigen eine Vollzeitschule, eine Schule, der Jugendliche den größten Teil ihrer Ausbildungszeit widmen, und nicht nur einen Teil wie bei einer Berufsschule; 1980 sind es fast alle.[153] 1957 schießt die UdSSR den ersten Satelliten in den Weltraum und löst damit den sogenannten Sputnik-Schock aus, der dazu führt, dass man sich im Westen daranmacht, die naturwissenschaftlich-technische Ausbildung zu modernisieren.[154]

In seinem Buch *Die deutsche Bildungskatastrophe*, das 1964 Aufsehen erregt und begriffsbildend wirkt, hebt Georg Picht nicht auf alternative pädagogische Konzepte ab, sondern auf technische und ökonomische Aspekte. Was er schreibt, klingt erstaunlich ähnlich wie heutige Ausführungen. »Die Bundesrepublik«, meint Picht, »steht in der vergleichenden Schulstatistik am untersten Ende der europäischen Länder (…) Die jungen Wissenschaftler wandern zu Tausenden aus, weil sie in ihrem Vaterland nicht mehr die Arbeitsmöglichkeiten finden, die sie brauchen. (…) Der bisherige wirtschaftliche Aufschwung wird ein rasches Ende nehmen, wenn uns die qualifizierten Nachwuchskräfte fehlen.«[155] Wenn Picht kritisiert, dass der Anteil der Bildungsausgaben am Sozialprodukt in Deutschland im Vergleich zu anderen reichen Ländern niedrig sei, ist dies eine kuriose historische Parallele zur aktuellen Situation.[156]

Seit den sechziger Jahren ist immerhin einiges passiert. Im Jahr 1960 haben in der Bundesrepublik nur rund 33 Prozent eine neunjährige Schulzeit, 1987 sind es schon knapp über 90 Prozent.[157] Der Anteil der Gymnasiasten hat sich in den letzten 50 Jahren etwa verdoppelt. Allerdings besucht in Deutschland bis heute nur jedes zehnte Arbeiterkind ein Gymnasium, jedes zweite kommt aus einem Beamtenhaushalt.[158] Ein derartiges soziales Ungleichgewicht bemängeln Bildungstheoretiker und -historiker aus angelsächsischen Ländern in den sechziger und siebziger Jahren. Sie meinen, dass Schulen Strukturen der Diskriminierung und Ungleichheit stützten und die alten Eliten stärkten.[159] In den USA beträgt die Quote derer, die die Schule abbrechen, in manchen Vierteln von Los Angeles 30 bis 50 Prozent, zum Teil mehr.[160] Seit den sechziger Jahren sind die Ausgaben für Schulen in ärmeren Vierteln, aus denen immer mehr Weiße in Vororte zogen, ungefähr analog zum Anteil weißer Kinder gesunken. Das durchschnittliche Jahresgehalt eines Lehrers in Schulen mit 99 Prozent Schwarzen oder Latinos beträgt im Jahr 2002 in New York City 42 000 Dollar, in privilegierten Vororten auf Long Island mit mehrheitlich weißen Kindern ungefähr das Doppelte.

Seit den siebziger Jahren versuchen sogenannte Street Schools, Schulabbrechern eine zweite Chance zu geben. Inzwischen finden sich in Deutschland ähnliche Projekte, etwa die »Mannheimer Straßenschule«. Dort können Jugendliche aus schwierigem sozialem Umfeld in einem Jugendzentrum ihren Abschluss machen.[161] Sie werden von jungen Lehrern, teils Studierenden unterrichtet, die ihnen auf Augenhöhe begegnen. Die Anregung für das Projekt stammt von Projekten für Straßenkinder aus Südamerika. Ansonsten ist neben der Tradition amerikanischer Street Schools in diesem Zusammenhang auch jene der sogenannten Demokratischen Schulen zu nennen, die sich inzwischen als Alternative zum Regelschulwesen etabliert haben.

Die erste und bekannteste Demokratische Schule dürfte die Summerhill Schule sein. Sie gründete Alexander Sutherland Neill 1924 als Internat, nachdem er in der progressiven Zeitschrift *New Era* per Anzeige gezielt nach Jungen und Mädchen gesucht hatte, »die andere Schulen schwierig, faul, langweilig bzw. antisozial fanden«.[162] Neill erzählt Anekdoten, wonach er einem Schüler, den er nachts beim Plündern der Speisekammer erwischt, im Folgenden als Komplize Gesellschaft leistet. Immerhin gelten an der Summerhill Schule mehr Regeln als an einer Sudbury Schule, deren erste 1968 in den USA entsteht. Dort müssen Schüler gar keine Schulstunden besuchen und können ein halbes Jahr lang nichts tun oder beispielsweise angeln gehen. Da es weniger um akademische Leistungen geht als darum, ein reifes Mitglied der Gesellschaft zu werden, präsentiert man als Abschlussprüfung eine Art Selbstbeschreibung bzw. Schilderung der eigenen Entwicklung über die Jahre.[163] In Summerhill Schulen gibt es Strafen, die allerdings die Kinder festlegen. Lehrer sind Freunde. Neill wurde wegen eines naiven Glaubens an die Psychoanalyse kritisiert. Er spitzte seine Ziele in dem Spruch zu: »Mir ist es lieber, die Summerhill Schule bringt einen glücklichen Straßenkehrer hervor als einen neurotischen Premierminister.«[164]

Im Prinzip wird hier die Diskussion aus dem alten Griechenland, wie man die Balance hält zwischen *techné*, der reinen Fertigkeit, und *paideia*, der Bildung im Sinn ethischer Lebensführung, in moderne Zeiten übersetzt. Radikaler als Demokratische Schulen argumentieren Anhänger der *Ent*schulungsbewegung, die in den siebziger Jahren einen Schub erhält. Ein Vorläufer ist der Anarchist Walther Borgius mit seinem Buch *Die Schule. Ein Frevel an der Jugend* von 1930. Mit Verweis auf zahlreiche historische Beispiele schreibt er, die Schule sei grundsätzlich »ein raffiniertes Herrschaftsmittel des Staates«, den »demütigen Untertanen zu drillen«.[165] Praktisch anregend kann man aus heutiger Sicht Borgius' Forderung finden, dass man als Fremdsprache nicht ähnliche Sprachen wie die eigene lernen sollte, sondern zumindest in Ansätzen Chinesisch, Arabisch, eine afrikanische Sprache und Grönländisch. So könne man etwas über unterschiedliche Denkweisen erfahren und seinen Horizont erweitern.

Während Borgius von der »Sklaverei des Kindes« spricht, meinen im 21. Jahrhundert Anhänger der Entschulungsbewegung, die Idee, das Kind als »Besitz« der Eltern zu sehen, sei rechtlich zweifelhaft. Sie kritisieren, dass Kinder gezwungen werden, in die Schule zu gehen, obwohl § 1631 des BGB die Gewalt gegen Kinder verbietet.[166] Den Begriff Entschulung (»Deschooling«) prägte 1971 der australische Priester und Philosoph Ivan Illich. Ein Blick in sein Buch *Die Entschulung der Gesellschaft* lohnt sich, weil er praktische Vorschläge mit einer umfassenden Gesellschaftskritik verbindet, die in vielem bis heute relevant bleibt.

Illich schildert, dass in Lateinamerika an öffentlichen Mitteln für jeden, der die Universität absolviert, zwischen 350 und 1500 mal so viel Geld aufgewendet werde wie für den Durchschnittsbürger; in den USA seien es zehnmal so viel wie für die ärmsten Kinder.[167] Illich wünscht sich, dass das »Recht jedes Bürgers auf einen gleichen Anteil an Bildungsaufwand aus Steuermitteln« einzuklagen wäre. Allerdings hebt er hervor, dass die institutionalisierte Ausbildung nicht die beste sei und Zeugnisse nur eine »Art der Marktmanipulation«. Für die meisten Menschen gilt, so Illich: »Ihr Tatsachenwissen und ihr Verständnis von Leben und Arbeit haben sie aus Freundschaft oder Liebe, beim Fernsehen oder Lesen, aus Beispielen Gleichgesinnter oder durch eine anregende Straßenbekanntschaft gewonnen.« Als Alternative zur Schule will Illich frei organisierte Lerngruppen, über Computerdateien auffindbare und über Bildungsgutscheine bezahlbare Lern- und Fertigkeitsbörsen sowie »Nachweisdienste« für bestimmte Themen fördern. Wenn Illich die Schule durch Bibliotheken, Museen, Laboratorien, Fabriken und landwirtschaftliche Betriebe ersetzen will, erinnert dies zum einen schlicht an heutige Praktika für Schüler und Studenten. Zum anderen passt es zu Vorstellungen wie jenen von Salman Khan: Mit seiner Khan Academy bietet er seit 2006 Nachhilfe auf *youtube*; die insgesamt über 3000 Videos locken monatlich Millionen von Besuchern an.[168] In einem Interview erklärt Khan – fast wortgleich wie Illich –, die Schule der Zukunft stelle er sich als einen Ort vor, an dem Kinder zusammenkommen, eine Kombination aus Museum, Labor, Bibliothek und Werkstatt. Ansonsten erinnern an die Entschulung Initiativen wie die Barcamps, über Blogs und soziale Netzwerke organisierte Tagungen mit Workshops, auf denen man Wissen austauscht.

Illich hegt politisch und psychologisch begründete Zweifel an der Institution Schule. 1971 erklärt er, die Schule sei »nicht nur die neue Weltreligion«, sondern als Teil der neuen »Wissensindustrie« der am »schnellsten wachsende Arbeitsmarkt der Welt«. So warnt Illich vor einem allzu großen Glauben an eine institutionalisierte Bildung.

Wie wichtig allerdings eine staatliche Aufsicht des Bildungswesens ist, zeigt auf zugespitzte Weise ein Blick auf Entwicklungen in der jüngsten Geschichte Chinas. Seit einigen Jahren tummeln sich neben den staatlichen Universitäten verstärkt private Colleges. Einige ziehen den Ärmsten der Armen mit dem Versprechen, dass Bildung ihren Kindern ein besseres Leben ermöglichen werde, ihr letztes Geld aus der Tasche bzw. bringen sie dazu, sich zu verschulden. Der Dokumentarfilm *Chinas Bildungsdschungel* von Weijun Chen (2012) zeigt auf ernüchternde Weise, wie manche derartige Universitäten, deren Anzahl sich in den letzten Jahren vervielfacht hat, keinen wirklichen Gegenwert für ihre Gebühren bieten. Das Lehrpersonal ist oft unqualifiziert, Kurse werden nur mit Hilfe des Internets »vorbereitet«. Oft ist das Ganze sogar ein geplanter Betrug. Auf »Informationsveranstaltungen« gaukeln Vertreter der Colleges Interessenten mit Hilfe von Fotos anderer Universitäten, die man einfach aus dem

Internet herunterlädt, vor, es handle sich bei dem College um eine seriöse, hoch angesehene, räumlich bestens ausgestattete Institution, deren Absolventen viel Geld verdienen. Opfer des Betrugs sind meist arglose, arme und weniger gebildete Landbewohner, die sich für ihre Kinder eine Chance durch Bildung versprechen. So wird ausgerechnet in dem Staat, in dem der Kommunismus eine totalitäre und zentralgesteuerte Bildung und brutalste Umerziehungsprogramme durchgesetzt hat, aber der Konfuzianismus traditionell auch eine Hochachtung für Bildung förderte, Schindluder auf dem »freien« Bildungsmarkt getrieben.

Auch in westlichen Industrieländern gibt es einen Trend zu Privatschulen und Privatuniversitäten. Wie auch immer man das im Einzelnen bewertet – jedenfalls wird hier ein staatliches Engagement zur Wahrung der Chancengleichheit wichtig, damit nicht wieder einmal wie so oft in der Geschichte eine Elite herangezogen wird, die sich der Herkunft aus einem privilegierten Milieu verdankt.

Als Anregung für eine Privatisierung von Bildung und zugleich für eine Reform und Öffnung vorhandener staatlicher Institutionen für weitere Kreise erscheint das Projekt von Sebastian Thrun, dem ehemaligen Professor für Künstliche Intelligenz der Stanford University. In seiner kostenlosen, von Firmen gesponserten *Online-University-Udacity* hält er über das Internet Vorlesungen für Zigtausende. In einem Interview beklagt Thrun, dass traditionelle Universitäten »trotz moderner Medien« heute »immer noch Unterrichtsmethoden wie vor 1000 Jahren« benutzen.[169] Er hat gelernt, dass die »klassische Vorlesung« nicht funktioniert, weil Vorlesungen spannend wie ein Film sein sollten. Vor allem aber sollten Studenten selbst Probleme lösen, und zwar unabhängig vom Notendruck. Thrun erwähnt ein Schlüsselerlebnis, das seine Zweifel an der traditionellen Universität verstärkte: Er habe einmal die Antrittsvorlesung eines deutschen Professors zum Thema Künstliche Intelligenz gehört und sie, obwohl er selbst ein Spezialist auf dem Gebiet ist, einfach nicht verstanden.

## SCHEINBILDUNG, HALBBILDUNG, UNBILDUNG – ELITENBILDUNG UND BILDUNGSMISCHUNG

In einem der großen englischen Gesellschaftsromane des 19. Jahrhunderts, Thomas Hardys *Jude the Obscure* (1896), strebt der Steinmetz Jude ein Leben lang danach, sich zu bilden. Mühsam bringt er sich abends Griechisch und Latein bei. Nachdem er jahrelang einsam neben seiner harten Arbeit als Autodidakt studiert hat, nimmt er all seinen Mut zusammen und bewirbt sich an der Universität in Christminster – eine Anspielung auf die reale Universität Oxford. In einem Brief antwortet ihm der Rektor ablehnend mit dem Hinweis, dass er doch ein »working-man« sei und besser fahren werde, wenn er »in seinem Milieu« bleibe und keine neuen Wege beschreite.[170]

Eine Absage, die derart offen mit einer Schichtenzugehörigkeit begründet wird, ist heute zumindest an der Universität nicht mehr denkbar. Allerdings wird manchen Grundschülern, deren Eltern keine Akademiker sind, immer noch vom Besuch des Gymnasiums abgeraten. In den letzten Jahren steht in Deutschland neben dem archaisch anmutenden Begriff der Unterschicht jener der Elite wieder auf der Tagesordnung, nachdem er wegen seines Missbrauchs im »Dritten Reich« jahrzehntelang negativ belegt war. Mit sogenannten Eliteuniversitäten, die der Staat im Rahmen von Exzellenz-Initiativen unterstützt, will man die nationale Konkurrenz und globale Wettbewerbsfähigkeit von Hochschulen und ihrer Forschung fördern. Mitunter wird kritisiert, dass dabei vor allem auf ökonomische Verwertbarkeit geachtet und die Lehre im Vergleich zur Forschung noch mehr vernachlässigt werde.

Von derartigen Detailfragen abgesehen finde ich die Förderung von Eliten mit Blick auf internationale Vorbilder in vieler Hinsicht merkwürdig. Die USA und Großbritannien dürften die Länder mit dem am stärksten ausgeprägten Elitesystem unter den westlichen Industrienationen sein. Sie zeichnen sich durch eine besonders große Kluft zwischen Arm und Reich aus, unsoziale Gesundheitssysteme und marode Infrastrukturen.

Aktuell reicht die Palette von der Forderung nach Elitenförderung bis zu jener nach mehr Bildungsgerechtigkeit, vom Lob der Disziplin bis zu jenem des offenen Unterrichts. Manche wollen die Allgemeinbildung retten, indem sie einen Kanon mit Literaturklassikern schnüren; andere fordern eine Entschulung. Suchte man nach einem historischen Vergleich für die aktuelle Vielfalt in Sachen Bildungsdiskussionen, die Mischung aus Verunsicherung und Aufbruchsstimmung, wäre es wohl das 18. Jahrhundert. Während damals die Industrialisierung unerhörte Anforderungen mit sich bringt, gilt dies heute für postindustrielle Märkte und neue Medien. Während damals die erwähnte innovativ gestaltete *Enzyklopädie*, aber auch neue Gattungen wie der Bildungsroman auf die neuen Zeiten einstellen sollen, experimentiert man heute mit alternativen Wegen der Wissensvermittlung. Das können kompakte Bildungsbücher sein, neue Genres wie Sachcomics oder – in den neuen Medien – Social News und Aggregators, Internetdienste, die Einträge und Links liefern, sie thematisch einordnen und bewerten, um einen Überblick in der Informationsflut zu bieten.

Manche freuen sich über Bücher mit Titeln wie *Bildung. Alles, was man wissen muss*. Manche rümpfen die Nase über eine vermeintliche Instant-Bildung. Andere reagieren mit Titeln wie *Scheinbildung. Was an unserem Wissen alles falsch ist*, indem sie auf typische Bildungsfragen überraschende oder kalauernde Antworten geben.[171] Der ernste Hintergrund derartiger Publikationen sind die Informationsflut und eine – wie im 18. Jahrhundert – gefühlte Beschleunigung und Überversorgung mit Medienprodukten, aufgrund derer es immer wichtiger wird, Informationen zu filtern und zu sortieren.[172]

Man mag sich fragen, was der Philosoph Theodor W. Adorno von Büchern wie *Scheinbildung* gehalten hätte. Schließlich hat er den verwandten Begriff der Halbbildung, der grundsätzlich ein polemischer ist, theoretisch aufgewertet. In seinem Aufsatz »Theorie der Halbbildung« von 1959 erklärt er, die Bildung sei zu »sozialisierter Halbbildung geworden, der Allgegenwart des entfremdeten Geistes«, der vom Fetischcharakter der Ware ergriffen sei.[173] Eines der wenigen plastischen Beispiele, die Adorno in seinem fast 30-seitigen Aufsatz für Halbbildung nennt, ist die Haltung, »sich als kultiviert auszuweisen«, indem man Symphonien erkennt, etwa Beethovens 5., und zwar mit Hilfe gesungener Worte: »I am your Fate, come, let me in!« Das sei, so Adorno, die »Explosion der Barbarei, die sicherlich das musikalische Bewußtsein von Millionen von Menschen beschädigt hat«. Richtig gefährlich wird Halbbildung für Adorno in der »Attitüde, in der Halbbildung und kollektiver Narzißmus sich vereinen«, der »des Verfügens, Mitredens, als Fachmann sich Gebärdens, Dazu-Gehörens«. Am Ende des Aufsatzes wünscht sich Adorno mehr lebendigen Bezug der Bildung auf die Dinge, wobei die Kraft dafür aus dem Geist dessen kommen solle, »was einmal Bildung war«.

Es leuchtet ein, wenn Adorno eine aufgesetzte, auf äußere Effekte zielende Bildung bemängelt, bei der eine emotionale Beteiligung und kritisches Denken fehlen. Allerdings könnte man bedauern, dass er, statt sich mit der Frage zu beschäftigen, wie man Leuten, die, was Beethoven betrifft, weniger Bildungsmöglichkeiten hatten, entgegenkommt, etwas von oben herab in Kategorien einteilt wie »Halbbildung« und »Unbildung«. Letztere gestatte, so Adorno, als »bloße Naivetät, bloßes Nichtwissen ein unmittelbares Verhältnis zu den Objekten« und damit zumindest Skepsis, Witz, Ironie und ein »kritisches Bewußtsein«.[174]

Immerhin hat sich seit den sechziger Jahren mehr und mehr ein Verständnis dafür entwickelt, dass das Lernen auf die Lebenswirklichkeit der Schüler und deren Persönlichkeit ausgerichtet sein sollte. Wie in den sechziger Jahren hofft man aktuell auch, dass Bildung und Erziehung gesellschaftliche Probleme lösen könnten. So referiert Jörg Dräger in seinem Buch *Dichter, Denker,*

*Schulversager* Studien, in denen ein kausaler Zusammenhang zwischen Bildung und Kriminalität hergestellt wird: »Könnte die Zahl der Schulabgänger ohne Hauptschulabschluss halbiert werden, gäbe es«, so Dräger, »weitaus weniger Gewalt- und Eigentumsdelikte.«[175]

Nun lassen sich natürlich zahlreiche Vorbehalte gegen derartige Hochrechnungen nennen. Doch sind sie insofern anregend, als sie erneut zur Frage der alten Griechen zurückführen, wie es um den Einfluss einer ethischen Bildung im Sinn von *paideia* steht im Vergleich zu *techné*, der technischen Fertigkeit. Immerhin war Deutschland im Jahr 1933, dem Jahr der Machtübernahme Hitlers, im globalen Vergleich wohl eines der Länder mit dem weltweit höchsten Bildungsstand im konventionellen Verständnis. In ihrem Buch *Am Anfang war Erziehung* (1980) hat die Psychoanalytikerin Alice Miller untersucht, wie Hitler aufgrund seiner Kindheit voller Gewalt und Demütigungen zum Jahrhundertverbrecher wurde. Insgesamt stellt sie fest: »Unter allen führenden Gestalten des Dritten Reiches habe ich keine einzige gefunden, die nicht streng und hart erzogen worden wäre.«[176]

Es ist natürlich problematisch, übergreifende Thesen darüber aufzustellen, inwieweit welche Art der Bildung und Erziehung bessere Menschen hervorbringen kann. Jedenfalls sind weltweit immer noch *860 Millionen* Menschen Analphabeten, und ein großer Teil davon würde sich nach einer Chance sehnen, einfach nur eine rudimentäre Bildung zu erhalten. Um sie zu bekommen, nehmen viele ungeheure Strapazen und Gefahren auf sich. Ein tragisches Beispiel ist die Pakistanerin Malala Yousafzai. Sie wurde im Oktober 2012 als 14-Jährige von Taliban niedergeschossen und lebensgefährlich verletzt, nur weil sie sich für Bildungsmöglichkeiten für Mädchen engagiert hatte.[177]

Im internationalen Vergleich sind die westlichen Industrienationen auch in Sachen Bildung extrem privilegiert. Dennoch kann man darüber staunen, was historisch alles *nicht* umgesetzt worden ist. So wäre es beispielsweise deutlich einfacher gewesen, in den vergangenen Jahrhunderten ein flächendeckend auf frei entwickelter Motivation, Empathie und Fürsorge basierendes Schulsystem für jedermann auszubauen, als die Arbeitswelt für alle zufriedenstellend zu organisieren. Umso ernüchternder ist es zu sehen, dass sich entsprechende Ideen, die der erwähnte Pädagoge Johann Comenius bereits im 17. Jahrhundert propagierte, oft schlicht deshalb nicht durchsetzen konnten, weil Machthunger, Ideologie, Besitzstandsdenken oder Bequemlichkeit überwogen. Immerhin finden sich in der jüngsten Geschichte vermehrt Beispiele für Projekte wie den eingangs erwähnten Rütli Campus in Berlin, die Schülern aus schwierigem familiärem Umfeld eine Chance bieten.[178]

Insgesamt scheint über die Jahrtausende in Wellenbewegungen mal mehr, mal weniger Wert auf *techné* oder *paideia* gelegt worden zu sein, auf analytische Fertigkeiten oder Herzensbildung, auf Wissensanhäufung oder Lebenskunst. Immer wieder ging es um eine Balance. Wenn heute Kindergärtnerinnen viel weniger verdienen als Professoren, obwohl sie offenkundig viel wichtiger für die persönliche Entwicklung junger Menschen sind, hängt dies *auch* damit zusammen, dass die Bedeutung der frühkindlichen Erziehung über die Jahrhunderte erst langsam erkannt wurde. Die gesellschaftliche Wertschätzung hinkt hinterher.

Was die Ausbildung und Organisation bei Lehrberufen betrifft, mag man sich daran erinnern, dass im 18. Jahrhundert innovative Pädagogen vor ihrer Karriere oder nebenher in anderen Berufen arbeiteten und zahlreiche Anregungen erhielten. Inwieweit eine »Entprofessionalisierung« des Lehrerberufes sinnvoll sein könnte, darüber lässt sich streiten. Schließlich ist die Geschichte voll von furchtbaren Beispielen unprofessioneller Lehrer vom Priester bis zu preußischen Kriegsveteranen, die Schüler mit ihrer Inkompetenz und militaristischen Marotten quälten. Dagegen hat eine Professionalisierung des Lehrerberufes in Preußen ab 1810 zur überdurchschnittlich schnellen Alphabetisierung beigetragen. Zumindest eine »Entbeamtung« wäre allerdings wohl fällig, da die Verbeamtung von Lehrern dem Staats- und Autoritätsverständnis des 19. Jahrhunderts entspringt und heute wenig Sinn ergibt.

Was die Schul*arten* anbelangt, kommt man langsam vom Denken des 19. Jahrhunderts weg, demzufolge Kinder, aus denen etwas werden soll, auf das Gymnasium müssen. In ihrer Reportage »Der Klassenkrampf« schildert Heike Faller 2010 anhand von Statistiken und Fallbeispielen, wie es Haupt- und Realschüler, die eine Lehre machen, gelegentlich einfacher haben als Abiturienten. Sie bekommen, so Faller, eine bodenständige Ausbildung mit einigermaßen guten Jobaussichten und können sich noch weiterbilden, ohne mit allzu hehren Vorstellungen gestartet zu sein, die oft enttäuscht werden.[179] Allerdings betont Faller, wie wichtig eine Offenheit im Bildungssystem ist. Sie weist darauf hin, dass immerhin »40 Prozent der Studierenden an bayerischen Hochschulen ihre ›Zugangsberechtigung‹ nicht auf dem klassischen Gymnasium erworben haben, sondern auf dem zweiten Bildungsweg oder im Job«.

Die historisch überfällige Forderung nach mehr Durchlässigkeit der Institutionen spiegelt sich auch in weiter ausgreifenden Debatten. Etwa darüber, dass unterschiedliche Begabungen honoriert und genutzt werden sollten. Darauf weisen unter anderem Ergebnisse aus der historisch angelegten Intelligenzforschung hin. So stellt der Intelligenzforscher und Politologe James Flynn fest, dass in den letzten hundert Jahren der Intelligenzquotient mit jeder Generation gestiegen sei.[180] Er erklärt, dass unsere Vorfahren um 1900 nach heutigen Maßstäben einen IQ zwischen 50 und 70 hatten, also deutlich unter dem aktuellen Durchschnitt von etwa 100. Der Zugewinn an Intelligenz hat, so Flynn, mit der Industrialisierung und einem entsprechend gefragten analytischen und wissenschaftlichen Denken zu tun, mit kleineren Familien und der Förderung von Kindern, mit Medien und Freizeitaktivitäten bis hin zu Brettspielen mit abstrakten Figuren und

Symbolen. Allerdings sei zum einen eine Grenze des Intelligenzanstiegs erreicht worden (Flynn-Effekt); »viel mehr kognitive Reize passen«, so Flynn, »nicht in unsere Freizeit«. Zum anderen sei die Intelligenz der Tests einseitig, da man abstrakt klassifizierendes Denken über das konkrete stelle. So wäre heute die richtige Antwort auf die Frage, was Hunde und Hasen gemeinsam haben, dass beides Säugetiere sind. Vor hundert Jahren hätten die Menschen eher gesagt, mit Hunden jage man Hasen.

Flynn betont, wie wichtig die Mischung aus analytischem, abstraktem und praktischem Denken, Kreativität und Einfühlungsvermögen ist: »Nachzuschlagen, wie viele Juden im Holocaust ermordet wurden, ist nicht dasselbe, wie das *Tagebuch der Anne Frank* zu lesen.« Um Begriffe der Intelligenz zu relativieren, verweist Flynn darauf, dass Freitag, der Eingeborene aus Daniel Defoes Roman *Robinson Crusoe* (1719), auf der einsamen Insel die Dinge schneller lernte als Robinson. Er sei somit intelligenter gewesen. Im Roman entpuppt sich Freitag auch als *emotional* intelligenter.[181] Das dämmert sogar Robinson, und so kommt er umso mehr ins Grübeln darüber, wie ungerecht das Wissen verteilt ist: »Warum hat es Gott gefallen«, fragt er sich, »dieses heilbringende Wissen vor so vielen Millionen Menschen zu verbergen, die es, dem armen Wilden [Freitag] nach zu urteilen, weit besser anwenden würden als wir?«

Natürlich sollte man das Beispiel mit Freitag nicht als naives Lob des Edlen Wilden verstehen. Doch auch in modernen Wissensgesellschaften lässt sich von jenen lernen, die im konventionellen Verständnis als bildungsfern gelten.[182] Das betont beispielsweise der chilenische Wirtschaftsingenieur und Professor für Ökonomie Manfred Max-Neef. Bei seinen Aufenthalten in Slums und armen ländlichen Gemeinden bei südamerikanischen Kleinbauern und Indianern habe er, so Max-Neef, nachhaltiges Wirtschaften, Systeme gegenseitiger Hilfe und Solidarität, eine »Entwicklung nach menschlichem Maß« und eine »Barfuß-Ökonomie« kennengelernt.[183]

Schon 1972 gründete Sanjit Bunker Roy das Barefoot College in Tilonia, einem Dorf in Rajasthan in Indien. Bei einem Landaufenthalt hatte er die Erfahrung gemacht, dass die Ärmsten der Armen über ein eigenes wertvolles Wissen verfügen.[184] Am Barefoot College sind Lehrer Lernende und Lernende Lehrer. Es wird unterrichtet, was die Armen als wichtig empfinden. Mit einem Doktortitel oder Master ist man, so Bunker Roy, »disqualified«. An dem College macht man keine Abschlüsse, es gibt keine Diplome. Dafür kann jeder alles ausprobieren. In der Tradition Mahatma Gandhis soll man aus lokalen Erfahrungen schöpfen. Frauen des Dorfes haben die Gebäude, die 7000 Schüler fassen, mit traditionellen Materialien und Technologien isoliert. Analphabetinnen werden zu Solaringenieurinnen ausgebildet. Sie bauen Solarlampen, vertreiben sie inzwischen nach Afrika, Südamerika und im Nahen Osten und betreuen sogar die Inbetriebnahme.[185]

Beim Barefoot College geht es ebensowenig wie bei Diogenes, Jesus, Mystikern des Mittelalters oder Reformpädagogen darum, eine einfache oder gar fehlende Schulbildung zu romantisieren. Doch wurde über die Jahrhunderte immer wieder gefragt, wie sich die Balance zwischen Abstraktion und Anwendung in Sachen Wissen und Bildung gestalten soll. Es ging darum, welche Art von Bildung man für ein gutes Leben braucht, welche Form womöglich zur Überheblichkeit und Machtanmaßung verleitet und wo eine Entschlackung bzw. ein Neuanfang ratsam ist. Zudem erinnern Helden des Nichtwissens von Sokrates bis Diderot daran, den Druck zu verringern, gebildet zu erscheinen. Seit Platon und Aristoteles gilt die Fähigkeit zu staunen als eine der Grundlagen für den Lust- und Erkenntnisgewinn.

Eben diese Qualitäten mahnt im Jahr 2004 auch der Entertainer Sacha Baron Cohen an, als er an der Harvard University eine *Commencement Speech* hält, eine der eingangs erwähnten Reden, in denen Prominente den frisch graduierten Studenten Ratschläge fürs Leben erteilen. Baron Cohen selbst hat sein

Geschichtsstudium an der Eliteuniversität im englischen Cambridge abgeschlossen. Seine Rede in Harvard aber hält er in seiner Rolle als Rapper Ali G. Als dieser ist er jahrelang in einer eigenen Fernsehshow aufgetreten.[186] Er trägt einen glänzend roten Trainingsanzug, Sonnenbrille und übertrieben große Halsketten und Ringe. Er spielt sozusagen den Unedlen Wilden. Vor dem elitären Publikum, Studierenden, Eltern, Freunden und Verwandten der Abschlussklasse und Lehrkräften der Universität, drückt sich Ali G grammatikalisch falsch aus und gibt Zoten zum Besten. In der Tradition der erwähnten *Dunkelmännerbriefe*, der Parodie des 16. Jahrhunderts, macht er sich über Bildungsinhalte lustig, über das allzu routinierte Zitieren aus dem Bildungskanon. Ali G verballhornt Begriffe und Namen von Präsidenten und schweift zu Figuren der Popkultur ab. Mit seiner Performance ruft er andere Lebenswelten in Erinnerung mit ihren eigenen Problemen, Prioritäten und Qualitäten.

Gegen Ende seiner Rede verleiht Ali G seiner Verwunderung darüber Ausdruck, dass das Harvard-Studium 38 000 Dollar im Jahr kostet. »Are you mental?«, ruft er ins Publikum, »Seid Ihr verrückt?« Für das Geld, erklärt Ali G, würden die Eltern der Studierenden doch einen Lexus bekommen. Der Wagen der Nobelmarke von Toyota hat in den USA immerhin einen ähnlichen Status wie BMW und Mercedes. Mit ihm könne man, so Ali G, bei attraktiven Damen definitiv besser landen, als wenn man sage, dass man einen Sohn mit Harvard-Abschluss habe. Bei seinen launigen Überlegungen zum Lexus hat Ali G durchaus das ernste Thema der gemeinwohlorientierten Anwendung von Wissen und Bildung im Blick. Immerhin schwärmt er ausgerechnet in den USA, dem Land der Elitenbildung und darniederliegenden, wenig innovationsfreudigen Automobilindustrie, von einem japanischen Wagen – dem historisch ersten der Luxusklasse, der mit einem Hybridantrieb ausgestattet war.

# Die letzten Helden

## Sport: vom Götterkult zum Freizeitspaß – zwischen Sozialutopie und Millionendeal

»Heute ist ein guter Tag, um Geschichte zu schreiben!!!« Der Spruch prangt am 23. Mai 2001 auf einem etwa 100 Meter langen Transparent, das Fans beim Finale der Champions League zwischen dem FC Valencia und dem FC Bayern München im Mailänder Giuseppe Meazza Stadion ausrollen. Doch eigentlich ist im Sport fast jeder Tag ein guter Tag, um Geschichte zu schreiben. Mal gilt es als historisch, erstmals die Champions League zu gewinnen, mal, dass ein Formel Eins-Pilot der jüngste ist, der drei WM-Titel hintereinander einheimst. Mal ist es ein zwölfjähriger Skateboarder, dem als erster ein »1080«, ein Sprung mit dreimaliger Drehung um die Körperachse gelingt.

Natürlich greift man mit dem Begriff »Geschichte schreiben« in diesen Zusammenhängen ein bisschen hoch. Doch hat der Sport aktuell tatsächlich eine Bedeutung, die historisch einzigartig ist. In Nachrichtensendungen hat er seinen festen Platz und eigenen Sprecher. In der Werbung und auf Galas tummeln sich Sportstars, auf Partys ist der Sexappeal von Fußballern Smalltalk-Thema. Die Kanzlerin besucht die Nationalmannschaft sogar in der Umkleidekabine. Umgekehrt sind in die politische Sprache verstärkt Begriffe aus dem Sport eingeflossen. Eine Untersuchung der *Bild* und der *Süddeutschen Zeitung* im Jahr 2002 zeigt, dass Politiker in 257 Artikeln 770 Sportmetaphern gebrauchten wie »ins Rennen gehen«, »am Gegner vorbeiziehen«, »eine Hürde nehmen«, eine »Auszeit nehmen« und »den Ball flachhalten«.[1]

Eine ähnlich wichtige Rolle wie heute hat der Sport zuletzt vielleicht im antiken Griechenland gespielt, damals natürlich unter ganz anderen Voraussetzungen, mit einem anderen Verständnis des Kultischen, von symbolischen Handlungen, Ruhm, Opfer und Ehre. Einerseits schwingen ältere Funktionen des Sports noch heute mit. Andererseits dient er als Ersatz für manches, das früher durch andere Bereiche abgedeckt wurde – durch die Religion, Politik, Kunst und Propaganda, das Militär und die harte körperliche Arbeit.

Da die Plackerei für weite Teile der Bevölkerung nicht mehr zum Alltag gehört, geht man zum Ausgleich ins Fitnessstudio, zum Joggen oder auf den Berg. Wohl erstmals in der Geschichte überlegt sich – in reichen Ländern – fast jeder irgendwann, etwas für die Fitness zu tun, sei es für besseres Aussehen oder die Gesundheit. Sport ist ein Wohlstandsphänomen. Erst seit dem 19. Jahrhundert und verstärkt seit dem 20. Jahrhundert verwendet man das englische Wort *sport*, was ursprünglich »Zeitvertreib, Vergnügen, Spaß« heißt, als Überbegriff für die körperliche Betätigung, die nicht direkt an einen praktischen Zweck gebunden ist und oft den Charakter eines Spiels oder Wettkampfes hat. Während die Religion an Reiz verliert, darf der Sportfan an Zeichen und Wunder glauben. Nachdem militärischer Drill, martialisches Gebaren und Nationalismus nicht mehr politisch korrekt sind, demonstriert man Stärke auf spielerische Weise und lebt den Stolz auf sein Land unverkrampft mit ins Gesicht gemalten Nationalfarben aus.

Da der Sport emotional aufgeladene und einprägsame Bilder liefert, übernimmt er auch Funktionen politischer Kunst. Bei den Olympischen Spielen von Mexiko 1968 strecken die schwarzen US-Sprinter Tommie Smith und John Carlos während ihrer Siegerehrung die Faust zum Gruß der »Black Panther« empor, demonstrieren so für die Rechte der Schwarzen und schaffen dabei ein starkes Bild (Abb. S. 327). In heutigen Sportkommentaren ist die Rede von Mittelfeldregisseuren, von Gestaltung und Kreativität. Sepp Blatter, Präsident des Weltfußballverbandes FIFA, nennt Christiano Ronaldo den »Picasso des Fußballs«, um dessen Ablösesumme von 93 Millionen Euro zu rechtfertigen.[2] Selbst dem Breitensport kommen Qualitäten zu, auf die vormals die Kunst abonniert war: Man kann sich in seinem Stil ausdrücken, auf spielerische Weise etwas über sich erfahren oder sich selbst verwirklichen, sei es beim Bowling mit dem »perfekten Spiel« oder als Bodybuilder, der seinen Körper wie eine Skulptur formt.

Wie die Kunst zeichnet den Sport die Nähe zwischen symbolischer Bedeutung und realer Wirkung aus. Inzwischen ist der Sport ein Milliardengeschäft. Er dient als Brücke zwischen Real- und Finanzwirtschaft, Glamour und Geldwäsche. Im Sport kann man – ähnlich wie im Showgeschäft – Karriere machen, ohne eine im konventionellen Sinn vielversprechende Ausbildung zu haben. So öffnen sich Räume für soziale Utopien, gerade in armen Ländern. Man kann zum Helden werden. In den USA ehrt man die erfolgreichsten Basketballer zu Lebzeiten in der *Hall of Fame*, einer Art modernen Walhalla, einer Ruhmeshalle mit Fotopräsentation. Zwar hat man sich darauf geeinigt, dass die Helden des Alltags heute im sozialen Bereich Tätige sind wie Krankenschwestern, Pfleger, Krankenhausärzte, humanitäre Helfer, gemeinwohlorientierte Unternehmer oder gut gelaunte Kassiererinnen. Doch Spitzensportler passen zum *traditionellen* Bild heroischer Kämpfer, auf die man, gerade weil sie stilisierte Helden sind, einiges projizieren kann. Auf ästhetisch ansprechende Weise verkörpern sie das Potential, aber auch die Ambivalenz jedes Heldentums, etwa wenn reale Missstände symbolisch überdeckt oder verbrämt werden.

Wenn heute die Rede davon ist, dass jemand mit einer sportlichen Leistung Geschichte schreibt, äußert sich darin vielleicht die Sehnsucht, bedeutende Taten in Zeiten zu vollbringen, in denen dies in Politik und Kultur kaum noch möglich zu sein scheint. Passend dazu fällen Sportexperten in Fernsehdiskussionen Urteile über Spieler und Spielzüge und inszenieren so eine Einfachheit, die in anderen Bereichen des Lebens kaum mehr zu finden ist. Im Folgenden beleuchte ich Utopien, Widersprüche und Illusionen, die im Feld des Sports beispielhaft, mitunter auf stilisierte oder auch karikaturartige Weise verkörpert werden. Dabei gehe ich nicht wie in den anderen Kapiteln chronologisch vor, sondern thematisch. Die folgenden Abschnitte handeln von Aspekten, die der Sport bietet: vom Kultischen und Religiösen, vom Politischen, der Repräsentation von Herrschaft und der Rebellion, dem Geschäft, der Karriere, der Kunst und der Selbsterfahrung. Will man sich die Bandbreite der Funktionen, die der Sport über Jahrtausende hatte, vergegenwärtigen, ist es hilfreich, vorweg die wichtigsten Stationen seiner Geschichte in einem Absatz zu benennen:

Bereits im alten Ägypten absolvierten Pharaonen einen rituellen Lauf, um ihre körperliche Fitness unter Beweis zu stellen – ähnlich wie US-Präsidenten unserer Zeit, die beim Joggen gezeigt werden.[3] Weitreichende religiöse, politische und ästhetische Dimensionen erhält der Sport im antiken Griechenland. Die Olympischen Spiele gehen aus Totenfeiern und Götter- und Opferkulten hervor, wobei ein Zentrum Olympia ist, Austragungsort und Namensgeber der Spiele. Politisch relevant sind die Spiele nach Meinung mancher Historiker, weil die zerstrittenen Stadtstaaten im Rahmen des Olympischen Friedens *(ekecheiria)* ihre Gemeinsamkeiten zelebrieren, um sich gegen äußere Feinde zu formieren. Jedenfalls dienen Wettkämpfe der Imagepflege von Tyrannen, die ihre Pferdewagen ins Rennen schicken. Im antiken Rom kommen die Zirkusspiele dazu. Im Mittelalter gibt es einen Einschnitt. Geprägt von einer christlich-körperfeindlichen Haltung, misstraut man dem Sport grundsätzlich, sieht ihn als heidnisch-sündigen Kult und versucht ihn in Turnieren zu zivilisieren und zu sublimieren. Erst in der Renaissance und Neuzeit, als man sich wieder der Antike zuwendet, werden wildere Sportarten wie Fußball von der Obrigkeit zugelassen. Man nutzt sie für die Propaganda und als Sozialventil. Sport gilt nun sogar als gut für die Gesundheit. Während der Industrialisierung wird der Sport zur Massenunterhaltung und Ersatzreligion.

Passend zur Bandbreite des Sports und seiner Funktionen geht es im Folgenden um recht unterschiedliche Persönlichkeiten – von Zeus bis Zidane, vom Hl. Augustinus bis zu Roman Abramowitsch, von Heinrich VIII. bis Barack Obama. Immer wieder spiegelt der Sport Entwicklungen in anderen Bereichen des Lebens, meist in stark stilisierter, teils in lebensnaher Form. Da der Sport bei aller Körperlichkeit etwas Künstliches hat und symbolische Funktionen erfüllt, betrifft auch das Lernen aus seiner Geschichte oft übergreifende, theoretische Fragen und solche der Ästhetik. Zwar besteht beim Thema Sport ähnlich wie bei der Kunst die Gefahr, dass man überhöht oder überinterpretiert. Doch öffnen sich Spielräume. So lassen sich mit Blick auf die Geschichte des Sports abstrakte Fragen in anekdotischer Form behandeln. Etwa jene, welche Bedeutung den Elementen des Spielerischen und des Zufalls im Leben zukommt, welchen Wert das Fairplay und ein Verlieren in Würde haben und wie man am schnellsten eine Gemeinschaft mit Fremden aufbaut. Weiterhin lässt sich erörtern, welche Bilder, Rituale und Ersatzhandlungen beim Umgang mit Ängsten, Aggressionen und überschüssigen Energien hilfreich sind.

## VON DEN RINGKÄMPFERN GEGEN DEN TEUFEL ZUR ROMANTIK DES VOLKES: SPORT UND RELIGION

Sportfans treten in archaisch dekorierten und unpraktischen Gewändern auf, wie sie sonst außerhalb der Karnevalszeit nur noch religiöse Würdenträger tragen, Priester, Päpste und Ministranten. Das Wort Fan kommt vom lateinischen *fanaticus* und bedeutet »göttlich inspiriert, schwärmerisch, verrückt, eifernd«. Fans opfern einen großen Teil ihres Einkommens für Eintrittstickets und Reisen zu Auswärtsspielen ihres Teams und ihrer Helden. Sie trotzen Schnee und Regen, nehmen Entbehrungen auf sich, kaufen Devotionalien und glauben selbst dann noch an ihren Verein, wenn er absteigt oder in Korruptionsskandale verwickelt ist. Innerhalb der Fangruppen haben sogenannte Ultras – ähnlich wie die religiöse Orthodoxie – eine besonders intensive Beziehung zu ihrem Verein und prüfen ihn auf seine Authentizität hin. Auf Fantagungen diskutiert man Maßnahmen zur Gewaltvorbeugung, aber auch die Frage, ob dem Verein der Verlust seiner Seele droht, wenn er preiswerte Stehplätze abschafft.

Die Fanabteilungen großer Clubs sind der vorläufige Endpunkt einer langen Geschichte religiöser Prägung des Sports. Sie beinhaltet den Versuch, Eifer und Glaubensglut eine Form zu geben, sie zu regulieren und umzuleiten. Das manifestiert sich beispielhaft in Ritterturnieren des christlichen Mittelalters mit all ihren Regeln und Ritualen. Begonnen hat die Geschichte des religiösen Bezugs im Sport allerdings im antiken Griechenland. Die Olympischen Spiele, die offiziell 776 v. Chr. gegründet wurden, haben sich im Zusammenhang mit dem Opfer- und Götterkult entwickelt.[4] Sie sind die Urmutter vieler anderer Sportwettbewerbe von der Antike bis heute. Neben einem Zeustempel errichtet man in Olympia im 5. Jahrhundert v. Chr. für Pilger des Heiligtums Gasthäuser, Bäder und Trainingsstätten; man organisiert Prozessionen mit Opfergaben und Festmähler bei Vollmond. Kampfspiele gehören wohl zum Totenkult, sollen die Verstorbenen ehren oder gelten als Sühne für ihre Tötung. Athleten verwenden magische Verwünschungen und Zaubersprüche, um Gegnern zu schaden; als Strafe für Bestechungen und Absprachen müssen sie Zeusstatuen stiften.[5]

Anfangs umfassen die Spiele Wettrennen, dann den Fünfkampf (Pentathlon), Ringen, Boxen, Wagenrennen, Wettbewerbe für Herolde und Trompeter und das Pankration, Ring- und Faustkampf in einem.[6] Beim ultrabrutalen Pankration sind, dem heutigen *Ultimate Fighting* vergleichbar, nur Beißen, Kratzen und Griffe nach den Augen verboten. Er endet teils tödlich. An ihm kann man besonders gut den Einfluss des Opferkultes ablesen. So soll der Arkadier Arrhichion 564 v. Chr. beim Pankration seinen

Gegner durch das Verdrehen von dessen Zeh zur Aufgabe gezwungen haben, sei jedoch an der Folge eines Würgegriffes gestorben.[7] Sein Trainer soll ihm zugerufen haben: »Welch herrlicher Totenschmuck, in Olympia nicht aufgegeben zu haben!«

Einer der sportlichsten Mythenhelden der Antike, der Heros Herkules, verbrennt zwar auf dem Scheiterhaufen. Als Belohnung für seine Erfolge wird er aber in den Olymp erhoben, wo die Götter wohnen. Im Rückblick muten die antiken Sportlergeschichten wie Vorläufer und Varianten des Märtyrertums an, dem Tor zur Unsterblichkeit. Die Faszination einer Selbstaufopferung oder Verausgabung ist noch in dem Thriller *Fight Club* (1999) von David Fincher mit Brad Pitt zu spüren. Da geht es um eine Geheimloge, den Widerstand gegen die korrupte Konsumgesellschaft – und letztlich um den Kampf mit sich selbst. Im *Fight Club* gehören Schmerzen wie in historischen Kämpfen zur quasireligiösen Läuterung. Der Impuls, seine Grenzen zu überwinden und sich zu reinigen, kann allerdings in Gewalt und Terror umschlagen.

Über die Jahrtausende finden die dunklen Seiten des Sports ihren Ausdruck in recht unterschiedlichen Inszenierungen. Ähnlich wie die Olympischen Spiele entwickeln sich die römischen Zirkusspiele und Gladiatorenkämpfe vermutlich aus etruskischen *munera*, Leichenfeiern mit Darbietungen und Kämpfen zu Ehren Verstorbener.[8] Anfangs sind die Gladiatoren Sklaven und Schwerverbrecher, später auch freie Bürger, die Fangemeinden um sich scharen. Im Jahr 2012 beschreibt der ehemalige FC Bayern München-Profi Timo Heinze in seiner Autobiografie die Faszination des Fußballs folgendermaßen: »Wenn man dort auf den Platz läuft, kommt man sich vor wie ein Gladiator, der in das Colosseum einmarschiert. Dieses Kribbeln im Bauch und das aufsteigende Adrenalin sind mit nichts zu vergleichen.«[9]

Ende des 4. Jahrhunderts n. Chr. verbietet der christliche Kaiser Theodosius Zirkusspiele, Olympische und andere Spiele, weil sie heidnischen Ursprungs sind. Im Mittelalter sehen Geistliche den Sport wegen der Körperfeindlichkeit des Christentums grundsätzlich skeptisch. Allerdings werden auch von Geistlichen Energien und Gewalt in besonders extremen Körperübungen bis hin zur Selbstgeißelung sublimiert bzw. umgeleitet. Der Begriff Askese kommt vom griechischen *áskēsis*, »körperliche und geistige Übung«. Die komplexe Haltung des Christentums zum Sport schimmert schon bei spätantiken Kirchenlehren wie Ambrosius, Tertullian und Augustinus durch. Sie schmähen Wettkämpfe und Zirkusspiele als Teufelswerk – und sehen sich selbst als »Athleten Gottes«, als Wettkämpfer des Herrn.[10] So schreibt der Hl. Augustinus in Anspielung darauf, dass sich antike Ringer vor dem Kampf einölten, über das Öl, das man als Christ benützt: »Salböl ist das Symbol dafür, daß wir Ringkämpfer gegen den Teufel sind.«

Das Hin und Her mittelalterlicher Denker in Sachen innerer und äußerer Wettkampf, körperlicher und geistiger Athletik bestimmt auch ihre Bewertung des Sports. Besonders deutlich wird dies mit Blick auf Ritterturniere. Sie sind einerseits so tödlich und nah am Krieg und damit so »körperlich« wie kein anderer Sport; andererseits erreichen sie phasenweise, vor allem seit dem Spätmittelalter einen Grad der Stilisierung, der an Theater denken lässt. Als Erfinder des Turniers gilt der Franzose Geoffroy de Preuilly. Beim ersten Turnier 1095 in Flandern stirbt allerdings gleich Graf Heinrich III. von Löwen durch einen Lanzenstich ins Herz.[11] Im 12. Jahrhundert erlassen Geistliche mehrere Turnierverbote. Dem Konzil von Clermont zufolge führt das Turnier »oft zum Tod von Männern und zu großer Gefahr für die Seelen«. Gegen Ende des Hochmittelalters werden die Turnierkämpfe, da man Regeln einführt und stumpfe Waffen verwendet, weniger brutal. Verbote werden aufgehoben, weil das Papsttum erkennt, dass Ritterturniere als militärische Übung und Propaganda eine gute Vorbereitung auf Kreuzzüge sind, fit machen und auf den großen Kampf gegen Nichtchristen einstimmen. Auf Turnieren mimt man Angriffe auf das »Schloss Saladins«, des großen islamischen Herrschers aus dem 12. Jahrhundert und Gegenspielers der Kreuzfahrer.[12]

Im Spätmittelalter wird das Turnier immer mehr zur Großveranstaltung mit Tausenden von Besuchern, Tanz, Musik und Wettbewerben im Bogenschießen, Speerwerfen, Steinwurf, Hürdenlauf, Ringen und Ballschlagen. Der Sporthistoriker Allen Guttman schreibt, dass heutige Olympische Spiele, wären sie mit dem gleichen Pomp wie die Turniere vergangener Zeiten inszeniert, eine Woche voller Eröffnungszeremonien umfassen würden, gefolgt von nur zwei Tagen Wettkämpfen und einer Woche mit Abschlussfeierlichkeiten.[13] Zumindest was den Aufwand der Inszenierung bei den Eröffnungs- und Abschlussshows betrifft, können Olympische Spiele wie jene in Peking 2008 und in London 2012, bei denen man den kulturellen Heiligtümern des Gastgeberlandes huldigt, mithalten.

Schon in älteren amerikanischen Kulturen von den Cherokee bis zu den Azteken hängen Ballspiele mit Fruchtbarkeits- und Opferritualen zusammen.[14] Im Mittelalter schwingt beim Fastnachts-Fußball die Vorstellung von einer symbolischen Teufelsaustreibung und der Kanalisierung sündigen Verhaltens mit.[15] Den Ball vergleicht man mit einem höllischen Geist. Nachdem der Sport in der Neuzeit zunehmend verweltlicht wird, tauchen im 19. Jahrhundert religiöse Elemente wieder auf, wenngleich in neuer Gestalt. Zunächst wird der Sport in Zeiten der Industrialisierung zur Massenunterhaltung, einerseits betrieben von Profis, andererseits von Freizeitsportlern. Man sucht einen Ausgleich zur eintönigen Fabrikarbeit. In Zeiten zunehmender Mobilität vermitteln Turn- und Sportvereine ein Gefühl der Zugehörigkeit, ersetzen oder ergänzen die Kirchengemeinde. Der Verein Manchester City wird 1880 von einem Kirchenvorsteher der St. Mark's Church mit dem Ziel ins Leben gerufen, Bandenkriege und Alkoholismus unter den Männern aus dem Osten der Stadt zu verhindern.[16]

Eine übergreifende religiöse Qualität des Sports zeichnet sich im 19. Jahrhundert ab, wenn man ihn in einem größeren kulturellen Zusammenhang betrachtet. Schließlich etabliert sich die romantische Kunst als Religionsersatz, die Malerei von Caspar David Friedrich und William Turner, die Musik von Schumann und Chopin, die Poesie von Shelley und Byron. Hier kommen Emotionales, Traumhaftes und Transzendentes als Ausgleich zum modernen, vom schnöden Materialismus und Maschinenrhythmus bestimmten Leben zum Ausdruck. Zugleich setzen Romantiker Stilmittel wie jene der Andeutung, Assoziation und des Fragmentarischen ein, die zur allgemeinen Beschleunigung des modernen Lebens passen. Auch der Sport hat diese zwei Seiten. Zum einen soll er dadurch, dass man Fairplay erlernt und Teamgeist spürt, zur umfassenden Läuterung im romantischen Sinn beitragen. Zum anderen spiegelt er mit den Regeln, Rekorden, seinem Tempo und seiner Dynamik Qualitäten der Industrialisierung. Da der Sport ein größeres Publikum als die Kunst, Musik oder Literatur erreicht, kann man ihn als Romantik des Volkes bezeichnen.

Im Sinn einer solchen Romantik belebt 1896 Pierre de Coubertin die Olympischen Spiele, die seit dem 4. Jahrhundert verboten waren, wieder. So schreibt de Coubertin über die Verbindung zwischen modernen und antiken Spielen: »Was die beiden Epochen olympisch einander näherbringt, ist derselbe religiöse Geist, der in der Zwischenzeit auch den jungen Athleten des Mittelalters beseelte. Religio athletae (…) Sport ist kein Luxusgegenstand, auch keine Tätigkeit für Müßiggänger, sondern ein körperlicher Ausgleich für geistige Arbeit. Er bedeutet für jeden Menschen eine Quelle möglicher innerer Vervollkommnung.«[17]

Im Jahr 1900 liest man selbst in einem Massenblatt wie der Sportzeitung *L'Auto-Vélo*: »Sport ist definitiv zu einer neuen Religion geworden.«[18] In den folgenden Jahrzehnten sehen unterschiedliche Publizisten den Sport als Binde- oder Heilmittel. Der Philosoph Ortega y Gasset meint, Sport solle – ähnlich wie Kulte im Altertum und die Arbeit im 19. Jahrhundert – bei »vitaler Richtungslosigkeit« und Sinnkrisen helfen; der Sportjournalist

Willy Meisl bezeichnet ihn sogar als Medikament bei »kulturellem Durchfall«.[19] Im 20. Jahrhundert schöpft man aus dem Pool historischer Funktionen und kultischer Dimensionen des Sports, um sie auf je individuelle Art und Weise für sich zu aktivieren. Box-Fan Bertolt Brecht wehrt sich gegen das Konzept des Sports als Mittel zur »geistigen Hygiene« und betont die älteren derberen Seiten: »Ich bin für den Sport, weil und solange er riskant (ungesund), unkultiviert (also nicht gesellschaftsfähig) und Selbstzweck ist.«

Auf kultische Grundlagen baut man im 20. Jahrhundert auch, wo man den Sport für propagandistische Zwecke missbraucht. Leni Riefenstahls Film *Olympia* (1938) über Hitlers Olympische Spiele in Berlin 1936 zeigt antike griechische Tempel und Statuen und blendet dann in einer schwülstigen, pseudoreligiösen Inszenierung mit Nebel und Schummerlicht auf steife »arische« Athleten über. In der zweiten Hälfte des 20. Jahrhunderts kann man nur noch ironisch oder halbernst religiös über den Sport reden – etwa im Zusammenhang mit dem sogenannten Wunder von Bern, als die Deutschen bei der Fußball-WM 1954 überraschend den Titel holen. Für Maradonas Tor, das er bei der WM 1986 für Argentinien gegen England in einem Spiel, das wegen des Falklandkrieges emotional aufgeheizt ist, mit der Hand erzielt, hat sich die Wendung »Hand Gottes« etabliert.

Immer wieder trägt der Sport dazu bei, den Bildervorrat und die Alltagssprache aufzufrischen, teils über konfessionelle, kulturelle und nationale Grenzen hinweg, teils auf landestypische Weise. In Brasilien vermischen sich christliche Elemente mit ursprünglich afrikanischen Kulten. So wird der Fußball, der aus England kommend ab dem Jahr 1894 auch in Brasilien Verbreitung findet und zunächst ein Sport der weißen Oberschicht ist, besonders stark kultisch aufgeladen – und überinterpretiert. 1947 meint der einflussreiche Soziologe Gilberto Freyre mit Blick auf die ethnische Mischung im Land, der brasilianische Fußball habe sich vom ursprünglich geordneten, sozusagen apollinischen Fußball der Briten in einen »Tanz« verwandelt; er sei nun, so Freyre, voller »irrationaler Überraschungen und dionysischer Abweichungen«.[20] Vor der WM 1998 hängen in Rio de Janeiro Werbeplakate einer Reifenfirma mit religiösen Anspielungen: Auf ihnen schwebt der damalige Stürmerstar Ronaldo, Spitzname »Phänomen« und »Überirdischer«, mit ausgebreiteten Armen schützend über der Stadt – wie die Christusstatue, das Wahrzeichen Rios.

Wenn man früher von der Größe Gottes sprach, diente das auch dazu, die eigene Bedeutungslosigkeit zu betonen und Ängste und Probleme zu relativieren. Heute ist der lapidare Ausdruck übrig geblieben, wonach man die Dinge »sportlich nehmen« solle. Man muss auch »verlieren können«. Der vielzitierte Spruch des deutschen Nationaltrainers Sepp Herberger »Nach dem Spiel ist vor dem Spiel« lässt sich als modernisierte Variante des Bibelspruches interpretieren: »Die letzten werden die ersten sein«. (Mt 19, 30)

Trotz eines ironischen Untertons, der heute meist mitschwingt, hat der Sport die traditionell religiöse Funktion, Hoffnung und Trost zu spenden. Hier erlebt man noch kleine Wunder, die es woanders nicht mehr gibt, etwa wenn ein Team einen scheinbar hoffnungslosen Rückstand aufholt. Treibt man Sport bis zur physischen Erschöpfung, trägt dies zu einem besseren Verständnis der Askese mit ihren ursprünglichen geistigen und körperlichen Qualitäten bei. Eventuell wird sogar das spätmittelalterliche Flagellantentum nachvollziehbar, das Bestreben, durch eine Selbstgeißelung Buße zu tun und der Erlösung näherzukommen. Beim qualvollen Langstreckenlauf schüttet man Glückshormone, Endorphine, aus und erlebt tranceartige Zustände. Indem man sich verausgabt, kann man abschalten und einem Eskapismus frönen, der anders als religiöser Fanatismus gesellschaftlich sanktioniert ist und als gesund gilt. Ähnliches lässt sich über die meditative Versenkung sagen. Einst erzielte man sie im Gebet. Heute, da Aktivität als gesellschaftliches Ideal das Nichtstun selbst da noch aussticht, wo es eigentlich um Muße und Erholung geht, findet man Qualitäten des Meditativen öfter im Rahmen von Sport und Fitness, beim Joggen, Tai Chi oder Yoga.

Insgesamt bietet der Sport offenbar Qualitäten, die einigen Kirchen und Religionsgemeinschaften abhanden gekommen sind: pure Begeisterung, körperliche Grenzerfahrungen, Gemeinschaft mit Fremden, das Spenden von Trost und Hoffnung. Darüber hinaus übt man aktuell im Sport in stärker stilisierter Form als zu früheren Zeiten ein, Ungerechtigkeiten zu ertragen, sei es bei einem unverdienten Sieg des Gegners oder bei schiedsrichterlichen Fehlentscheidungen.

## DIE FITNESS DER HERRSCHENDEN UND SPASSIGE SPIELE IM WANDEL DER ZEIT

Der bekannteste Slogan in Bezug auf den Zusammenhang von Religion und Politik ist wohl Karl Marx' Spruch, wonach die Religion Opium für das Volk sei. Das berühmteste Schlagwort zum Thema *Sport* und Politik ist bis heute »Brot und Spiele«, *panem et circenses*. Damit meinte der Dichter Juvenal ursprünglich die Machtstrategie im römischen Kaiserreich im 1. und 2. Jahrhundert n. Chr., die Massen ruhigzustellen, indem man ihnen Getreiderationen, Gladiatorenkämpfe und Zirkusspiele schenkt. Das Schlagwort Brot und Spiele hat sich bis heute als lockerer Ausdruck für den politischen Missbrauch von Sport und der Unterhaltungsindustrie gehalten. Es wurde theoretisch von Denkern wie Theodor W. Adorno und Michel Foucault variiert, die Sport als Teil einer Gehirnwäsche durch die Kulturindustrie oder der staatlichen Disziplinierungsmaschinerie fassten.[21]

Zur politischen Funktion des Sports gehört es über die Jahrhunderte, dass sich Aggressionen abbauen bzw. umlenken lassen. Schon im Mittelalter ist dies jedoch ein schwieriges Unterfangen.

Fußballspiele laufen quasi ohne Regeln querfeldein über Entfernungen von mehreren Kilometern und den ganzen Tag bis zum Einbruch der Dunkelheit. Als Tore dienen Stadttore, es tummeln sich zig Spieler. Es kommt zu Prügeleien und Todesfällen. Zwar ist selbst diese Art der Brutalität unter gleichgesinnten Männern, die wissen, worauf sie sich einlassen, besser als weniger kanalisierte Formen der Gewalt, die im Mittelalter zum Alltag gehören. Dennoch hagelt es Spiel-Verbote. In einer Proklamation des englischen Königs Edward II. aus dem Jahr 1314 heißt es, dass »alldieweil in der Stadt großer Aufruhr ist, durch gewisse Zusammenrottungen, die von großen Fußball-Spielen auf öffentlichen Plätzen herrühren«.[22]

Im 20. Jahrhundert werden derartige Seiten des Sports immer öfter Gegenstand wissenschaftlicher Untersuchungen. Ein Pionier dabei ist der Soziologe Norbert Elias (1897 – 1990). In Sachen mittelalterlicher Fußball fasst er zusammen: »Ohne eine Vorstellung von den häufig ausbrechenden Gewalttätigkeiten im Leben der mittelalterlichen Menschen sind die Fußballspiele als eine Form institutionalisierter Gewalt nicht zu verstehen.«[23] In seinem Klassiker *Über den Prozeß der Zivilisation* (1939) hatte Elias bereits gemeint, dass sich über die Jahrhunderte zunehmend eine gesellschaftliche »Verhöflichung«, bessere Sitten und eine größere Affektkontrolle bzw. eine Verringerung der Gewalt im Alltag durchgesetzt hätten; eine ähnliche Entwicklung beschreibt er in seinem Sammelband *Sport im Zivilisationsprozeß*. Man kann darüber streiten, wie man eine fortschreitende Verhöflichung zu den Weltkriegen und Völkermorden des 20. Jahrhunderts in Bezug setzen oder wie man sie betrachten soll im Verhältnis zur gleichgültigen Haltung, die wohlhabende Länder heute gegenüber Millionen von Hungernden in armen Ländern, meist ehemaligen Kolonien, einnehmen.[24] Was den *Sport* im Zivilisationsprozess betrifft, lässt sich zumindest festhalten, dass sich die Gewalt bei seiner Ausübung durch die Einführung von Regeln und die Förderung bestimmter Disziplinen nach und nach verringert hat.

So legt im Jahr 1365 eine Bekanntmachung an Ordnungshüter in London unter König Edward III. fest, »daß jeder körperlich taugliche Mann besagter Stadt an Festtagen, wenn er Muße hat, sich im Gebrauch von Pfeil und Bogen, Wurfkugeln und Bolzen üben soll. (...) Es ist ihnen bei Strafe der Einkerkerung verboten, sich am Steinschleudern, Holzscheit- und Wurfringspiel, Handball, Fußball (...) oder anderen unnützen, wertlosen Spielen zu beteiligen.«[25] Wenn es so weiter gehe, so die königliche Proklamation, könnte »das Reich bald ohne Bogenschützen sein«. Das wäre ein schwerer Rückschlag. Schließlich gewinnen die Engländer unter eben jenem Edward III. wichtige Schlachten wie jene von Crécy im Jahr 1346 auch deshalb, weil sie den Langbogen benützen, während die Franzosen an der altmodischen Armbrust festhalten. In England fördert und bewirbt man das Bogenschießen als eine Art Nationalsport; Volksballaden erzählen von den Heldentaten des populärsten Bogenschützen der Geschichte, des großen Sportsmanns im grünen Trikot, Robin Hood.

In der frühen Neuzeit werden Sportarten wie Bogenschießen oder Geschicklichkeitsspiele verstärkt vom städtischen Bürgertum ausgeübt, auch um sich vom altmodischen Ritterturnier abzugrenzen. Sowohl Turniere als auch Ballspiele dienen der propagandistischen Erhöhung von Herrschern wie Heinrich VIII., Franz I., Maximilian I. und Fürstenhäusern wie den Medici. Die Medici glorifizieren ihre Herrschaft mit Hilfe des Calcio, einer Form von Fußball mit größeren Mannschaften als heute, mehr Gewalt und einem kleineren Ball. Mal will man sich wie 1530 während der Belagerung von Florenz durch Kaiser Karl V. mit einem Match, das vor den Augen des Gegners ausgetragen wird, Mut machen; mal geht es darum, den militärischen Gegner symbolisch zu verhöhnen.[26]

In der Renaissance wird der Sport ein Mittel der Herrscher, ihre Überlegenheit und Fitness zu demonstrieren.[27] Als herausragend gilt der englische König Heinrich VIII. (1491–1547); sein Sportprogramm besteht aus Bogenschießen, Schwertkampf,

Speerwerfen, Ringen und der Jagd. Man organisiert große Turniere und Länderwettkämpfe mit verschiedenen Sportarten. Bei einem Kräftemessen zwischen England und Frankreich fordert Heinrich VIII. am 13. Juni 1520 den französischen König Franz I., den politischen Widersacher, zum Ringkampf. Der Franzose pariert einen Überraschungsangriff des Engländers, stellt ihm ein Bein und wirft ihn zu Boden. Heinrich erhebt sich und fordert wütend eine Revanche. Er bekommt sie – im Bogenschießen.

»Auch durch zeremonielle Ergebenheitsbezeigungen«, erklärt Wolfgang Behringer in seiner *Kulturgeschichte des Sports,* »wurde der Ärger Heinrichs VIII. über seine körperliche Niederlage besänftigt und damit eine diplomatische Krise abgewendet.«[28] Im 17. Jahrhundert präsentieren sich die Könige Jakob I. und Karl I. mit ihren Büchern *Book of Sports* als Schirmherren des beliebten Freizeitspaßes. Insgesamt wird Sport in England, wie Behringer schreibt, zur »Staatsräson. Nur sportliche Herrscher« seien, so der Historiker, regierungsfähig gewesen.

Ausläufer der angelsächsischen Tradition – und jener der eingangs erwähnten fitten Pharaonen – kann man in joggenden US-Präsidenten wie Jimmy Carter, Bill Clinton und George W. Bush erkennen. Barack Obama setzt sogar noch eins drauf. Wie in anderen Feldern hat er auch in jenem der politischen Selbstdarstellung, bei der man sich des Sports als Mittel bedient, neue Qualitäten ins Spiel gebracht. Indem er – zum Teil sogar kurz vor wichtigen Auftritten – mit seinen Beratern und Leibwächtern Basketball spielt, demonstriert er Coolness, Teamfähigkeit und Risikobereitschaft. Er hat, so die Botschaft, die mitschwingt, offenkundig keine Angst vor Verletzungen oder einer möglichen Niederlage. Er nimmt die Dinge buchstäblich sportlich. Auch Angelegenheiten außerhalb der politischen Arena bereiten ihm Spaß, er zielt nicht ausschließlich auf politische Siege.

Selbst bei Obamas lockerer Selbstdarstellung mittels Sport besteht womöglich die Gefahr, dass man dem intellektuellen

Präsidenten eine demonstrativ spielerische Herangehensweise als Zeichen von Distanz auslegt. Das Risiko ist bei Wladimir Putin, dessen Engagement beim Judo, bei der Jagd, dem Tauchen und Eishockeyspielen für abgekartete Kraftmeierei und Machogehabe stehen, geringer. Wie gut der politische Einsatz von Sport funktioniert, hängt vom kulturellen Kontext ab. Politische Kniffe wie jene von Silvio Berlusconi, den Verein AC Mailand für Werbezwecke zu kaufen und seine Partei nach dem Schlachtruf für die italienische Nationalmannschaft *Forza Italia!* (etwa: »Vorwärts Italien!«) zu benennen, würde man in anderen Ländern der EU belächeln. Allerdings können sich russische bzw. ukrainische Oligarchen wie Roman Abramowitsch oder Rinat Achmetow mit ihren Fußballvereinen Chelsea FC und Schachtjor Donezk trotz zweifelhafter politischer Aktivitäten und Geschäftspraktiken auf internationaler Bühne als Förderer des Volksvergnügens präsentieren.[29]

Vergleiche mit modernen Diktaturen und frühneuzeitlichen Herrschern, die mit Hilfe von Sport ihr Image aufpolierten, liegen auf der Hand. Kritik an der Verehrung des Sports, die wichtigere Diskussionen oder Missstände überdeckt, wird schon im 6. Jahrhundert v. Chr. geübt: »Besser als die Kraft von Männern und Rossen«, schreibt der Philosoph und Dichter Xenophanes, »ist unsere Weisheit. Nur ein kleiner Genuß würde der Stadt darum zuteil, wenn einer in Olympia siegte; denn nicht macht dies fett die Kammern der Stadt.«[30]

Was die Kritik am Körperkult im engeren Sinn betrifft, ist ein Blick auf die idealisiert-realistischen Skulpturen der alten Griechen erhellend, die starke, ebenmäßige Männer zeigen. In Bezug auf diese Plastiken schreibt der bereits zitierte Soziologe Norbert Elias: »In diesen Gesellschaften war es für einen Mann kaum möglich, eine bedeutende soziale oder politische Machtposition einzunehmen, wenn er einen schwächlichen oder mißgestalteten Körper hatte.«[31] In den siebziger Jahren des 20. Jahrhunderts, als

Elias dies publiziert, ist das »Körperimage«, so der Soziologe, im Vergleich zu der griechischen Antike weniger wichtig als Intelligenz oder Charakterfestigkeit.

Auch heute zählen Charakterfestigkeit und Intelligenz trotz des Körperkults und Fitnessbooms zumindest in der Politik noch mehr als das Körperimage. Allerdings kommen neue Formen des Körperimages dazu. So wirbt Barack Obamas Frau Michelle als First Lady nicht nur für gesunde Ernährung, sondern auch für mehr Spaß an der Bewegung mit weniger Leistungsdruck. Im Garten des Weißen Hauses bricht sie mit Schulkindern zusammen den Guinnessrekord im *Jumping Jack*. Nie zuvor versammelten sich so viele Menschen zum Hampelmannspringen. Der Moderator der Veranstaltung ruft ins Mikrofon, dass die lustige Sportart Hula-Hoop von den alten Griechen erfunden worden sei und betont damit den Wert, den auch weniger wettkampforientierte Sportarten haben.[32]

Zwar waren Sportarten wie Sackhüpfen und Tauziehen noch im Jahr 1904 bei den Spielen von St. Louis olympische Disziplinen.[33] Doch aktuell, da der Sport selbst von Olympioniken erbitterter betrieben wird als zu Zeiten des Amateurismus, erinnert Michelle Obamas lockere Werbung für den Breitensport an die Philosophie von Montessori-Schulen. Als Alternative zu den Bundesjugendspielen finden dort jährliche Sportveranstaltungen statt, bei denen es weniger auf Punktesammeln und Wettkampf-Ranking ankommt. Die Kinder dürfen Fußball, Basketball und Tischtennis spielen, aber auch eine Disziplin wählen wie Wäsche aufhängen, Wassertransport mit Hilfe eines Schwamms, Wasser-

bombenvolleyball, Blindenführen, Regenrinnen-Ball-Transport und Apfelfischen.

Seit dem 19. Jahrhundert, von der Reformpädagogik bis zu Michelle Obama gibt es Bestrebungen, den Sport vom allzu starken Leistungsdruck zu befreien, der Generationen von Schülern die Lust an der Bewegung verdorben hat. Manche Historiker sehen in den Philanthropisten, auf die ich bereits im Kapitel über die Bildung eingegangen bin, die Erfinder des Schulsports.[34] Im 18. Jahrhundert beleben sie sogar die Olympischen Spiele im Kleinen mit Wettkämpfen im Fünfkampf mit Laufen, Springen, Werfen, Balancieren und Tragen, Sportarten, die das antiquierte Fechten und Reiten ersetzen. Allerdings hat der von ihnen kultivierte Sport für manche Historiker den bitteren Beigeschmack, dass er allzu zweckgebunden gewesen sei, dass es nicht um Spaß gegangen sei, sondern zu direkt und ausschließlich um die Förderung der Fitness und Gesundheit.[35]

Insgesamt ist es, sofern man sich heute vor einer allzu verbissenen Haltung in Sachen Sport schützen will, hilfreich, sich an Zeiten zu erinnern, als der Übergang zu Kinderspielen und zum karnevalistischen Herumtollen noch fließender war. Wenn man in einer der ersten Sportgeschichten, dem Buch *The Sports and Pastimes of the People of England* von Joseph Strutt aus dem Jahr 1801, blättert (Abb. S. 298, 299, 300), wird klar, dass Sport zu anderen Zeiten in einem Atemzug genannt wurde mit Theater, Musik, Minnegesang sowie Kinderspielen, die heute wie blinde Kuh anmuten.[36] Zwar muss man berücksichtigen, dass das englische Wort *sport* damals nicht nur Sport bedeutete, son-

dern auch Kurzweil, Zeitvertreib und Spaß. Dennoch ist es bemerkenswert, wie locker man damals herumtollte und umhersprang, wie ausgiebig auch Erwachsene Tätigkeiten frönten, die heute meist Kindern vorbehalten sind.

Noch in den sechziger und siebziger Jahren des 20. Jahrhunderts läuft im Fernsehen als Variante des sportlichen Wettkampfes das »Spiel ohne Grenzen«, das Länderturnier mit Geschicklichkeitsübungen, bei denen man in ausgelassener Stimmung Wasserbehälter balanciert und auf nassem Untergrund herumschlittert. Heute werden auch im Ansatz lustige Sportveranstaltungen wie die Auto-Fußball-WM auf Pro Sieben ernster ausgefochten. Während die Kandidaten bei »Wetten, dass ...?« schon dadurch gewinnen, dass sie ihre Ideen präsentieren dürfen, und bei allem Ehrgeiz ein Lob des Unökonomischen mitschwingt, geht es bei »Schlag den Raab« neben der sportlichen Herausforderung auch um die Frage, ob sich die Kandidaten in schwierigen Zeiten eine Altersversorgung erkämpfen können.

Trotz aller Kritik, die man am Konzept »Brot und Spiele« üben muss, lässt sich dem Begriff zumindest in aufgeklärten, wohlhabenden Demokratien auch etwas Positives abgewinnen. So mag das alte Schlagwort für ein bewusstes *Downsizing* stehen, eine bescheidene freudige Form der sportlichen Unterhaltung in der Freizeitgesellschaft, vielleicht sogar als Zeichen dafür, dass eine Ökonomie möglich wäre, die weniger auf die massenhafte und umweltschädliche Produktion von Konsumwaren abzielt und stärker auf Aktionen und Erfahrungen, die man machen kann, ohne allzu viele Ressourcen zu vergeuden. Jedenfalls kann man im Feld des Sports Macht- und Statusgier, die Lust auf Konfrontation, List und Täuschung heute auf eine solch spielerische, friedliche und symbolische Weise ausleben wie in kaum einer anderen Epoche.

## FRIEDENSSTIFTER UND TODESSPIELE – POLITISCHE SPORTREBELLEN

An die Vorstellung, dass Sport im Sinn von Michelle Obama und Montessorischulen ein lustiges Spiel sei, scheint auch der zweite bekannte alte Sportslogan neben jenem über »Brot und Spiele« zu erinnern: »Frisch, fromm, fröhlich, frei«. So lautet das Motto der Turnbewegung von »Turnvater« Friedrich Ludwig Jahn aus dem 19. Jahrhundert. In seinem Standardwerk *Die deutsche Turnkunst* (1816) schreibt er: »Die Turnkunst soll der bloßen einseitigen Vergeistigung die wahre Leibhaftigkeit zuordnen und im gesellschaftlichen Zusammenleben den ganzen Menschen umfassen und umgreifen.«[37]

Tatsächlich hat Jahn Reformpädagogen beeinflusst, doch will er mit seiner Frischluftgymnastik neben dem Spaß und dem Streben nach Ganzheitlichkeit die Fitness fördern, auf dass man im nationalen Kampf gegen die Franzosen bestehe. So bekommt das Turnen einen chauvinistischen Beigeschmack. Zugleich wittert man bei Turnern aufrührerisches Potential, weshalb die Turnbewegung in den Jahren der Restauration ab 1815 verboten wird. Innerhalb der Turnbewegung gibt es im 19. und 20. Jahrhundert ein Hin und Her zwischen mehr oder weniger Natürlichkeit und Nationalismus, zwischen Ausdrucksgymnastik und Wehrhaftigkeit.

Insgesamt sind politisch ausgreifende Revolten in Verbindung mit dem Sport oder aus dem Bereich des Sports heraus selten. Immerhin haben Einzelne Zeichen gesetzt und dabei beispielhaft unterschiedlich wirksame – und riskante – Varianten der Rebellion vorgeführt. In den siebziger Jahren verweigert der chilenische Fußballer Carlos Caszely dem Diktator Pinochet bei einem offiziellen Empfang den Handschlag und wird dafür mit dem Ausschluss aus der Nationalmannschaft und mit Spielverbot bestraft; seine Familie muss Repressalien ertragen.[38] Der ehemalige jugoslawische Nationalspieler Predrag Pašic gründet während des Bürgerkriegs im Sarajevo der neunziger Jahre, da Passanten auf der Straße täglich der Tod durch Scharfschützen oder Granateneinschläge droht, eine multi-ethnische Fußballschule für Kinder und Jugendliche. Er will ihnen Mut machen und strebt symbolisch eine Versöhnung zwischen den Volksgruppen an.

Die emotionale Wirkung bei der Sportrebellion gründet auf der Popularität ihrer Helden und auf einem Kontrast: Da die Aktionen auf einem Feld stattfinden, das traditionell mit feierlichen Emotionen in der Tradition des Mythischen und Kultischen verbunden ist und damit scheinbar den Niederungen des Alltags enthoben, rühren die Gesten auf besondere Weise. Zugleich geht mit ihnen eine stärkere körperliche Präsenz einher als etwa in der Kunst. Zwar ist der Wirkungskreis des Sports – wie jener der Kunst – beschränkt. Doch kann er zumindest einprägsame Bilder liefern, die einem beim inneren Kampf bzw. der inneren Auflehnung gegen Ängste und Zweifel helfen.

Ein gutes Beispiel für die Wirkungsweise, mit der sich die Rebellion im Sport von anderen unterscheidet, sind zwei Aktionen von Didier Drogba, dem Fußballstar und Nationalspieler der Elfenbeinküste. Als im Jahr 2005 trotz des Bürgerkrieges in seiner Heimat das ganze Volk feiert, nachdem die Nationalmannschaft erstmals in der Geschichte die Endrunde einer WM erreicht hat, fällt Drogba vor laufenden Kameras in der Umkleidekabine auf die Knie. Er fleht seine Landsleute im Fernsehen an, einander zu vergeben und Frieden zu schließen. Nachdem Drogba den Preis des »Goldenes Balles« gewinnt, bittet er 2007 den Präsidenten des Landes, ihn als Zeichen der Versöhnung in der Rebellenhochburg Bouaké präsentieren zu dürfen. Am Ende findet dort sogar ein Länderspiel statt. Im selben Jahr schließen Regierung und Rebellen einen Friedensvertrag.

Ein herausragendes Beispiel für eine symbolpolitische Sportrebellion findet sich in den Annalen der Olympischen Sommerspiele von 1936, die Hitler konzipiert, um der Welt ein Bild vom friedlichen Deutschland vorzugaukeln und die vermeintliche Überlegenheit »arischer« Athleten zu demonstrieren. Hitler verweigert schwarzen Sportlern den Handschlag. Er muss dann aber mit ansehen, wie sich der schwarze US-Sprinter und Weitspringer Jesse Owens und sein deutscher Hauptrivale, der blonde, blauäugige Lutz Long, anfreunden.

Long verhilft Owens sogar zum Sieg. Als Owens – wahrscheinlich aus Nervosität – bei der Qualifikation zum Endkampf im Weitsprung die Absprungmarke übertritt, geht Long auf ihn zu, legt ihm die Hand auf die Schulter, stellt sich vor und meint: »Ich denke, ich weiß, was falsch ist an deinem Anlauf. Warum ziehst du nicht einfach eine Linie mehrere Zentimeter vor dem Brett und versuchst, von da abzuspringen. Du bist dann auf der sicheren Seite und kommst dennoch auf die verlangte Weite.«[39] Jesse schafft den Sprung, gibt Long die Hand und bedankt sich. Nachdem Owens im Wettbewerb siegt, gratuliert ihm Long, der Silbermedaillengewinner, als echter Sportsmann. Zum Ärger Hitlers laufen die beiden sogar Arm in Arm an seiner Loge vorbei.

So entsteht eine symbolträchtige Sportsfreundschaft, die als Brieffreundschaft bis zu Lutz Longs Tod an der Front im Jahr 1943 andauert – und zumindest im Nachhinein Bedeutung erlangt hat als Symbol der Völkerverständigung inmitten des Rassenwahns. Ein Jahr bevor Lutz Long im Krieg getötet wird, findet allerdings eine ganz andere Sportrebellion statt, die auf grässliche Weise an die archaische Tradition des Toten- und Opferkultes erinnert: das sogenannte Todesspiel von 1942 in der von deutschen Truppen besetzten Ukraine. Das Spiel wird ausgetragen zwischen einer Auswahl von Fußballern der deutschen Wehrmacht und ukrainischen Arbeitern aus der Brotfabrik Nr. 3.[40] Genau genommen sind es zwei Spiele. Beide Male gewinnen die Ukrainer, die sich FC Start nennen, deutlich – mit 5:1 und 5:3. Beim zweiten Match sind die ukrainischen Sportler ausgehungert und erschöpft von der Arbeit, spielen aber besser, weil einige vor dem Krieg bei Dynamo Kiew unter Vertrag standen. So kicken sie den Ball sogar von der Linie des deutschen Tores wieder ins Feld zurück, um ihre Überlegenheit zu demonstrieren, obwohl sie wissen, dass ihnen Rache vonseiten der Besatzer droht. Tatsächlich werden später einige Spieler von der Gestapo ermordet, allerdings aus nicht ganz geklärten Gründen. Jedenfalls macht sie der sowjetische Propagandafilm *Die dritte Halbzeit* (1962) zwanzig Jahre später zu Helden und Märtyrern des Antifaschismus.

In der UdSSR wird der Sport, nachdem die Revolutionäre um Lenin zunächst zögern, weil sie misstrauisch gegenüber der »bourgeoisen« Sportkultur sind, Teil der Propaganda.[41] Er soll Identität stiften und ein Zeichen in Sachen Solidarität setzen. Bei den sogenannten Spartakiaden ab 1956 will man eine volksnahe Alternative zu den Olympiaden schaffen, an denen sich die Massen aktiv beteiligen. Während die Olympischen Spiele an antike Traditionen des Kultischen und Religiösen anknüpfen, setzt man mit den Spartakiaden insofern ein politisches Zeichen, als sie nach dem antiken Gladiator Spartacus benannt sind. Im Jahr 73 v. Chr. bricht er mit einigen Kameraden aus einer Gladiatorenschule aus,

*Die Menschenpyramide des Arbeiterturnvereins ist auch ein Zeichen dafür, dass Sozialisten selbst beim Sport Solidarität üben, und nicht in einen kapitalistischen Wett- und Konkurrenzkampf verfallen.*

rekrutiert Sklaven für ein Heer und kämpft gegen die römischen Unterdrücker. Spartacus' Truppen kontrollieren zeitweise Teile Süditaliens, werden dann aber von den römischen Legionären geschlagen.

Nach einem Politiker und Gegner der Sklaverei im Amerika des 19. Jahrhunderts, Cassius Marcellus Clay, einem Mitbegründer der Republikanischen Partei, ist wiederum einer der historisch ersten Sportler benannt, die mit großer medialer Wirkung politisch rebellieren: der Box-Champion Cassius Clay, der sich später in Muhammad Ali umbenennt. In den sechziger Jahren engagiert sich Ali im Rahmen der Black Muslim-Bewegung, kritisiert den Vietnamkrieg und verweigert den Kriegsdienst. Das kostet ihn zeitweilig den Weltmeistertitel und die Boxlizenz und bringt ihm eine Strafanzeige ein. Alis Kampf für ein schwarzes Selbstbewusstsein ist auch vor einem sportgeschichtlichen Hintergrund stark emotional aufgeladen. Sein Vorbild ist nicht der angepasste Joe Louis, Weltmeister von 1937 bis 1949, sondern Jack Johnson.[42] Johnson ist von 1908 bis 1915 der erste schwarze Weltmeister im Schwergewicht, zu Zeiten, als Schwarze in keinem anderen Bereich außer vielleicht der Musik eine Chance auf gesellschaftlichen Erfolg haben. Johnson tritt selbstbewusst auf und hat offen Beziehungen zu weißen Frauen, etwa Etta Duryea, einer Dame der Brooklyner Gesellschaft. Prompt nennt ihn die *Chicago*

*Tribune* eine »schwarze Gefahr« und kommentiert: »Als Afrikaner, der er im Grunde ist, lebt Johnson nur für den Augenblick. Er sieht nicht über den Tellerrand hinaus und ist unfähig, vorauszudenken.«

Besonders spektakulär ist Johnsons Kampf am 4. Juli 1910 gegen den Weißen Jim Jeffries. Nachdem Johnson seinen Gegner nach einer Stunde niederschlägt und gewinnt, kommt es zu Unruhen, Ausschreitungen mit Todesfolge, meist von Weißen gegen Schwarze. Die Filmvorführung des Kampfes wird verboten, weil man es unerträglich findet, einen Weißen zu Füßen eines Schwarzen liegen zu sehen. Manche Schwarze verehren Johnson, andere werfen ihm vor, dass er sie gefährde, weil weiße Amerikaner willkürlich Vergeltung an schwarzen üben.[43] Später wird Johnson in einem fadenscheinigen Prozess wegen angeblichen Mädchenhandels zu einer Gefängnisstrafe verurteilt, obwohl die Frau, um die es geht, seine Verlobte ist. Jahrzehnte später nennt Muhammad Ali Jack Johnson als Vorbild und erklärt, er habe auch »rau, hart, arrogant sein« wollen wie Johnson, »der Nigger, den Weiße nicht leiden können«. Alis Betreuer feuert ihn bei Kämpfen sogar mit den Worten an: »Es ist ein Geist hier, der Geist Jack Johnsons!«

Allerdings wird Muhammad Ali auch Teil einer sehr ambivalenten symbolpolitischen Veranstaltung, des sogenannten »Rumble in the Jungle«, des Weltmeisterschaftskampfes gegen George Foreman am 30. Oktober 1974 in Kinshasa, der Hauptstadt des damaligen Zaire und der heutigen Demokratischen Republik Kongo. Es ist die erste international beachtete Großveranstaltung in Afrika, die entsprechend auch ein schwarzes Selbstbewusstsein zum Ausdruck bringen soll. In der Zeit vor dem Kampf streift Ali durch die Stadtviertel Kinshasas; er gilt den Kongolesen als Afrikaner. Demgegenüber erinnert Foreman mit seinem Schäferhund, den er dabei hat, an die früheren Kolonialherren. Beim Rahmenprogramm, einem Musikfestival, treten Stars wie James Brown und Miriam Makeba auf. Dass die Veranstaltung unter dem Zeichen von Brot und Spielen steht, wird klar, wenn man hört, wie sich ein Kongolese, der damals vor Ort war, erinnert: »Kinder hatten schulfrei. Firmen mussten einen Tag bezahlten Urlaub geben. Bars mussten das Bier zum halben Preis ausschenken. Mehl gab es sogar umsonst.«[44] Insgesamt hat die Veranstaltung einen bitteren Beigeschmack. Zwar scheint Präsident Mobutu Sese Seko Zaire damals Wohlstand zu bringen und den Stolz auf die eigene Kultur zu stärken. Doch handelt es sich um einen der brutalsten und korruptesten Diktatoren Afrikas, die Sportveranstaltung ist Teil seiner Propaganda.

Bei all den verschiedenen Seiten, die der Sport als Mittel der Politik hat, lässt sich festhalten, dass er selten über sein übliches symbolisches Spielfeld hinaus für Aufruhr und Unruhen gesorgt hat. Eine der wenigen Ausnahmen ist die Tour, die die Springboks, die Rugbymannschaft von Südafrika, 1981 in Zeiten der Apartheid in Neuseeland macht, um gegen die dortige Nationalmannschaft, die All Blacks, anzutreten.[45] Anlässlich der Spiele demonstrieren Neuseeländer gegen die Repräsentanten der Rassentrennung, es werden Steine geworfen und Autos umgestoßen. Das ganze Land diskutiert über den Rassismus, dessen Aushängeschild die weiße Rugbymannschaft Südafrikas ist.

Umso mutiger ist es, dass Nelson Mandela 1995, ein Jahr nach seiner Wahl zum südafrikanischen Präsidenten bei der Rugby-WM im eigenen Land das Trikot der Springboks trägt. Das Publikum ist zunächst irritiert, doch dann begeistert. Die Episode gilt als großer Schritt im *Nation Building*, der Entwicklung eines südafrikanischen »Wir«-Gefühls – und als Beispiel für die politische Symbolkraft des Sports.

Was die Sportpropaganda betrifft, hat sie ihren traurigen Höhepunkt bei den erwähnten Olympischen Spielen von 1936, die Hitler instrumentalisiert. Aus heutiger Sicht ist es kaum zu glauben, dass sich das Olympische Komitee auf Betreiben seines Mitglieds und späteren Präsidenten Avery Brundage gegen einen Boykott entscheidet, nachdem eine Delegation in Deutschland war. Sie wurde allerdings bewusst von allem ferngehalten, was zu deutlich Hinweise auf den im Land herrschenden Antisemitismus, auf Diskriminierung und Verfolgung gegeben hätte; erst spät wird klar, dass entgegen den Zusicherungen keine jüdischen Sportler im Kader der Deutschen sind.[46] So kann Hitler abgesehen von kleinen Störungen wie der erwähnten Sportsfreundschaft zwischen Jesse Owens und Lutz Long seine propagandistische Inszenierung auskosten und seine Beliebtheit steigern. Bei den Spielen von 1936 zeigt sich auf besonders drastische Weise eine der ambivalenten Grundfunktionen des Sports. So wirkt der Sport im »Dritten Reich«, wie Allen Guttmann schreibt, als »Enklave der Normalität«.[47] Darüber hinaus habe der Sport, so Guttmann, unter den Nationalsozialisten in der Alltagserfahrung der Bevölkerung *weniger* kriegerisch gewirkt als etwa in den 1920er Jahren, als er von paramilitärischen Übungen geprägt gewesen sei.

Zur Grundfunktion des Sports, abzulenken und zu beruhigen, passt die Rede von Pierre de Coubertin, des Gründers der modernen Olympischen Spiele, über »Die philosophischen Grundlagen des modernen Olympismus«, die ein Jahr vor den Olympischen Spielen von 1936 am 4. August 1935 im Rundfunk übertragen wird. Ohne mit einem Wort auf die politische Lage und die Nazi-Propaganda einzugehen, spricht de Coubertin vom »modernen Olympismus« als Religion, von antiken Körperidealen, Kameradschaft, Beethovens Symphonie IX, von der, so de Coubertin, »Freude an der Kraftentfaltung, und damit des ritterlichen und doch leidenschaftlichen Kampfes«.[48] Laut den Akten der Reichskanzlei bewilligt Hitler am 14. Mai 1936 »für den in finanzieller Not befindlichen Begründer der modernen Olympischen Spiele, Pierre Baron de Coubertin«, den großen Verfechter des Amateurismus, eine, so heißt es, »Ehrengabe« von 10 000 Reichsmark.[49]

Heute, in Zeiten des *Nation Branding* feilen Länder mit Hilfe von Marketingfirmen an ihrem Image. Propagandistische Elemente dürfen nur noch sanft anklingen wie bei den Olympischen Spielen in Peking 2008, wo bei den Eröffnungsfeiern in der Darstellung von 5000 Jahren chinesischer Geschichte Konfuzius und die Erfindung des Papieres vorkommen, nicht aber Mao. Wenn sportliche Großveranstaltungen minutiös geplant werden, um eine bestimmte Botschaft zu senden oder ein Land zu präsentieren, ist dies oft ein zweifelhaftes Unternehmen. Ein grundsätzlich positives Beispiel sind die Olympischen Sommerspiele von München 1972. Die Spiele sollten nicht nur touristischen, stadtplanerischen und ökonomischen Zielen dienen, sondern auch ein beherztes Statement für eine moderne, weltoffene Bundesrepublik sein. Nicht einfach war diese Aufgabe vor dem Hintergrund der Spiele von 1936 und ihres propagandistischen Missbrauchs. Und selbst der überraschende Sieg der Deutschen bei der Fußball-WM 1954 war unterschiedlich interpretiert worden: Mal galt er als Zeichen dafür, dass die junge deutsche Demokratie erfolgreich sei; dann hieß es, der Sieg habe der zweifelhaften Haltung des »Wir sind wieder wer« Vorschub geleistet.[50]

In ihrem Buch *The 1972 Munich Olympics and the Making of Modern Germany* (2010) beschreiben Kay Schiller und Christopher Young die Planung, Organisation und Wirkung der Spiele im In- und Ausland. Sie schildern die Kontroversen im Vorfeld darüber, dass Geld verschwendet oder die Massen verblendet würden, und nennen Gegenreaktionen zu den offiziellen Spielen, Kunstaktionen wie die »Gammler-Olympiade« im Geist der

68er. »Ulrike Meyfarths freudiger Sprung zum Sieg hätte«, so die Autoren, »als Bild für den Sprung Westdeutschlands zur erfolgreichen Rehabilitierung stehen können«, wären nicht die mörderischen Anschläge auf die israelische Mannschaft durch palästinensische Terroristen gewesen.[51] Obwohl der schreckliche Anschlag auf die israelischen Sportler die Spiele überschattet, kann insgesamt ein positives Signal gesendet werden. Die Spiele stehen unter dem Zeichen der Gastfreundschaft und Partizipation. Die gute Verbindung von Tradition und Moderne wird symbolisiert durch Ordner in hellgrünen Anzügen und Assistentinnen im Dirndl. Im Rückblick mag man, wenn man die Fernsehaufnahmen der Athleten von 1972 oder den Dokumentarfilm *München 1972* (*Visions of Eight*, 1973) sieht, nostalgisch werden. Die Athleten – damals noch Amateure – scheinen trotz einiger Verwerfungen des Kalten Krieges, des Gezankes zwischen den USA und der UdSSR um Medaillen, weniger verbissen zu agieren als heute; sie wirken insgesamt natürlicher und anmutiger.

Den bisherigen Endpunkt in der medienwirksamen Präsentation, die Deutschland in den letzten 100 Jahren mit den Extremen von 1936, 1954 und 1972 durchlaufen hat, bildet die Fußball-WM 2006, auf die ich auch noch im Abschnitt über den Sport und die Kunst eingehe. Sie wurde als Beweis für die Buntheit und Gastfreundlichkeit Deutschlands und einen unverkrampften Nationalstolz gesehen. Sie steht aber auch für die Dominanz wirtschaftlicher Interessen, das übliche Ränkespiel in der FIFA darüber, wer den lukrativen Zuschlag für die Austragung der WM bekommt. Die Vergabe ist mit einem »Deal« in Zusammenhang gebracht worden, einem Engagement der deutschen Privatwirtschaft bis hin zu Waffengeschäften mit Saudi-Arabien als Gegenleistung für eine wichtige Stimme bei der FIFA.[52]

## VOM ANTIKEN SCHUMI ZUR »MISSION AUFSTIEG« IM 21. JAHRHUNDERT – SPORT UND BUSINESS

Das Geschäft mit dem Sport boomt. Wie immens die Zuwächse bei den Einnahmen sind, zeigt der Blick auf die Steigerung der Beiträge, die Fernsehsender dem Internationalen Olympischen Komitee für Übertragungsrechte bezahlt haben. Bei den Olympischen Spielen in München 1972 waren es noch 17,7 Millionen Dollar, in Sydney im Jahr 2000 schon 1,25 Milliarden Dollar.[53] Innerhalb von nur 30 Jahren vervielfachten sich die Beiträge also um den Faktor 70. Sportarten wie Fußball, Eishockey und Basketball dienen als Investitionsprojekte und mitunter der Geldwäsche; sie sind das Feld für weltweite, teils betrügerische Wettgeschäfte mit Gesamteinnahmen in Milliardenhöhe.[54] Die Kommerzialisierung und Ökonomisierung des Sports haben zu einem ähnlichen Zeitpunkt einen Schub bekommen wie die Werbe- und Finanzwirtschaft: Mitte der siebziger Jahre übernimmt João Havelange die Präsidentschaft der FIFA und fördert die Korrumpierung und Kommerzialisierung des Verbandes, in dem heute Boni wie in der Finanzbranche an »leitende Organe« ausgeschüttet werden; in den siebziger Jahren nimmt der Handel mit Übertragungsrechten und Werbeverträgen mit Unternehmen wie Coca Cola und Adidas, bei dem es um Millionensummen geht, Fahrt auf.[55] Ähnlich wie der Kunstmarkt mit seinen Fantasiepreisen erscheint der Sportbetrieb als Spiegel der ökonomischen Entwicklung, der Spekulation mit zunehmend abstrakten, von der Realwirtschaft abgekoppelten Werten. Allerdings greift der Sport als Mittel des Imageschwindels im großen Stil und mit der Geldwäsche und dem Wettbetrug stärker auf andere Bereiche der Gesellschaft über.

Immerhin gibt es in der Geschichte des Sports Phasen mit einer mehr oder weniger starken kommerziellen Ausrichtung und Korruption; die Entwicklung verläuft nicht linear. Bei den Olympischen Spielen der griechischen Antike werden Absprachen und Bestechungen geahndet; der Faustkämpfer Eupolos muss als Strafe Zeusstatuen stiften.[56] Zwar sind die Athleten zunächst keine Profis, doch kann das Preisgeld von 500 Drachmen für den Sieger des Pankration, des brutalen Ring- und Faustkampfes, so der Sporthistoriker Allen Guttmann, dem Einkommen eines »Arbeiters« aus acht Jahren Arbeit entsprechen.[57] Im alten Rom gibt es, so Wolfgang Behringer, bereits so etwas wie Fanclubs, Sportvereine und reiche Sponsoren.[58] Sie kaufen teure Rennpferde und Athleten, die bei besseren Angeboten den Verein wechseln. Ein Wagenlenker namens Diocles habe durch seine Siege ein Vermögen von 36 Millionen Sesterzen gemacht, was, so Behringer, »einem dreistelligen Millionenbetrag heutiger Währung entsprochen haben soll«.

Im Mittelalter, also rund tausend Jahre lang, spielt Geld im Sport kaum eine Rolle. Erst für das 16. Jahrhundert lässt sich eine Professionalisierung verzeichnen. Sportunternehmer und Trainer treten auf den Plan, Anbieter von Sportbekleidung, Erfrischungen bei Wettbewerben. Diese finden zunehmend in ausgebauten Sportstätten statt. Geldprämien ersetzen Naturalpreise. Im Jahr 1699 macht ein Sportunternehmer mit einer ersten Annonce Werbung für eine private Tier- bzw. Bärenhatzarena, den *Beargarden* in Hockley-in-the-Hole im Londoner Viertel Clerkenwell. 1714 liest man erstmals einen Zeitungsbericht über einen Boxchampion. Die Firma Wedgwood verewigt Boxszenen auf ihrem Porzellan. Im Oktober 1792 wird in London die erste Fachzeitschrift für Sport gegründet, *The Sporting Magazine*.

Die Geburt des modernen Profisports fällt ins 17. und 18. Jahrhundert. Damals bezahlen reiche Adelige und Gentlemen Boxer, Wettläufer, Cricketspieler, Jockeys und Experten für Bärenhatzen sozusagen als spezialisierte Diener und wetten zum Zeitvertreib auf sie.[59] Nach und nach übernehmen Unternehmer die Rolle des Adels. Im 19. Jahrhundert geht es hin und her zwischen Amateurismus und Profisport. So entwickelt sich der Fuß-

*Tierkämpfe wie die Bärenhatz waren von der Antike bis ins 20. Jahrhundert ein Publikumsmagnet. Hier eine mittelalterliche Darstellung.*

ball zum kommerziellen, von Profis betrieben Massenvergnügen. Zugleich können Arbeiter, durch Regeln vor Verletzungen geschützt, die ihren Job gefährden würden, in ihrer Freizeit bolzen gehen. Anhänger des Amateurismus sehen das Fairplay als Möglichkeit, sich von der angeblich adelig-korrupten Wettleidenschaft oder vom Materialismus der Industrialisierung abzugrenzen. Sie wollen den Sport als Hort der Erziehung, moralischen Läuterung und Selbstvervollkommnung bewahren. Immerhin streicht das IOC erst 1981 das Teilnahmeverbot für Profis an den Olympischen Spielen.

Im 21. Jahrhundert scheint der Amateurismus in vielen Bereichen des Hochleistungssports undenkbar zu sein. Amerikanische Milliardäre, arabische Scheichs, russische Oligarchen und Sportfonds kaufen Fußballvereine wie Paris St. Germain, Chelsea FC, Manchester United, Manchester City oder Schachtjor Donezk, die zum Teil Arbeiter oder Kirchenleute gegründet hatten. Im Juni 2007 ersteht Thaksin Shinawatra, der ehemalige thailändische Premier und Milliardär, für knapp 97 Millionen Euro den Verein Manchester City und schlägt ihn 14 Monate später für 249 Millionen an eine Investitionsgruppe in Dubai los.[60] Der britische Fußballverband genehmigt die Transaktion, obwohl Shinawatra des Wahlbetrugs und der Menschenrechtsverletzungen beschuldigt wurde.

Insgesamt spiegelt der Profisport heute die Übergänge und Widersprüche zwischen Finanzindustrie und Realwirtschaft auf besonders eingängige Weise. Der Sport steht auch für die unscharfe Abgrenzung zwischen reinem Profitdenken und gewachsener Zusammenarbeit, echter und eingebildeter Gemeinschaft. So hat der FC Bayern München über 180 000 Mitglieder, die FC Bayern München AG einen Jahresumsatz im dreistelligen Millionenbereich – aber nur um die 500 Angestellte. Ein anderes Münchner Traditionsunternehmen, die Hofpfisterei, hat etwa ein Fünftel des Umsatzes und fast doppelt so viele Angestellte. Im Verhältnis zur Zahl seiner Angestellten hat der Sportverein starken Einfluss auf die lokale Gastronomie und den Tourismus und eine immense Medienpräsenz – auch im Vergleich zu viel größeren Unternehmen. Auf der medialen Bühne gelingt es großen Vereinen wie dem FC Bayern München, das Bild davon aufrechtzuerhalten, dass sie einer Familie ähnelten, die für ihre Mitglieder sorgt. Man kann dieses Bild wegen seiner symbolisch integrativen Wirkung begrüßen oder es als offenkundig falsch anprangern, da Mitarbeiter, Trainer und Spieler wie in anderen Unternehmen gefeuert werden, wenn die Leistungen nicht stimmen.

Mit Blick auf den Sport ist mir in den letzten Jahren auf ganz praktische Weise vor Augen geführt worden, wie sinnvoll kleinere, lokale Einheiten als Ausgleich zu den großen, stark profitorientierten sind. So freut es mich zwar, dass dem Team des FC Bayern München Basketball in der Spielzeit 2010/11, ausgestattet mit einem Budget von rund 2,5 Millionen Euro statt rund 350 000 in der Saison zuvor, die sogenannte »Mission Aufstieg« von der zweiten in die erste Bundesliga gelang.[61] Nun spielt man – mit einem nochmals vervielfachten Budget – auf einem sportlich hohen Niveau. Doch bei aller Liebe zum Pausenentertainment mit Cheerleadern und Showelementen, wie sie in den USA üblich sind, finde ich es schwierig, dass der Hallensprecher – anders als in Amerika – mit einer militärisch scharfen Stimme dem Publikum zubrüllt, wann es aufstehen soll und besonders intensiv zu klatschen hat. Da war in Zeiten der zweiten Bundesliga, als höchstens ein Zehntel der jetzigen Besucher zu den Spielen des FC Bayern Basketball kamen, mehr Raum für spontane Begeisterung. Deshalb gehe ich, um mein live-Erlebnis zu bekommen, inzwischen meistens zu einem Team der Regionalliga, wo man obendrein näher am Spielgeschehen sitzt.

Zwar kann man im Profisport sprunghafte Zuwächse bei den Umsätzen und Gewinnen verzeichnen. Doch ist einem Bericht der Kölner Sporthochschule und des Deutschen Olympischen Sportbundes aus dem Jahr 2012 zufolge jeder dritte der rund 91 000 Sportvereine in Deutschland wegen der »Probleme der Gewinnung und Bindung ehrenamtlicher Funktionsträger in seiner Existenz bedroht«.[62] Immerhin gibt es eine Rückbesinnung zu mehr Bodenständigkeit und Spontaneität, der dem Profisport abhanden gekommen ist, und sogar aktives Engagement. So haben Fans von Manchester United, weil sie von der Profitorientierung des von einem US-Milliardär gekauften Vereins und der Abschaffung der Stehplätze enttäuscht waren, in der Tradition des 19. Jahrhunderts einen Amateurverein gegründet: den FC United of Manchester.[63]

## DAVID GEGEN GOLIATH – SCHRÄGE VÖGEL UND FABRIZIERTE HELDEN: SPORT UND KARRIERE

Seit der Finanzkrise ab 2007 sind Vorstände, Manager und Investmentbanker, die vielen über Jahre als Stars und Vorbilder erschienen waren, gefallene Helden. Sucht man für den Bereich Business und Karriere nach alternativen Galionsfiguren, die bei allem Glamour weniger Imageprobleme haben, bieten sich Spitzensportler an. Zwar sind auch sie krass überbezahlt, doch tun sie niemandem weh. Sie trainieren nachprüfbar hart, verbinden das antike Image des tapferen Helden mit jenem von High-Tech-Hochleistern, aber auch Kreativarbeitern und netten Kerls von nebenan, die nur spielen wollen. Den Mangel an Produktivität kompensieren sie durch Teamfähigkeit. Als Helden erleben sie Höhen und Tiefen, Verletzungen und Triumphe, mit denen man sich identifizieren kann. Sie werden wie Ware gehandelt, aber solange es gut läuft, scheint der Verein sie rundum zu versorgen, wie Unternehmen ihre Angestellten in besseren Zeiten.

Natürlich ist das Bild von Spitzensportlern in vielem von Anfang an falsch. Geschummelt wird seit der Antike. Selbst die Chronik des Dopings beginnt vor rund 200 Jahren, im Jahr 1807, als der Brite Abraham Wood zugibt, Opium benutzt zu haben, mit dem Ziel, bei einem 24-Stunden-Lauf wach zu bleiben.[64] Sie reicht bis in die Gegenwart, wenn ganze Sportarten wie das Radrennen durch »Dopingsünder«, Doping-Netzwerke und die technische Entwicklung kaum nachweisbarer Substanzen beschädigt oder hinfällig gemacht werden könnten. So ließe sich folgern, dass der Sport in eine Phase der Dekadenz, Verderbtheit oder Abgehobenheit von historischen Dimensionen eingetreten sei, zumal man die inflationären High-Tech-Rekorde als Zuschauer ohnehin nicht mehr wahrnehmen kann.

Auch abgesehen von extremen Fehlentwicklungen ist das Leben von Sportlern weniger glamourös, als es manchmal zu sein scheint. Bei kaum einem anderen Beruf ist die Kluft zwischen den möglichen Einkommen so groß. Der Verdienst bei Fußballern reicht von Aufwandsentschädigungen oder einem Taschengeld in der Kreisliga über Durchschnittseinkommen in den unteren Profiligen bis zu zweistelligen Millionengehältern von Messi, Ronaldo und Co. Trotz oder wegen der Bandbreite gilt Profifußballer immer mehr Jugendlichen als Traumberuf.[65] Auf Sportler kann man seit Jahrtausenden alles Mögliche projizieren. Lange Zeit genossen sie beispielsweise eine gewisse Narrenfreiheit. Während der Fußball-WM 1978 in Argentinien, die von der Militärjunta instrumentalisiert wurde, konnte der deutsche Nationalspieler Klaus Fischer sagen, was man heute nur noch denken darf: »Also die politischen Zustände in Argentinien interessieren mich überhaupt nicht.«[66]

Ein Reiz des Sportlerlebens besteht darin, dass man als Profi im 20. Jahrhundert noch mit einem politisch unkorrekten, frechen, albernen oder lockeren Verhalten durchkommt, das man sich in anderen Berufen nicht leisten kann. In den sechziger Jahren machte Petar Radenković, der Tormann von 1860 München, Späße am Spielfeldrand und überraschte einen gegnerischen Stürmer, indem er ihm den Ball, nachdem er seinen Schuss gehalten hatte, noch einmal vor die Füße rollte.[67] Olli Kahn entschuldigte seine Ausflüge ins fußballerische Mittelalter in Form von Kampfsporteinlagen damit, dass Fußball ein Männersport sei. Ein Ausläufer der Tradition ist Cristiano Ronaldo mit seinem eitlen Gebaren und den gockelhaften Anläufen bei Freistößen. Insgesamt sind Sportler aktuell aber mediengeschult und diplomatisch, Ausrutscher selten. Umso erfrischender ist es, wenn Rekordnationalspieler Lothar Matthäus durch schräge Kommentare und Ehe-Soaps auffällt und dabei mehr als heutige Popstars einfach sein Ding macht, egal, ob das den allgemeinen Vorstellungen von gutem Stil oder Coolness entspricht.

Mehr als Pop-Stars und Künstler, die heute meist abgeklärt professionell agieren, können Sportler traditionell den Ruf des Exzentrischen mit jenem der Bodenständigkeit verbinden. Zu Zeiten, als Qualitäten wie Kreativität und Flexibilität in der Arbeitswelt noch etwas Besonderes waren, wurden diese vor allem von Künstlern verkörpert. Eine historische Avantgarde ist der bereits im Kapitel über die Arbeit erwähnte Leonardo da Vinci. Und schon im Spätmittelalter wurde – wie ich ebenfalls im Kapitel zur Arbeit beschreibe – die Figur des Unternehmers in Balladen mit heroischen Zügen ausgestattet, womit eine Projektionsfigur für berufliche Träume und sozialen Aufstieg geboten wurde. Heute vermitteln Sportler zwischen der alten und neuen Arbeitswelt, einem scheinbar spielerischen Zugang und hartem Konkurrenzkampf, politischer Korrektheit und karnevalistischer Freiheit. Typisch für die Mischung ist der Spruch, der in der Trainingshalle des US-Basketballteams Chicago Bulls groß an der

Wand prangt: »Only the strongest survive.« Solch sozialdarwinistische Statements sind in anderen Lebensbereichen seit über einem halben Jahrhundert verpönt, wären aktuell nicht einmal im Konferenzraum eines Hedgefonds möglich oder würden zumindest für Kritik sorgen.

Zum Reiz des Sports gehört seit der Antike die Hoffnung auf Integration und Aufstieg für Leute mit einer im konventionellen Verständnis weniger vielversprechenden Ausbildung. Aktuell gilt dies auch für Bewohner armer Länder und ethnische Minderheiten. Diese Hoffnung wird mit dem Begriff der »ethnischen Mobilitätsfalle« (»ethnic mobility trap« ) als illusorisch entlarvt: Schließlich, so der Vorwurf, verringert die Fokussierung auf Bereiche wie den Sport für unterprivilegierte Minderheiten die Möglichkeit zum »Aufstieg in extra-ethnischen Bereichen«; so gebe es entgegen landläufigen Vorstellungen keine Mobilitätsfunktion beim Sport, sondern nur eine symbolisch-kompensatorische Darstellung derselben.[68]

Das gilt wohl auch für den brasilianischen Fußballer Manoel Francisco de Santos (1933 – 1983), genannt Garrincha, vielleicht der beliebteste Spieler aller Zeiten. Obwohl er mit einer Fehlbildung am Rücken und an den Beinen zur Welt kommt, wird er mit Brasilien zweimal Weltmeister und zu einem der besten Fußballer des Landes. Er fasziniert mit seinen verrückten Dribblings und Drehungen auf dem Spielfeld. Sein Spitzname Garrincha bezieht sich auf einen kleinen Urwaldvogel, sein zweiter, *Alegria do Povo,* lautet »Freude des Volkes«. Während Pélé, der andere weltberühmte Fußballer aus Brasilien, sozial aufsteigt und zeitweilig sogar Sportminister ist, stirbt Garrincha jung, arm und einsam als Alkoholiker.

Demgegenüber ist ein Sportler von ähnlicher Statur, Tyrone »Muggsy« Bogues, ein Beispiel dafür, dass man es auch gegen alle Wahrscheinlichkeit schaffen kann. Bogues' Karriere und Leben zeigen, dass es möglich ist, ein Happy End hinzukriegen und eine überzeugende Botschaft loszuwerden. Mit einer Körpergröße von eins sechzig ist er der bis heute kleinste Basketballspieler in der Geschichte der NBA, der amerikanischen Profiliga, in der sich hünenhafte Modellathleten tummeln. Mit seinem untersetzten Körperbau und Oberschenkeln wie Gerd Müller wirkt Bogues auf dem Basketballfeld zunächst fehl am Platz, aber eben auch lustig und erfrischend. In den neunziger Jahren des 20. Jahrhunderts verwandelt er seinen Längennachteil in einen Vorteil, weil er den Ball besonders nah am Boden außer Reichweite der Riesen dribbeln kann und damit als David die Goliaths besiegt. Er hat Auftritte in Hollywoodfilmen wie *Space Jam* (1996) und *Eddie* (1996). In seiner Autobiografie *In the Land of Giants* (1994) schildert Bogues, wie er in einer armen Familie und einem gefährlichen Stadtviertel von Baltimore aufwächst. Im Alter von fünf Jahren wird er angeschossen, allgemein wird er wegen seiner Körpergröße gehänselt, trainiert rund um die Uhr, dribbelt im Treppenhaus des Sozialwohnungsbaus mit dem Ball die Stufen rauf und runter, während er den Müll wegbringt.[69] Er betont, dass ihm als Kind und Jugendlicher das Freizeitzentrum das »Leben gerettet« habe, weil es ihn von der Straße und den Gangs fernhielt.

Seit dem 19. Jahrhundert und verstärkt im 20. Jahrhundert bieten Sportinstitutionen in schwierigen sozialen Umfeldern einen Rahmen, in dem man sich ausprobieren und abreagieren kann. In den USA organisieren Priester und Sozialarbeiter in den letzten 20 Jahren verstärkt *Peace Tournaments* im Basketball, Friedensturniere zwischen verfeindeten Straßengangs, um den Hass und die Gewalt abzubauen.[70] So führt eine historische Linie von kultischen Totenspielen und dem Olympischen Frieden (*ekecheiria*) über mittelalterliche Regulierungsversuche von Ballspielen und Turnieren zu den strengen Spielregeln seit der Industrialisierung und der Funktion des Sports als Gewaltprävention und Förderung der Gemeinschaft im 21. Jahrhundert im Rahmen der Sozialarbeit.

Eine zweite Linie verläuft allerdings von der brutalen Auslese antiker Gladiatoren über das Phänomen, dass Vereine und Spieler Investitionsobjekte geworden sind, bis zur heutigen Situation, in der Sportkarrieren bereits im Kindesalter als Projekt konzipiert und durchgerechnet werden. So beschreibt Michael Neudecker in seiner Reportage »Balljunge« (*Süddeutsche Zeitung*, 5. 12. 2012) den zehnjährigen Jan Kristian Silva, der einen Stab von Trainern um sich hat, in aller Welt bei führenden Fachleuten trainiert und schlicht »Number One« werden will, wie er immer wieder sagt. An Tennisakademien wie jener von Nick Bollettieri, der »größten Heldenfabrik«, so Neudecker, haben schon Andre Agassi, Monica Seles und Boris Becker gelernt. Inzwischen bieten Firmen ehrgeizigen Eltern Gentests an und damit angeblich die Auskunft darüber, ob ihr Kind eine gute Schnellkraft oder Ausdauer hat, für welchen Sport es also am meisten Talent mitbringt.

Der Sport dient nicht nur als populärer Gradmesser für gesamtgesellschaftliche Trends, sondern auch für die Ambivalenz des Heldenbegriffs. In den USA reden Sportkommentatoren davon, dass ein Basketballspieler, wenn er in der letzten Sekunde einen schwierigen Korb macht, zum *hero* geworden sei. Zugleich bezeichnet man mit dem Ausdruck *hero ball* eine Spielweise, bei der ein Einzelner auf Kosten der anderen im Team glänzen will bzw. im Alleingang ein Spiel herumzureißen versucht, was nur selten gelingt und keinen nachhaltigen Erfolg bringt.

## DIE ÄSTHETIK DES KOPFSTOSSES: SPORT UND KUNST

»Ich möchte eine Ära prägen.« Den Wunsch äußerte Ronaldinho, der brasilianische Mittelfeldstar, im April 2005, als er noch gewählter Weltfußballer des Jahres war.[71] Er hatte Bilder des surrealistischen Malers Salvador Dalí im Museum gesehen. »Ich kann«, so Ronaldinho, »meine Fantasie nur mit einem Ball ausleben. Aber ich will etwas wie Dali schaffen: Etwas, was völlig neu ist.«

Der Artikel der *Süddeutschen Zeitung,* in dem Ronaldinho zitiert wird, trägt den Titel »Epoche des Lächelns«. Das bezieht sich zum einen auf Ronaldinhos Dauerlächeln und seine fröhliche Art. Zum anderen ist es eine Anspielung auf »Epochen«, die Künstler mit ihrem Stil geprägt haben, sei es Picasso mit dem Kubismus oder Albrecht Dürer mit der Dürerzeit. Dass es Parallelen zwischen dem Sport und der Kunst gibt, ist nicht neu, aber in den letzten Jahren besonders offenkundig. In dem Dokumentarfilm *Die Kunst des Fußballs* (2006) vergleichen fast alle Befragten – von Dennis Hopper und Wim Wenders über Markus Lüpertz bis zu Franz Beckenbauer und Arsène Wenger – den Sport in Sachen Kreativität, Bildkraft und Stilwillen mit der Kunst.[72]

Kunst und Sport sind beide – wenngleich zu historisch unterschiedlichen Zeiten auf unterschiedlich intensive Weise – von Widersprüchen geprägt wie jenem zwischen »wild« und »kultiviert«, Spiel und Ernst, Strategie und Emotion, Intellekt und Intuition. Ähnlich wie in der Kunst lassen sich im Sport Qualitäten wie Kreativität, Innovationsfreude und Flexibilität, wie sie inzwischen auch in konventionellen Arbeitszusammenhängen gefordert werden, breitenwirksam, aber auch mit einem Augenzwinkern einüben. So hat der persönliche Trainer und Mentor von Dirk Nowitzki, der Mathematiker, Physiker und Ex-Nationalspieler Holger Geschwindner, die optimale Flugkurve des Balls für den Wurf des Basketballstars und die dazugehörige Körperhaltung berechnet. Beim Werfen sieht Nowitzki aus wie der sterbende Schwan, ist aber kaum zu verteidigen und trifft effizient. Wenn Geschwindner seine Basketballschule »Institut für angewandten Unfug« nennt, erinnert das an surrealistische Vereinigungen wie das 1948 gegründete »Collège de'Pataphysique«. Dort machte man sich mit absurden Theorien und Begriffen über eine einfache Wissenschaftsgläubigkeit und ein Nützlichkeitsdenken lustig und strebte fantasievolle Lösungen für diverse Probleme an.

Dazu passt es, dass die Definitionen von Sport und Kunst historisch von jeher offen sind. Seit Mitte des 20. Jahrhunderts muss Kunst kein Werk mehr sein, sondern darf eine Idee sein, eine Geste oder eine Alltagssituation, die man erlebt und zur Kunst macht, indem man ästhetische, emotionale oder geistige Anregungen daraus zieht. Auch zum Sport gehören über die Jahrtausende betrachtet solch unterschiedliche Dinge wie der Kampf bis zum Tod, Tauziehen, Sackhüpfen, Ball-, Schach- und Videospiele, Tanzkunst, Kampfkunst, Eiskunstlauf und Kunstturnen.

So kann man Theorien, die ursprünglich auf den Zusammenhang von Kunst und Leben abhoben, heute auch auf den Sport beziehen. Das gilt für Friedrich Schillers Text *Über die ästhetische Erziehung des Menschen* von 1795, den ich bereits im Kapitel über die Bildung erwähnt habe. Er baut auf Immanuel Kants Auffassung auf, wonach die Kunst keinem bestimmten, von vornherein festgeschriebenen Zweck dienen sollte.[73] Insgesamt ist bei Schiller der Begriff des Spiels zentral, über dessen vielfältige Bedeutungen zwischen Unterhaltung, Konkurrenz, Geschick und Glück noch Philosophen des 20. Jahrhunderts nachdenken.[74] Mit der sogenannten Spieltheorie wird er noch einmal eine andere Wendung bekommen. Denn dabei geht es um ein strategisch geschicktes, teils mathematisches Abwägen verschiedener Verhaltensweisen auch im ökonomischen Zusammenhang, wobei das Problem gerade da beginnt, wo die Spieltheorie als Instrument zu ernst genommen wird und auf verschiedene Lebenssituationen vor allem mit dem Ziel angewendet wird, Vorteile für sich herauszuholen. Schiller betont noch eher allgemein, dass der Mensch vor allem da Mensch sei, sich entwickeln und zugleich seine Identität bewahren könne, wo er frei dem »Spieltrieb« fröne. Denn der Spieltrieb vermittle zwischen zu großer Theorielastigkeit (»Formtrieb«) und unkontrollierter Sinnlichkeit (»sinnlicher Trieb«).

In diesem Zusammenhang preist Schiller sogar einen imaginären »ästhetischen Staat« als utopisches Reich der Kunst und der Gleichberechtigung an. Im 21. Jahrhundert kann man mit Blick auf die mediale Inszenierung von Großveranstaltungen wie die Olympischen Spiele und Weltmeisterschaften nur noch für Momente dem schönen Gedanken nachhängen, dass eine internationale Gemeinschaft, die ihre Konflikte spielerisch regelt, möglich wäre. Als fragwürdige Variante von Schillers ästhetischem Reich erscheint eine neuartig vernetzte globale Fangemeinde, von der David Stern, der Geschäftsführer der amerikanischen Basketballprofiliga NBA, die rund fünf Milliarden Dollar Umsatz jährlich macht, im Jahr 2013 schwärmt: »Über alle Social-Media-Kanäle erreichen wir«, so Stern, »300 Millionen Menschen. Wenn wir eine Nation wären, wären wir die drittgrößte Nation der Welt. China, Indien – und dann die NBA.«[75] Dank der digitalen Revolution könnte, erklärt Stern, bald vielleicht »jeder NBA-Fan der Regisseur des eigenen Spiels« sein: Er könnte mit Hilfe eines Smartphones entscheiden, »aus welchem Winkel er auf den Court schaut und welchem Spieler er folgt«.

Vor einem größeren Publikum verschmolzen sind einige kunstähnliche Qualitäten des Sports zuletzt wohl, als Zinédine Zidane beim Finale der Fußball-WM 2006 seinen Gegenspieler Marco Materazzi mit seinem inzwischen legendären Kopfstoß gegen die Brust niederstreckte. Der Italiener hatte Zidanes Schwester als Nutte bezeichnet. Die Aktion wurde hinterher in den Medien und auf Partys diskutiert und interpretiert wie ein Kunstwerk. Sie wurde als archaisches Ritual zur Wiederherstellung von »Ehre« gesehen oder als gewaltverherrlichend kritisiert. Von historischer Bedeutung ist der Kopfstoß vielleicht insofern, als er sich als starkes Statement deuten lässt, mit der Zidane die scheinbar heile Welt internationaler Sportwettbewerbe auf eingängige Weise als Quatsch entlarvt und auf die Schattenseiten aufmerksam macht, inklusive Machogehabe, Sexismus und schmutziger Tricks. Mit seinem Kopfstoß hat Zidane das langfristig wohl einprägsamste Medienbild der WM 2006 geschaffen. Er hat dem

Bild von den bunten, fröhlich feiernden Fans ein anderes entgegengestellt, das – im Gegensatz zu Aufnahmen von Hooligans – eben nicht zensiert werden konnte. Er hat den Italienern, die Weltmeister wurden, die Show gestohlen. Grundsätzlich scheint Zidane mit seiner Aktion zu unterstreichen, dass an dem Punkt, an dem der Sportzirkus historisch angelangt ist, Details, Gesten, einzigartige Szenen und Bilder mehr zählen als Tore, Punkte und Siege.

Ob das Zidanes Intention – oder Intuition – war oder ob man seinen Kopfstoß überinterpretiert, ist wie bei der modernen Kunst nicht entscheidend. Immerhin hat der UEFA-Funktionär Michel Platini Zidane in einem Interview mit dem Balletttänzer Nurejew verglichen, weil er schwebe und dabei nie die Kontrolle verliere.[76] Wollte man Zidanes Kopfstoß ernsthaft kunsthistorisch einordnen, könnte man ihn als Situationismus fassen. Die heute wenig bekannte, indirekt aber einflussreiche Antikunstbewegung wollte in den fünfziger Jahren statt warenförmiger Werke erkenntnisfördernde Situationen schaffen.

Insgesamt fällt auf, dass es beim Sport eine Nähe zu den jeweils neuen Kunstgattungen und Medien gibt – vom Radio in den zwanziger Jahren über den Film bis zum Smartphone und Internet bzw. den virtuellen Welten von Videospielen, die aktuell als sogenannter E-Sport in Ligen ausgetragen werden. Traditionelle Gattungen wie die Skulptur oder Malerei können dem Sport in seiner Dynamik und seinen abstrakten Inhalten kaum gerecht werden; die Poesie hat ihn selten zum Thema.[77] Insgesamt erweist es sich als schwierig, wenn sich Autoren mit ihren Texten dem Sport, der Action, dem Spiel nähern wollen und sich nicht wie Nick Hornby in *Fever Pitch* (1992) darauf beschränken, ihr Leben als Fan zu beschreiben, die Ausdauer, Frustration, Aggressionen und die Freude geteilter Emotionen.

So mag man sich fragen, welche historischen Unterschiede und Gemeinsamkeiten zwischen Sport und Kunst mit Blick auf den Sportkommentar und die Kunstkritik zum Tragen kommen.

Zwar steht die Kunstkritik anders als der Sportkommentar in der Tradition der antiken Ekphrasis, der rhetorischen Nacherzählung, Dramatisierung und Deutung von Werken. Auch hätte noch vor 150 Jahren, zu Hochzeiten der Kunstkritik, kaum ein Intellektueller ernsthaft über Sport geschrieben. Doch sind Kunstkritik wie Sportkommentar gleichermaßen ein Spielfeld für bewusste Übertreibungen, Projektionen und Emotionen. Es geht um Meinung, allgemeine Statements und essayistische Bezüge.

In den fünfziger Jahren des 20. Jahrhunderts kommt A.J. Liebling, der bekannte Kriegsreporter und Mitarbeiter des Magazins *The New Yorker*, mit seinen Sportkommentaren dem Wesen der Kunstkritik nahe. Er will die Faszination des Boxens vermitteln und daraus fürs Leben lernen. Liebling hebt die ästhetische Qualität des Boxweltmeisters Joe Louis hervor: »Alle Gewohnheiten von Louis«, so Liebling, »haben eine gewisse majestätische Dauerhaftigkeit – wie sein Stil im Ring, der seinem Wesen nach klassisch ist.«[78] Der Journalist verteidigt seinen Sport gegen Kritiker, die die Gesundheitsrisiken anprangern, mit dem Hinweis, dass Ballett auch bedenklich sei, weil es dicke Beine mache. Er sinniert über das Wesen des Boxsportlers im Vergleich zu anderen Berufen: »Ein Boxer muss«, so Liebling, »wie ein Autor alleine dastehen. Wenn er verliert, kann er keine Vorstandskonferenz einberufen und einen Vizepräsidenten oder den stellvertretenden Verkaufsdirektor fertigmachen. Deshalb mögen ihn die kleinen Charaktere nicht, die außerhalb einer Organisation gar nicht existieren könnten. Die Feindseligkeiten eines Boxers kehren sich nicht ins Innere wie die eines Sonntagstennisspielers oder eines Parlamentsabgeordneten. Sie treten natürlicherweise nach außen wie der Schweiß, und wenn er mit seiner Aufgabe fertig ist, fühlt er sich wohl, weil er sich selbst zum Ausdruck gebracht hat.«

Ähnlich wie bei der Kunstkritik sind derart übergreifende Ausführungen auch in Sportkommentaren inzwischen kaum noch üblich. Immerhin spricht der Literaturprofessor Hans

Ulrich Gumbrecht mit Blick auf das Boxen vom »Sein zum Tode« und einem »Vorlaufen zum Tode«: »Das Boxen«, schreibt Gumbrecht 1995, »hat das Potential, den Tod in den Augen der Zuschauer präsent zu machen, und sollte Martin Heideggers Existenzialanalyse des Todes zutreffen, dann kann Boxen auf diese Weise dazu beitragen, die Zuschauer von einer Furcht zu befreien, durch die sie – unbewußt – den überwältigenden Anblick des Todes in ihrem Alltagsleben zu vermeiden versuchen.«[79]

Wie auch immer man zur Anwendung von Heideggers Existenzialanalyse auf den Boxsport steht – man kann die Ableitung mit den erwähnten antiken Totenspielen in Verbindung bringen, einer der kultischen Grundlagen des Kampfsports. Derartige Ausführungen erinnern aber auch daran, dass sich der Sport in ähnlich viele Richtungen und auf ähnlich vielen verschiedenen Ebenen interpretieren lässt wie die Kunst. So hatte Adolf Hitler in *Mein Kampf* (1925) auf weniger tiefgründige Weise vom Boxen geschwärmt: »Es gibt«, so Hitler, »keinen Sport, der wie dieser den Angriffsgeist in gleichem Maße fördert, blitzschnelle Entschlußkraft verlangt, den Körper zu stählerner Geschmeidigkeit erzieht.«[80]

Soll der Sport eine klar humanistische Aussage haben, muss man ihn offenbar mit einer strengen Ikonografie versehen. Das ist der Fall, wenn die schwarzen US-Sprinter Tommie Smith und John Carlos, wie bereits erwähnt, während ihrer Siegerehrung bei den Olympischen Spielen von Mexiko im Jahr 1968 die Fäuste zum Gruß der »Black Panther« emporrecken und für die Rechte der Schwarzen demonstrieren. Die berühmt gewordene Aktion findet nicht zuletzt deshalb ein großes Medienecho, weil die Spiele 1968 erstmals über das Fernsehen in alle Welt ausgestrahlt werden. Smiths und Carlos' Geste zeigt auf beispielhafte und tragische Weise, in welch schrägem Verhältnis symbolische Statements zur Realität stehen können. Die Sprinter bekommen harte Konsequenzen zu spüren. Teile der Presse diffamieren sie, sie erhalten Morddrohungen, werden aus dem US-Leichtathletikver-

*Während der Siegerehrung bei den Olympischen Spielen in Mexiko 1968 ballen die US-Sprinter Tommie Smith und John Carlos ihre Fäuste zum Gruß der »Black Panther«.*

band ausgeschlossen, womit ihre Karriere faktisch beendet ist. Wie aufgeheizt die Atmosphäre damals ist, zeigt sich auf furchtbare Weise in Mexiko selbst: Zehn Tage vor Beginn der Spiele, am 2. Oktober 1968, werden bei Demonstrationen für mehr Bürgerrechte in Tlatelolco, einem Stadtteil von Mexico City, etwa 250 Studenten von Armeeeinheiten, erschossen. Sie hatten friedlich für mehr Bürgerrechte demonstriert – mit dem Slogan: »Wir wollen keine Olympischen Spiele! Wir wollen eine Revolution!«[81]

Smith und Carlos waren immerhin Mitglieder des *Olympic Project for Human Rights* (OPHR): Die alternative Organisation hatte zum Boykott der Spiele aufgerufen, die Rückgabe des WM-Titels an Muhammed Ali und dessen Rehabilitierung gefordert; außerdem verlangte man die Absetzung des IOC-Präsidenten Avery Brundage und den Ausschluss der Apartheidstaaten Südafrika und Rhodesien von den Spielen. Auf einer Pressekonferenz erklärt der Sprinter Smith hinterher die Symbolik des Bildes: »Meine erhobene rechte Hand stand für die Macht des schwarzen Amerika. Carlos' linke Hand stand für die Geschlossenheit des schwarzen Amerika. Zusammen spannten sie einen Bogen der Einheit und Macht. Die schwarzen Strümpfe ohne Schuhe standen für schwarze Armut im rassistischen Amerika.«[82] 35 Jahre später erläutert Carlos in einem Interview noch die Bedeutung der Perlenkette, die er trug: »Die Perlen standen für diejenigen, die gelyncht oder ermordet worden waren, für die niemand gebetet hatte, die gehängt oder geteert worden waren. Für diejenigen, die auf Sklavenschiffen über Bord geworfen worden waren. Wir haben versucht, das Land und auch die Welt wachzurütteln.«

Eine derart ausgefeilte Ikonografie bei Kunst-Sport-Aktionen ist die historische Ausnahme. Wie so oft bei politischer Kunst enthält selbst die geplante Inszenierung versteckte Hinweise darauf, wie ambivalent die ganze Bühne ist, auf der sie stattfindet. So bezahlten Adidas und Puma in Mexiko 1968 Tausende von Dollar an Athleten, damit sie jeweils ihren Schuh und nicht den des Konkurrenten trugen. Vor diesem Hintergrund weist Thomas Kistner in seinem Buch *Fifa Mafia* (2012) auf ein merkwürdiges Detail hin: So standen die beiden Aktivisten Smith und Carlos in schwarzen Socken auf dem Podest, trugen aber jeweils einen ihrer Puma-Schuhe hinter dem Rücken zur Siegerehrung und stellten ihn hinter sich auf die Siegertreppe.[83]

## MUSKELSKULPTUREN UND SYMPHONIEN DES DENKSPORTS – SELBSTERFAHRUNG UND FIGURATIONSSOZIOLOGIE

Neben der breitenwirksamen Vermittlung von politischen und privaten Botschaften kommt im Sport unserer Zeit ein Aspekt zum Tragen, der aus der Antike stammt: die Frage, wie man durch den Sport an sich selbst und seiner Persönlichkeit arbeiten kann. Bekannt ist der Spruch des römischen Dichters und Satirikers Juvenal, *mens sana in corpore sano,* »gesunder Geist in gesundem Körper«. Er war allerdings nicht etwa so gemeint, dass ein gesunder Körper die *Voraussetzung* für einen gesunden Geist sei.[84] Vielmehr macht sich Juvenal über Gebete und Götterverehrung lustig mit dem Hinweis, dass in einem gesunden Körper bitte auch ein gesunder Geist wohnen *möge*. Doch schon Platon verspricht sich die Ausbildung einer »richtigen Gesinnung« durch Leibesübungen, da man, wenn der Körper fit ist, mutiger sei; umgekehrt meint er, dass die »vollkommene Seele durch ihre Tugend den Leib aufs bestmögliche ausbildet«.[85]

An die griechische Idee, wonach man die Persönlichkeit irgendwie analog zum Körper entwickeln kann, knüpft Jörg Scheller mit seinem Buch *No Sports! Zur Ästhetik des Bodybuildings* (2010) auf spielerische Weise an. Die Bodybuilder schaffen, so Scheller, »Bodybilder«, also Kunst.[86] Scheller unternimmt einen kulturhistorischen Parforceritt vom ersten prominenten Bodybuilder Eugen Sandow bis zu Arnold Schwarzenegger, von den Muskelmännern auf manieristischen Kunstwerken des 16. Jahrhunderts bis zur Body Art des 20. Jahrhunderts. Der Bodybuilder nehme, so Scheller, die moderne Forderung ernst, wonach die Kunst keinem bestimmten Zweck dienen solle bzw. nur »autoplastischen Zwecken«; Bodybuilding entspreche einer Ästhetik »puristischer, extremer und erhabener Natur«: In diesem Sinn produziere der Bodybuilder unpraktische, ja nutzlose, im Unterhalt teure Muskelmassen, leiste dabei aber eine Arbeit an sich selbst und am Selbst. Scheller sieht Bodybuilder im Vergleich zu anderen Sportlern sogar einen Schritt weiter in Richtung Kunst, denn: »Anders als Sportler, die nicht so recht über kindlich-kriegerische Sandkastenspiele hinauswachsen, sind die skulpturalen Herren von *Pumping Iron* [ein Dokumentarfilm von 1977 über Bodybuilding] in ein Reich des interesselosen Wohlgefallens an ihrer leiblichen Existenz aufgefahren.«

Um den künstlerischen Wert des Bodybuildings hervorzuheben, verweist Scheller nicht nur auf den philosophischen Begriff des »interesselosen Wohlgefallens« von Immanuel Kant, sondern auch darauf, dass das französische Wort für Bodybuilding *culturisme* ist. Trotz derartiger Bezüge lässt sich darüber streiten, inwiefern es sich um eine kultivierte Arbeit am Selbst handelt oder um einen dumpfen Körperkult, vielleicht sogar eine »Flucht in den monomanischen Körperkult« und eine »Entseelung und Entsinnlichung« des Sports, wie sie nach Meinung mancher Autoren Ende des 20. Jahrhunderts allgemein ihren Höhepunkt erreicht haben.[87] Immerhin bietet der Sport in Sachen Selbsterfahrung eine Bandbreite an mitunter extremen Erlebnissen im geschützten Rahmen. Das umreißt Boris Spasski, der russische Schachweltmeister von 1969, für seinen Denksport: »Während eines langen Matchs geht ein Spieler«, so Spasski, »ganz tief in sich wie ein Taucher. Dann kommt er sehr schnell wieder hoch. Jedes Mal bin ich, egal ob ich gewinne oder verliere, dann so deprimiert, dass ich sterben möchte. Ich kann nicht wieder mit anderen in Kontakt kommen. Ich brauche den anderen Schachspieler. Ich vermisse ihn. Erst nach einem Jahr lässt dieser Schmerz nach. Nach einem Jahr.«[88]

Zu dieser Beschreibung passt Spasskis Verhalten gegenüber dem Amerikaner Bobby Fischer, gegen den er im Finale um die Schach-WM 1972 spielt. Zwar verhält sich Fischer unsportlich ,und die Atmosphäre bei dem Turnier ist insgesamt vom Kalten Krieg zwischen den USA und der UdSSR geprägt, in der Sportfunktionäre wechselseitig Verdächtigungen über mögliche Manipulationen äußern. Doch applaudiert Spasski seinem Opponenten, als er mit Weiß erstmals das abgelehnte Damengambit spielt: Die Partie gilt, wie Jan Stradling in seinem Buch *Wenn Sport Geschichte schreibt* erklärt, als eine der schönsten, die je gespielt wurden. Die *Times* bezeichnete sie sogar als »Mozartsymphonie«.

In der zweiten Hälfte des 20. Jahrhunderts wird die Frage nach der Selbsterfahrung mit Hilfe des Sports auch für Managementseminare relevant, wenn Teilnehmer angeben sollen, in welcher Position sie sich als Spieler in einer Fußballmannschaft sehen würden. Indem man sich selbst einordnet, etwa als Stürmer oder defensiver Mittelfeldspieler, lernt man etwas darüber, wie man in anderen Bereichen des Lebens und der Arbeitswelt agiert. Ebendiesen Ansatz, der heute weit verbreitet ist, beschreiben in den siebziger Jahren Norbert Elias und Eric Dunning noch vorsichtig in ihrem Aufsatz »Zur Dynamik von Sportgruppen«. Darin geht es um die damals neue Figurationssoziologie, die sich generell mit der Vernetzung und Interaktion von Individuen in Gruppen befasst. »Sportspiele« haben, so die Soziologen, große Bedeutung »als Modelle für die Dynamik von Gruppen in vielen anderen Bereichen«; dazu gehören »Spannungen in der Ehe oder Spannungen zwischen Gewerkschaft und Management«.[89]

## SOKRATES BLEIBT AM BALL

Zur Frage, inwiefern man mit Hilfe des Sports für das Leben lernen kann, etwa eine moralische oder tapfere Haltung gegenüber Widrigkeiten und Überraschungen einzunehmen, haben sich von Platon bis Albert Camus einige Denker geäußert, die in ihrer Jugend selbst als Amateure aktiv waren, Camus als Fußballtorwart, Platon als Ringer.[90] Ob und wenn ja wie man im Gegenzug den Sport oder einzelne Sportarten im Sinn einer Ästhetik oder Moral gestalten kann, um eine bestimmte Botschaft zu übermitteln, darüber haben wohl weniger Leute philosophiert. Einer davon ist Dennis Rodman, der Basketballstar der amerikanischen Profiliga NBA, der in den achtziger und neunziger Jahren mit seinem Spiel Furore machte und auch mal mit bunt gefärbten Haaren und in Frauenkleidern auftrat.

In seiner Autobiografie *Bad as I Wanna Be* schreibt Rodman 1996, dass er, obwohl er dank der NBA von der armen Putzkraft zum millionenschweren Star aufgestiegen sei, sich zunächst als »Sportsklave« gefühlt habe.[91] Die Ligaoffiziellen ließen sein Privatleben ausspionieren und schrieben Verhaltensregeln vor, um das Image der Liga sauber zu halten. Rodman schildert, wie er symbolisch aufbegehrt, indem er im Team der Detroit Pistons, als »Bad Boys« bekannt, einen »körperbetonten« und »rauen«, aber ehrlichen Spielstil mitprägt. Dieser passe, so Rodman, zum Leben von Mechanikern, Lkw-Fahrern und Klempnern. In ihm liege »eine gewisse Schönheit«. Bei Rodman betrifft der Stil den Rebound, den Kampf um den Ball unter dem Korb, der traditionell weniger Wertschätzung erfährt als das Punkten. »Ich habe mir«, so Rodman, »einen Aspekt des Spiels herausgegriffen und ihn in eine Kunstform verwandelt. Ich habe das häßliche Entlein genommen und 'n Schwan draus gemacht.«

Rodman bringt sein Spiel mit Ehrlichkeit, Würde und einer neuen Form von Schönheit in Verbindung, sozusagen der Ästhetik des bislang Verkannten. Damit reiht er sich in eine kunsthistorische Tradition der Moderne ein, die von Courbet über Picasso bis zur Aktions- oder Destruktionskunst reicht. Wenn Michel Platini Zinédine Zidane wie erwähnt als Nurejew des Fußballs sieht und Ronaldinho gerne der Salvador Dalí des Spiels werden wollte, dann wäre Rodman der Vincent van Gogh des Basketballs. Ähnlich wie jener reibt sich Rodman bei seiner Tätigkeit auf und wird von Selbstzweifeln, Depressionen und Alkoholsucht gequält.

Im Frühjahr 2013 erregt Rodman kurzzeitig Aufsehen, als er mit Spielern der Harlem Globetrotters Nordkorea besucht, dort den Diktator Kim Jong-un, einen bekennenden Basketballfan, trifft, ihn als »Freund« bezeichnet und sich als Basketballdiplomaten zu inszenieren versucht.[92] Damit wird an die historische Ping Pong-Diplomatie zwischen den USA und China Anfang der siebziger Jahre, in Zeiten des Kalten Krieges angespielt, im Rahmen derer tatsächlich eine Annäherung zwischen den Staaten erfolgte. Im Fall von Rodman denkt man allerdings eher an historisch ältere Funktionen wie jene des Hofnarren. Er durfte im Mittelalter und in der Neuzeit vor den Herrschenden Späße machen, die anderen nicht vergönnt waren, diente meist aber nur der

Ablenkung und Belustigung, ohne eine politische Wirkung zu haben.

Mit etwas Abstand betrachtet, lassen sich Sportler wie Rodman mit dem romantischen Begriff des Gesamtkunstwerks belegen. Das trifft auch auf den ungleich bekannteren Fußballstar Sócrates zu, der sich als Künstler sah und anders als Rodman konkrete politische Aktionen durchführte. Der brasilianische Fußballer und Kinderarzt, der mit vollem Namen Sócrates Brasileiro Sampaio de Souza Vieira de Oliveira heißt (1954–2011), ragt unter Sportlern insofern heraus, als seine Aktionen sowohl auf dem Platz als auch außerhalb Furore machten und viele Menschen berührten. Sócrates spielte oft Hackenpässe und schoss Elfmeter fast ohne Anlauf. Die Seleção, die Nationalmannschaft, in der er als Mittelfeldregisseur zusammen mit Spielern wie Zico und Falcão agierte, bestach durch ihren schönen Offensivstil. Sie gilt bis heute neben den Weltmeistern von 1970 als die beste Nationalmannschaft, obwohl sie, bei den WMs 1982 und 1986 hochfavorisiert, unglücklich scheiterte und keinen Titel gewann.

Was Sócrates von anderen begabten und originellen Spielern unterscheidet, ist sein politisches Engagement, sein Wirken als Person des öffentlichen Lebens. In seinem Verein, den Corinthians Paulista aus São Paulo, führt er in den achtziger Jahren während der Militärdiktatur zusammen mit seinen Kollegen demonstrativ basisdemokratische Strukturen ein. Jeder Mitarbeiter, vom Platzwart über die Spieler zum Vereinsleiter, einem Soziologen, hat eine Stimme bei Entscheidungen, die den Verein betreffen; im Mannschaftsbus wird darüber votiert, wann man eine Pinkelpause macht.[93] Zusammen mit seinen Mitspielern, vor allem dem schwarzen Linksverteidiger Wladimir Rodrigues dos Santos, initiiert Sócrates Aktionen gegen die Diktatur. Die Mannschaftstrikots tragen die Aufschrift »Democracia Corintiana«; sie zeigen stilisierte Blutstropfen. Sócrates betont, wie viel wichtiger als sportlicher Ruhm es ihm sei, das Recht auf freie Wahlen zurückzugewinnen. Im Finalspiel der Meisterschaften am 14. Dezember 1983 laufen die Corinthians mit einem Transparent ins Stadion ein, das die Aufschrift trägt: »Siegen oder verlieren, aber immer demokratisch!«

Einmal die Woche lädt der Verein Wissenschaftler und Künstler zu Debatten über gesellschaftliche Belange ein. Die Corinthians werden landesweit als »bärtige Kommunisten« beschimpft und für ihren Mut und ihre Ideale bewundert. Sócrates' Verein ist nach dem 1882 gegründeten Londoner Verein Corinthians benannt. Die englischen Corinthians achteten im 19. Jahrhundert streng darauf, dass Amateure spielten und man sich als guter Verlierer erwies. Ähnlich wie Sócrates' Team aus ästhetischen Gründen am riskanten Offensivspiel festhält, lehnen die englischen Corinthians den Elfmeter, als er 1891 eingeführt wird, aus Gründen des Stils ab; sie führen weder Strafstöße aus, die ihnen zugesprochen werden, noch verteidigen sie jene der gegnerischen Mannschaft, auch wenn dies ihre Siegeschancen ein wenig verringert.[94] Passend zum Geist der Ur-Corinthians unterschreibt Sócrates im Herbst 2004 im Alter von 50 einen einmonatigen Vertrag beim Verein Garforth Town, einer Bergarbeiterstadt im Norden Englands, um dort gratis in der Amateurliga zu kicken.[95]

Bis heute ragt Sócrates mit der Mischung aus sportlicher Leistung, Kunst, Politik und Spaß, die er verkörpert, heraus. Man stelle sich vor, was für eine Botschaft es wäre, wenn ein heutiger Spitzenverein der Premier League oder Bundesliga Strukturen wie die der Corinthians einführen würde. Auf César Luis Menotti, den ehemaligen Trainer der argentinischen Nationalmannschaft, geht der Begriff »linker Fußball« zurück. Anlässlich der WM 2006 bekräftigt er, der linke Fußball sei »generös«, »nur dem Publikum verpflichtet«, »aufrichtig« und stelle »nicht das Resultat über alles«.[96] Natürlich lässt sich ernsthaft kaum sagen, was linker Fußball genau sein soll.[97]

Trotz der Gefahr, dass der Sport auf der symbolischen Ebene Dinge ersetzen soll, die im echten Leben fehlen, bleibt ihm wie der Kunst der Spielraum, derartige Widersprüche zu thematisieren. Aktuell wird der Sport in Kommentaren recht direkt mit menschlichen Qualitäten in Verbindung gebracht. So bezeichnet Jakob Strobel y Serra den Weltfußballer Lionel Messi in einem Artikel in der *Frankfurter Allgemeinen Zeitung* an Silvester 2012 als den »Besten der Besten«, weil er überragend vielseitig, effizient, mühelos, teamorientiert und konstant spiele, bescheiden sei und privat integer. Er bleibe, so heißt es weiter, seiner »Familie«, dem FC Barcelona, treu, wo mit dem Tiki-Taka-Stil, dem schnellen Passspiel, das Kollektiv zähle. Messi sei, so der Autor des Artikels, ein »Weltenzertrümmerer und Weltenerschaffer« und dabei ein »guter Mensch«.

Hier wird deutlich, wie fließend inzwischen die Übergänge zwischen Sportteil und Feuilleton sind. Was ihre symbolische Rolle betrifft, sind Sportler heute zwischen verschiedenen historischen Figuren einzuordnen, die den Helden verkörpert haben. Stärker als Krieger, Künstler und Märtyrer – und mehr als Sportler früherer Zeiten – soll sich der heutige Sportheld zugleich durch beruflichen Erfolg, private Integrität, Sozialkompetenz, Cleverness und politische Korrektheit auszeichnen. Aktuell scheint es so, als ob der Sport, während das Spielerische angeblich immer stärker verschiedene Bereiche der Gesellschaft bis hin zur Arbeit durchdringt, selbst zunehmend ernster betrieben wird. Vielleicht ist das nur der sichtbare Ausdruck dessen, dass die Definition des Spielerischen selbst einem historischen Wandel unterliegt. Womöglich gilt die Beobachtung über den zunehmenden Ernst auch nur für ältere Sportarten und nicht für jüngere Erfindungen. Soziologen untersuchen heute, wie Trend- und Funsportarten vom Freeclimbing über das Snowboarden bis zum Tauchen mit der gesellschaftlichen Tendenz zur Individualisierung, zur Spaß- und Erlebnisgesellschaft und Konsumorientierung zusammenhängen, sich vom Randphänomen zum Mainstream entwickeln und was das für die Sozialisation und das Selbstbild Jugendlicher bedeutet.[98]

Inzwischen betreiben junge Palästinenser im Gazastreifen die Sportart Parkour bzw. Parcouring, bei der man Hindernisse in der alltäglichen Umgebung, Mauern und Treppen mit Sprüngen und Saltos überwindet.[99] Gegründet hat den Sport Ende der achtziger Jahre der Franzose David Belle; die Wurzeln liegen im militärischen Hindernislauf bzw. der verwandten »Méthode naturelle«. Parkour zielt nicht nur auf Schnelligkeit und Akrobatik, sondern auch auf die Eleganz in der Fortbewegung. Mit dem Parkour wollen sich die Jugendlichen abreagieren, spielerisch die Umgebung erkunden und sich aneignen. Sie lehnen sich symbolisch gegen widrige Umstände auf. Es geht darum, eine Sensibilität für die Umgebung zu fördern, auf soziale Missstände aufmerksam zu machen – und optimalerweise Sponsoren zu gewinnen, die zur Verbesserung ihrer Situation beitragen.

Offenbar gibt es eine historische Parallele zwischen Sport und Kunst auch dahingehend, wie sehr die Bedeutung von Professionalität und Amateurismus variiert und wie die Bereiche einander wechselseitig immer wieder inspirieren. In der Kunst kann man inzwischen – im Vergleich zur Renaissance, aber auch noch zum 19. Jahrhundert – kaum noch unterscheiden, welches Werk von Profis stammt, und welches von Amateuren. Auch wenn das bei sportlichen Leistungen noch anders aussieht, kann man im Amateurbereich nicht nur großartige Emotionen erleben, sondern auch faszinierende Aktionen und Innovationen beobachten.

So fand das Fußballspiel, das für mich in den letzten Jahren am meisten historisch neuartige Elemente enthielt, im Sommer 2012 auf einem Hartplatz in einem deutschen Stadtpark statt. Als ich vorbeischlenderte, fiel mir auf, dass sich eine merkwürdige Mannschaft formierte, um gegen offenkundig durchtrainierte Gegner anzutreten, die Trikots großer Vereine mit Namen berühmter Spieler trugen. Die anderen Typen hatten modisch tiefsitzende Hosen, abgeschnittene Jeans, einer trug Mütze; sie schienen insgesamt schlaksig und nicht ernsthaft motiviert zu sein.

Ihre Bewegungen beim Einschießen waren nicht nur cool wie bei so vielen Hobbyfußballern unserer Zeit, sondern langsam, wenig zupackend, fast ironisch. Ironie hat in der langen Geschichte des Sports – anders als in der Kunst – selten zur Leistungssteigerung beigetragen. Ich dachte, die spielen sonst gar nicht Fußball, sind gut drauf, weil sie im Park einen Joint geraucht haben, wollen Spaß und werden sportlich gleich plattgemacht. Auch als sie zu spielen begannen, wirkten die Bewegungen zunächst langsam, sie machten merkwürdige Ausfallschritte nach hinten, um noch an den Ball zu kommen, wenn der Gegner fast schon an ihnen vorbeigezogen war. Nach und nach merkte ich, dass sie, obzwar sie das alles locker zu nehmen schienen, durchaus konzentriert in die Verteidigung zurückgingen, gut standen, exakt passten und im richtigen Moment das Tempo anzogen. Am Ende gewannen sie.

Ich meine, dass ein solches Spiel vor 30 Jahren, als ich Teenager war, kaum möglich gewesen wäre. Das Spiel, das ich beobachtete, zeichnete sich durch Qualitäten aus wie jene, organisiert und effizient zu sein, zugleich aber alles nicht so ernst zu nehmen und mit den eigenen Kräften zu haushalten. Vielleicht waren da auch nur ein paar Bewegungstalente am Werk, die gesteigerten Wert darauf legten, in jeder Situation cool zu bleiben oder lässig zu wirken. Ich weiß nicht, was ich in das Spiel auf dem Hartplatz hineinprojiziert habe. Jedenfalls beschloss ich, den Stil mal auszuprobieren, wenn ich in meiner Freizeit Basketball spiele. Vielleicht könnte ich dabei etwas für mein Spiel lernen, vielleicht sogar fürs Leben – oder wenigstens etwas über die Jugend von heute.

Die lockere Interpretation von Bildern gehört zur Geschichte des Sports. Sportler spiegeln das echte Leben auf mehreren Ebenen. Über den Sport gestaltet man sich seine Umgebung auf spielerische Weise und öffnet die Wahrnehmung ein bisschen. Ähnlich wie die Kunst bietet der Sport den bescheidenen Rahmen dafür, dass jeder für sich ein wenig Geschichte schreiben kann.

# Das Erfolgsgeheimnis der Pharaonen

## Epilog: Wie man bislang aus der Geschichte gelernt hat und was man noch lernen könnte

In der Comedyserie *Peep Show*, die seit 2003 im britischen Fernsehen läuft, arbeitet der Protagonist Mark Corrigan als Angestellter in einem Kreditunternehmen, doch seine wahre Leidenschaft ist die Geschichte. Er liest Wälzer über Churchill und den Zweiten Weltkrieg und spielt online historische Rollenspiele. Ständig vergleicht er Situationen und Ereignisse aus seinem Alltag, schiefgelaufene Frauengeschichten und berufliche Rückschläge mit Schlachten wie Stalingrad oder der Ardennenoffensive. Immer wieder fragt er sich, wie Hitler, Roosevelt oder Napoleon dieses oder jenes private Problem gehandhabt hätte. Mal relativiert Mark so seine Schwierigkeiten, mal versucht er ihnen Bedeutung zu verleihen. Manchmal überrascht er sich selbst: Als er beim Psychotherapeuten ein Wortassoziationsspiel macht, fällt ihm beim Begriff »Vater« als erstes »Führer« ein.

In der Fernsehserie wird das Thema *historia magistra vitae*, die Geschichte als Lehrmeisterin des Lebens, in seinen Facetten vorgeführt. Das kann den makabren Umgang der Briten mit dem Nationalsozialismus betreffen oder die Beliebtheit älterer historischer Epochen. Selbstironisch wünscht sich Mark, wenn er wieder einmal im Alltag versagt hat, die Zeiten des britischen Empire zurück, weil sich damals Loser wie er in den Kolonien als Sieger aufspielen konnten. In seiner Freizeit schreibt Mark sogar ein Buch mit dem Titel *The Business Secrets of the Pharaohs*. Schon in der Einleitung erklärt er allerdings, die Epoche des alten Ägypten »unterscheidet sich so stark von unserer, dass fast jede Parallele in Sachen Kultur, Politik und vor allem Wirtschaft, die wir sehen wollen, mit großer Wahrscheinlichkeit irreführend ist«.

An anderer Stelle führt Mark immerhin aus, noch heute könne die Tatsache, dass die ägyptische Kultur 3000 Jahre überdauert habe, obwohl sie auf einem »extrem komplizierten und völlig falschen philosophisch-religiösen Weltbild beruhte«, dazu ermutigen, im Geschäftsleben auf Produkte und Werbestrategien zu setzen, die eigentlich keinen Sinn ergeben: Man solle sich Pyramiden bauen, wie es Bill Gates mit Microsoft getan habe und Roman Abramowitsch mit dem Fußball.[1]

Einerseits wird in *Peep Show* die Tendenz, allzu direkt aus der Geschichte lernen zu wollen, beherzt karikiert. Andererseits sind die extremen, oft überzogenen Vergleiche anregend, weil sie auf zugespitzte Weise zeigen, wie verschieden der Umgang mit der Geschichte und historischen Bildern sein kann. Allgemein muss man sich beim Thema *historia magistra vitae* immer wieder daran erinnern, wie groß die Bandbreite möglicher Ansätze ist, wie zentral die Unterscheidung zwischen analytischem Ernst und assoziativem Spiel, den verschiedenen Ebenen der Abstraktion. Bereits in der Einleitung habe ich betont, dass sich auch die Vorstellung darüber, was Lernen *grundsätzlich* bedeutet, historisch gewandelt hat. Man kann heute insgesamt individueller und differenzierter an die Sache herangehen. Dennoch sind wir davon geprägt, wie man in den letzten Jahrtausenden versucht hat, aus der Geschichte zu lernen. Deshalb möchte ich abschließend anhand einiger markanter Beispiele beleuchten, wie sich die Herangehensweise verändert hat, welche Faktoren und Figuren eine Rolle gespielt haben und welche Ansätze mir aktuell vielversprechend zu sein scheinen.

## HAMLET LANGWEILT – HISTORISCHE PERSPEKTIVENWECHSEL ZWISCHEN HEILSGESCHICHTE UND UNTERSICHT

In seinem Buch *Kollaps. Warum Gesellschaften überleben oder untergehen* meint der viel beachtete Gelehrte Jared Diamond mit Blick auf moderne Medien wie Zeitung und Fernsehen, wir könnten heute mehr aus »Fehlern an weit entfernten Orten und in weit entfernter Vergangenheit« lernen als jede Gesellschaft vor uns.[2] So heißt ein ganzes Kapitel seines Buches »Praktische Lehren«. Darin hebt Diamond positive Beispiele hervor. Er preist Shogune, die im Japan des 17. Jahrhunderts gegen die umweltzerstörerische Waldrodung vorgingen. In der jüngeren Geschichte lobt er europäische Politiker wie Konrad Adenauer, die nach dem Zweiten Weltkrieg vermeintliche nationale Interessen zugunsten einer europäischen Gemeinschaft zurückstellten, um den Frieden zu sichern.

Im selben Kapitel nennt Diamond allerdings Faktoren, die dem Lernen und der Umsetzung des Gelernten entgegenstehen. Dazu zählen: die Gewöhnung an Missstände, tief verwurzelte religiöse Werte und Sichtweisen, Trägheit und Gruppendenken, Egoismus und Verdrängungsmechanismen. Ferner erwähnt Diamond die Fähigkeit von Eliten, sich von den negativen Auswirkungen ihrer eigenen Entscheidungen abzuschotten, da sie sich einen überdurchschnittlich hohen Lebensstandard leisten können; so leiden sie weniger unter Missständen, die sie mit verschuldet haben, als die Allgemeinheit. Im Gegenzug führt Diamond die Handlungsunfähigkeit der Armen an: Sie sind oft zu sehr mit dem Überlebenskampf oder mit Alltagssorgen beschäftigt, um aktiv werden zu können.

Mit dem Hinweis auf die Armen streift Diamond einen alten Grundwiderspruch. Gerade diejenigen, die meist am stärksten unter den negativen Auswirkungen historischer Entwicklungen leiden, haben am wenigsten Möglichkeiten, aus der Geschichte zu lernen bzw. Gelerntes anzuwenden. Das Missverhältnis beginnt schon bei der Geschichts*schreibung*. Sie beeinflusst das Bild, das man von Entwicklungen hat, ist aber verzerrt, weil nie die zahllosen Getöteten und kaum je die Hungernden, Gefolterten, Unterdrückten und Missbrauchten ihre »Sicht«, ihre Erlebnisse und ihre Gefühle mitteilen können. Auch in unserer heutigen demokratischen Wohlstandsgesellschaft sind Geschichtsschreiber im

Normalfall Akademiker und gehören somit einer Gruppe an, die weniger als ein Fünftel der Gesamtbevölkerung ausmacht und der es überdurchschnittlich gut geht.

Es ist ein Gemeinplatz, dass die Geschichte von »Siegern« geschrieben wird. Des Weiteren wird gerne erwähnt, dass Verlierer tendenziell die tieferen Erkenntnisse hätten, weil sie gleichsam zu anderen Einblicken in problematische und dunkle Seiten der Geschichte gezwungen seien oder weil sie den Widerspruch zwischen Recht und Macht kennenlernen mussten.[3] Reinhart Koselleck (1923 – 2006), ein Fachmann für Historik, die methodischen Grundlagen des Faches Geschichte, meint, dass von »Verlierern« die »besseren Historien« stammen.[4] Bemerkenswert finde ich, dass Koselleck als Beispiele für solche Verlierer Autoren nennt wie Herodot, den antiken Vater der Geschichtsschreibung, Machiavelli, den neuzeitlichen Theoretiker der Macht, und Marx, den Übervater des Sozialismus. Zwar waren sie *politisch* zu Lebzeiten zeitweise die Unterlegenen, doch waren sie – abgesehen davon, dass sie ein Vermächtnis hinterließen – in Sachen Herkunft und Lebensführung privilegiert; sie gehörten zu den Eliten ihrer Zeit.

Aus dem Teufelskreis, dass selbst in Debatten darüber, wie Sieger Geschichte schreiben, kaum Verlierer zu Wort kommen, kann man nur schwer ausbrechen. Immerhin: Während im 19. Jahrhundert vor allem sozialistische Autoren erstmals systematisch und kritisch über die Situation der Armen berichten, formiert sich nun auch das, was man inzwischen Geschichte von unten nennt, teils auch Oral History.[5] Dabei werden Erfahrungen von Leuten erfasst, die normalerweise keine Stimme haben, sei es weil sie schriftlosen Kulturen angehören oder weil sie keine mediale Macht haben.[6] Mit der Geschichte von unten wird versucht, Ereignisse und Entwicklungen nicht nur mit Empathie für weniger Privilegierte zu schildern, sondern auch aus ihrer *Sicht*.

Ein Mitbegründer der Geschichte von unten ist der Journalist Henri Mayhew. Für seine Artikelserie im *Morning Chronicle* ab 1849 und für sein Buch *Die Armen von London* interviewt er Straßenhändler, Räuber, Müllmänner und Prostituierte. Das entspricht in Mayhews Worten dem »ersten Versuch, die Geschichte eines Volkes, vom Volk selbst erzählt, zu veröffentlichen«, das heißt, so Mayhew, auch Alltagssorgen in der dem Volk »eigenen ›ungeschminkten‹ Sprache« darzustellen.[7] Als Leser erfährt man etwas über die Ausbeutung minderjähriger Prostituierter im viktorianischen England, aber auch von der, so Mayhew, heroischen Haltung, mit der die Armen ihr Los ertragen. Passend dazu gibt Mayhew die Kommentare von Straßenhändlern wieder, wonach sie die »tiefgründigen Tragödien« wie Shakespeares *Macbeth* und *Hamlet* zwar anregend finden, letztlich jedoch »zu lang«.

Generell will man mit der Geschichte von unten einen Perspektivwechsel anregen. Bei aller Vorsicht vor Sozialromantik will man eine Volks- oder Arbeiterkultur würdigen und zu politischem Engagement ermuntern.[8] So rückt Howard Zinn, ein Hauptvertreter dieser Form der Historiografie, in seinem Klassiker *Eine Geschichte des amerikanischen Volkes* (1980) Sklaven, Fabrikarbeiter, Gewerkschaftler, Sozialisten, Anarchisten und Feministinnen ins Zentrum seines Interesses. Er lässt einen kongolesischen Stammesführer des 18. Jahrhunderts zu Wort kommen, der sich über die restriktiven Gesetze in Europa lustig macht: »Welche Strafe«, fragt er, »steht in Portugal darauf, mit den Füßen auf der Erde zu stehen?«[9] Eines der frühen und insgesamt wenigen Werke, bei deren Lektüre man die Sichtweise einer Unterprivilegierten vollständig aus *erster Hand* geschildert bekommt, ist das *Tagebuch der Armut. Aufzeichnungen einer brasilianischen Negerin* der Carolina Maria de Jesus von 1960. Sie berichtet von ihrem Leben in einer Favela in São Paulo, dem Hunger, der Gewalt, dem Elend und der Niedertracht, die zum Teil aus den Umständen erwächst. Schließlich wird ein Journalist bei einer Reportage auf sie aufmerksam und hilft ihr, das Tagebuch zu veröffentlichen. Es wird zum Bestseller. Am Schicksal der Favela-Bewohner insgesamt hat das Buch langfristig wenig geändert.

Die Entwicklung dahin, die Geschichte von unten stärker in die allgemeine Historiografie mit einzubeziehen, verläuft langsam und ist mühsam, auch wenn manche Historiker Elemente der Oral History bereits in der Antike ausmachen.[10] Obwohl sich viel getan hat, ist es bemerkenswert, wie sehr unsere Wahrnehmung noch von dem gefärbt ist, was man schlagwortartig als Geschichte von oben bezeichnen kann. Sie hat seit der Antike verschiedene Ausprägungen erfahren.[11] Bis heute sind wir im Sinn von Ciceros Motto von der *historia magistra vitae*, der Geschichte als Lehrmeisterin des Lebens, durch die Fokussierung auf die Taten oder Untaten berühmter Männer geprägt. Dazu kommt eine Geschichtsauffassung, die sich mit dem Christentum etabliert hat: In der Spätantike und verstärkt im Mittelalter stellt man die Frage, wo »die« Geschichte im Sinn einer großen, alle Menschen betreffenden Entwicklung, die einen Anfang und einen Endpunkt hat, hinführt. Man denkt über die Apokalypse nach (griech. *apokálypsis* = »Enthüllung«), die Offenbarung, das Weltende, das Jüngste Gericht und die Eschatologie, die Lehre von den letzten Dingen. Dazu gehört, positiv gewendet, die Hoffnung auf eine neue, bessere Welt.

Im 18. Jahrhundert wird dieser Ansatz abgewandelt. Nun erscheint »die« Geschichte wie eine Art Richterin, deren Blick Gut und Böse enthüllt und beispielsweise Revolutionen rechtfertigt. Ein prägnantes Beispiel dafür, wie aus der historischen Beobachtung ausgreifende Überlegungen ebenso abgeleitet werden wie praktische Tipps, ist der Aufklärungsdenker Voltaire. In seinem Text »Über die Nützlichkeit der Geschichte« (1764) mahnt er, man solle aus den Fehlern der Vergangenheit lernen, etwa aus der Einschleppung der Pest aus der Levante.[12] Zugleich geißelt er im Überblick »die Machtanmaßungen der Päpste«, »den skandalösen Hader ihrer Schismen, den Schwachsinn der Kontroversen, die Verfolgungen und Kriege, die aus diesem Schwachsinn geboren wurden, und die Greueltaten, die sie zeugten«.

Passend dazu, dass die Kirche im 18. Jahrhundert an Autorität verliert und man Gott ein Jahrhundert später für tot erklärt, verändert sich auch die Geschichtsschreibung. Nun beurteilt man historische Entwicklungen zwar immer noch sozusagen von oben, aber aus einer menschlichen Perspektive. So übertragen Denker wie Kant, Hegel und Marx eine christlich-eschatologische Sichtweise auf geschichtsphilosophische Ansätze. Sie betonen durchaus, wie schwierig es ist, *direkt* aus der Geschichte zu lernen; dennoch leiten sie übergreifende Trends, Gesetze oder gar Heilslehren aus der historischen Erfahrung ab: sei es die Herrschaft des Proletariats bzw. die klassenlose Gesellschaft bei Marx, die Herrschaft der Vernunft bzw. des absoluten Geistes bei Hegel oder die eines aufgeklärten Weltbürgertums bei Kant.[13]

Gemeinsam haben die drei berühmten Denker bei allen Unterschieden den Glauben daran, dass trotz aller Wirrnisse und trotz all des Leids die historische Entwicklung langfristig eine positive sein sollte. Allerdings gibt es auch Gegenstimmen. So mokiert sich Arthur Schopenhauer, Hegels Universitätskollege und Konkurrent, über eine »geistesverderbliche und verdummende Hegelsche Afterphilosophie«; sie laufe, »von plattem Optimismus geleitet, zuletzt immer auf einen behaglichen, nahrhaften, fetten Staat, mit wohlgeregelter Konstitution, guter Justiz und Polizei, Technik und Industrie und höchstens auf intellektuelle Vervollkommnung« hinaus.[14] Für Schopenhauer ist die Geschichte von »Zufälligkeit« geprägt. Immerhin gesteht er zu, dass die Pyramiden, Monolithen, Felsengräber, Obelisken, Tempel und Paläste als Ausdruck eines zeitlosen »menschlichen Selbstbewußtseins« den Zweck haben, »zu den späteren Nachkommen zu reden« und sie über Wirren und Verwerfungen hinwegzutrösten.

Ob man nun Schopenhauers oder Hegels Auffassung zuneigt – in jedem Fall kann man sich vergegenwärtigen, wie stark und wie lange eine theologisch und philosophisch gefärbte Geschichtsbetrachtung nachwirkt. Ist die Angst vor der Klimaerwärmung einem tief verwurzelten apokalyptischen Denken geschuldet und also oft übertrieben? Oder nehmen wir solche Probleme ganz im Gegenteil nicht ernst genug, weil wir einem Fortschrittsdenken im Sinn von Hegel und Kant nachhängen, dem Glauben an eine übergeordnete Vernunft, die irgendwie alles richten wird? Für die Armen sind derartige Fragestellungen oft wenig relevant. Zwar leiden sie im Zweifel am meisten unter der Klimaerwärmung. Aber die Diskussionen darüber, ob und wenn ja wie gravierend sich die Klimaveränderung langfristig auswirken wird, können von drängenderen Problemen wie dem Hunger und der Unterversorgung mit Medikamenten ablenken, die sie jetzt schon unabhängig vom Klimawandel haben.

## HISTORISCHE BILDUNG ALS ANGEBORENE GRAUHAARIGKEIT, ALS WISSENSCHAFT UND RAUSCHERSATZ

Die Tendenz, dass man sich über das Elend der weniger Glücklichen erhebt, prägt selbst Ansätze, die zumindest dem Anspruch nach mehr Praxisbezug haben als jene von Kant, Hegel und Schopenhauer. Das gilt auch für den Text *Vom Nutzen und Nachteil der Historie für das Leben* (1874), mit dem Friedrich Nietzsche frisch an das Thema Lernen aus der Geschichte herangehen will. Dabei unterscheidet er zunächst drei Arten der Geschichtsschreibung: Die monumentalische Historie kann zum »furchtbarsten Kampf« führen oder dazu, dass »Großes« geschaffen wird; die archivarische liefert interessante Details, in denen man sich jedoch nicht verlieren sollte; die kritische kann befreiend wirken, aber auch Chaos stiften.[15] Grundsätzlich soll man, so Nietzsche, das Vergangene aus der »Kraft der Gegenwart« deuten. Andernfalls drohe Gefahr. Schließlich sei die »historische Bildung«, so Nietzsche, »eine Art angeborner Grauhaarigkeit«. Den Blick weiten kann man laut Nietzsche über

Kategorien wie das »Unhistorische«, also die Fähigkeit, vergessen zu können, und das »Überhistorische«, womit ewige Werte wie Kunst und Religion gemeint sind.[16] Nietzsche wendet sich dagegen, »die Geschichte vom Standpunkt der Massen zu schreiben«, die, wie er erklärt, immer nur im Verhältnis zu »großen Männern« interessieren und die im Übrigen »der Teufel und die Statistik« holen sollen.

Nietzsches literarisch-essayistische Ausführungen stechen vor dem Hintergrund hervor, dass sich die Historie im Lauf des 19. Jahrhunderts als Wissenschaft im heutigen Sinn und als Universitätsfach etabliert. Sie basiert auf einem kritischen Quellenstudium und soll in den Worten Leopold von Rankes, des Mitbegründers der modernen Historiografie, sachlich und objektiv nur zeigen, »wie es eigentlich gewesen ist«. Allerdings wird schon zu Rankes Zeiten betont, dass man sich einen Blick für die »geräuschlosen Revolutionen« bewahren soll, die eben nicht im Rahmen großer, zweifelsfrei benennbarer Ereignisse stattfinden, sondern im Alltag der breiteren Bevölkerung, wenn sich beispielsweise Gewohnheiten, Umgangsformen und Mentalitäten verändern.[17]

Die Frage, welche Teile der Gesellschaft geschichtliche Entwicklungen wie beeinflussen können, bleibt bis heute spannend. Vertreter der Geschichte von unten betonen, aus der Geschichte könne man allenfalls lernen, dass sich die Demokratie als historische Errungenschaft eben »nicht von oben« durchgesetzt hätte; sie sei vielmehr das Verdienst von Bürgerbewegungen gewesen, »die informierten, politisch organisierten, agitierten, streikten, boykottierten, demonstrierten und den Mächtigen mit der Zerschlagung der Stabilität drohten, auf die diese angewiesen waren«.[18] Natürlich ist das eine starke Vereinfachung; es hat auch Revolutionen von oben gegeben. Doch gehört es zum Handwerk des Historikers, zu interpretieren und der Zuspitzung halber auch mal Trends und Kräfte hervorzuheben, die bislang weniger berücksichtigt worden sind.

Einer der ersten Autoren, der dies im großen Stil getan hat und dabei eine Balance aus Empirie und Spekulation, aus Geschichte von oben und unten hinkriegen wollte, ist der Anarchist Peter Kropotkin. In seinem Werk *Gegenseitige Hilfe* (1902) spannt er einen Bogen von Bienenvölkern über Stammeskulturen wie jene der Buschmänner bis zu modernen Genossenschaften, Unterstützungs- und sogar Kunstvereinen, um Lehren aus ihrer Geschichte zu ziehen. Er gesteht durchaus, selektiv positive Entwicklungen zu betonen.[19] Doch will er, indem er Initiativen und Modelle schildert, die aus der Mitte des Volkes kommen, für sein Konzept der »gegenseitigen Hilfe« werben, das seiner Meinung nach unabhängig von großen staatlichen Strukturen greift. Er will Hoffnung auf eine bessere Zukunft wecken, indem er die gegenseitige Hilfe als Faktor der Evolution definiert. Immerhin haben derartige Überlegungen seit der Krise des Finanzkapitalismus ab 2007 wieder verstärkt Anklang gefunden. So ist ein kleiner Boom von Genossenschaften und lokalen Wirtschaftsgemeinschaften samt Regionalwährungen zu verzeichnen, wie es ihn bereits zu anderen Krisenzeiten im 20. Jahrhundert gab.

Was die Geschichts*philosophie* betrifft, wird im 20. Jahrhundert mehr und mehr zwischen zu- und abträglichen Wirkungen unterschiedenen, die die Geschichtsschreibung *grundsätzlich* haben kann. So stellt Theodor Lessing in seinem Buch *Geschichte als Sinngebung des Sinnlosen* (1919) klar, dass für ihn »Geschichte weder für Wirklichkeit noch für Wissenschaft zu halten« sei.[20] Vielmehr benutzen wir, die wir letztlich alle Egozentriker seien, die Geschichte, so Lessing, dazu, »unermeßliche Summen von Qualen anderer« als »Vorstufen« unserer »Gegenwart« zu begreifen. Deshalb ist Geschichte für Lessing von vornherein Mythologie, »Rauschersatz« und »notwendige Illusion«. Zugespitzt gesagt, dient die Geschichtsschreibung in Lessings Verständnis dazu, sich psychologisch vom Leid anderer abzugrenzen und ihm einen Bereich zuzuordnen, der einen selbst nicht direkt betrifft.[21]

Zumindest was übergreifende Analysen und »Großprognosen« anbelangt, hat sich im Lauf des 20. Jahrhunderts, etwa mit dem Buch *Das Elend des Historizismus* (1960) des Philosophen Karl Popper, die Meinung durchgesetzt, dass sie hinfällig oder stark zu relativieren sind.[22] Umso erstaunlicher ist es, dass Ende des 20. Jahrhunderts der konservative Politikwissenschaftler Francis Fukuyama, der für die einflussreiche Denkfabrik RAND Corporation und für die US-Regierung tätig war, mit alten Interpretationsmustern Aufsehen erregen konnte. So führt er im Sinn Hegels das Schlagwort vom »Ende der Geschichte« (1992) an und meint, nach dem Untergang des Kommunismus werde die liberale Demokratie triumphieren.[23]

Auf ähnlich spekulative Weise, aber eben nicht so konkret formuliert, stellt Christian Meier, einer der bekanntesten Historiker Deutschlands, in seinem Buch *Von Athen bis Auschwitz. Betrachtungen zur Lage der Geschichte* (2006) den Bestand des Christentums, der Demokratie und des Staates in Frage.[24] Er spricht vom »europäischen Sonderweg« und der langen Reihe europäischer Untaten »von der griechischen Antike über Caesars Feldzüge, die Kreuzzüge, den American Holocaust bis Auschwitz, Hiroshima und vor allem Nagasaki«. Er meint: »Vielleicht wäre es besser für die Welt gewesen, wenn Chinesen oder Inder sie, direkt oder indirekt, erobert hätten.«

Wo es um eine wissenschaftliche Argumentation geht, tastet man sich heute nur noch vorsichtig an übergreifende Tendenzen heran. So heißt es, in den letzten 13 000 Jahren habe es einen »Trend hin zur Ablösung kleinerer gesellschaftlicher Einheiten durch größere mit höherem Differenzierungsgrad« gegeben.[25] Der sei aber »von zahlreichen Rückschritten begleitet« worden: »Auf 1000mal Vereinigung kam 999mal Auflösung.« Zu derart grundlegenden, notwendig unscharfen Beobachtungen passt es, dass bis heute strittig ist, ob es eine Tendenz zu immer weniger Gewalt gibt. Letzteres schreibt Steven Pinker – in der Tradition des bereits erwähnten Norbert Elias – in seinem Buch *Gewalt.*

*Eine neue Geschichte der Menschheit* (2011). Vielleicht äußert sich die Gewalt inzwischen aber auch nur in anderen Abständen und Formen bzw. weniger gut sichtbar.

Wenn Historiker heute große Ausblicke bieten, dann in allgemeinen Worten oder auf betont spielerische Weise. In seinem Buch *Wer regiert die Welt?* (2011) behauptet Ian Morris, Geschichtsprofessor an der Stanford University, dass uns unter Berücksichtigung geografischer, biologischer, ökonomischer, kultureller und soziologischer Faktoren »die Gesetzmäßigkeiten der Geschichte eine recht gute Vorstellung davon vermitteln, was als Nächstes geschehen wird«.[26] Doch dann schwankt Morris beherzt hin und her: »Der Osten« werde, so Morris, die Macht im 21. Jahrhundert, spätestens aber im Jahr 2103 übernehmen – oder auch nicht, weil sich die USA wieder fangen und China aufgrund innerer Konflikte zerrreißen wird. Die Welt werde, wie Ray Kurzweil, der Futurist, Erfinder und »Director of Engineering« bei Google, meint, durch künstliche Intelligenz bzw. eine neue Gattung Mensch-Maschine gerettet werden; oder sie werde wegen Umweltproblemen, politischen und ökonomischen Konflikten in der Apokalypse enden. Der Untergang der westlichen Kultur könnte sich in den nächsten 40 Jahren ereignen oder sich wie im Fall des alten Rom und der Song-Dynastie (960 – 1279) in China langsam und luxuriös über Jahrhunderte hinziehen.

Abgesehen davon, dass Prognosen kaum möglich sind, richtet sich die Art und Weise, wie man aus der Geschichte lernen kann und will, danach, welche Probleme und Zeiträume man überhaupt ins Auge fasst. Welche Prioritäten setzt man: Will man geopolitische und ökonomische Langzeittrends herausarbeiten oder gar Erkenntnisse über das Wesen des Menschen gewinnen? Will man die Welt langfristig vor ihrem Untergang bewahren? Oder will man etwas über die Alltagsprobleme direkt und kurzfristig Betroffener erfahren, um – gemäß John Maynard Keynes' Ausspruch »Langfristig sind wir alle tot«[27] – konkret etwas zu unternehmen, bevor es zu spät ist?

Auf Letzteres legen Autoren wie Tom Hayden und Owen Jones Wert, die sich in Sachen *historia magistra vitae* als aktuellere Gegenbeispiele zu Ian Morris' luftigen Ausführungen eignen. Sie beleuchten mit Blick auf klar definierte, überschaubare Zeiträume konkrete Probleme und präsentieren teils Lösungsansätze: In seinem Buch *Street Wars. Gangs and the Future of Violence* (2004) behandelt Hayden im Wesentlichen ein Jahrzehnt in amerikanischen Städten. Er zeigt, wie sich in den USA die Bandenkriminalität verschlimmert hat und führt aus, wie Versuche, diesem Phänomen über Sozialarbeit und *peacemakers,* »Friedensstifter« aus den Reihen der Gangs, entgegenzuwirken, nicht gefördert und oft sogar abgewürgt wurden.[28] Als Gründe dafür nennt Hayden politische Fehlentscheidungen, einen archaischen Strafvollzug und tendenziöse mediale Darstellungen, die teils auf älteren Ideologien basieren. In einer ähnlichen Herangehensweise wie Hayden schildert Owen Jones in seinem Buch *Chavs. The Demonization of the Working Class* (2011), wie die Arbeiterklasse bzw. die Arbeitslosenklasse in Großbritannien über Jahre aufgrund einer falschen Politik, deren Wurzeln bis ins 19. Jahrhundert zurückreichen, mehr und mehr aus der Gesellschaft ausgeschlossen wird.[29]

Für derartige Darstellungen, die sich klar einer politischen Richtung zuordnen lassen und mit denen handfeste politische Ziele verfolgt werden, wird oft eine Mischung aus wissenschaftlichem und emotionalem bzw. journalistischem Stil gewählt, um Leser dazu zu bewegen, die eigene Einstellung grundlegend zu überdenken. Allgemein rührt die Stilfrage an theoretische Diskussion darüber, welche Wirkung eine Erinnerung, die durch persönliche Erfahrung gefärbt ist, entfaltet im Vergleich zu einer durch Medien und Institutionen gefilterten und aufbereiteten Erinnerung, also dem, was man gemeinhin das kulturelle Gedächtnis nennt.[30] Welche Art der Erinnerung trägt eher dazu bei, emanzipatorische Bestrebungen zu fördern, und welche, überkommene Traditionen zu festigen? Solche Fragen betreffen nicht nur den für die Darstellung geeigneten Stil, sondern auch die Medien.

Inzwischen findet ein großer Teil der Historiografie für ein breiteres Publikum in Dokumentarfilmen statt, in die man Interviews und Spielszenen einbaut, um sie lebendig zu gestalten. Dazu kommen Fernsehmehrteiler wie *Borgia* (2011) und *Unsere Mütter, unsere Väter* (2013), die zwar auf wahren Begebenheiten beruhen, deren Plots aber wie jene von Spielfilmen auf Spannung und Dramatik hin getrimmt werden. Insgesamt rücken Einzelschicksale im Sinn des Storytelling in den Vordergrund. Der Nachteil ist, dass dabei überspitzt und verzerrt wird, die Komplexität historischer Entwicklungen auf einen locker nachvollziehbaren und spannenden Plot eingekocht wird und mitunter auf eine für das Publikum genießbare Interpretation. Zumindest kann Geschichte so eine emotionale Wirkung entfalten, man merkt sich bestimmte Episoden besser. Details werden nachvollziehbar und lassen sich vielleicht einfacher auf das eigene Alltagsverhalten übertragen als übergreifende politische Erörterungen. Womöglich hat der biografisch angelegte Spielfilm *Gandhi* (1982) von Richard Attenborough mehr Leute dazu angeregt, aus den Aktionen Mahatmas zu lernen und sich im Rahmen eines gewaltlosen Widerstandes zu engagieren, als jedes Geschichtsbuch zum Thema.

Wo es darum geht, aus der Geschichte Gelerntes anhand von plastischen Beispielen einzuüben, zu verinnerlichen und vielleicht sogar die eigene Haltung zu verändern, rückt neben dem Film die Popmusik in den Blick. Allerdings wird in der Popmusik – ähnlich wie in Arbeiterliedern – kaum jemals auf weiter zurückliegende Ereignisse Bezug genommen.[31] Meist wird die historische *Bedeutung* aktueller Entwicklungen und Ereignisse betont.[32] So hat Bob Dylan in den sechziger Jahren in der Tradition des Folk- und Protestsängers Woody Guthrie (1912–1967) mit Liedern wie »The Death of Emmett Till« und »The Lonesome Death of Hattie Carroll« zwei Schwarzen, die von Rassisten umgebracht wurden, ohne dass die Mörder gerecht verurteilt worden wären, ein musikalisches Denkmal errichtet. Einerseits ruft Dylan zum Engagement auf, andererseits reflektiert er bereits die Gefahr, dass man angesichts der rührenden Songs in der Haltung der Betroffenheit und Trauer verharrt. So lautet der Refrain in »The Lonesome Death of Hattie Carroll«: »But you who philosophize disgrace and criticize all fears, Take the rag away from your face. Now ain't the time for your tears.«

Den Aufruf scheint sich der jamaikanische Musiker Peter Tosh (1944 – 1987) zu Herzen genommen zu haben. Sein Lied »Here Comes The Judge« (1971) ist ein herausragendes Beispiel für den Versuch, mit Popsongs alte Haltungen in Frage zu stellen. Im Reggae-Rhythmus schildert Tosh die fiktive Szene, in der Eroberer und Kolonialisten verschiedener Epochen von Alexander dem Großen über Christoph Kolumbus, Bartholomé de las Casas und Vasco da Gama bis zu David Livingstone vor Gericht landen. Die Anklagepunkte lauten: »die Plünderung und Vergewaltigung Afrikas«, »die Tötung von über 50 Millionen schwarzen Menschen ohne Grund«, »die Gehirnwäsche schwarzer Menschen« und »schwarze Menschen dazu gebracht zu haben, sich selbst zu hassen«. Der Richter kanzelt die genannten Männer ab und verurteilt sie dazu, an ihren Zungen aufgehängt zu werden.

Wie in Zeiten der Französischen Revolution macht Tosh »die« Geschichte selbst zur Richterin. Doch belässt er es eben nicht dabei, inhaltlich Kritik zu üben und symbolisch seine Wut abzureagieren. Er startet ein Gegenprogramm: Er will Bilder, die sich historisch eingeschliffen haben, verändern und das Selbstbewusstsein der Schwarzen stärken. Tosh verballhornt Christoph Kolumbus als »Combulus« und präsentiert Alexander den Großen als »Alexander the so called Great«, Alexander den *sogenannten* Großen. Indem Tosh die vermeintlich großen Männer in seinem Lied vor Gericht feige und dümmlich stottern und stammeln lässt, zeigt er Seiten von ihnen, die in Geschichtsbüchern oft unter den Tisch gefallen sind. Nebenbei wirft Tosh die Frage auf, die bereits im 18. Jahrhundert just mit Blick auf Alexander diskutiert wurde, nämlich inwieweit es sinnvoll ist, historische Figuren wie ihn nach *heutigen* Kriterien zu bewerten und ihn dabei »lächerlich zu machen« und als »Wahnsinnigen« abzutun.[33] Tosh verurteilt mit Bartholomé de las Casas und David Livingstone jedenfalls auch Kolonialisten, die bis heute als relativ harmlos oder sogar als Menschenfreunde gelten. So kritisiert er – ähnlich wie Frantz Fanon in seinem bahnbrechenden Buch *Die Verdammten dieser Erde* (1961) – eine Art schleichenden Kolonialismus, der die kulturelle Identität der Schwarzen untergräbt und psychische Folgen hat.[34]

Über die Musik lassen sich bestimmte Haltungen emotional verankern. Auch kann die Popmusik ein Publikum erreichen, das ansonsten kaum Geschichtsbücher liest. Sie kann Interesse für eine weiterführende Lektüre wecken. So ging es mir jedenfalls, als ich als Teenager das Lied »Reggae Fi Radni« des Dub-Poeten Linton Kwesi Johnson auf seinem Album *Making History* (1984) hörte. Johnson ehrt – ein meines Wissens einzigartiger Vorgang in der Pop-Geschichte – einen Historiker, nämlich Walter Rodney aus Guayana: Mit seinem Buch *How Europe Underdeveloped Africa* von 1972 (dt. *Afrika. Die Geschichte einer Unterentwicklung*) hat Rodney den Kolonialismus auf damals neuartige Weise und mit Blick auf Verhältnisse, wie sie vor der Ankunft der Europäer herrschten, seziert. Der Musiker Linton Kwesi Johnson betreibt die eingangs erwähnte Geschichte von unten bzw. Oral History, die auch im Blues und Hip Hop anklingt, systematisch. Sein Album *Making History* enthält Songs über Unruhen im armen Londoner Stadtteil Brixton (1981), rassistisch motivierte Massaker und die Geschichte seines Vaters, dessen frühen Tod Johnson auf die schlechten Lebensbedingungen in Jamaika zurückführt. In seinem Bestreben, »Geschichte zu machen«, sucht Linton Kwesi Johnson die schwierige Balance zwischen einer gewaltbejahenden Poesie, die ermutigen und aufrütteln soll, und einer Historisierung, mit der man die Bedeutung von Ereignissen steigert, die in der offiziellen Geschichtsschreibung weniger Platz eingeräumt bekommen.

## »DANN ERTRINKEN WIR EBEN«: DIE *MAGISTRA* ZWISCHEN DICHTUNG UND SACHARGUMENT

Sucht man nach älteren historischen Wurzeln einer Geschichtsschreibung, wie sie auch in Popsongs zum Ausdruck kommt, stößt man auf die Volksballaden des Mittelalters. Zwar sind Balladen oft eine wilde Mischung aus Alltagssituationen und Abenteuerstory, wahren Begebenheiten, Mythen und Legenden, doch waren sie im Mittelalter eine Quelle, aus der wiederum Chroniken schöpften, die damaligen Geschichtsbücher.[35] Somit waren Balladen ein Bestandteil der Historiografie. Oft sind sie wie Parabeln gestaltet und haben lehrhafte Züge; zum Teil erinnern sie an Episoden aus der Bibel. Manchmal dienen sie dazu, historisch neue Lebensstile beim Publikum einzuführen und mit Hilfe lebensnaher Beispiele zu verankern. Im Spätmittelalter kann das etwa ein kaufmännisch agiles Verhalten statt eines an den alten ritterlichen Idealen und Ritualen orientierten sein. Das gilt etwa für Geschichten über den Legendenhelden Robin Hood, den ich bereits im Kapitel über die Arbeit beschrieben habe: In der Ballade *A Gest of Robin Hood* wird er als »reichster Händler Englands« bezeichnet und die Storys über ihn tragen dazu bei, den Beruf des Händlers aufzuwerten und damit auch ein entsprechendes Denken und Benehmen.[36]

Die Tradition der Volksballaden greift im 19. Jahrhundert der überaus einflussreiche britische Autor Thomas Carlyle auf, der im Übrigen festhält, dass »alle Menschen Historiker sind«.[37] 1834 geißelt er in seinem Buch *Past and Present* die rasant industrialisierte Gesellschaft seiner Zeit. Er meint, sie sei bei aller Produktivität und allem Reichtum, der geschaffen werde, seelenlos und leer.[38] Carlyle verweist auf das Elend weiter Teile der Bevölkerung, vor allem aber auf die seiner Meinung nach geistige Verarmung. Erstaunlich aktuell klingt es, wenn Carlyle rhetorisch fragt, ob die Steigerung der Warenproduktion die Menschen wirklich »glücklicher« gemacht habe. Sarkastisch spricht er vom

»Evangelium des Mammons«. Als positives Gegenmodell bringt Carlyle das Mittelalter mit seinen spirituellen Qualitäten und seiner vermeintlich intakten Arbeitswelt in Stellung. Dazu passt es, dass er seinen Text wie eine Ballade mit Anekdoten und Alltagsbeobachtungen würzt, Poesie und literarische Zitate einstreut, legendäre und mythische Figuren wie Midas und Moses als Lehrbeispiele verwendet.

Vor diesem Hintergrund erscheint mir abschließend ein Text der indischen Autorin Arundhati Roy erwähnenswert, der sich mit einem aktuellen und zugleich historischen Thema befasst. Bekannt geworden ist Roy mit ihrem Roman und Weltbestseller *Der Gott der kleinen Dinge* (1997); inzwischen engagiert sie sich jedoch vor allem als globalisierungskritische Aktivistin. In ihrem Aufsatz »... dann ertrinken wir eben: Der Widerstand gegen das Narmada-Stauprojekt« (1999) geißelt Roy zunächst ein Staudammprojekt in ihrem Land; doch geht es ihr um mehr. Im Zusammenhang mit dem Thema Lernen aus der Geschichte ragt der Text insofern heraus, als Roy auf experimentelle Weise Elemente der Historiografie von der Antike bis in die Gegenwart bündelt. Es scheint fast, als wolle sie auf der Erfahrung der letzten Jahrtausende aufbauen, unterschiedlichste Ansätze prüfen und weiterentwickeln. Ähnlich wie Voltaire, Nietzsche und Peter Tosh vor ihr testet sie die Varianten, Möglichkeiten und Grenzen des Themas aus.

Arundhati Roys 80-seitiger Text »... dann ertrinken wir eben: Der Widerstand gegen das Narmada-Stauprojekt« ist am ehesten ein Essay, lässt sich aber nur schwer kategorisieren, weil er sehr unterschiedliche Elemente enthält.[39] Roy liefert gut verständliche technische Erläuterungen – und versucht, sich literarisch in Ich-Form bzw. im fiktiven Zwiegespräch in Täter und Opfer der Geschichte einzufühlen. Sie verbindet Elemente der Geschichte von unten bzw. der Reportage mit übergreifenden Spekulationen darüber, ob im 21. Jahrhundert die »Demontage des Großen« anstehe. Roy kombiniert einen streckenweise aggressiven Ton mit Überlegungen dazu, wie sich Klischees vermeiden lassen, die die eigene Urteilskraft wie auch jene von Lesern trüben können.

Je weiter Roy ins Thema einsteigt, desto größer der Radius der historischen Betrachtung. Ihr Vorgehen erinnert an die Wasserringe, die entstehen, wenn man einen Stein in einen See wirft, und die dann immer weitere Kreise ziehen. Zunächst schildert Roy den (zum Zeitpunkt der Veröffentlichung des Essays im Jahr 1999) zehnjährigen Widerstand gegen den Sardar-Sarovar-Damm am Fluß Narmada im Bundesstaat Gujarat im Westen Indiens. Anhand von Fakten zeigt sie, dass das Großprojekt wirtschaftlich, gesellschaftlich und ökologisch keinen Sinn ergibt. Sie erklärt im Detail, wie die Böden durch künstliche, energieaufwändige Bewässerungssysteme versalzen. Am schlimmsten ist, so Roy, dass durch die Überflutung von Land zig Tausende, meist Angehörige niedriger Kasten, vertrieben, heimatlos und entwurzelt worden sind. Betrachtet man sämtliche Staudämme der letzten 50 Jahre in Indien, sind es sogar rund *40 Millionen* Menschen. Sie werden, so Roy, gleichwohl nicht in den Geschichtsbüchern auftauchen. Sie warten noch nach Jahren auf eine Entschädigung und sind aufgrund ihrer kulturellen Prägung und Diskriminierung außerhalb ihres gewohnten Umfeldes chancenlos. Mit Elementen der Reportage und des Romans schildert Roy, wie den Betroffenen schlicht die Energie und der Glaube abhandenkommen, etwas an ihrem Schicksal ändern zu können, bis sie nur noch dahinvegetieren. Roy erläutert die Rolle der Weltbank – aber auch die jahrtausendealte Prägung durch den Hinduismus. Dazu gehört die Lobpreisung der Staudämme als »Tempel des modernen Indien« durch Jawaharlal Nehru, den ersten Premierminister des Landes, Mitte des 20. Jahrhunderts. Obwohl er seine Äußerung später bereute, fand sie Eingang in indische Grundschulbücher.

Zwar prangert Roy die Entwurzelung der armen Landbevölkerung an, doch warnt sie vor der Gefahr, das Dorfleben im Stil von Mahatma Gandhi zu romantisieren. Sie kritisiert das Milieu

*Die Muse der Geschichtsschreibung Klio ist die Tochter von Zeus und Mnemosyne, der Göttin der Erinnerung. Klios Attribut ist die Schriftrolle (bzw. das Buch), in späteren Darstellungen – hier ein Gemälde von Pierre Mignard von 1689 – auch die Trompete, mit der sie ordentlich Lärm machen kann.*

der »Herrschenden« und die Intellektuellen, zu denen sie selbst zählt, dafür, dass sie beim Schreiben wenig verfängliche und wenig rechercheaufwändige Themen bevorzugen. Auf die Geschichte bezieht sich Roy auch mit drastischen rhetorischen Vergleichen. So stellt sie die Gleichgültigkeit und den Selbstbetrug heutiger Wohlstandsbürger in Anbetracht des Leids, das Menschen in armen Ländern zu ertragen haben, dem Verhalten der Bevölkerungsmehrheit im »Dritten Reich« gegenüber, die angesichts der Verbrechen der Nationalsozialisten untätig blieb. Auf subtile Weise kommen historisch gewachsene Bilder ins Spiel, wenn Roy vorwegnimmt, wie Leser ihres Essays auf ihre extreme Kritik bzw. die angeführten Zahlen, die übertrieben klingen, reagieren könnten. Sie schreibt: »Ich wage kaum, die Zahl laut auszusprechen. Zu riskieren, dass ich wie ein LSD schluckender Hippie aus den Sechzigern klinge (›Das System ist schuld, Mann‹).«[40]

Mit ihrer merkwürdigen Stilmischung versucht Roy der Historisierung im Sinn der Gewöhnung an Zustände, die eigentlich unerträglich sind, entgegenzuwirken. Auch in anderen politischen Texten baut Roy historische Vergleiche ein. Sie beschreibt ältere Strategien wie Ahimsa, den gewaltfreien Widerstand, als »Indiens besten Exportartikel« und spricht vom Nutzen und Nachteil der Tatsache, dass Indien »in mehreren Jahrhunderten gleichzeitig« lebt.[41] Ich denke, Arundhati Roy ragt unter den Versuchen heraus, die alte Kluft zu verringern, die zwischen Wissen und Handeln besteht, zwischen Erkenntnisgewinn und Engagement. Roy scheint aus der Geschichte gelernt zu haben, dass es, wenn man aufrütteln will, hilfreich ist, eine offene Form zu wählen, bei der man beispielsweise Ungereimtheiten und eigene Unsicherheiten nicht verhehlt.

## EIN BLICK ZURÜCK AUS DER ZUKUNFT

Die Kluft zwischen Analyse und Aktion betrifft nicht nur komplexe gesellschaftspolitische oder ökonomische Fragen, sondern auch Alltagsprobleme. Schließlich haben Autoren wie Diderot, Goethe, Marx und Tolstoi, die ich im Kapitel über die Ehe und Partnerschaft zitiert habe, innovativ, anregend und kritisch über aktuelle und historische Dimensionen des Themas geschrieben – und währenddessen die eigene Ehe oder Partnerschaft auf teils brutale Art und Weise vernachlässigt. So ist eine einfache, aber grundlegende Lehre, die ich sehr gerne aus der Geschichte ziehen würde, jene, dass einen Schritt zurück in die Zukunft zu machen auch bedeuten kann, ein Geschichtsbuch schnell wegzulegen, um sich um das zu kümmern, was um einen herum gerade wirklich zählt.

In den Kapiteln des vorliegenden Buches sollte ein Schritt zurück in die Zukunft dabei helfen, auch die Gegenwart klarer zu sehen und besser zu verstehen. Darüber hinaus kann man zwischendurch einen *Blick* zurück *aus* der Zukunft auf die Gegenwart werfen. Genau genommen geht es dabei um eine praktische Anwendung der alten Redensart, dass man *hinterher* immer schlauer ist. Der Spruch gilt für persönliche Probleme ebenso wie für politische. Schließlich lässt sich im Rückblick auf fast jede Epoche und Kultur sagen, dass es nicht in ausreichender Weise gelungen ist, Maßnahmen auszuhecken und durchzusetzen, die Unterprivilegierten zugutegekommen wären und nebenbei dauerhaft zur Verbesserung des sozialen Klimas beigetragen hätten. Positiv gewendet, lässt sich aber festhalten, dass nach Jahrtausenden, in denen offensichtliche Verrücktheiten und Ungerechtigkeiten wie die Sklaverei und Unterdrückung der Frauen als normal galten, schließlich doch noch die Emanzipation und Menschenrechte etabliert wurden, das Recht auf Scheidung und der Sozialstaat. Das sind Dinge, die noch vor 150 Jahren keineswegs selbstverständlich waren.

Auch deshalb ist es hilfreich, wenn man aus der Geschichte zu lernen versucht, indem man sich zwischendurch vorstellt, wie zukünftige Generationen von Historikern über unsere Zeit berichten werden. Man mag sich fragen, welche Zustände, die wir heute normal finden, sie als ungerecht, verrückt oder kriminell bezeichnen werden. In den kommenden Jahrzehnten werden Historiker beispielsweise mit großer Wahrscheinlichkeit den Kopf darüber schütteln und es unfassbar finden, dass wir, denen es materiell so gut ging wie keiner Generation der Menschheitsgeschichte, jährlich Millionen von Menschen haben verhungern lassen. Zukünftige Historiker werden vielleicht auf ähnliche Weise erschüttert und perplex sein wie wir, wenn wir einen Blick auf Ereignisse werfen, die gerade mal 70 Jahre zurückliegen.

Selbst wenn man von derart drastischen Beispielen absieht, kann man mit etwas Fantasie einiges finden, worüber zukünftige Historiker wohl staunen werden. Das können eher harmlose Dinge sein wie die Tatsache, dass unsere Ehen indirekt noch vom christlichen Keuschheitsideal geprägt sind oder dass man es letztlich als naturgegeben hinnimmt, wenn Millionen von Jugendlichen die Schule als etwas Unangenehmes oder zumindest Langweiliges erleben. Über all das werden sich spätere Historiker vielleicht einmal wundern. Könnte man die Verwunderung vorwegnehmen, ließe sich vielleicht ein kleiner Vorsprung erarbeiten, was das rechte Handeln in der Gegenwart betrifft.

# Dank

Herzlich danken möchte ich Annette Anton, Martina Koch, Tobias Lehmann, Sebastian Lehmann, Petra, Johanna, Malina und Carl Mirwald, Sylvia Neuner, Florin Preußler, Heike Specht, Heiner Tent, Quynh Dao Tran, Johannes Waechter und Magdalena Weileder.

# Anmerkungen

**Der Ritter im Schnellzug**

1 Vgl. Wehler 1988, S. 12

2 Drei Beispiele für Aus-der-Geschichte-lernen-Bücher, die Eigenschaften von Ratgebern haben: Zeldin 1997, Zeldin 1999, Krznaric 2011.

3 Arnold 2001, S. 46

4 Vgl. Hansmann 2012, Sharp 2008, Rogan 2009

5 Für eine ältere Kritik vgl. Butterfield 1951 (Orig. 1931), S. 21. Beispielhaft für eine ambivalente Haltung von Historikern unserer Zeit: Wehler 1988, S. 11, 13. Ebenfalls dazu Koselleck: »Lernen aus der Geschichte Preußens?«, in: Ders.: 2010, S. 151 – 174, S. 152. Allgemein zum Thema Koselleck 1989. Für einen aktuelleren Wunsch, aus der Vergangenheit zu lernen und »die Gegenwart historisch einzuordnen«, vgl. Judt 2011, S. 9f., 12. Eine besonders ablehnende Haltung gegenüber dem Lernen aus der Geschichte bei Burger 2007, besonders ebd., S. 42, 51

6 Cicero 1962, S. 142 (2. Buch, Nr. 36)

7 Easton und Hardy 2009, S. 185

8 Zum Thema Lernen aus der Geschichte und didaktische Qualitäten von Computerspielen vgl. Schwarz 2010, S. 11 – 16

9 Seiten wie *GamesRadar* prüfen Spiele auf ihre historische Verlässlichkeit: http://www.gamesradar.com/top-7-historically-inaccurate-historical-games/?page=1

10 Ester 2005, S. 16, 169

11 Zur Frage nach der Lieblingsepoche vgl. auch Voltaire: *Das Zeitalter Ludwigs XIV.* (1751), in: Stern und Osterhammel 2011, S. 74 – 78

12 Wiedergegeben von Mathieu 2003, S. 282

13 McNeill und McNeill 2003, S. 275

**Die halbe Miete**

1 Vgl. Haag 2011, Interview über ihr Buch *Marriage Confidential: The Post-Romantic Age of Workhorse Wives, Royal Children, Undersexed Spouses, & Rebel Couples*

2 Zur Diskussion unter Soziologen von Max Weber über Talcott Parsons bis Anthony Giddens über den Bedeutungsgewinn der romantischen Liebe bzw. der Liebesheirat in der Industriegesellschaft und einen möglichen Bedeutungsverlust im 20. Jahrhundert vgl. Lindholm 1998, S. 17 – 32

3 Vgl. die Titelgeschichte »Liebe lieber unvollkommen« im *Spiegel* vom 23.12.2011 von Rafaela von Bredow. Als Beispiel für ein populäres Sachbuch Precht 2009, zur Ausdifferenzierung insbesondere ebd., S. 367

4 Vgl. Easton und Hardy 2009

5 Vgl. Méritt, Bührmann und Schefzig 2005

6 Beispiele für positive oder neutrale Schilderungen von Polyamory: Colette Bernhard: «Meet the polyamorists – a growing band of people who believe that more lovers equals more love«, *The Independent*, 13.9.2009, Philipp Mattheis: «Du und ich und ich und er. Wie es ist, mehrere Menschen zu lieben«, *Die Tageszeitung*, 2.11.2007, Oliver Schott: »Dem Leben Schönes schenken« *Jungle World*, Nr. 35, 30. 8. 2007. Einwände bei Henryk Broder: »Partnerschaft. Das Modell der Zukunft«, *Der Spiegel*, 29.9.1997. Polemisch ablehnend Iris Dankemeyer: »Fuck Polyamory«, *Konkret* Heft 08 2010

7 Vgl. Lamb 1987, S. 66 – 68

8 Gestrich 2003, S. 458

9 Offer 2006, S. 316, Parker-Pope 2011, S. 111, 322 – 324, Coontz 2006, S. 455.

10 Coontz 2006, S. 16, 69

11 Vgl. die umfassende Darstellung von Gestrich, Krause und Mitterauer 2003, aber auch die sehr allgemein gehaltene von Straub 2005

12 Morris 2011, S. 111, Coontz 2006, S. 66

13 Hrouda 1997, S. 69f.

14 Wehr 1998, S. 14f., 18, Faulstich 2006, S. 18 – 20

15 Zitiert nach Coontz 2006, S. 86

16 Diamond 1997, S. 118 – 123

17 Finkel 2009, S. 58

18 Diamond 1997, S. 124, 12f., 71

19 Fisher 2005, S. 161

20 Coontz 2006, S. 185

21 Vgl. dazu Reinsberg 1993, S. 29 – 32, Coontz 2006, S. 115

22 Zu Agape vgl. Pieper 1977, S. 28f.

23 Pieper 1977, S. 29

24 Vgl. auch Horn und Rapp 2002, S. 337 – 338

25 Vgl. auch Horn und Rapp 2002, S. 264

26 Lee 1973, S. 222 – 225. Zur Herleitung von Ludus, Mania, Storge und Pragma ebd., S. 15f., 58, 79

27 Krznaric 2011, Position 467 – 473 (Kapitel 1. Love). Übersetzung ins Deutsche vom Autor des vorliegenden Buches

28 Platon: *Symposion*, in: Ders. 2000, S, 37 – 101, S. 50, 48, 75, 77. Folgende Zitate aus dem Text ebd., S. 49, 73, 86, 79, 77, 84. Zu Eros als »Tyrann«, der »alles in der Seele regiert« vgl. Platon: *Politeia* (*Der Staat*), in: Ders.: 2000, S. 211 – 537, S. 483

29 Martin 2009, S. 19f.

30 Zu Unterschieden etwa in Sparta im Vergleich zu Athen mit mehr Rechten für die Frau vgl. Reinsberg 1993, S. 9, 32, Meier 2009, S. 174

31 Krause 2003, S. 56
32 Cicero 2001, S. 203
33 Buss 2001, S. 153
34 Backe-Dahmen 2008, S. 9, 12
35 Lukian 1920, S. 87
36 Reinsberg 1993, S. 83, 85. Vgl. auch Krause 2003, S. 69
37 Krause 2003, S. 126
38 Backe-Dahmen 2008, S. 15
39 Veyne 1999, S. 45 – 59
40 Zitiert nach Veyne 1999, S. 49
41 Zur Tendenz in China vgl. Ebrey, Einleitung zu Watson und Ebrey 1991, S. 1 – 24, S. 17
42 Backe-Dahmen 2008, S. 42. Zu Caesars Geburtenpolitik vgl. Durant 1969, S. 23
43 Demandt 2011, S. 281
44 Schiff 2010, S. 83 – 85
45 Schuller 2006, S. 72. Im Folgenden zu Kleopatra, sofern nicht anders angegeben, ebd., S. 72, 75, 80 – 127
46 Clauss 2010, S. 49
47 Plutarch zitiert nach Schuller 2006, S. 83
48 Prokop 2001, S. 27f.
49 Schiff 2010 (Interview «Why Cleopatra Still Matters«)
50 Shakespeare 1995, S. 188 (III. 3), 140 (II.5)
51 Zum Kontext der Veröffentlichung von Chaucers *Legende der guten Frauen*, mit der der Autor evtl. dem Vorwurf entgegentreten wollte, er habe Frauen in seinem Epos *Troilus und Criseyde* zu negativ dargestellt, vgl. Riehle 1994, S. 56 – 64
52 Chaucer 1987, S. 82 – 86, S. 84 – 86. Zitat vom Autor des vorliegenden Buches ins Deutsche übersetzt
53 Hieronymus zitiert nach Schenk 1999, S. 83
54 Rouche 1999, S. 452
55 Rouche 1999, S. 447, 451
56 Mitterauer 2003, S. 293f.
57 Gestrich 2003, S. 368f.
58 Schweikle 1989, S. 195
59 Zitiert nach Luthardt o. A. J, S. 46
60 Schweikle 1994, S. 29f., 35f. , 62. Zur Kontroverse um den »Realitätsgehalt« des Ehebruches in der Minne vgl. Arno Borst, zitiert nach ebd., S. 65, und Engels 1990, S. 39
61 Alighieri 1987, S. 19. Folgende Zitate ebd., S. 8f., 30, 57
62 Irsigler und Lassotta 1984, S. 179
63 Elias 1995, S. 243, Schenk 1987, S. 48f.
64 Zitiert nach Coontz 2006, S. 163f.

65 Chaucer 1996, S. 227–299. Folgendes Zitat ebd., S. 261, jenes zu Salomo, S. 231

66 Boccaccio 1952, S. 529–534 (Siebenter Tag, zweite Geschichte); folgende Geschichte ebd., S. 495–498 (Sechster Tag, siebente Geschichte), Zitat ebd., S. 497f.

67 Jankrift 2008, S. 173f.

68 Fisher 2005, S. 212f.

69 Zu den Prostituierten vgl. Irsigler und Lassotta 1984, S. 179–216, Jankrift 2008, S. 160–162

70 Vgl. die Einführung »Das Buch Hosea« in *Die Bibel.* Altes und Neues Testament. Einheitsübersetzung, Freiburg, Basel, Wien 1980, S. 1025

71 Zur mitunter literarischen Ausgestaltung der Geschichte Luthers und von Boras seit dem 18. Jahrhundert vgl. Zeller 1996, Winter 1990, Haase 1999

72 Treu 1996, S. 7f. Die Darstellung von Luthers und von Boras Ehe im Folgenden, sofern nicht anders angegeben, ebd., S. 11–80

73 Martanges 2011, S. 72

74 Luther 1983, S. 166–199, S. 199, 185. Folgende Zitate ebd., S.168, 190f.

75 Martanges 2011, S. 18–27, Zitat ebd., S. 22

76 Erasmus 1979, S. 22f. Folgendes ebd., S. 37f.

77 Erasmus 1967, S. 145–181

78 Treu 1996, S. 63f.

79 Martanges 2011, S. 80

80 Diese und folgende Informationen zu den Amish Ester 2005, S. 98f.

81 Krznaric 2011, Position 344–349 (Kapitel 1. Love)

82 Pepys 1980, S. 42

83 Sichtermann 2009, S. 10f. Folgende Informationen über Emilie du Châtelet ebd.

84 Coontz 2006, S. 265

85 Vgl. Ariès und Duby 1999 (4. Band, Hg. Michelle Perrot), S. 35f.

86 Necker 1802, S. 7, 10f., 23

87 Diderot 1969, S. 368

88 Zu Diderots Ehe vgl. Blom 2005, S. 59–61, Ders. 2010, S. 52, Borek 2000, S. 35, 51, 65

89 Spencer und Krauze 2012, S. 75

90 Zur konservativen Haltung Diderots bei der Verheiratung seiner Tochter Angélique vgl. Blom 2010, S. 330f.

91 Vgl. Luhmann 1996, S. 191–194

92 Schlegel 1984, S. 15

93 Schlegel 1984, S. 15, 41. Folgendes aus *Lucinde*, ebd., S. 16 (gemeinsamer Tod), S. 17 ( Rollentausch zwischen Mann und Frau), S. 28 (Ablehnung der Prüderie), S. 62 (Zitat)

94 Dies und Folgendes zu Schlegel, sofern nicht anders angegeben, aus Naumann 1984, S. 162–184

95 Goethe, o.A.J., Folgendes S. 338 (Chemie), 321 (Streiten), 362f. (Ehe auf Probe)

96 »Pauli inspiriert von Kabarettisten«, *Frankfurter Allgemeine Zeitung*, 21.9. 2007

97 Susan Pease Gadoua: «What Marriage Really Needs Is for Us to Get ›Whys‹«, *Huffington Post*, 12.10.2011

98 Kleist 2012, S. 236, Folgendes ebd., S. 264, 266 – 270

99 Tolstoi 1984, S. 83

100 Coontz 2006, S. 240

101 Eliot 1985, S. 221. Folgendes Zitat ebd., S. 38

102 Shaw 1978, S. 9. Folgendes von Shaw ebd., S. 130, 9

103 Schlaffer 2011, S. 121. Folgendes zum Einfluss Eliots auf Beatrice Webb ebd. Zu den Webbs vgl. auch Montreynaud 1998, S. 60 – 62

104 Sand zitiert nach Sichtermann 2009, S. 49

105 Zum Cross-Dressing und der gezielten Aufweichung geschlechtsspezifischer Verhaltensweisen auch in historischer Perspektive vgl. Gender-Killer 2007, S. 24 – 31

106 Umfrage wiedergegeben von Lafargue in: »Der Ehebruch in Gegenwart und Vergangenheit« (ursprünglich publiziert 1889 in *La Nouvelle Revue*), in: Ders. 1995 S. 107 – 132

107 Fourier 1984, S. 93. Folgendes ebd., S. 139 – 142, 156f.

108 Lafargue: »Die Predigt der Kurtisane« (ursprünglich das 3. Kapitel seiner Satire *Die Religion des Kapitals*), 1887, in: Ders. 1995, S. 187 – 193

109 Marx und Engels in: Marx 1971, S. 525 – 560, S. 544

110 Zitiert nach Pieper und Bauer 2005, S. 59

111 Gestrich 2003, S. 384, Lipp 1986, S. 194

112 Gestrich 2003, S. 384

113 Mayhew 1996, S. 69. Folgendes über die Prostituierten und Jugendlichen ebd., S. 125 – 132

114 Gestrich 2003, S. 500

115 Dies und Folgendes zur Arbeiterklasse, sofern nicht anders angegeben, Lipp 1986, S. 186 – 197

116 Gestrich 2003, S. 391f.

117 Wehler 2003, S. 238

118 Illouz 2007, S. 85 – 87

119 Zeldin 1997, S. 145

120 Schmidt 1986, S. 19, 23 – 27

121 Zitiert (vom Autor ins Deutsche übersetzt) nach Roiphe 2007, S. 10. Zu Stopes auch Coontz 2006, S. 283

122 Vgl. dazu Roiphe 2007

123 Roiphe 2007, S. 255 – 296

124 Montreynaud 1998, S. 108 – 110

125 Hershatter 1991, S. 256 – 258

126 Vgl. zu einem drastischen Fall in China Yiwu 2009, S. 34 – 45

127 Zeldin 1997, S. 149 – 153
128 Parker-Pope 2011, S. 18
129 Zeldin 1997, S. 147
130 Gestrich 2003, S. 510f.
131 Taylor zitiert nach Kashner und Schoenberger 2010, S. 162f.
132 Beauvoir 1960, S. 132. Folgendes Zitat ebd., S. 138
133 Montreynaud 1998, S. 290f.
134 Bienenfeld wiedergegeben nach Schlaffer 2011, S. 103. Die Informationen zu Sartre und de Beauvoir, soweit nicht anders angegeben, ebd., S. 72 – 118.
135 Zitiert nach Schlaffer 2011, S. 118
136 O'Neill 1975, S. 46. Folgende Aussagen der O'Neills ebd., S. 134 – 136, 140f., 146 – 153
137 Buss 2001, S. 34f., 199f. Folgende Informationen zur Symmetrie usw. ebd., S. 192 – 195
138 Parker-Pope 2011, S. 41 – 43, 44. Folgende Informationen von Parker-Pope ebd., S. 65, 86f., 95, 298, 117, 111, 322 – 324
139 Layard 2005, S. 80. Zum Glücksniveau bei Eltern vgl. ebd.
140 Vgl. Fisher 2005, S. 127f.
141 Coontz 2006, S. 409
142 Gestrich 2003, S. 364 – 652, S. 512f.
143 Zum Druck auf Töchter bei der Eheanbahnung durch Eltern trotz rechtlicher Gleichstellung in China vgl. Ocko 1991, S. 313 – 346, S. 327f. Zur Zwangsehe Tausender junger Migrantinnen in Deutschland, deren Familien aus der Türkei, Serbien, Kosovo, Montenegro oder dem Irak stammen, vgl. »Studie des Familienministeriums – Tausende Migrantinnen werden jährlich zur Ehe gezwungen«, *Spiegel online*, 9.11.2011
144 Haag 2011
145 Chad Nielsen: »Perfect Fit«, *ESPN The Magazine* (online)
146 http://www.botschaft-frankreich.de/spip.php?article915, Informationen der französischen Botschaft in Deutschland
147 Edo Reents: »Ich liebe mich – Hochzeit auf Taiwanesisch«, *Frankfurter Allgemeine Zeitung*, 9.11.2010. Folgende Information über die kuriosen Ehen in Indien ebd.
148 Vgl. Varma 2006, S. 128
149 Sigusch 2011. Folgende Informationen zur Asexualität ebd.
150 http://www.youtube.com/watch?v=26mWFuOWwuU&feature=related, http://www.youtube.com/watch?v=F-qaMXZ_l70&feature=related
151 Roland Kelts: »Japan leads the way in sexless love«, *The Guardian* (online), 27.12.2011
152 Zur Halbierung der Zahl von Ordensschwestern in Deutschland in den letzten 20 Jahren Frank 2011, S. 7 – 23, S. 19
153 Platon: *Symposion*, in: Ders. 2000, S. 37 – 101, S. 60 – 66
154 Easton und Hardy 2009, S. 25. Folgendes ebd., S. 58f., 167, 184, 195, 269f., 185

155 Schott 2010/11, S. 55f.
156 Schmidt 1986, S. 146f.
157 Mathieu 2003, S. 270
158 Namu, Mathieu 2003, S. 13. Folgendes ebd., S. 40, 71f., 173
159 Luhmann 1996, S. 23
160 Zu Zweifeln über Newmans Treue vgl. Hobsch 2010, S. 22
161 Dies und Folgendes Illouz 2007, S. 120f.
162 Illouz 2011, S. 80f. Folgendes von Illouz ebd., S. 82 – 113, 181 , 194, 441f. Zur angeblich nie enden wollenden Partnersuche wegen der totalen Wahlfreiheit vgl. Hillenkamp 2009

**Das halbe Leben**

1 Vasari 2006, S. 45. Folgendes von Vasari ebd., S. 17, 29
2 Zitiert nach Kemp 2005, S. 32, 34. Folgendes zu Leonardo, sofern nicht anders angegeben, ebd., S. 43, 45, 53, 192
3 Cole 1996, S. 93f.
4 Vasari 2006, S. 23f.
5 Christopher Schwarz, Dieter Schnaas: »Niemand kann täglich kreativ sein«, *Die Zeit* (online), 1.10.2012
6 Sennett 2000
7 Dahrendorf 1983, S. 33f.
8 Zur Ausweitung des Arbeitsbegriffs in Richtung Emotionalisierung und zur »Dialektik Spielraum *und* Leistungsverdichtung, Autonomiegewinn *und* Verschärfung psychischer Belastung«, vgl. Manthey 2003, S. 109 – 132, und Hesse 2003, S. 90 – 108
9 Für genaue Zahlen vgl. Weizsäcker, Hargroves, Smith 2010, S. 321 – 323
10 »Nur 13 Prozent sind mit ihrer Arbeit zufrieden«, Umfrage des Deutschen Gewerkschaftsbundes (DGB) zur Zufriedenheit deutscher Arbeitnehmer mit ihren Tätigkeiten, *Spiegel online* 26.6.2008. Zur tendenziellen Verschlechterung bei der Arbeitszufriedenheit vgl. »Deutschen vergeht die Lust am Arbeiten – Zufriedenheitsstudie«, *Spiegel online*, 2. 8. 2011
11 Vgl. etwa Joachim Möller: »Mythen der Arbeit – Die Zeit der Vollbeschäftigung kommt nie wieder – stimmt's?«, *Spiegel online*, 30.10. 2012
12 Sahlins 1972, S. 21. Zitate vom Autor aus dem Englischen übersetzt. Auch Folgendes zu den Arbeitszeiten der Jäger und Sammler, sofern nicht anders angegeben, ebd., S. 4, 9, 23, 29, 34, 37
13 Zur brutalen Behandlung von Armen und Kranken in Jäger und Sammler-Gesellschaften vgl. Smith 1974, S. 3
14 Graeber 2004, S. 53, 75
15 Hawkes, O'Connell, Blurton Jones 1989, S. 350f.
16 Zur Theorie der Arbeitsteilung bereits in der Antike beim Griechen Xenophon vgl. Galbraith 1988, S. 29
17 Eggebrecht 1983, S. 42. Im Folgenden die Sachinformationen zur Arbeit im alten Ägypten, sofern nicht anders angegeben, ebd.

18 Zur brutalen Unterjochung der Heloten in Sparta durch die Oberschicht der Spartiaden vgl. Meier 2009, S. 172

19 Schneider 1983, S. 107. Im Folgenden die Informationen zur Arbeit im antiken Rom, sofern nicht anders angegeben, ebd., S. 97 – 100, 130f., 137

20 Platon: *Politeia* (*Der Staat*), in: Ders. 2000, S. 262. Folgendes ebd., S. 263

21 Aristoteles 1977, S. 290f.

22 Arendt 1960, S. 15

23 Hesiod zitiert nach Demandt 2004, S. 29

24 Seneca 2009, S. 7, 13

25 Für eine Differenzierung der Muße vgl. Cicero 2001, S. 221

26 Demandt 2004, S. 37f.

27 Demandt 2004, S. 36

28 Benedikt: Mönchsregel, in: Schoelen 1965, S. 9 – 19, S. 15

29 Levine 1998, S. 93, Krznaric 2011, Position 1644-48 (Kapitel 5. Time)

30 Für eine lebendige Beschreibung der Arbeit in Skriptorien vgl. Greenblatt 2012, S. 47 – 51

31 Kurz, Frankfurt am Main 1999, S.17, 19f., 226f. Zu Unterschieden in der Einkommensverteilung in England im Jahr 1920 und 1800 vgl. Hansen 1977, S. 180

32 Reulecke 1986, S. 146

33 Die Ballade *A Gest of Robin Hood* hier zitiert aus der englischsprachigen Anthologie (vom Autor ins Deutsche übersetzt): Knight und Ohlgren 1997, Vers 283

34 Weber 1993, S. 35. Folgendes von Weber ebd., S. 36 – 40, 69, 71, 80, 120

35 Luther o.A.J., S. 89f. Folgendes ebd., S. 97

36 Landes 2009, S. 193 – 196

37 Kurz, Hamburg 1999, S. 18 – 20

38 Müller, Achatz von 1983, S. 184f.

39 Paulinyi 1983, S. 208 – 214

40 Dies und Folgendes zur Zeitnahme vgl. Levine 1998, S. 95, 103 – 109

41 Krznaric 2011, Position 1677-82 (Kapitel 5. Time)

42 Polanyi 1978, S. 133

43 Für einen Überblick zur Darstellung von Arbeit in der Kunst: Türk 2000

44 Tolstoi o.A.J., S. 350 – 363

45 Paulinyi 1983, S. 220, Reulecke 1986, S. 148f.

46 Vgl. differenziert dazu Galbraith 1988, S. 104 – 108

47 Hegel: *Phänomenologie des Geistes*, 1980, S. 153f.

48 Zitiert nach Weischedel 1987, S. 210

49 Dies und Folgendes von Marx Ders. 1957, S. 17, 19, 21f., 24, 53, 146 – 160

50 Simmel 1992, S. 420 – 444

51 Reulecke 1986, S. 151f.

52 Arendt 1960, S. 123

53 Weil: »Fabriktagebuch«, in Dies. 1978, S. 43 – 122, und Dies.: »Fragmente«, ebd., S. 123 – 139 (verfasst in der Zeit der Fabrikarbeit von 1934 – 35 und im

folgenden Jahr). Zu Weils früher Beschäftigung mit dem Eigenwert der Arbeit, ihrer Spiritualisierung und der vermeintlichen Heiligkeit des Handwerks mit Blick auf Hegel, die Theologie und den Anarchosyndikalismus vgl. Krogmann 1970, S. 63, 129

54 Levine 1998, S. 109 – 112

55 Donkin 2001, S. 140

56 Löpfe, Vontobel 2008, S. 39

57 Moorhouse 1987, S. 237 – 257

58 Lobato 2010, S. 90

59 Terkel 1990, S. 203. Vgl. für eine ähnliche Geschichte, einen Ehestreit wegen unterschiedlicher Meinungen dazu, ob ein Bergarbeiterstreik in Nordengland im Jahr 1984 fortgesetzt werden soll, Jones 2011, S. 57

60 Oppolzer 1983, S. 311

61 Sarah Elsing: »Hier bin ich Mensch, hier kauf ich ein!«, *Frankfurter Allgemeine Zeitung*, 5.10.2010

62 Antipatros zitiert nach Schneider 1983, S. 118f.

63 Mill zitiert nach Marx 1957, S. 240

64 Schnabel 2010, S. 46f. Auch die folgenden Erhebungen bis zu den Londoner Büroangestellten ebd., S. 47f.

65 Schnabel 2010, S. 137 – 153

66 Sehr allgemein formuliert auch bei Straub 2004, z.B. ebd., S. 134

67 Offer 2006, S. 326

68 Heide 2002, S. 19, 48. Folgendes zur Arbeit als Verhaltensstörung Kurz, Hamburg 1999, S. 26. Zur »Arbeit als milder Krankheit« vgl. Bergmann 2004, S. 13

69 Freud 1992, S. 78 (Fußnote), 127

70 Joachim Möller: »Mythen der Arbeit – Arbeitslose sind alle faul – stimmt's?«, *Spiegel online*, 15. 8. 2011

71 Manifest der »Glücklichen Arbeitslosen«: http://www.diegluecklichenarbeitslosen.de/dieseite/seite/rahmen.htm. Das Manifest auch in: Beck 2000, S. 108 – 120

72 Nietzsche 1999, S. 182f. (Aphorismus 329)

73 Lafargue 2010, S. 35. Folgendes von Lafargue ebd., S. 32, 49, 54, 57 – 58, 66, 69

74 Für das Lob der Arbeit bei Anarchisten vgl. z.B. Bakunin 2002, S. 58

75 Dahrendorf 1983, S. 25f., 32. Folgendes von Dahrendorf ebd., S. 34.

76 Zeldin 1997, S. 390. Folgendes zur Fliege ebd.

77 Die männliche Fliege frisst schneller, ruht weniger und hat so 20 Prozent ihrer Zeit für die Körperpflege zur Verfügung und 44 Prozent für die Muße

78 Willike, Brockhoff 2000, S. 136, S. 143, 147

79 Rifkin 2004, S. 26 – 29

80 Donkin 2001, S. 304, Rifkin 2004, S. 26 – 29

81 Kropotkin 1989, darin: »Die angenehme Arbeit«, S. 90 – 97, S. 90, Keynes' »Die ökonomische Zukunft unserer Enkel« (1930) zitiert nach Exner 2007, S. 19

82 http://www.neweconomics.org/publications/21-hours. Zu ähnlichen Berechnungen, die in Deutschland auf eine 25-Stunden-Woche für jeden hinauslaufen würden, vgl. Löpfe, Vontobel 2008, S. 13, 20

83 Fromm 2008, S. 23 – 37

84 Zum »Solidarischen Bürgergeld« vgl. Althaus 2008. Zu Bürgergeld und Honorierungssystemen mit Gratis-Qualifikation, »Favour Credits« oder Rentenansprüchen Beck 2000, S. 417f.

85 Werner und Goehler 2010, S. 21, Werner 2006, S. 25

86 http://social.un.org/coopsyear/index.html

87 Susanne Tappe: »Im Besitz der Genossen«, *Greenpeace Magazin*, Mai – Juni 2012, S. 62f., S. 62. Folgendes ebd., S. 63

88 Fourier 1975, S. 179 – 208

89 Dies und Folgendes zu Owen bei Donnachie 2000, S. 123 – 125, 170, 182. Zum Problem der wenig unternehmerischen Ausrichtung von »New Harmony« vgl. ebd., S. 238 – 243, 262

90 http://www.mondragon-corporation.com/language/en-US/ENG/Who-we-are/Introduction.aspx. Folgendes zu Mondragon, sofern nicht anders angegeben, auf dieser Internetseite.

91 Vgl. z.B. die Kommune in Niederkaufungen in Hessen: http://www.kommune-niederkaufungen.de/start/index.php

92 Gizycki 1984, S. 209, 213f. Vgl. auch www.bruderhof.com

93 Zu Valve vgl. Claire Suddath: »What Makes Valve Software the Best Office Ever?«, *Bloomberg Business Week*, 25.4.2012

94 Vgl. etwa die »Neue Heimat«, die gewerkschaftseigene Genossenschaft, die 1982 wegen Betrugs und Unterschlagung durch Vorstandsmitglieder Mieter schädigte und schließlich zusammenbrach

95 Vgl. Sywottek 1986, S. 286 – 289, Notz 2011, S. 63f. Zum Überleben von 20 Prozent der 1913 existenten Kooperativen in Großbritannien bis in die 1970er Jahre vgl. Oakeshott 1978, S. 65

96 Sennett 2008

97 Morris 1995, S. 97, 94f.

98 Kirsch 1983, S. 116 – 126, 128, 131 – 134, 165 – 169, 172

99 Zur Werbekampagne des ZHK: http://www.handwerk.de/die-wirtschaftsmacht/kampagne.html

100 Dreyer 2006, S. 158

101 Zur Um- bzw. Abwertung des Handwerks in der Antike vgl. Arendt 1960, S. 78

102 Dies und Folgendes bei Bergmann 2004, S. 10f., 21f., 97, 121, 129, 221f., 239, 257, 264, 276 – 278, 287, 297, 310f.

103 Vgl. dazu Lu Yen Roloff: »Willkommen in Reformmotor City! Detroit als Gesellschafts-Labor«, Spiegel online, 19.5.2013

104 »Depressive Mitarbeiter verursachen enorme Kosten«, *Die Welt* online, 13.4.2011

105 Löpfe, Vontobel 2008, S. 28

106 Löpfe, Vontobel 2008, S. 82
107 Vgl. Jonah Weiner: »If Your Life Were a Movie«, *New York Times*, 21.1. 2011
108 Horx 2006, S. 131 – 138
109 Toffler 1974, S. 155 – 169
110 Benjamin 1985, S. 17
111 Bostridge 2008, S. 99. Folgendes über Nightingale ebd., S. 132f. (Alexandria), 188, 190 (Gentlewomen during Illness), 204 – 252 (Scutari Krimkrieg), 260 – 262 (Ruhm)
112 Vgl. Bostridge 2008, S. 246 – 249
113 Bornstein 2005, S. 61 – 68
114 Ein Überblick über aktuellere und historische Entwicklungen des Sozialunternehmertums bei Bornstein 2005
115 Vgl. den Überblick von Alexandra Werdes: »Helden mit Starthemmung«, *Die Zeit*, 27.12.2012
116 Zu Schlagwörtern wie »unternehmerischer Einzelner« und »unternehmerische Bürgergesellschaft« vgl. Bude 2000, S. 134
117 Vgl. Niermann 2003, z.B. ebd., S. 43
118 Friebe und Lobo 2006, S. 15
119 Tenorth 2008, S. 185
120 Sennett 2000, S. 194
121 Im englischen Original formuliert Mills das folgende Zitat launig doppeldeutig: »In many ways, writing fiction is similar to bus driving. After all, both involve taking the public for a ride.« Magnus Mills: «Why my career is back on route«, *The Times*, 11.3.2006
122 Galbraith 2005, S. 44. Folgendes ebd., S. 46
123 Vgl. Hirschman 1980, S. 69, 71, 81 – 90
124 Flora Wisdorff: »Bürgerbefragung. Diese Berufe haben das beste Image in Deutschland«, *Die Welt*, 20.10.2011
125 Zu den historischen Hintergründen der Entwicklung vgl. Jones 2011, S. 39 – 63
126 Desai 2010
127 Gorz 2000, S. 107 – 109. Folgendes zur »Kulturgesellschaft« und Athen ebd., S. 109
128 Dies und Folgendes über Moltke Brakelmann 2007, S. 39 – 47

**Schuld und Chance**

1 »Michael Moore: Matt Damon For President«, *The Huffington Post*, 9.8. 2011. Folgendes von Damon ebd.
2 Inga Michler: »So will Bill Gates die Welt gerechter machen – Rede beim G-20 Gipfel«, *Die Welt*, 3.12.2011. Zu Liliane Bettencourt vgl. Kim Willsher: «France's rich keen to pay more tax as PM Fillon announces ›rigour package‹ – Sixteen wealthy French citizens have signed a petition«, *The Guardian*, 24.8.2011. Zu Buffett vgl. dessen Artikel »Stop Coddling the Super-

rich«, *New York Times*, 14.8.2011, und »Kampf gegen US-Schuldenmisere. Obama will mit Reichensteuer punkten«, *Spiegel online*, 18. 9. 2011

3 Interview mit Peter Krämer mit Hajo Schumacher auf Deutsche Welle TV, 1. 11. 2010, http://www.youtube.com/user/deutschewelle#p/search/0/SKb9QrWqyoo

4 Alexander Eichler: »Warren Buffett's Company NetJets Sued For Millions In Unpaid Taxes«, *The Huffington Post*, 27.3.2012. Zur Kritik an Peter Krämer dafür, dass er seine Tanker zur Steuerersparnis unter liberianischer (Billig-) Flagge fahren lässt, vgl. *ver.di report* Fachbereich Verkehr Schifffahrt, 3/2007, S. 8

5 Adamek und Otto 2009, S. 13

6 Umfrage des Instituts für Demoskopie Allensbach, wiedergegeben nach Elisabeth Noelle und Thomas Petersen: »Steuern und Stolz«, *Frankfurter Allgemeine Zeitung*, 15.3.2006

7 Drei sehr unterschiedliche Beispiele: Adams 1993, Adamek und Otto 2009, Meck 2007

8 Schmölders 1992, S. 250

9 Zu Bono vgl. Beck und Prinz 2010, S. 154 – 156

10 Der Artikel »Nieder mit der Pudelsteuer!« erschien in der *Frankfurter Allgemeinen Sonntagszeitung*, 3.6.2007

11 Interview mit der Autorin und Finanzjournalistin Chrystia Freeland von Matthias Kolb: »›Obama stellte das Weltbild des guten Millionärs in Frage‹. Amerikanische Superreiche«, *Süddeutsche Zeitung*, 27.12.2012

12 Steven Bertoni: »Chuck Feeney: The Billionaire Who Is Trying To Go Broke«, *Forbes Magazine* (online) 18.9.2012

13 Mauss 1978, S. 126

14 Pausch 1989, S. 22

15 Zu den Steuerpächtern und der Reform des Augustus vgl. Baatz 1992, S. 40, 42 – 49, Pausch 1989, S. 44

16 Adams 1993, S. 61

17 Meier 1992, S. 28. Folgendes zur Liturgie ebd., S. 26 – 37

18 Zu den Franken Orth 1992, S. 78, 84f.

19 Pausch 1988, S. 76

20 Zitiert nach Hansmann 2012, S. 28

21 Adams 1993, S. 340, 389, 61

22 Sloterdijk 2009. Zur Relativierung seiner These und der sehr allgemeinen Forderung nach »Freiwilligkeit« und »gebenden Tugenden« bei der Steuerzahlung vgl. Sloterdijk 2011, S. 26, 53

23 Zur Kritik an Sloterdijk vgl. Elke Brüns: »Der gute Mensch aus Karlsruhe. Nachtrag zur Sloterdijk/Honneth-Debatte«, *Frankfurter Rundschau*, 11.12.2010, Axel Honneth: »Fataler Tiefsinn aus Karlsruhe. Zum neuesten Schrifttum des Peter Sloterdijk«, *Die Zeit*, 24.9.2009, Paul Kirchof: »Sloterdijk-Debatte: Die Steuer ist ein Preis der Freiheit«, *Frankfurter Allgemeine Zeitung*, 7.11.2009

24 Schumpeter 1953, S. 36 – 56. Folgendes von Schumpeter ebd. und ebd., S. 3, 57f.
25 Graeber 2004, S. 17f.
26 Mauss 1978, S. 127f.
27 Graeber 2004, S. 21. Zum Einfluss Mauss' auf den Anarchismus ebd., S. 16 – 21
28 Dies und Folgendes Pausch 1989, S. 54
29 Pausch 1988, S. 56
30 Dies und Folgendes zu Gelübdeablösungen vgl. Möhring 1992, S. 90, 92, 95. Pausch 1988, S. 56
31 Schreiner 1992, S. 67f., 71
32 Dies und Folgendes zu Jesu Antwort Bringmann 1992, S. 52 – 58, Prokop 2001, S. 35
33 Knight 1994, S. 51, Burg 2004, S. 128 – 130, 434
34 Zur Progression von vier bis 33,5 Prozent vgl. Pausch 1988, S. 66, zum Florentiner Steuersystem Müller, Achatz von 1992, S. 106f.
35 Frugoni 2003, S. 65 – 68
36 Benjamin 2004, S. 15 – 18
37 Ullmann 2005, S. 7
38 Schumpeter 1953, S. 36 – 56
39 Ullmann 2005, S. 8f., 13, 224
40 Blickle 1992, S. 150. Zu Kaiser Maximilians I. »gemeinem Pfennig«, der gering ist, aber belastend, weil er auch die Armen trifft, Moraw 1992, S. 139
41 Luther o.A.J., S. 49f. Folgendes von Luther ebd., S. 50 – 52
42 Blickle 1992, S. 152
43 Pausch 1989, S. 78
44 Stürmer 1992, S. 185. Folgendes zum Vergleich England/Frankreich, sofern nicht anders angegeben, ebd., S. 184 – 186
45 Zum europaweiten Vergleich vgl. Stürmer 1992, S. 185. Zum Vergleich Frankreichs mit dem Reich der Moguln in Indien McNeill und McNeill 2003, S. 190
46 Voltaire 1985, S. 39
47 Smith 1974, S. 703f., 779. Folgendes von Smith ebd., S. 726
48 Diderot 1969, S. 232f. (Artikel »Landmann«)
49 Pausch 1976, S. 202f. Folgendes zur »Boston Tea Party« ebd., S. 203
50 Matthias Kolb: »›Obama stellt das Weltbild des guten Millionärs in Frage‹. Amerikanische Superreiche«, *Süddeutsche Zeitung*, 27.12.2012
51 Zum Zensuswahlrecht im Folgenden, sofern nicht anders angegeben, Aeppli 1988, S. 42, 89 (Zahlen für Frankreich), S. 19 – 21 (Locke), 23f. (Montesquieu), 28 (Diderot), 58 (Kant), 39 – 42 (Wahlrecht nach der Revolution)
52 »Absurder Vorstoß: CDU-Verbands-Chef will Rentner zu Wählern zweiter Klasse degradieren«, *Spiegel* online, 23.5.2008

53 Zitiert nach Jones 2011, S. 41
54 Prest 1990, S. 15f.
55 Vgl. Frederic Spohr: »Die letzten echten Malocher im Bundestag«, *Die Welt*, 13.10.2007, Peter Kosfeld: »Bundestagsabgeordnete – durchweg Akademiker, kaum Arbeiter«, *Spiegel online*, 29.11.2003
56 Richartz 1967, S. 114 – 116. Zur historischen Bedeutung von Thoreaus Rebellion und Essay vgl. Thierry Paquot: »Im Recht und im Gefängnis. Nachdenken über zivilen Ungehorsam«, *Le Monde diplomatique* (deutsche Ausgabe), Januar 2005, S. 2
57 Thoreau 1967, S. 8, 20
58 Vgl. Aristoteles 1991, S. 227 (Fünftes Buch)
59 Thoreau 1967, S. 45
60 Ullmann 2005, S. 48f. Folgendes ebd. und ebd., S. 51
61 Beck und Prinz 2010, S. 77
62 Dies und Folgendes über Bettina von Arnim, Novalis, Heinrich von Kleist und Friedrich Wilhelm II., sofern nicht anders angegeben, bei Pausch 1978, S. 11 – 42
63 Clark 2008, S. 394f.
64 Zitiert nach Schremmer 1994, S. 23
65 Ullmann 2005, S. 48, 51
66 Hansmann 2012, S. 56. Zur Steuerpolitik in Deutschland in den ersten zwei Jahrzehnten des 20. Jahrhunderts vgl. Holtfrerich 1992, S. 200 – 208, Schulze 1992, S. 209 – 218
67 Zitiert nach Dowe 2011, S. 137. Folgendes zu Erzberger, sofern nicht anders angegeben, ebd., S. 125f., 129, 133, 135f., 140 – 146
68 Ullmann 2005, S. 124
69 Holtfrerich 1996, S. 39
70 Hansmann 2012, S. 98
71 Krugman 2008, S. 196, 28
72 Ullmann 2005, S. 226, 11, 193, 195
73 Baez 1988, S. 120f. Folgendes von und über Baez ebd., S. 119 – 123
74 Vgl.: http://www.netzwerk-friedenssteuer.de/index.php?option=com_frontpage&Itemid=1
75 Billy Bragg: »Warum ich bis auf Weiteres keine Steuern zahlen werde«, *Der Freitag*, 19.1.2010
76 Murphy, Rubart, Müller, Raschke 1979, Beispiele ebd., S. 69, 84, 96, 101, 105 – 107
77 Beck und Prinz 2010, S. 154 – 156
78 Lewis 1999, S. 81
79 Peter Hossli: »Steueroasen in Delaware«, *Die Weltwoche*, 11.3.2009 (Ausgabe 11/09)
80 500 Milliarden bei Merten 2011, S. 80; mindestens 50 Milliarden Verluste für »Entwicklungsländer«, jährliche Steuerverluste durch Steueroasen weltweit 197 Milliarden Dollar, 35 Milliarden Verluste für Deutschland bei Giegold

2003, S. 45, 32, 41; Schätzung von 50 Milliarden DM Steuerverlusten bei Martin, Schumann 1998, S. 94

81 »Reiche bunkern mehr als 20 Billionen Dollar in Steueroasen«, *Spiegel Online*, 22. Juli 2012. Der Artikel bezieht sich auf eine Untersuchung von James Henry, ehemaligem Chefvolkswirt von McKinsey im Auftrag der Organisation Tax Justice Network.

82 Christensen und Hampton 1999, S. 180

83 Kropotkin 1976, S. 99

84 Schmidt, Anton 1920, S. 1, 18

85 Hampton 1996, S. 17

86 Marcus Theurer: »Steueroase in Not – Cayman-Inseln vor dem Staatsbankrott«, *Frankfurter Allgemeine Zeitung*, 3.9.2009

87 Giegold 2003, S. 18, 39

88 Adamek und Otto 2009, S. 233. Zu Steuerersparnissen von BMW zwischen 1988 und 1993 Martin, Schumann 1998, S. 271, zu Siemens, Daimler-Benz und mittelständischen Unternehmen, »transfer pricing« und anderen Tricks, ebd., S. 272f.

89 Christensen und Hampton 1999, S. 185

90 http://www.oecd.org/dataoecd/50/0/43606256.pdf http://www.taxjustice.net/cms/front_content.php?client=1&lang=1&parent=91&subid=91&idcat=140&idart=251

91 Palan 1999, S. 19f. Aus dem Englischen übersetzt vom Autor des vorliegenden Buches.

92 Burg 2004, S. 50f. Folgendes über buddhistische Steuerflüchtlinge ebd. und ebd., S. 62

93 Palan 1999, S.28

94 Picciotto 1999, S. 54f.

95 Vgl. Merten 2011, S. 80 (Steuervermeidung als Problem für arme Länder), 96f. (Karussellgeschäfte)

96 Zu Konzernen vgl. Bornscheuer 1999, S. 7, zum Anstieg der Steuern und zur Kirche vgl. Winteler 1992, S. 17

97 Vgl. Dokumentarfilm *Karibische Träume* von Dietmar Schumann, Deutschland 2009. Informationen dazu: http://www.arte.tv/de/programm/244,broadcastingNum=1479103,day=2,week=50,year=2012.html

98 Jan Fleischhauer: »Die Macht der Steuerfundis«, *Der Spiegel*, 11.10.2004. Folgende Informationen ebd. und Christian Teevs: »Lobbyist Grover Norquist. Obamas gefährlichster Gegner«, *Spiegel online*, 29.7.2011

99 Norquist wiedergegeben und zitiert nach Christian Teevs: »Lobbyist Grover Norquist. Obamas gefährlichster Gegner«, *Spiegel online*, 29.7.2011

100 Norquist wiedergegeben und zitiert nach Krugman 2008, S. 179. Folgendes ebd.

101 Matthias Kolb: »Amerikas Anti-Steuer-Kult verliert Anziehungskraft«, *Süddeutsche Zeitung* (online), 28. 11. 2012

102 Galbraith 1988, S. 298

103 Zur politisch links angesiedelten Kritik vgl. Zinn 2007, S. 382 – 395, zur eher konservativen Friedman 1980, S. 108, 106, 109, 117 – 124, Friedman 1979, S. 91, 100, Friedman 1985, S. 59 – 65. Für einen Überblick zur Kritik vgl. den englischsprachigen Wikipedia-Eintrag: http://en.wikipedia.org/wiki/New_Deal#cite_ref-94
104 Neumark 1992, S. 234
105 Krugman 2008, S. 14, 25. Die Forderung nach einem neuen New Deal ebd., S. 19 – 21. Folgendes Zitat S. 47
106 Paul Krugman: »Nobelpreisträger Paul Krugman – Wie der Euro gerettet werden kann«, *Spiegel online*, 23.4.2012
107 Hansmann 2012, S. 56
108 Holtfrerich 1996, S. 48, 53
109 Friedman 1984, S. 222 – 225, Friedman 1979, S. 92f., Friedman 1985, S. 101 (15 oder 16 Prozent Flat-Tax)
110 Friedman 1984, S. 222 – 224
111 Friedman 1985, S. 9, 22 – 24, 26, 64
112 Friedman und Schwartz 1963, S. 10f. Folgendes ebd., S. 676
113 Giegold 2003, S. 13
114 Malte Lehming: »Dänemark – Das glücklichste Volk der Welt«, *Der Tagesspiegel*, 6.7.2011, Brenda Strohmaier: »Glücklicher als Vanuatu – Warum die Dänen so lykkelig sind«, *Spiegel online*, 28.7.2006
115 Vgl. zur Entwicklung des dänischen Sozialstaates Henningsen 2009, S. 90 – 97, Findeisen 1999, S. 204 – 211, 230 – 254, Bohn 2001, S. 117 – 121
116 Ullmann 2005, S. 222
117 Miller, John J. 2006
118 Pausch 1978. S. 37
119 Für einen kleinen Überblick zum Thema vgl. Pausch 1975, S. 167 – 174. Folgende Information zu Burns ebd., S.171
120 Hoffmann von Fallersleben zitiert nach Beck und Prinz 2010, S. 73
121 Pausch 1973, S. 46, Lied-Zitat nach Pausch 1978, S. 30
122 Layard 2005, S. 43. Folgendes zur Glücksforschung und Besteuerung, sofern nicht anders angegeben ebd., S. 65, 154, 246
123 Zu ersten Erwägungen über das Glück unter Ökonomen im 17. Jahrhundert bei William Petty vgl. Sen 2000, S. 37f.
124 Galbraith 1988, S. 253 – 255
125 Pigou 1924, S. 170f., 196f. Folgendes von Pigou ebd., S. 14 – 32
126 Zu historischen Erfahrungen und der sozialverträglichen Ökosteuer, bei der bereits die Ankündigung eine hohe Lenkungswirkung hat, vgl. Weizsäcker, Hargroves, Smith 2010, S. 316 – 321
127 Zur differenzierten Betrachtung von Bhutan vgl. Layard 2005, S. 91. Zum »Happy Planet Index« der gleichnamigen NGO und ökologischen Aspekten: http://www.happyplanetindex.org/
128 Christiane Heil: »Kampf gegen Übergewicht – Eine Steuer gegen Cola?«, *Frankfurter Allgemeine Zeitung* 12.01.2012

129 Vgl. Sen 2000. S. 77, 96
130 Herodot 1991, S. 109f. (Erstes Buch). Folgendes von Herodot ebd.
131 Hegel: *Vorlesungen über die Philosophie der Geschichte*, 1980, S. 229
132 Friedman 1984, S. 211f. Folgendes von Friedman ebd., S. 213, 215
133 http://www.bfh.simons-moll.de/bfh_1995/XX950655.HTM. Genau genommen ging es darum, ob die Vermögensteuer bei einer entsprechend hohen Belastung noch zu den anderen Steuern »hinzutreten« dürfe oder nicht.
134 Inzwischen wurde der Halbteilungsgrundsatz ohnehin schon durch andere Gerichtsurteile aufgeweicht: http://www.bundesverfassungsgericht.de/entscheidungen/rs20060118_2bvr219499.html?Suchbegriff=2+BvR+2194%2F99
135 Dies und Folgendes bei Aristoteles 1991, S. 209 – 216 (Fünftes Buch)
136 Rawls 1975, S. 313. Zu Steuern und Ideen für eine ideale Regierung, die mit eigenen Abteilungen die Nachfrage fördern würde, Ungleichgewichte bei Einkommen und Vermögen ausgleichen und der Bildung übermäßiger wirtschaftlicher Macht entgegenwirken würde, vgl. ebd., S. 308 – 318
137 Sen 2011, S. 16, 36, 48. Zur erstaunlich allgemein (und ohne Beispiele) formulierten Kritik an einer hohen Steuerlast, die die Märkte ungünstig beeinflusse, und zu einer Kritik an Leuten, die angeblich auf die Kommastelle genau berechnen wollen, welcher Steuersatz für soziale Gerechtigkeit sorge (ebenfalls ohne Beispiele), vgl. Sen 2000, S. 139, 165, 302
138 Sachs 2005, S. 370f. Folgendes von Sachs ebd., S. 371 – 374
139 Sachs 2008, S. 73. Folgendes zu den 0,7 Prozent ebd.
140 Pogge 2008, S. 2f. Folgendes von Pogge ebd., S. 3, 5, 11
141 Zum Welthunger als »Skandal unseres Jahrhunderts« und seinen historischen Hintergründen vgl. Ziegler 2012, S. 14, 97 – 102
142 Vgl. Pogge 2008, S. 221 – 245, 259
143 Dies und Folgendes bei Gore 1992, S. 296 – 366
144 Patrick Bernau: »Finanztransaktionssteuer. Die Robin-Hood-Steuer«, *Frankfurter Allgemeine Zeitung*, 14.1.2012
145 Zum Bereich Öko- und Energiesteuern vgl. etwa Weizsäcker 2010, S. 303 – 330
146 Vgl. dazu auch Diamond 2006, S. 531
147 Dies und Folgendes zu den Amish Ester 2005, S. 86f.

**Die permanente Renaissance**

1 Steve Jobs: Rede vor der Abschlussklasse in Stanford 2005, http://www.youtube.com/watch?v=UF8uR6Z6KLc
2 Bill Gates: Rede vor der Abschlussklasse in Harvard 2007, http://www.youtube.com/watch?v=AP5VIhbJwFs (hier nur der erste Teil der Rede)
3 Roth, Gerhard 2011, S. 30f.
4 Vgl. Roth, Gerhard 2011, S. 89 – 91
5 Martin Spiewak: »Großes Phlegma«, *Die Zeit*, 7.4.2011, S. 37
6 Cordula Heckmann zitiert nach Dräger 2011, S. 102

7 Seneca 2009, S. 30
8 Morus 1981, S. 59
9 Erasmus zitiert nach Gail 1979, S. 121
10 Faltin und Faltin 2011, S. 41
11 Konrad 2007, S. 9f. Folgendes ebd., S. 11
12 Böhm 2007, S. 10, 14, 19
13 Zum Zusammenhang von Pädagogik und Philosophie, die Erdung Letzterer durch Erstere vgl. Dewey o.A. J., S. 25
14 Zur unsicheren Forschungslage vgl. Christes, Klein, Lüth 2006, S. 15 (Einleitung), Baumgarten: »Schule: Elementar- und Grammatikunterricht. Griechenland«, 2006, S. 96, 98, Bormann 2006, S. 101, Lüth 2006, S. 125, 131
15 Baumgarten: »Jugend. Griechenland« 2006, S. 59 – 71, und Ders.: »Schule: Elementar- und Grammatikunterricht. Griechenland« 2006, S. 91. Backe-Dahmen 2008, S. 58, 70f. Zur Elementarschule vgl. auch Christes 2000, S. 49 – 51
16 Christes, Klein, Lüth 2006, Einleitung S. 16
17 Konrad 2007, S. 14
18 Diese und folgende Informationen zur Knabenliebe, sofern nicht anders angegeben, Reinsberg 1993, S. 163 – 215
19 Lukian 1920, S. 83
20 Christes, Klein, Lüth 2006, Einleitung, S. 14, Böhm 2007, S. 25 – 27
21 Konrad 2007, S. 21, Ballauff 1969, S. 347
22 http://www.youtube.com/watch?v=NHTxP09Q_Ew&feature=related
23 Zum Einfluss von Sokrates vgl. Kant 1961, S. 63, Borek 2000, S. 57, Castiglione 1986, S. 201, Zeldin 1997, S. 50 – 52
24 Zu den Sophisten vgl. Christes, Klein, Lüth 2006, Einleitung, S. 12, Lüth 2006, S. 125 – 135, S. 132f.
25 Dies und Folgendes von Platon: *Laches*, in: Ders. 1994, S. 181 – 213
26 Glei 2006, S. 11
27 Martin Spiewak: »Ich bin superwichtig! Hattie-Studie«, *Die Zeit* (online), 14.1.2013
28 Diogenes Laertios 1998, S. 273. Folgendes ebd., S. 262, 264
29 Weeber 2001, S. 77, 85f.
30 Weeber 2001, S. 111. Folgendes ebd., S. 112
31 Diogenes Laertios 1998, S. 270, Weeber 2001, S. 97
32 Vgl. dazu Laqueur 2003
33 Kant 1961, S. 83f.
34 Dies und Folgendes Weeber 2001, S. 91, 96
35 Vgl. Platon: *Gorgias*, in: Ders. 1994, S. 337 – 452, S. 395, und *Apologie des Sokrates*, in: Ders. 1994, S. 11 – 43, S. 18f.
36 Platon: *Politeia* (*Der Staat*), in: Ders. 2000, S. 269. Folgendes ebd. S. 300, 431 – 434
37 Kamm 2000, S. 48, 59. Folgendes zum Epochenunterricht ebd., S. 60 – 63, 69, 72

38 Kamm 2000, S. 61 – 67, Folgendes ebd.
39 Scharff 2008, S. 269, 273
40 Kintzinger 2003, S. 9f. Folgendes zu Kathedralschulen sowie kostenfreiem Unterricht, sofern nicht anders angegeben, ebd., S. 12, 39, 103, 111
41 Konrad 2007, S. 28
42 Vgl. Schoelen 1965, S. 27f
43 Konrad 2007, S. 30. Folgendes zum Unterricht ebd., S. 30 – 32
44 Differenziert zur Scholastik Hailer 2011
45 Böhm 2007, S. 41f.
46 Zitiert nach Ballauff 1969, S. 461. Zu neoplatonischen Einflüssen auf Meister Eckarts Bildungsbegriff vgl. Borst 2011, S. 40
47 Lessing 1946, S. 11. Folgendes von Lessing ebd., S. 30, 39
48 Kempis 1956, S. 169
49 Zum Narren in der religiösen Tradition vgl. Leonhardt-Aumüller 1993, S. 13 – 25, 151f.
50 Brief zitiert nach Schoelen 1965, S. 58f.
51 Sokal und Bricmont 1999, S. 17 – 23. Besagter Aufsatz ist in diesem Buch abgedruckt auf S. 262 – 309
52 *Dunkelmännerbriefe* 1991, S. 74
53 Erasmus von Rotterdam 1979, S. 86 – 88
54 Erasmus von Rotterdam 1967, S. 157. Vgl. auch »Der Jüngling und die Hure«, ebd., S. 199 – 211. Zur Nachwirkung von *Vertraute Gespräche* bis ins 18. Jahrhundert vgl. Musolff 2003, S. 28
55 Erasmus zitiert nach Gail 1979, S. 121
56 Böhm 2007, S. 48
57 Castiglione 1986, S. 80 – 89, 249. Folgendes ebd., S. 144f. (Kleidung), 73f. (Kosmetik), 201 (Scherzen), 53 (Lässigkeit)
58 Aretino 1987, S. 279
59 Busch 1999, S. 93, Zitat nach Thiele-Dohrmann 2000, S. 108. Folgendes ebd., S. 20
60 Montaigne: »Von der Schulmeisterei«, in: Ders. 1985, S. 171 – 181, S. 176
61 Montaigne: »Über die Kindererziehung«, in: Ders. 1985, S. 181 – 214, S. 201
62 Zitiert nach Konrad 2007, S. 43. Folgendes zur Reformation und Schulentwicklung, sofern nicht anders angegeben, ebd., S. 43 – 47
63 Kuropka 2010, S. 68,Tenorth 2008, S. 72
64 Jung 2010, S. 7
65 Kuropka 2010, S. 56 – 69
66 Ballauff und Schaller 1969, S. 89. Folgendes über die Jesuiten, sofern nicht anders angegeben ebd., S. 89 – 98
67 Zitiert nach Knoop und Schwab 1994, S. 60
68 Laut Tenorth wird in Deutschland der Begriff der Pädagogik im 18. Jahrhundert überhaupt erst richtig gebräuchlich. Tenorth 2008, S. 16, 41
69 Dies und Folgendes Comenius 1960, S. 58, 38, 53 – 108. Zur historischen Einordnung vgl. Böhm 2007, S. 53f.

70 Roth, Gerhard 2011, S. 297
71 Sichtermann 2009, S. 11f.
72 Overhoff 2009, S. 216. Folgendes über Wollstonecraft, sofern nicht anders angegeben, ebd., S. 217 – 231
73 Wollstonecraft 1989, S. 53, 140
74 Zu historischen Enzyklopädien vgl. Blom 2005, S. 13f. Folgendes zum Kontext der Publikation, sofern nicht anders angeben, ebd., S. 9 – 26
75 Diderot 1969, S. 129, 171. Folgende Zitate aus der *Enzyklopädie* ebd., S. 122f., 141, 211 – 213
76 Zur Agnotologie vgl. Manuela Lanzen: »Alles, was man nicht wissen muss. Die Lehre vom Nichtwissen«, *Frankfurter Allgemeine Zeitung* (online), 9.6.2011
77 Diderot 1984, S. 367
78 Schiller 1989, S. 93, 31. Folgendes ebd. S. 44f., 53
79 Rousseau o.A.J., S. 6, 11. Folgendes aus *Emile* ebd., S. 11 (dumm geboren), 260 (Unabhängigkeit von der Meinung anderer), 88 (negative Erziehung)
80 Kant 1961, S. 45, Knoop und Schwab 1994, S. 72
81 Liedtke 2002, S. 64f.
82 Zur kritischen Bewertung vgl. Osterwalder 2003, S. 101 – 118, vor allem S. 102 – 104. Zur wohlwollenden Schilderung vgl. Liedtke 2002, S. 51 – 55
83 Zitiert nach Liedtke 2002, S. 63f.
84 Zu Einflüssen, Gemeinsamkeiten, Unterschieden zwischen Pestalozzi, Rousseau und Philanthropisten und zur Kritik Letzterer an Rousseau vgl. Overhoff 2004, S. 216
85 Borst 2011, S. 48
86 Overhoff 2003. Folgendes zu Basedow und den Philanthropisten, sofern nicht anders angegeben, aus diesem Artikel und aus Overhoff 2009, S. 165 – 186
87 Zum Einfluss und zur widersprüchlichen Bewertung von Lockes Pädagogik vgl. Böhm 2007, S. 59f., Rousseau o.A.J., S. 466. Allgemein zur Rezeption Lockes vgl. Rhyn 2003
88 Zu Franklin vgl. Overhoff 2009, S. 121 – 140
89 Zu Locke vgl. Overhoff 2009, S. 24 – 39
90 Rochow 1890, S. 23
91 Zitiert nach Schmitt 2003, S. 129
92 Tenorth 2008, S. 91, Fuhrmann 2001, S. 106 – 108. Folgendes ebd.
93 Zur Relativierung von Rutschky vgl. Gebhardt 2009, S. 67, 83, 171
94 Rutschky 1993, S. 391f.
95 Müller, Klaus-Detlef 1971, S. 362
96 Moritz 1971, S. 34, 109. Folgendes ebd., S. 138 (falsch gedeuteter Blick), 136 (Ansehen Schule, Lehrer, Priester), 316 (Uni als »Traum«)
97 Schlez 1890, S. 64
98 Ballauff und Schaller 1969, S. 388
99 Der Anteil der Analphabeten an der männlichen Bevölkerung Preußens liegt

bei rund zehn Prozent, an der weiblichen 16 Prozent; in Frankreich sind es 27 Prozent bzw. 34 Prozent. Tenorth 2008, S. 164. Zur Schulpflicht Tenorth 2008, S. 164. Zur Akzeptanz der Schulpflicht vgl. auch Osterhammel 2009, S. 1121f., Oelkers 2003, S. 10

100 Zum heiligen Ernst vgl. Hegel 1970, S. 328 (§ 175). Zum »langen Weg der Bildung« vgl. Hegel: *Phänomenologie des Geistes* 1980, S. 62. Zur Bildung als harter Arbeit bei Hegel und zu seinem Einfluss mit ebendieser Haltung auf das Bildungswesen vgl. Böhm 2007, S. 43, 89

101 Jamme 2011, S. 10 (Einleitung), Humboldt: »Antrag auf Errichtung der Universität Berlin«, Mai 1809, in: Ders. 1964, S. 29 – 35, S. 30

102 Humboldt: »Der Königsberger und der Litauische Schulplan«, in: Ders. 1964, S. 168 – 195, S. 169

103 Vgl. dazu u.a. Humboldts »Generalverwaltungsberichte der Sektion«, Mai und Juni 1809 zur Neuorganisation oder Abschaffung einer Ritterakademie, Ders.; »Über die königliche Bibliothek zu Berlin«, 10. Juni 1809, und Ders: »Über die Organisation des Medizinalwesens«, 18. Juni 1809, in: Ders. 1964, S. 42 – 48, S. 44, S. 53 – 55 und S. 56 – 63

104 Zitiert nach Konrad 2010, S. 41

105 Zitiert nach Kamm 2000, S. 65

106 Humboldt: »Der Königsberger und der Litauische Schulplan«, in: Ders. 1964, S. 168 – 195, S. 171

107 Humboldt: »Der Königsberger und der Litauische Schulplan«, in: Ders. 1964, S. 168 – 195, S. 188f.

108 Humboldt: »Der Königsberger und der Litauische Schulplan«, in: Ders.: 1964, S. 168 – 195, S. 175, Fuhrmann 2001, S. 185

109 Fuhrmann 2001, S. 147f., Konrad 2010, S. 55

110 Humboldt: »Der Königsberger und der Litauische Schulplan«, in: Ders. 1964, S. 168 – 195, S. 176f. Folgendes ebd., S. 172. Vgl. auch Fuhrmann 2002, S. 231, Konrad 2010, S. 54

111 Konrad 2010, S. 62f.

112 Humboldt: »Der Königsberger und der Litauische Schulplan«, in: Ders. 1964, S. 168 – 195, S. 191

113 Schelsky 1971, S. 245f.

114 Konrad 2010, S. 68f., 72

115 Weingart 2009, S. 252f. Zum Mythos Humboldt vgl. auch Hermann 2011, S. 171 – 192. Zur »Erfindung einer Tradition« vgl. Rohstock 2011, S. 117 – 123, S. 117, 120f.

116 Weingart 2009, S. 253, Fuhrmann 2001, S. 193

117 Vgl. Borst 2011, S. 87, Konrad 2010, S. 26. Zur politischen Vereinnahmung der alten Griechen vgl. auch Fuhrmann 2001, S. 166f. Berglar 1970, S. 89. Zur Frage, warum sich im Dritten Reich in den Reihen des humanistisch gebildeten Bürgertums kein besonderer auf Empathie, Toleranz, Gnade und Courage gegründeter Widerstand entwickelt hat, vgl. Maier 2006, S. 172 – 175. Zum Zusammenhang von Neuhumanismus und »nationaler

Hybris« in Deutschland Fuhrmann 2002, S. 35, 51. Zum verquasten Griechenbild vgl. auch Berglar 1970, S. 89
118 Konrad 2007, S. 65
119 Humboldt zitiert nach Ballauff und Schaller 1969, S. 512
120 Konrad 2007, S. 66
121 Zitiert nach Borgius 2009, S. 89
122 Zitiert nach Allmendinger 2009, S. 143
123 Platon: *Politeia* (*Der Staat*), in: Ders. 2000, S. 211 – 537, 267 – 271, 377f., 444
124 Allmendinger 2009, S. 143
125 Zitiert nach Klemm 2002, S. 24f.
126 Max Stirner in: Klemm 2002, S. 37
127 Dies und Folgendes zu und von Tolstoi aus: Klemm 2002, S. 42 – 44
128 Grunder 2003, S. 195
129 Johann Osel: »Trend gegen das Sitzenbleiben. Warum Ehrenrunden oft überflüssig sind«, *Süddeutsche Zeitung*, 23.7.2012
130 Zitiert nach Klemm 2002, S. 43
131 Key 1902, S. 109. Folgendes von Key ebd., S. 111
132 Für ein Lernen von den Pueblo-Indianern bzw. ihren Masken- und Schlangentänzen und Vergleichen mit antiken dionysischen Kulten vgl. Warburg 1988 (Orig. 1921), S. 44, 57
133 Vgl. dazu Roeder 2003, S. 231
134 John Albert Macy im Anhang von Keller 1955, S. 153
135 Zeldin 1997, S. 322
136 Keller 1955, S. 31f. Folgendes von und über Keller ebd. S. 108
137 Zitiert nach Heiland 2003, S. 55, 100
138 Waldschmidt 2010, S. 77, 91
139 Vgl. zu Itard und Séguin auch Heiland 2003, S. 32, 36 – 40
140 Knoop und Schwab 1994, S. 193
141 Knoop und Schwab 1994, S. 193
142 Dewey 1964, S. 112
143 Differenziert zu Deweys »Projekt-Problem-Situations-Methode« vgl. Knoll 2011, S. 160
144 Böhm 2003, S. 83
145 Heiland 2003, S. 79
146 Böhm 2003. S. 77. Zum Streit darüber, ob Montessori nur im Nachhinein zur »genialen Praktikerin« stilisiert worden sei, vgl. ebd., S. 75
147 Neill 1979, S. 131
148 Morris 1995, S. 31. Folgendes von Morris ebd., S. 31 – 33, 67
149 Heiland 2003, S. 79
150 Konrad 2007, S. 88
151 Zur kritischen Einschätzung vgl. McCulloch 2011, S. 34
152 Konrad 2007, S. 99, Vereinigung der Bayerischen Wirtschaft 2003, S. 48
153 Konrad 2007, S.106
154 Tenorth 2008, S. 287, Rohstock 2011, S. 17, Illich 1984, S. 48

155 Picht 1964, S. 16f.
156 http://www.oecd.org/germany/48668924.pdf
157 Tenorth 2008, S. 295. Folgende Angaben ebd.
158 Tenorth 2008, S. 296
159 Einleitung von Reese und Rury zu Dies. 2008, S. 1 – 13. Für eine moderate Forderung nach Chancengleichheit vgl. Dahrendorf 1968, S. 24f.
160 Dies und Folgendes Hayden 2004, S. 310 – 312, 318
161 http://www.freezone-mannheim.de/page.php?seite=Strassenschule_Info.html
162 Zitiert nach Gribble 2000, S. 13. Folgendes zu Summerhill, sofern nicht anders angegeben, ebd., S. 13 – 32
163 Zu Sudbury vgl. Gribble 2000, S. 82 – 92
164 Zitat – vom Autor aus dem Englischen übersetzt – nach http://www.summerhillschool.co.uk/pages/school_policies.html
165 Borgius 2009, S. 9. Historische Beispiele ebd., S. 15 – 89, Folgendes ebd. und S. 175, 214
166 Stern, Bertrand 2006, S. 32 – 37
167 Illich 1984, S. 24. Folgendes von Illich ebd., S. 29f., 81, 84f., 99 – 101, 45, 51, 57
168 Khan 2012
169 Thrun 2012
170 Hardy 1985, S. 167
171 Lloyd und Mitchinson 2008
172 Zur Schwemme an Publikationen und ihren Herausforderungen im 18. Jahrhundert vgl. Johnson 1970, S. 456 – 460
173 Adorno 1972, S. 93 – 121, S. 93, 108. Folgendes ebd. S. 113, 115, 104f. (Unbildung)
174 Für ein wiederum sehr polemisches Anknüpfen an Adorno mit Blick auf die heutige Situation vgl. Liessmann 2006
175 Dräger 2011, S. 30
176 Miller, Alice 1983, zu Hitler ebd., S. 169 – 231, Zitat S. 84
177 »Angeschossene Pakistanerin nach Großbritannien gebracht«, *Süddeutsche Zeitung*, 15.10.2012
178 Vgl. Dräger 2011, S. 72f., 80 – 82, 107
179 Faller 2010
180 Flynn 2008
181 Vgl. Defoe o.A.J., S. 257, 370. Folgendes Zitat ebd., S. 227
182 Vgl. Diamond 2012
183 Vgl. Max-Neef 2006, S. 75 – 85
184 Roy, Sanjit Bunker 2011
185 Nilanjana Bhowmick: «The women of India's Barefoot College bring light to remote villages«, *The Guardian* (online), 24.6.2011
186 Rede von Ali G alias Sacha Baron Cohen in Harvard 2004: http://www.youtube.com/watch?v=V9BqjhyeHrs (Teil1), http://www.youtube.com/watch?v=xAQAgY9Ux4M (Teil 2)

**Die letzten Helden**

1 Behringer 2012, S. 368
2 Zitiert nach Behringer 2012, S. 371
3 Zum alten Ägypten Guttmann 2004, S. 12f., Behringer 2012, S. 33f. Folgende Informationen über die Olympischen Spiele ebd., S. 27 – 32, zum »Athlet Gottes« und Mittelalter ebd., S. 72f., zu Turnieren und Fußballspielen ebd., S. 84 – 95.
4 Diese und folgende Informationen zum Heiligtum, sofern nicht anders angegeben, Behringer 2012, S. 29 – 32. Zu Opferritualen und entsprechenden Mythen vgl. auch Burkert 1996, S. 27 – 38
5 Ebert 1980, S. 9, 71, Leis 2003, S. 34
6 Guttmann 2004, S. 20f.
7 Auch folgendes Zitat nach Ebert 1980, S. 58
8 Behringer 2012, S. 56 – 59
9 Heinze 2012, S. 71
10 Behringer 2012, S. 70 – 72. Folgendes Zitat von Augustinus ebd., S. 72f.
11 Dies und Folgendes zu Turnieren, sofern nicht anders angegeben, Behringer 2012, S. 87 – 99
12 Guttmann 2004, S. 54f.
13 Guttmann 2004, S. 54
14 Guttmann 2004, S. 7 – 9
15 Elias und Dunning: »Volkstümliche Fußballspiele im mittelalterlichen und frühneuzeitlichen England«, in: Dies. o.a. J., S. 85 – 104, S. 91, Guttmann 2004, S. 64. Folgendes Elias und Dunning, ebd., S. 100
16 Roth, Jürgen 2011, S. 41
17 Coubertin 1959, S. 211f. Vgl. auch de Coubertins Aufsatz »Die moderne Ritterlichkeit«, in: Ders. 1966, S. 118f. Zum Aspekt der Olympischen Spiele bei de Coubertin als eine Art Heilmittel gegen seiner Meinung nach krankhafte Seiten der Moderne vgl. Alkemeyer 1996, S. 65 – 100
18 Zitiert nach Behringer 2012, S. 287
19 Leis 2003, S. 113,124f. Folgendes zu Brecht ebd., S. 136
20 Zitiert nach Mattos 1997, S. 30
21 Vgl. dazu zusammenfassend Behringer 2012, S. 18, 413f.
22 Zitiert nach Elias und Dunning: »Volkstümliche Fußballspiele im mittelalterlichen und frühneuzeitlichen England«, in: Dies. o.A.J., S. 85
23 Elias und Dunning: »Volkstümliche Fußballspiele im mittelalterlichen und frühneuzeitlichen England«, in: Dies. o.A.J., S. 90
24 Für eine aktuellere, kontroverse Sicht im Sinn von Elias vgl. Pinker 2011
25 Zitiert nach Elias und Dunning: »Volkstümliche Fußballspiele im mittelalterlichen und frühneuzeitlichen England«, in: Dies. o.a. J., S. 86
26 Bredekamp 2001, S. 7, 47
27 Dies und Folgendes Behringer 2012, S. 182 – 188
28 Behringer 2012, S. 188. Folgendes ebd., S. 195
29 Vgl. Preuss 2011

30 Zitiert nach Ebert 1980, S. 83
31 Elias: »Die Genese des Sports als soziologisches Problem«, in: Elias und Dunning o.A.J., S. 29
32 https://www.youtube.com/watch?v=Ra_hNbt2-Qc
33 Behringer 2012, S. 332
34 Behringer 2012, S. 250, Folgendes ebd.
35 Bohūs 1986, S. 99 – 102
36 Strutt 1968, z.B. S. 99 (Kapitel über Theater, Mysterienspiele), 148 (über Musiker, Jongleure), 309 (Kinderspiele)
37 Zitiert nach Bohūs 1986, S. 111. Folgendes zum Turnen ebd., S. 115 – 121, 130, 139, 146 – 154
38 Für diese und folgende Rebellion bis einschließlich Drogba vgl. Perez und Rof 2007
39 Zitiert nach Michael Gernandt: »Mehr als Schwarzweiß«, *Süddeutsche Zeitung*, 5./6.12.2009
40 Vgl. dazu Stradling 2012, S. 198 – 203, ZDF History 2010
41 Guttmann 2004, S. 300f. Zum Arbeitersport vgl. auch Leis 2003, S. 124 bis 128
42 Dies und Folgendes zum Kampf Stradling 2012, S. 22 – 31
43 Bröskamp 1994, S. 54
44 Zitiert nach Reybrouck 2012, S. 427. Zum Kampf in Zaire und zum Kontext ebd., S. 411 – 422, 426 – 429
45 Dazu und zu Südafrika vgl. Stradling 2012, S. 162 – 171
46 Stradling 2012, S. 32 – 39, Guttmann 2004, S. 297, Schiller und Young 2010, S. 16, Ewald Grothe: »Die Chinesen haben sich schon beschwert«, *Frankfurter Allgemeine Zeitung*, 14.5. 2008
47 Guttmann 2004, S. 298
48 Coubertin: »Die philosophischen Grundlagen des modernen Olympismus«, in: Ders. 1959, S. 217 – 223
49 *Akten der Reichskanzlei* 2002, S. 855
50 Seitz 2004, Schiller und Young 2010, S. 239
51 Schiller und Young 2010, S. 2. Folgendes zur Gastfreundschaft und Partizipation ebd., S. 231, 240
52 Roth, Jürgen 2011, S. 19. Vgl. Kistner 2012, S. 222 – 230
53 Leis 2003, S. 186
54 Vgl. Roth, Jürgen 2011, S. 9 (Einnahmen), S. 46f. (Verflechtungen zwischen belgischem Profifußball und chinesischen Triaden). Vgl. zur internationalen Wettmafia auch ein Interview mit dem Fifa-Sicherheitschef Chris Eaton von Michael Ashelm und Peter Heß: »›Wir befinden uns in einem Krieg‹«, *Frankfurter Allgemeine Sonntagszeitung*, 21.8.2011
55 Kistner 2012, S. 26 – 34, 53f.
56 Ebert 1980, S. 71
57 Im englischen Original spricht Guttmann vom »ordinary workman«, Ders. 2004, S. 23

58 Behringer 2012, S. 53. Folgendes ebd. und Folgendes zur Professionalisierung in der Neuzeit ebd., S. 198 – 201, 212 – 216, 230 – 236
59 Dies und Folgendes Eisenberg 2005, S. 157 – 159
60 Dies und Folgendes zu Thaksin Shinawatra Roth, Jürgen 2011, S. 42
61 Zum Budget David Kölker: »Bayern macht Ernst«, *Five* Nr. 77 (April 2011). S. 92 – 95, S. 92, 95
62 Zitiert nach Michael Wulzinger: »Sterben auf Raten«, *Spiegel* Nr. 1/ 31.12.2012. Zum grundsätzlichen Konflikt zwischen reichen Spitzenclubs und der Basis Oliver Fritsch: »Der Basketball sucht ein zweites Bayern München«, *Die Zeit* (online), 28.2.2013
63 Sara Peschke: »›In England haben die Fans das Feiern verlernt‹. FC United of Manchester«, *Spiegel online*, 11. 12. 2012
64 Eine Chronik des Dopings vom Anfang des 19. Jahrhunderts bis heute bei Stradling 2012, S. 289f.
65 Dräger 2011, S. 24
66 Zitiert nach Anne Herrberg: »Zu Gast bei Diktatoren«, *Deutschlandfunk* 20.6.2012, Skript auf der Homepage des Senders
67 Behringer 2012, S. 350
68 Bröskamp 1994, S. 55f. Tausende afrikanischer Fußballer fristen in den Banlieues von Paris in Wartestellung ihr Dasein oft am Rand der Legalität ohne große Hoffnung, einen Verein zu finden. Andreas Eckert: »Die in der vierten Liga sieht man nicht«, *Frankfurter Allgemeine Zeitung*, 10.6.2010
69 Bogues 1994, S. xix (Einleitung), 15f., 35f. Folgendes ebd., S. 42 – 44
70 http://www.nba.com/video/channels/nba_tv/2012/09/24/20120924-peace-bball.nba/index.html
71 Zitiert nach Ronald Reng: »Epoche des Lächelns«, *Süddeutsche Zeitung*, 16.4.2005
72 Waske 2006
73 Schiller 1989, S. 5 (Bezug auf Kant). Folgendes von Schiller ebd., S. 44f. (sinnlicher Trieb, Formtrieb), 53 (Spieltrieb, Entwicklung, Identität), 59 (spielend ganz Mensch), 116 (ästhetischer Staat)
74 Vgl. Wittgenstein 1984, S. 277 – 279, Arendt 1960, S. 116
75 Stern, David 2013
76 Zitiert nach Waske 2006
77 Vgl. die Ergebnisse der Wettkämpfe in den Kategorien Malerei, Bildhauerei, Zeichnungen und Aquarelle sowie Poesie im Rahmen der Olympischen Spiele von 1912 bis 1948, etwa Pierre de Coubertins: »Ode an den Sport«, in: Ders. 1966, S. 47f.
78 Liebling 2009, S. 42. Folgendes ebd., S 11
79 Zitiert nach Leis 2003, S. 147
80 Hitler 1974, S. 105
81 Schiller und Young 2010, S. 127
82 Dieses Zitat und folgendes zur Aktion nach Stradling 2012, S. 61 – 63
83 Kistner 2012, S. 40f.

84 Behringer 2012, S. 151

85 Vgl. Platon: *Gorgias*, in: Ders. 1994, S. 337 – 452, S. 442, Platon: *Protagoras*, in: Ders. 1994, S. 271 – 335, S. 294, Platon: *Politeia* (*Der Staat*), in: Ders. 2000, S. 211 – 537, S. 269, 300

86 Dies und Folgendes Scheller 2010, S. 12, 243, 199, 63. Zu entsprechenden Überlegungen schon in den siebziger Jahren, etwa in Vicki Goldbergs Essay *Bodybuilding: Is it an art, a sport or sheer exhibitionism?* vgl. ebd., S. 202

87 Leis 2001, S. 54

88 Zitiert nach Stradling 2012, S. 140f. Folgende Informationen ebd., S. 134 bis 140

89 Elias und Dunning: »Zur Dynamik von Sportgruppen. Unter besonderer Berücksichtigung von Fußballgruppen«, in: Dies. o. A.J., S. 105 – 122, S. 108f.

90 Zu Platon als Ringer Behringer 2012, S. 9

91 Rodman 1996, S. 102. Folgendes von Rodman ebd., S. 113, 111, 139f.

92 Choe Sang-Hun und David E. Sanger: «Way to reach Kim Jong-un? Follow the ball«, *The New York Times* (online), 1.3.2013

93 Vgl. zu Sócrates Perez und Rof 2007

94 Guttmann 2004, S. 107

95 «Samba stars to join Garforth Town«, Internetseite BBC Sport, 27.10.2004

96 Menotti 2006

97 Vgl. dazu Schulze-Marmeling 2012

98 Vgl. zum Beispiel Breuer und Sander 2003

99 http://www.youtube.com/watch?v=cSMbjuzhqiQ, http://www.youtube.com/watch?v=qE2eWlHEPwI

**Das Erfolgsgeheimnis der Pharaonen**

1 Mark Corrigan (alias David Mitchell, der Schauspieler, der in *Peep Show* Mark spielt, aber auch Historiker und Kolumnist der britischen Wochenzeitung *The Observer* ist) 2012

2 Diamond 2006, S. 648. Folgendes von Diamond ebd., S. 515 – 543

3 Vgl. Koselleck 2012, S. 5 – 16 und Meier 2012, S. 17 – 31

4 Dies und Folgendes Koselleck 2012, S. 5 – 9

5 Als Beispiel für eine neuartige systematische und empirisch gestützte Anprangerung sozialer Missstände vgl. Engels 1965

6 Für aktuellere Beispiele der Oral History vgl. Terkel 1989 und Ders. 1990

7 Mayhew 1996, S. 23. Folgendes ebd., S. 25, 52, 125 – 127

8 Vgl. Paul, Schoßig 1986, S. 12, 15, 21, 25. Zur Kritik an einer seiner Meinung nach »gefährlichen Tendenz« einer deutschen Variante der Geschichte von unten, der Alltagsgeschichte, »den westlichen Modernisierungsprozeß mit seiner historisch beispiellosen Verbesserung der Lebenschancen … zu einer düsteren Leidensgeschichte zu stilisieren«, wobei man das »Leben und Leiden der ›kleinen Leute‹ verklärt, aber nicht zu einem abgewogenen, distanzierten Urteil findet«, vgl. Wehler 1988, S. 15f.

9 Zinn 2007, S. 32f.

10 Zur Meinung, dass schon Herodot Oral History betrieben hätte, vgl. Koselleck 2012, S. 9. Zu einer der Oral History vergleichbaren Herangehensweise Herodots – der sich allerdings nicht so sehr für die schweigende Mehrheit oder Marginalisierte interessiert – vgl. Herodot 1991, S. 2f., 60. Zu Thukydides und zur Oral History vgl. Graml 1989, S. 539, 541

11 Zur antiken Vorstellung über eine Art natürlichen Kreislauf von Wachstum und Verfall über die Jahrhunderte und darüber, dass sich die Geschichte gewissermaßen wie ein Rad um die eigene Achse drehe, vgl. Arnold 2001, S. 29. Zur theoretischen Diskussion in der Antike über Vor- und Nachteile verschiedener Regierungssysteme der Vergangenheit vgl. Polybios 1983, S. 9 – 29, 54

12 Dies und Folgendes von Voltaire in: Stern, Osterhammel 2011, S. 79 – 90, S. 80 (Zitate)

13 Zur in der Geschichte verborgenen »Naturabsicht«, die trotz des Menschen »ungeselliger Geselligkeit« über Kriege und Revolutionen letztlich zu Staatsverfassungen und einem Völkerbund führen werde, vgl. Kant 1949 , S. 5 – 27. Zur differenzierten Betrachtung verschiedener Formen der Geschichtsschreibung und der Schwierigkeit, *direkt* aus der Geschichte zu lernen, vgl. Hegel: *Vorlesungen über die Philosophie der Geschichte*, 1980, S. 11 – 20.

14 Dies und Folgendes Schopenhauer 1977, darin das Kapitel 38 »Ueber Geschichte«, S. 516 – 525, S. 520f., 524f. Zur Kritik an der philosophischen Verbrämung und Mystifizierung der Monarchie bzw. des preußischen Staates bei Hegel vgl. Marx: »Kritik der Hegelschen Staatsphilosophie« (1841/42), in: Ders. 1971, S. 20 – 149

15 Nietzsche 1982, S. 19 – 26. Folgendes von Nietzsche ebd., S. 62, 74, 107, 94

16 Über den Sinn des Vergessens in der Geschichte zum Zweck der Versöhnung vgl. auch Meier 2010

17 Zur geräuschlosen Revolution und der Forderung, dass Historiker sie beachten sollten, vgl. Macaulay 2011, S. 129f. Als frühes Beispiel für eine umfassende historische Darstellung mit einem erklärtermaßen aufmerksamen Blick für das Leben des einfachen Volkes Green 1894

18 Zinn 2007, S. 662

19 Kropotkin 1989, S. 19, 105

20 Lessing 1983, S. 12f. Folgendes von Lessing ebd., S. 63, 187, 209

21 Zur Forderung, dass man sich, da die Geschichtsschreibung ohnehin immer verzerrt und subjektiv sei, auch gleich an selbstreflexiven literarischen und künstlerischen Werken orientieren könnte wie jenen von Proust, Becket, Joyce, Nabokov, Picasso, Bunuel oder Tarantino, vgl. Ermarth 2003, S. 105 – 120

22 Vgl. dazu etwa Popper 1979, S. 30, zur Kritik an Platon und Marx ebd., S. 59

23 Für eine diametral entgegengesetzte Position zu Fukuyama vgl. *Das neue Mittelalter* von Alain Minc, der Berater des ehemaligen französischen Staatspräsidenten Nicolas Sarkozy war, über den Verfall staatlicher Ordnung nach dem Ende des Kommunismus zugunsten von Mafia, Korruption und neuem

Aberglaube: »Seit Hegel haben wir geglaubt, dass der Staat das natürliche Endziel aller gesellschaftlichen Organisation ist. Irrtum!« Minc 1994, S. 71

24 Dies und Folgendes Meier 2006, S. 100, 99

25 Diamond 1999, S. 344

26 Morris 2011, S. 44f. Folgendes ebd., S. 558, 562, 567–582

27 Keynes 1923, S. 80

28 Hayden 2004

29 Jones 2011

30 Dies und Folgendes Assmann 1999, S. 14f., 52, 62f.

31 Neben dem berühmten U2-Song »Sunday Bloody Sunday« (1983) über ein Massaker, das britische Soldaten 1972 an Demonstranten in Nordirland verübten, fällt mir als große Ausnahme »The World Turned Upside Down« (1985) des britischen Songwriters Billy Bragg über die Diggers bzw. True Levellers ein: Mitte des 17. Jahrhunderts besetzten sie Land von Großgrundbesitzern und bewirtschafteten es in Kommunen, wurden bald aber gewaltsam vertrieben.

32 Zur indirekten Betonung einer historischen Bedeutung von Demonstrationen im Jahr 1968 durch das Singen des alten Arbeiterliedes »Auf, auf zum Kampf« von 1919 vgl. Bergmann, Wolfgang, Hensel, Kühne, Nyssen 1977, S. 151f.

33 Voltaire 1981, S. 190

34 Zur Vereinnahmung afrikanischer Intellektueller, des Tourismus und sogar des Jazz durch die Weißen vgl. Fanon 1976 , S. 118f., 185f. Zu psychischen und psychosomatischen Folgen des Kolonialismus ebd., ab S. 194

35 Vgl. Child 1957, S. 41

36 Die Ballade *A Gest of Robin Hood* hier zitiert aus der englischsprachigen Anthologie (vom Autor ins Deutsche übersetzt): Knight und Ohlgren 1997, Vers 283. Vgl. dazu auch Zwecker 2005

37 Carlyle 2011, S. 139

38 Dies und Folgendes Carlyle 1978, S. 1–6, 131, 139–144 (Mammonism), 146 (Moses)

39 Dies und Folgendes Roy »… dann ertrinken wir eben: Der Widerstand gegen das Narmada-Stauprojekt«, in: Dies. 2002, S. 23–101

40 Die Kritik, die tatsächlich dahingehend an Roy geübt wurde, dass sie zu stark vereinfache, polemisch und rhetorisch argumentiere und sich selbst in den Vordergrund spiele, hat sie mit sachlichen Argumenten, aber auch Ausführungen darüber gekontert, wie komplex der Begriff »sachlich« ist. Sie hat darauf hingewiesen, dass es ihr auch um weiterreichende Fragen zum Engagement und der emotionalen Beteiligung ging und sie deshalb einen mitunter drastischen oder literarischen Stil gewählt habe. Zur Kritik vgl. Ramachandra Gura: »The Arun Shourie of the left«, *The Hindu*, 26.11.2000 (online), und Ders.: »Perils of Extremism«, *The Hindu*, 17.12.2000 (online). Zur Verteidigung vgl. Arundhati Roy in einem lesenswerten Interview mit N. Ram: »Scimitars in the sun«, *Frontline*, Nr. 1, 6.1.2001 (online), zur Polemik insge-

samt vgl. Chittaroopa Palit: »The historian as gatekeeper«, *Frontline*, Nr. 26, 23.12.2000 (online)

41 Dies und Folgendes Roy: »Demokratie: Was ist das eigentlich?«, in: Dies. 2002, S. 305 – 342, 315, 329, Dies.: »Ahimsa (Gewaltfreier Widerstand)«, in: Dies. 2002, ebd., S. 355 – 364, Dies.: »Die Frauen und ihre Gefühle … Sollten wir es den Experten überlassen?«, in: Dies. 2002, S. 205 – 233, S. 233 (Exportartikel Widerstand), 207 (Indien gleichzeitig in mehreren Jahrhunderten)

# Literatur

Im Folgenden stehen Aufsätze und Bücher (und Filme) zusammen in alphabetischer Reihenfolge. Zeitungsartikel, die lediglich eine Detailinformation bzw. keine eigene These enthalten, sind nur in den Anmerkungen aufgeführt, nicht aber in diesem Literaturverzeichnis.

Adamek, Sascha und Kim Otto: *Schön reich – Steuern zahlen die anderen. Wie eine ungerechte Politik den Vermögenden das Leben versüßt*, München 2009

Adams, Charles: *For Good and Evil. The Impact of Taxes on the Course of Civilization*, London New York 1993

Adorno, Theodor W.: »Theorie der Halbbildung«, in: Ders.: *Soziologische Schriften I*, Frankfurt am Main, 1972, S. 93 – 121

Aeppli, Sebastian: *Das beschränkte Wahlrecht im Übergang von der Stände- zur Staatsbürgergesellschaft. Zielsetzungen des Zensuswahlrechts*, Zürich 1988

*Akten der Reichskanzlei. Regierung Hitler 1933 – 1945*, herausgegeben für die Historische Kommission bei der Bayerischen Akademie der Wissenschaften von Hans Günter Hockerts, für das Bundesarchiv von Hartmut Weber, Band III: 1936, bearbeitet von Friedrich Hartmannsgruber, München 2002

Ali G (alias Sacha Baron Cohen) Rede vor der Abschlussklasse in Harvard 2004: http://www.youtube.com/watch?v=V9BqjhyeHrs (Teil1), http://www.youtube.com/watch?v=xAQAgY9Ux4M (Teil 2)

Alighieri, Dante: *Das neue Leben Vita Nova*, Zürich 1987

Alkemeyer, Thomas: »Die Wiederbegründung der Olympischen Spiele als Fest einer Bürgerreligion«, in: Gunter Gebauer (Hg.): *Olympische Spiele – eine andere Utopie der Moderne. Olympia zwischen Kult und Droge*, Frankfurt am Main 1996, S. 65 – 100

Allmendinger, Jutta: »Bildung, soziale Herkunft und Chancen im Wissenschaftssystem«, in: Andreas Schlüter/ Peter Strohschneider (Hrsg.): *Bildung? Bildung!*, Bonn 2009, S. 143 – 153

Althaus, Dieter: »Soziale Sicherheit und wirtschaftliche Freiheit – die zwei Seiten einer Medaille«, in: Maik Hosang (Hg.): *Klimawandel und Grundeinkommen. Die nicht zufällige Gleichzeitigkeit beider Themen und ein sozialökologisches Experiment*, München 2008, S. 49 – 55

Arendt, Hannah: *Vita Activa oder Vom tätigen Leben*, Stuttgart 1960

Aretino, Pietro: *Die Gespräche des göttlichen Pietro Aretino*, Leipzig 1987

Ariès, Philippe und Georges Duby (Hg.): *Geschichte des privaten Lebens*. 1. Band:

*Vom Römischen Imperium zum Byzantinischen Reich*, Hg. dieses 1. Bandes Paul Veyne, Augsburg 1999
Ariès, Philippe und Georges Duby (Hg.): *Geschichte des privaten Lebens*. 4. Band: *Von der Revolution zum Großen Krieg* (Band herausgegeben von Michelle Perrot), Augsburg 1999
Aristoteles: *Nikomachische Ethik*, München 1991
Aristoteles: *Politik*, in: Ders.: *Hauptwerke*, Stuttgart 1977
Arnold, John H.: *Geschichte. Eine kurze Einführung*, Stuttgart 2001
Assmann, Aleida: *Erinnerungsräume. Formen und Wandlungen des kulturellen Gedächtnisses*, München 1999
Baatz, Dietwulf: »›Gebt dem Kaiser, was des Kaisers ist.‹ Steuern im Römerreich«, in: Uwe Schultz (Hg.): *Mit dem Zehnten fing es an. Eine Kulturgeschichte der Steuer*, München 1992, S. 38 – 50
Backe-Dahmen, Annika: *Die Welt der Kinder in der Antike*, Mainz 2008
Baez, Joan: *And a Voice to Sing With*, New York Scarborough 1988
Bakunin, Michael: »Die vollständige Ausbildung« (Auszug), in: Ulrich Klemm: *Anarchisten als Pädagogen. Profile libertärer Pädagogik*, Frankfurt am Main 2002, S. 55 – 58
Ballauff, Theodor: *Pädagogik. Eine Geschichte der Bildung und Erziehung*, Band I: *Von der Antike bis zum Humanismus*, Freiburg München 1969
Ballauff, Theodor und Klaus Schaller: *Pädagogik. Eine Geschichte der Bildung und Erziehung*, Band II: Vom 16. bis zum 19. Jahrhundert, Freiburg München 1969
Baumgarten, Roland: »Jugend. Griechenland«, in: Johannes Christes, Richard Klein, Christoph Lüth (Hg.): *Handbuch der Erziehung und Bildung in der Antike*, Darmstadt 2006, S. 59 – 71
Baumgarten, Roland: »Schule: Elementar- und Grammatikunterricht. Griechenland«, in: Johannes Christes, Richard Klein, Christoph Lüth (Hg.): *Handbuch der Erziehung und Bildung in der Antike*, Darmstadt 2006, S. 89 – 100
Beauvoir, Simone de: *Das andere Geschlecht – Eine Deutung der Frau*, Hamburg 1960
Beck, Hanno und Aloys Prinz: *Zahlungsbefehl. Von Mord-Steuern, Karussell-Geschäften und Millionärs-Oasen*, München 2010
Beck, Ulrich: »Die Seele der Demokratie: Bezahlte Bürgerarbeit«, in: Ulrich Beck (Hg.): *Die Zukunft von Arbeit und Demokratie*, Frankfurt am Main 2000, S. 416 – 447
Beck, Ulrich (Hg.): *Die Zukunft von Arbeit und Demokratie*, Frankfurt am Main 2000
Behringer, Wolfgang: *Kulturgeschichte des Sports. Vom antiken Olympia bis zur Gegenwart*, München 2012
Benjamin, Walter: *Aufklärung für Kinder – Rundfunkvorträge*, Frankfurt am Main 1985
Benjamin, Walter: »Kapitalismus als Religion«, in: Dirk Baecker (Hg.): *Kapitalismus als Religion*, Berlin 2004, S. 15 – 18
Berglar, Peter: *Wilhelm Humboldt*, Reinbek 1970

Bergmann, Frithjof: *Neue Arbeit, neue Kultur*, Freiamt im Schwarzwald 2004
Bergmann, Wolfgang, Horst Hensel, Peter Kühne, Elke Nyssen: *Arbeitersongbuch*, Frankfurt am Main 1977
Blickle, Peter: »›Der Stürn halb ist unser Beger, uns die zu ringren.‹ Die Bedeutung des Steuerwesens für den Bauernkrieg von 1525«, in: Uwe Schultz (Hg.): *Mit dem Zehnten fing es an. Eine Kulturgeschichte der Steuer*, München 1992, S. 143–152
Blom, Philipp: *Böse Philosophen. Ein Salon in Paris und das vergessene Erbe der Aufklärung*, München 2010
Blom, Philipp: *Das vernünftige Ungeheuer. Diderot, d'Alembert, de Jaucourt und die große Enzyklopädie*, Frankfurt am Main 2005
Boccaccio, Giovanni: *Das Dekameron*, München 1952
Böhm, Winfried: *Geschichte der Pädagogik. Von Platon bis zur Gegenwart*, München 2007
Böhm, Winfried: »Maria Montessori (1870–1952)«, in: Heinz-Elmar Tenorth (Hg.): *Klassiker der Pädagogik. Zweiter Band. Von John Dewey bis Paulo Freire*, München 2003, S. 74–88
Bogues, Tyrone »Muggsy« mit David Levine: *In the Land of Giants. My Life in Basketball*, Boston New York Toronto London 1994
Bohn, Robert: *Dänische Geschichte*, München 2001
Bohūs, Julius: *Sportgeschichte. Gesellschaft und Sport von Mykene bis heute*, München Wien Zürich 1986
Borek, Johanna: *Denis Diderot*, Reinbek 2000
Borgius, Walther: *Die Schule. Ein Frevel an der Jugend*, Leipzig 2009
Bormann, Diana: »Rom – Republik und Kaiserzeit«, in: Johannes Christes, Richard Klein, Christoph Lüth (Hg.); *Handbuch der Erziehung und Bildung in der Antike*, Darmstadt 2006, S. 101–110
Bornscheuer, Alexander: *Ratgeber Steueroasen*, München 1999
Bornstein, David: *Die Welt verändern – Social Entrepreneurs und die Kraft neuer Ideen*, Stuttgart 2005
Borst, Eva: *Theorie der Bildung. Eine Einführung*, Baltmannsweiler 2011
Bostridge, Mark: *Florence Nightingale. The Woman and Her Legend*, London 2008
Brakelmann, Günter: *Helmuth James von Moltke. 1907–1945. Eine Biografie*, München 2007
Bredekamp, Horst: *Florentiner Fußball: Die Renaissance der Spiele*, Berlin 2001
Bredow, Rafaela von: »Liebe lieber unvollkommen«, *Der Spiegel*, 23.12.2011
Breuer, Günter, und Iris Sander: *Die Genese von Trendsportarten – im Spannungsfeld von Sport, Raum und Sportstättenentwicklung*, Hamburg 2003
Bringmann, Klaus: »Steuern und Fremdherrschaft. Judäa zur Zeit Jesu«, in: Uwe Schultz (Hg.): *Mit dem Zehnten fing es an. Eine Kulturgeschichte der Steuer*, München 1992, S. 51–63
Bröskamp, Bernd: *Körperliche Fremdheit. Zum Problem der interkulturellen Begegnung im Sport*, Sankt Augustin 1994

Bude, Heinz: »Was kommt nach der Arbeitnehmergesellschaft?«, in: Ulrich Beck (Hg.): *Die Zukunft von Arbeit und Demokratie*, Frankfurt am Main 2000, S. 121–134

Burg, David F.: *A World History of Tax Rebellions. An Encyclopedia of Tax Rebels, Revolts, and Riots from Antiquity to the Present*, New York London 2004

Burger, Rudolf: *Im Namen der Geschichte. Vom Mißbrauch der historischen Vernunft*, Springe 2007

Burkert, Walter: »Das Opferritual in Olympia«, in: Gunter Gebauer (Hg.): *Olympische Spiele – eine andere Utopie der Moderne. Olympia zwischen Kult und Droge*, Frankfurt am Main 1996, S. 27–38

Busch, Werner: »Aretinos Evokation von Tizians Kunst«, *Zeitschrift für Kunstgeschichte* I 1999, München Berlin, S. 91–105

Buss, David: *Wo warst du? Vom richtigen und vom falschen Umgang mit der Eifersucht*, Kreuzlingen/München 2001

Butterfield, H.: *The Whig Interpretation of History*, London 1951

Carlyle, Thomas: *Past and Present*, London 1978

Carlyle, Thomas: »Was ist Geschichte?«, in: Fritz Stern, Jürgen Osterhammel (Hg.): *Moderne Historiker. Klassische Texte von Voltaire bis zur Gegenwart*, München 2011, S. 138–151

Castiglione, Baldesar: *Das Buch vom Hofmann*, München 1986

Chaucer, Geoffrey: *The Canterbury Tales/ Die Canterbury-Erzählungen*, Stuttgart 1996

Chaucer, Geoffrey: »The Legend of Cleopatra«, in: Ders.: *The Legend of Good Women*, Houston 1987, S. 82–86

Chen, Weijun: *Chinas Bildungsdschungel*, Dokumentarfilm, Frankreich/Republik China 2012

Child, Francis James (Hg.): *The English and Scottish Popular Ballads*, 5 Bd., New York 1957, Bd. III

Christensen, John, und Mark P. Hampton: »A Legislature for Hire: The Capture of the State in Jersey's Offshore Finance Centre«, in: Mark P. Hampton und Jason P. Abbott (Hg.): *Offshore Finance Centers and Tax Havens. The Rise of Global Capital*, West Lafayette (Indiana) 1999, S. 166–191

Christes, Johannes: *Jugend und Bildung im antiken Rom. Zu Grundlagen römischen Lebens*, Bamberg 2000

Christes, Johannes, Richard Klein, Christoph Lüth (Hg.): *Handbuch der Erziehung und Bildung in der Antike*, Darmstadt 2006

Cicero, Marcus Tullius: *Vom rechten Handeln (De officiis)*, Düsseldorf Zürich 2001

Cicero, Marcus Tullius: *Vom Redner / De oratore*, München 1962

Clark, Christopher: *Preußen. Aufstieg und Niedergang 1600 – 1947*, München 2008

Clauss, Manfred: *Kleopatra*, München 2010

Cole, Alison: *Renaissance von Mailand bis Neapel: Die Kunst an den Höfen Italiens*, Köln 1996

Comenius, Johann Amos: *Große Didaktik*, Düsseldorf und München 1960

Coontz, Stephanie: *In schlechten wie in guten Tagen. Die Ehe – eine Liebesgeschichte*, Bergisch Gladbach 2006
Corrigan, Mark (alias David Mitchell): »Business Secrets of the Pharaohs«, GQ (online, britische Ausgabe) 5.12.2012
Coubertin, Pierre de: *Der olympische Gedanke. Reden und Aufsätze*, Stuttgart 1966
Coubertin, Pierre de: *Olympische Erinnerungen*, Berlin 1959
Crabtree, Gerald: »Die Menschen werden immer dümmer«, Interview von Nina Weber, *Spiegel online*, 13.11.2012
Dahrendorf, Ralf: »Arbeit und Tätigkeit – Wandlungen der Arbeitsgesellschaft«, in: Heik Afeldt und Peter G. Rogge (Hg.): *Geht uns die Arbeit aus?* Stuttgart 1983, S. 23–35
Dahrendorf, Ralf: *Bildung ist Bürgerrecht. Plädoyer für eine aktive Bildungspolitik*, Hamburg 1968
Defoe, Daniel: *Robinson Crusoe*, Stuttgart o.A.J.
Demandt, Alexander: *Die Philosophie der Arbeit*, Trier 2004
Demandt, Alexander: *Philosophie der Geschichte. Von der Antike bis zur Gegenwart*, Köln Weimar Berlin 2011
Demandt, Alexander: *Ungeschehene Geschichte – Ein Traktat über die Frage: Was wäre geschehen, wenn…?*, Göttingen 2001
Desai, Ian: »Gandhi's Invisible Hands«, *The Wilson Quarterly*, Washington, DC, Autumn 2010 (online)
Dewey, John: *Demokratie und Erziehung. Eine Einleitung in die philosophische Pädagogik*, Braunschweig, Berlin, Hamburg, München, Kiel, Darmstadt 1964
Dewey, John: *Philosophy & Education in Their Historic Relations*, Boulder San Francisco Oxford o.A.J.
Diamond, Jared: *Arm und Reich. Die Schicksale menschlicher Gesellschaften*, Frankfurt am Main 1999
Diamond, Jared: *Das Vermächtnis. Was wir von traditionellen Gesellschaften lernen können*, Frankfurt am Main 2012
Diamond, Jared: *Kollaps. Warum Gesellschaften überleben oder untergehen*, Frankfurt am Main 2006
Diamond, Jared: *Warum macht Sex Spaß? Die Evolution der menschlichen Sexualität*, München 1997
Diderot, Denis: *Ästhetische Schriften I*, Berlin 1984
Diderot, Denis: *Enzyklopädie. Philosophische und politische Texte aus der ›Encyclopédie‹*, München 1969
Diogenes Laertios: *Leben und Lehre der Philosophen*, Stuttgart 1998
Dolch, Josef: *Lehrplan des Abendlandes. Zweieinhalb Jahrtausende seiner Geschichte*, Ratingen 1965
Donkin, Richard: *Blood, Sweat and Tears. The Evolution of Work*, New York London 2001
Donnachie, Ian: *Robert Owen – Owen of New Lanark and New Harmony*, East Linton (Schottland) 2000

Douglas, Coupland: *Generation X. Geschichten für eine immer schneller werdende Kultur*, München o.A.J.
Dowe, Christopher: *Matthias Erzberger. Ein Leben für die Demokratie*, Stuttgart 2011
Dräger, Jörg: *Dichter, Denker, Schulversager. Gute Schulen sind machbar – Wege aus der Bildungskrise*, München 2011
Dreyer, Boris: »Ausbildung und Beruf«, in: Johannes Christes, Richard Klein, Christoph Lüth (Hg.): *Handbuch der Erziehung und Bildung in der Antike*, Darmstadt 2006, S. 157 – 182
*Dunkelmännerbriefe*, Hg. von Karl Riha, Frankfurt am Main 1991
Durant, Will und Ariel: *Die Lehren der Geschichte*, Bern München 1969
Easton, Dossie, und Janet W. Hardy: *The Ethical Slut. A Practical Guide to Polyamory, Open Relationships & Other Adventures*, Berkeley 2009
Ebert, Joachim (Leiter einer Arbeitsgemeinschaft von Autoren): *Olympia. Mythos und Geschichte moderner Wettkämpfe*, Wien 1980
Eggebrecht, Arne: »Die frühen Hochkulturen: Das Alte Ägypten«, in: Helmuth Schneider (Hg.): *Geschichte der Arbeit. Vom alten Ägypten bis zur Gegenwart*, Köln 1983, S. 23 – 94
Ehrenreich, Barbara: *Arbeit poor. Unterwegs in der Dienstleistungsgesellschaft*, München 2001
Eisenberg, Christiane: »Fairplay«, Interview von Hans Heinrich Ziemann und Frank Otto, *Geo Epoche* Nr. 18 (Thema:) London, 2005, S. 157 – 159
Elias, Norbert: *Über den Prozeß der Zivilisation*, Erster Band, Frankfurt am Main 1995
Elias, Norbert, und Eric Dunning: *Sport im Zivilisationsprozeß. Studien zur Figurationssoziologie*, Münster o.a. J.
Eliot, George: *Middlemarch. Eine Studie über das Leben in der Provinz*, Stuttgart 1985
Engels, Friedrich: *Der Ursprung der Familie, des Privateigentums und des Staats*, Berlin 1990
Engels, Friedrich: *Die Lage der arbeitenden Klasse in England. Nach eigener Anschauung und authentischen Quellen*, Hannover 1965
Erasmus von Rotterdam: *Das Lob der Torheit*, Frankfurt am Main 1979
Erasmus von Rotterdam: *Colloquia Familiaria/ Vertraute Gespräche*, Darmstadt 1967
Ermarth, Elizabeth Deeds: »The Trouble With History«, in: Stefan Deines, Stephan Jaeger und Ansgar Nünning (Hg.): *Historisierte Subjekte – Subjektivierte Historie*, Berlin New York 2003, S. 105 – 120
Ester, Peter: *Die Amish-People. Überlebenskünstler in der modernen Gesellschaft*, Düsseldorf 2005
Exner, Andreas, Werner Rätz, Birgit Zenker (Hg.): *Grundeinkommen – Soziale Sicherheit ohne Arbeit*, Wien 2007
Faller, Heike: »Der Klassenkrampf«, *Die Zeit* online, 20.5.2010

Faltin, Inge, Daniel Faltin: *Schule versagt. Warum Bildung ein Glücksspiel ist und wie sich das ändern kann*, München 2011
Fanon, Frantz: *Die Verdammten dieser Erde*, Reinbek 1976
Faulstich, Werner: *Mediengeschichte von den Anfängen bis 1700*, Göttingen 2006
Findeisen, Jörg-Peter: *Dänemark. Von den Anfängen bis zur Gegenwart*, Regensburg 1999
Finkel, Michael: »Die Hadza«, *National Geographic* (Deutschland), Dezember 2009, S. 46 – 70
Fisher, Helen: *Warum wir lieben. Die Chemie der Leidenschaft*, Düsseldorf Zürich 2005
Flynn, James: »Abstieg in die Dummheit«, Interview von Max Rauner, *Die Zeit* online, 22.2.2008
Fourier, Charles: *Aus der neuen Liebeswelt. Über die Freiheit in der Liebe*, Berlin 1984
Fourier, Charles: »Die neue sozialistische Welt der Arbeit«, in: Joachim Höppner und Waltraud Seidel-Höppner: *Von Babeuf bis Blanqui. Französischer Sozialismus und Kommunismus vor Marx* (Band II Texte), Leipzig 1975, S. 179 – 208
Frank, Joachim: »Hinter starken Mauern«, Vorwort zu Kathrin Haller (Hg.): *Barmherzige Schwestern. 25 Nonnen über Liebe, Leid und Leben*, Hollenstedt 2011, S. 7 – 23
Freud, Sigmund: »Das Unbehagen in der Kultur«, in: Ders.: *Abriß der Psychoanalyse / Das Unbehagen in der Kultur*, Frankfurt am Main, 1992, S. 63 – 151
Friebe, Holm, und Sascha Lobo: *Wir nennen es Arbeit*, München 2006
Friedman, Milton: *Es gibt nichts umsonst. Warum in einer Volkswirtschaft jede Mark verdient werden muß*, München 1979
Friedman, Milton: *Kapitalismus und Freiheit*, Frankfurt am Main Berlin Wien 1984
Friedman, Milton, Anna Jacobson Schwartz: *A Monetary History of the United States 1867 – 1960*, Princeton 1963
Friedman, Milton und Rose: *Chancen, die ich meine. Ein persönliches Bekenntnis*, Berlin, Frankfurt am Main Wien 1980
Friedman, Milton und Rose: *Die Tyrannei des Status Quo*, München 1985
Fromm, Erich: »Psychologische Aspekte zur Frage eines garantierten Einkommens für alle«, in: Maik Hosang (Hg.): *Klimawandel und Grundeinkommen. Die nicht zufällige Gleichzeitigkeit beider Themen und ein sozialökologisches Experiment*, München 2008, S. 23 – 37
Frugoni, Chiara: *Das Mittelalter auf der Nase. Brillen, Bücher, Bankgeschäfte und andere Erfindungen des Mittelalters*, München 2003
Fuhrmann, Manfred: *Bildung. Europas kulturelle Identität*, Stuttgart 2002
Fuhrmann, Manfred: *Latein und Europa. Geschichte des gelehrten Unterrichts in Deutschland. Von Karl dem Großen bis Wilhelm II.*, Köln 2001
Gail, Anton J.: *Erasmus*, Reinbek 1979
Galbraith, John Kenneth: *Die Entmythologisierung der Wirtschaft. Grundvoraussetzungen ökonomischen Denkens*, Wien Darmstadt 1988

Galbraith, John Kenneth: *Die Ökologie des unschuldigen Betrugs. Vom Realitätsverlust der heutigen Wirtschaft*, München 2005

Gates, Bill: Rede vor der Abschlussklasse in Harvard 2007, http://www.youtube.com/watch?v=AP5VIhbJwFs (hier nur der erste Teil der Rede)

Gebhardt, Miriam: *Die Angst vor dem kindlichen Tyrannen*, München 2009

Gender-Killer, A. G. (Hg.): *Das gute Leben. Linke Perspektiven auf einen besseren Alltag*, Münster 2007

Gestrich, Andreas: »Neuzeit«, in: Andreas Gestrich, Jens-Uwe Krause und Michael Mitterauer: *Geschichte der Familie*, Stuttgart 2003, S. 364 – 652

Gestrich, Andreas, Jens-Uwe Krause und Michael Mitterauer: *Geschichte der Familie*, Stuttgart 2003

Giegold, Sven: *Steueroasen: trockenlegen!*, Hamburg 2003

Gizycki, Horst v.: »Von den Spielzeugmachern des Bruderhofs zum Kibbuz«, in: Hans-Jürgen Goertz (Hg.): *Alles gehört allen. Das Experiment Gütergemeinschaft vom 16. Jahrhundert bis heute*, München 1984, S. 208 – 232

Glei, Reinhard F.: »Am Anfang war die Zahl: Die Arithmetik als Basisdisziplin der mathematischen Künste«, in: Ders. (Hg.): *Die Sieben Freien Künste in Antike und Gegenwart*, Trier, 2006, S. 9 – 21

Goethe, Johann Wolfgang: *Die Wahlverwandtschaften*, in: Ders.: Werke in vier Bänden, Band III, Herrsching o.A.J., S. 313 – 491

Gore, Al: *Wege zum Gleichgewicht. Ein Marshallplan für die Erde*, Frankfurt am Main 1992

Gorz, André: *Arbeit zwischen Misere und Utopie*, Frankfurt am Main 2000

Graeber, David: *Fragments of an Anarchist Anthropology*, Chicago 2004

Graml, Hermann: »Einige Bemerkungen zur ›oral history‹«, in: Studs Terkel: *»Der gute Krieg«. Amerika im Zweiten Weltkrieg – Zeitzeugen sprechen*, München 1989, S. 537 – 546

Green, J. R. (John Richard): *A Short History of the English People*, Vol. 1, London 1894

Greenblatt, Stephen: *Die Wende. Wie die Renaissance begann*, München 2012

Gribble, David: *Schule im Aufbruch. Neue Wege des Lernens in der Praxis*, Freiamt 2000

Grunder, Hans-Ulrich: »Lev Nikolaevic Tolstoj (1828 – 1910)«, in: Heinz-Elmar Tenorth (Hg): *Klassiker der Pädagogik. Erster Band Von Erasmus bis Helene Lange*, München 2003, S. 188 – 199

Gura, Ramachandra: »The Arun Shourie of the left«, *The Hindu*, 26.11.2000 (online)

Gura, Ramachandra: »Perils of Extremism«, *The Hindu*, 17.12.2000 (online)

Guttmann, Allen: *Sports. The First Five Millennia*, Amherst und Boston 2004

Haag, Pamela: »Marriage Confidential: Pamela Haag On ›Semi-Happy‹ Marriages In The ›Post-Romantic‹ Era«, Interview mit Laura Stampler, *Huffington Post*, 4.6.2011

Haase, Lisbeth: *Katharina von Bora. Luthers Morgenstern zu Wittenberg*, Stuttgart 1999

Hailer, Martin: »Charakter und Organisation des Wissens in der frühen mittelalterlichen Universität. Eine wissenschaftsgeschichtliche Erinnerung aus aktuellem Anlass«, in: Christoph Jamme, Asta von Schröder (Hrsg.): *Einsamkeit und Freiheit. Zum Bildungsauftrag der Universität im 21. Jahrhundert*, München 2011, S. 41 – 68

Hampton, Mark: *The Offshore Interface. Tax havens in the Global Economy*, Houndsmill and London 1996

Hansen, Alvin H.: *Fiscal Policy and Business Cycles*, Westport 1977

Hansmann, Marc: *Vor dem dritten Staatsbankrott? Der deutsche Schuldenstaat in historischer und internationaler Perspektive*, München 2012

Hardy, Thomas: *Jude the Obscure*, London 1985

Hawkes, K., J.F. O'Connell, N.G. Blurton Jones: »Hardworking Hadza grandmothers«, in: V. Standen, R.A. Foley (Hg.): *Comparative Socioecology. The Behavioural Ecology of Humans And Other Mammals*, Oxford, London, Edinburgh, Boston, Melbourne 1989, S. 341 – 366

Hayden, Tom: *Street Wars. Gangs and the Future of Violence*, New York London 2004

Hegel, Georg Wilhelm Friedrich: *Grundlinien der Philosophie des Rechts*, Frankfurt am Main 1970

Hegel, Georg Wilhelm Friedrich: *Phänomenologie des Geistes*, Frankfurt am Main 1980

Hegel, Georg Wilhelm Friedrich: *Vorlesungen über die Philosophie der Geschichte*, Frankfurt am Main 1980

Heide, Holger: »Arbeitsgesellschaft und Arbeitssucht – Die Abschaffung der Muße und ihre Wiederaneignung«, in: Ders. (Hg.): *Massenphänomen Arbeitssucht – Historische Hintergründe und aktuelle Entwicklung einer neuen Volkskrankheit*, Bremen 2002, S. 19 – 54

Heiland, Helmut: *Maria Montessori*, Reinbek 2003

Heinze, Rolf G., Christoph Strünck: »Die Verzinsung des sozialen Kapitals – Freiwilliges Engagement im Strukturwandel«, in: Ulrich Beck (Hg.): *Die Zukunft von Arbeit und Demokratie*, Frankfurt am Main 2000, S. 171 – 216

Heinze, Timo: *Nachspielzeit. Eine unvollendete Fußballkarriere*, Reinbek 2012

Henningsen, Bernd: *Dänemark. Die Deutschen und ihre Nachbarn*, München 2009

Hermann, Ulrich: »Bildung durch Wissenschaft? ›Mythos Humboldt‹«, in: Christoph Jamme, Asta von Schröder (Hrsg.): *Einsamkeit und Freiheit. Zum Bildungsauftrag der Universität im 21. Jahrhundert*, München 2011, S. 171 – 192

Herodot: *Historien*, Buch I – V, München 1991

Hershatter, Gail: »Prostitution and the Market in Women in Early Twentieth-Century Shanghai«, in: Rubie S. Watson, Patricia Buckley Ebrey (Hg.): *Marriage and Inequality in Chinese Society*, Berkeley Oxford 1991, S. 256 – 285

Hesse, Geneviève: »Die Arbeit nach der Arbeit – Für eine emotionale Erweiterung des Arbeitsbegriffes«, in: Alexander Meschnig, Mathias Stuhr (Hg.): *Arbeit als Lebensstil*, Frankfurt am Main, 2003, S. 90 – 108

Hillenkamp, Sven: *Das Ende der Liebe. Gefühle im Zeitalter unendlicher Freiheit,* Stuttgart 2009

Hirschman, Albert: *Leidenschaften und Interessen. Politische Begründungen des Kapitalismus vor seinem Sieg,* Frankfurt am Main 1980

Hitler, Adolf: *Adolf Hitlers Mein Kampf.* Eine kommentierte Auswahl von Christian Zentner, München 1974

Hobsch, Manfred: *Paul Newman Hollywood Collection – Eine Hommage in Fotografien,* herausgegeben von Ward Calhoun, Texte und Fachberatung Manfred Hobsch, Berlin 2010

Holtfrerich, Carl-Ludwig: »Bewältigung der deutschen Staatsbankrotte 1918 und 1945«, in: Erhard Kantzenbach (Hrsg.): *Staatsüberschuldung,* Göttingen 1996, S. 27 – 57

Holtfrerich, Carl-Ludwig: »Rüstung, Reparation und Sozialstaat. Die Modernisierung des Steuersystems im Ersten Weltkrieg und in der großen Inflation«, in: Uwe Schultz (Hg.): *Mit dem Zehnten fing es an. Eine Kulturgeschichte der Steuer,* München 1992, S. 200 – 208

Horn, Christoph, und Christof Rapp: *Wörterbuch der antiken Philosophie,* München 2002

Hornby, Nick: *Fever Pitch,* London 1992

Horx, Matthias: *Wie wir leben werden. Unsere Zukunft beginnt jetzt,* Frankfurt am Main 2006

Hrouda, Barthel: *Mesopotamien. Die antiken Kulturen zwischen Euphrat und Tigris,* München 1997

Humboldt, Wilhelm von: *Schriften zur Politik und zum Bildungswesen,* Darmstadt 1964

Illich, Ivan: *Entschulung der Gesellschaft. Entwurf eines demokratischen Bildungssystems,* Reinbek 1984

Illouz, Eva: *Der Konsum der Romantik. Liebe und die kulturellen Widersprüche des Kapitalismus,* Frankfurt am Main 2007

Illouz, Eva: *Warum Liebe weh tut,* Frankfurt am Main 2011

Irsigler, Franz, und Arnold Lassotta: *Bettler und Gaukler, Dirnen und Henker,* Köln 1984

Jamme, Christoph, und Asta von Schröder (Hrsg.): *Einsamkeit und Freiheit. Zum Bildungsauftrag der Universität im 21. Jahrhundert,* München 2011

Jankrift, Kay Peter: *Henker, Huren, Handelsherren. Alltag in einer mittelalterlichen Stadt,* Stuttgart 2008

Jesus, Carolina Maria de: *Tagebuch der Armut. Aufzeichnungen einer brasilianischen Negerin,* Leipzig 1966

Jobs, Steve: Rede vor der Abschlussklasse in Stanford 2005, http://www.youtube.com/watch?v=UF8uR6Z6KLc

Johnson, Samuel: »The itch of writing universal« (Orig. in *The Adventurer,* 11.12.1753), in: *The Yale Edition of the Works of Samuel Johnson Vol II, The Idler and The Adventurer,* New Haven 1970, S. 456 – 460

Jones, Owen: *Chavs. The Demonization of the Working Class*, London New York 2011

Judt, Tony: *Das vergessene 20. Jahrhundert. Die Rückkehr des politischen Intellektuellen*, Frankfurt am Main 2011

Jung, Martin H.: *Philipp Melanchthon und seine Zeit*, Göttingen 2010

Kamm, Helmut (Hg.): *Epochenunterricht. Grundlagen – Modelle – Praxisberichte*, Bad Heilbrunn 2000

Kant, Immanuel: »Idee zu einer allgemeinen Geschichte in weltbürgerlicher Absicht«, in: Ders: *Drei Aufsätze*, Heidelberg 1949 , S. 5 – 27

Kant, Immanuel: *Über Pädagogik*, Bochum 1961

Kashner, Sam, und Nancy Schoenberger: *Furious Love. Elizabeth Taylor, Richard Burton and The Marriage of the Century*, New York 2010

Keller, Helen: *Geschichte meines Lebens. Das siegreiche Leben einer Frau ohne Augenlicht und Gehör*, Bern 1955

Kemp, Martin: *Leonardo*, München 2005

Kempis, Thomas a: *Nachfolge Christi*, Kempen 1956

Key, Ellen: *Das Jahrhundert des Kindes. Studien*, Berlin 1902

Keynes, John Maynard: *A Tract on Monetary Reform*, London 1923

Khan, Salman: »Mein Traum ist es, dass Bildung ein Menschenrecht wird«, Interview von Simone Kosog, *Süddeutsche Zeitung Magazin*, Heft 40/2012, 5.10.2012

Kintzinger, Martin: *Wissen wird Macht. Bildung im Mittelalter*, Ostfildern 2003

Kirsch, Hans-Christian: *William Morris – ein Mann gegen die Zeit. Leben und Werk*, München 1983

Kistner, Thomas: *Fifa Mafia. Die schmutzigen Geschäfte mit dem Weltfußball*, München 2012

Kleist, Heinrich von: *Penthesilea* (Studienausgabe), Stuttgart 2012

Klemm, Ulrich: *Anarchisten als Pädagogen. Profile libertärer Pädagogik*, Frankfurt am Main 2002

Knight, Stephen: *Robin Hood. A Complete Study of the English Outlaw*, Oxford Cambridge (Massachusetts) 1994

Knight, Stephen, und Thomas Ohlgren: *Robin Hood and Other Outlaw Tales*. Kalamazoo, Michigan 1997

Knoll, Michael: Dewey, *Kilpatrick und »progressive« Erziehung. Kritische Studien zur Projektpädagogik*, Kirchberg 2011

Knoop, Karl und Martin Schwab: *Einführung in die Geschichte der Pädagogik. Pädagogen-Porträts aus vier Jahrhunderten*, Wiesbaden 1994

Konrad, Franz-Michael: *Geschichte der Schule. Von der Antike bis zur Gegenwart*, München 2007

Konrad, Franz-Michael: *Wilhelm von Humboldt*, Bern Stuttgart Wien 2010

Koselleck, Reinhart: »Arbeit am Besiegten«, in: *Zeitschrift für Ideengeschichte*, Thema: Der Besiegte, Heft VI / 1 Frühjahr 2012, S. 5 – 16

Koselleck, Reinhart: *Vom Sinn und Unsinn der Geschichte. Aufsätze und Vorträge aus vier Jahrzehnten*, Berlin 2010

Koselleck, Reinhart: *Vergangene Zukunft. Zur Semantik geschichtlicher Zeiten*, Frankfurt am Main 1989

Krause, Jens-Uwe: »Antike«, in: Andreas Gestrich, Jens-Uwe Krause, Michael Mitterauer: *Geschichte der Familie*, Stuttgart 2003, S. 21 – 159

Krogmann, Angelica: *Simone Weil*, Reinbek 1970

Kropotkin, Peter: *Die Eroberung des Brotes*, Bern Grafenau 1989

Kropotkin, Peter: *Gegenseitige Hilfe*, Grafenau 1989

Kropotkin, Peter: *Landwirtschaft, Industrie und Handwerk oder Die Vereinigung von Industrie und Landwirtschaft, von geistiger und körperlicher Arbeit*, Berlin 1976

Krugman, Paul: *Nach Bush. Das Ende der Neokonservativen und die Stunde der Demokraten*, Frankfurt New York 2008

Krugman, Paul: »Nobelpreisträger Paul Krugman – Wie der Euro gerettet werden kann«, *Spiegel online*, 23.4.2012

Krumeich, Christa: »Spätantike«, in: Johannes Christes, Richard Klein, Christoph Lüth (Hg.): *Handbuch der Erziehung und Bildung in der Antike*, Darmstadt 2006, S. 111 – 123

Krznaric, Roman: *The Wonderbox. Curious Histories of How to Live*, London 2011, Kindle-Ausgabe

Kuropka, Nicole: *Philipp Melanchthon*, Tübingen 2010

Kurz, Robert: »Die Diktatur der abstrakten Zeit. Arbeit als Verhaltensstörung der Moderne«, in: Ders. (und andere Hg.): *Feierabend! Elf Attacken gegen die Arbeit*, Hamburg 1999, S. 9 – 40

Kurz, Robert: *Schwarzbuch des Kapitalismus. Ein Abgesang auf die Marktwirtschaft*, Frankfurt am Main 1999

Lafargue, Paul: *Das Recht auf Faulheit*, Frankfurt 2010

Lafargue, Paul: *Geschlechterverhältnisse*, Berlin 1995

Lamb, Charles: »Klage eines Junggesellen über das Benehmen von Eheleuten«, in: Ders.: *Ausgewählte Essays*, Würzburg 1987, S. 66 – 75

Landes, David: *Wohlstand und Armut der Nationen. Warum die einen reich und die anderen arm sind*, München 2009

Laqueur, Thomas W.: *Solitary Sex. A Cultural History of Masturbation*, New York 2003

Layard, Richard: *Die glückliche Gesellschaft – Kurswechsel für Politik und Wirtschaft*, Frankfurt New York 2005

Lee, John Alan: *Colours of Love. An Exploration of the Ways of Loving*, Toronto 1973

Lee, John Alan: »Ideologies of Lovestyle and Sexstyle«, in: Victor C. de Munck: *Romantic Love and Sexual Behavior. Perspectives from the Social Sciences*, Westport , Connecticut, London 1998, S. 33 – 76

Leis, Mario: *Mediale Differenzen – Sport versus Liebe*, Siegen 2001

Leis, Mario: *Sport. Eine kleine Geschichte*, Leipzig 2003

Leonhardt-Aumüller, Jacqueline: *»Narren um Christi willen«. Eine Studie zu Tradition und Typologie des »Narren in Christo« und dessen Ausprägung bei Gerhart Hauptmann*, München 1993

Lessing, Gotthold Ephraim: *Die Erziehung des Menschengeschlechts*, in: Kurt Rossmann (Hg.): *Geschichtsphilosophische Dokumente*, Heidelberg 1946, S. 9 – 42
Lessing, Theodor: *Geschichte als Sinngebung des Sinnlosen*, München 1983
Levine, Robert: *Eine Landkarte der Zeit. Wie Kulturen mit Zeit umgehen*, München 1998
Lewis, Mervyn K.: »International Banking and Offshore Finance: London and the Major Centres«, in: Mark P. Hampton und Jason P. Abbott (Hg.): *Offshore Finance Centers and Tax Havens. The Rise of Global Capital*, West Lafayette (Indiana) 1999, S. 80 – 116
Liebling, A.J.: *Die artige Kunst. Joe Louis, Rocky Marciano und die klassische Ära des amerikanischen Boxkampfs*, Berlin 2009
Liedtke, Max: *Johann Heinrich Pestalozzi*, Reinbek 2002
Liessmann, Konrad Paul: *Theorie der Unbildung. Die Irrtümer der Wissensgesellschaft*, Wien 2006
Lindholm, Charles: »The Future of Love«, in: Victor C. de Munck: *Romantic Love and Sexual Behavior. Perspectives from the Social Sciences*, Westport, Connecticut, London 1998, S. 17 – 32
Lipp, Carola: »Sexualität und Heirat«, in: Wolfgang Ruppert (Hg.): *Die Arbeiter. Lebensformen, Alltag und Kultur von der Frühindustrialisierung bis zum »Wirtschaftswunder«*, München 1986, S. 186 – 197
Lloyd, John, John Mitchinson: *Scheinbildung. Was an unserem Wissen alles falsch ist*, München 2008
Lobato, Philipp Ramos: »Ein Bergarbeiter im Gespräch mit Philipp Ramos Lobato«, in: Franz Schultheis u.a. (Hg.): *Ein halbes Leben. Biografische Zeugnisse aus einer Arbeitswelt im Umbruch*, Konstanz 2010, S. 90
Löpfe, Philipp, Werner Vontobel: *Arbeitswut. Warum es sich nicht lohnt, sich abzuhetzen und gegenseitig die Jobs abzujagen*, Frankfurt am Main 2008
Lüth, Christoph: »Studium. Griechenland«, in: Johannes Christes, Richard Klein, Christoph Lüth (Hg.): *Handbuch der Erziehung und Bildung in der Antike*, Darmstadt 2006, S. 125 – 135
Luhmann, Niklas: *Liebe als Passion. Zur Codierung von Intimität*, Frankfurt am Main 1996
Luther, Martin: *An den christlichen Adel deutscher Nation*, München o.J.
Luther, Martin: »Vom ehelichen Leben« in: Ders: *Ausgewählte Schriften*, Dritter Band, Frankfurt am Main 1983, S. 166 – 199
Luthardt, Ernst-Otto: *Das kleine Buch vom Minnesang*, Würzburg o.A. J
Lukian: *Erotes. Ein Gespräch über die Liebe*, München 1920
Macaulay, Thomas Babington: »Geschichte«, in: Fritz Stern, Jürgen Osterhammel (Hg.): *Moderne Historiker. Klassische Texte von Voltaire bis zur Gegenwart*, München 2011, S. 114 – 135
Maier, Friedrich: »Humanistische Bildung und Werteerziehung«, in: *Forum Classicum, Zeitschrift für die Fächer Latein und Griechisch an Schulen und Universitäten* 3/2006 (online), S. 172 – 175

Manthey, Helga: »Menschliche Organisationen und verorganisierte Menschen – Zur Emotionalisierung von Arbeitsbeziehungen«, in: Alexander Meschnig, Mathias Stuhr (Hg.): *Arbeit als Lebensstil*, Frankfurt am Main, 2003, S. 109–132

Martin, Hans-Peter, Harald Schumann: *Die Globalisierungsfalle. Der Angriff auf Demokratie und Wohlstand*, Reinbek 1998

Martanges, Elke Pahud de: *Unheilige Paare? Liebesgeschichten, die keine sein durften*, München 2011

Martin, Gottfried: *Sokrates*, Reinbek 2009

Marx, Karl: *Das Kapital*, Stuttgart 1957

Marx, Karl: *Die Frühschriften*, Stuttgart 1971

Mathieu, Christine: Nachwort zu Yang Erche Namu, Christine Mathieu: *Das Land der Töchter. Eine Kindheit bei den Moso, wo die Welt den Frauen gehört*, München 2003, S. 260–282

Mattos, Cláudia: *Cem anos de paixão. Uma mitologia carioca no futebol*, Rio de Janeiro 1997

Mauss, Marcel: »Die Gabe. Form und Funktion des Austausches in archaischen Gesellschaften«, in: Ders.: *Soziologie und Anthropologie Band II*, Frankfurt am Main Berlin Wien 1978, S. 9–144

Max-Neef, Manfred: »›Wir müssen wie Moskitos sein!‹« Gespräch von Geseko von Lüpke (und kurze Einführung zur Person), in: Geseko von Lüpke, Peter Erlenwein: *Projekte der Hoffnung. Der Alternative Nobelpreis: Ausblicke auf eine andere Globalisierung*, München 2006, S. 75–85

Mayhew, Henry: *Die Armen von London*, Frankfurt am Main 1996

McCulloch, Gary: *The Struggle for the History of Education*, London New York 2011

McNeill, J.R., und William H. McNeill: *The Human Web. A Bird's-Eye View of World History*, New York London 2003

Meck, Georg: *Das Geld kriegen immer die anderen. Wofür arbeiten wir eigentlich? Eine Abrechnung*, Frankfurt am Main 2007

Meier, Christian: *Das Gebot zu vergessen und die Unabweisbarkeit des Erinnerns. Vom öffentlichen Umgang mit schlimmer Vergangenheit*, München 2010

Meier, Christian: *Kultur, um der Freiheit willen. Griechische Anfänge – Anfänge Europas?* München 2009

Meier, Christian: »Vom Nutzen der Niederlage für den Historiker«. Ein Gespräch mit Christian Meier von Stefan Schlak, in: *Zeitschrift für Ideengeschichte*, Thema: Der Besiegte, Heft VI / 1 Frühjahr 2012, S. 17–31.

Meier, Christian: *Von Athen bis Auschwitz. Betrachtungen zur Lage der Geschichte*, München 2006

Meier, Christian: »Wie die Athener ihr Gemeinwesen finanzierten. Die Anfänge der Steuerpolitik in der griechischen Antike«, in: Uwe Schultz (Hg.): *Mit dem Zehnten fing es an. Eine Kulturgeschichte der Steuer*, München 1992, S. 25–37

Mende, Michael: »›Männer des Feuers und der eisernen Kraft‹, Die Arbeit des

Schmieds: Urbild der Männerarbeit«, in: Wolfgang Ruppert (Hg.) *Die Arbeiter – Lebensformen, Alltag und Kultur von der Frühindustrialisierung bis zum »Wirtschaftswunder«*, München 1986, S. 224 – 236

Menotti, César Luis: »Nicht das Geld macht den Fußball kaputt«, Interview von Martin Arn, *kicker* (online), 13.6.2006

Méritt, Laura, Traude Bührmann & Nadja Boris Schefzig (Hg): *Mehr als eine Liebe. Polyamouröse Beziehungen*, Berlin 2005

Merten, Hans-Lothar: *Steueroasen – Ausgabe 2012*, Regensburg 2011

Miller, Alice: *Am Anfang war Erziehung*, Frankfurt am Main 1983

Miller, John J.: »Rockin' The Right. The 50 greatest conservative rock songs«, *The National Review* (online), 26.5.2006

Mills, Magnus: *The Scheme for Full Employment*, London 2004

Mills, Magnus: »Why my career is back on route«, *The Times*, 11.3.2006

Minc, Alain: *Das neue Mittelalter*, Hamburg 1994

Mitterauer, Michael: »Mittelalter«, in: Andreas Gestrich, Jens-Uwe Krause, Michael Mitterauer: *Geschichte der Familie*, Stuttgart 2003, S. 160 – 363

Möhring, Hannes: »Geld zum Kampf gegen Ungläubige. Die Finanzierung der Kreuzzüge und die Besteuerung des Klerus«, in: Uwe Schultz (Hg.): *Mit dem Zehnten fing es an. Eine Kulturgeschichte der Steuer*, München 1992, S. 87 – 99

Montaigne, Michel de: *Essais*, Zürich 1985

Montreynaud, Florence: *Love. Ein Jahrhundert der Liebe und Leidenschaft*, Köln 1998

Moorhouse, H.F.: »The ›work‹ ethic and ›leisure‹ activity: the hot rod in postwar America«, in: Patrick Joyce (Hg.): *The Historical Meaning of Work*, Cambridge 1987, S. 237 – 257

Moraw, Peter: »Der ›Gemeine Pfennig‹. Neue Steuern und die Einheit des Reiches im 15. und 16. Jahrhundert«, in: Uwe Schultz (Hg.): *Mit dem Zehnten fing es an. Eine Kulturgeschichte der Steuer*, München 1992, S. 130 – 142

Moritz, Karl Philipp: Anton *Reiser. Ein psychologischer Roman*, München 1971

Morris, Ian: *Wer regiert die Welt? Warum Zivilisationen herrschen oder beherrscht werden*, Frankfurt New York 2011

Morris, William: *News from Nowhere*, Cambridge 1995

Morus, Thomas: *Utopia*, Basel 1981

Müller, Klaus-Detlef: »Der psychologische Roman als Zeitroman«, Nachwort zu Karl Philipp Moritz: Anton *Reiser. Ein psychologischer Roman*, München 1971, S. 359 – 382

Müller, Achatz von: »Der Feudalismus: Land und Stadt in Mitteleuropa«, in: Helmuth Schneider (Hg.): *Geschichte der Arbeit. Vom alten Ägypten bis zur Gegenwart*, Köln 1983, S. 155 – 192

Müller, Achatz von: »Zwischen Verschuldung und Steuerrebellion. Die mittelalterliche Stadt an den Beispielen Florenz und Köln«, in: Uwe Schultz (Hg.): *Mit dem Zehnten fing es an. Eine Kulturgeschichte der Steuer*, München 1992, S. 100 – 113

Murphy, Detlef, Frauke Rubart, Ferdinand Müller, Joachim Raschke: *Protest – Grüne, Bunte und Steuerrebellen. Ursachen und Perspektiven*, Reinbek 1979

Musolff, Hans-Ulrich: »Pädagogik in Renaissance und Reformation«, in: Heinz-Elmar Tenorth (Hg): *Klassiker der Pädagogik.* Erster Band Von Erasmus bis Helene Lange, München 2003, S. 21 – 44

Namu, Yang Erche, Christine Mathieu: *Das Land der Töchter. Eine Kindheit bei den Moso, wo die Welt den Frauen gehört*, München 2003

Naumann, Ursula: Nachwort zu Friedrich Schlegel: *Lucinde*, München 1984, S. 162 – 184

Necker, Mme (Suzanne): *Réflexions sur le divorce*, Paris 1802

Neill, A.S: *Das Prinzip Summerhill: Fragen und Antworten*, Reinbek 1979

Neumark, Fritz: »Der Aufstieg der Einkommensteuer. Entstehung und Entwicklung der direkten Besteuerung«, in: Uwe Schultz (Hg.): *Mit dem Zehnten fing es an. Eine Kulturgeschichte der Steuer*, München 1992, S. 232 – 244

Niermann, Ingo: *Minusvisionen. Unternehmer ohne Geld*, Frankfurt am Main 2003

Nietzsche, Friedrich: *Die Fröhliche Wissenschaft*, München 1999

Nietzsche, Friedrich: *Vom Nutzen und Nachteil der Historie für das Leben*, Stuttgart 1982

Notz, Gisela: *Theorien alternativen Wirtschaftens. Fenster in eine andere Welt*, Stuttgart 2011

Oakeshott, Robert: *The Case for Workers' Co-ops*, London 1978

Ocko, Jonathan K.: »Women, Property, and Law in the People's Republic of China«, in: Rubie S. Watson, Patricia Buckley Ebrey (Hg.): *Marriage and Inequality in Chinese Society*, Berkeley Oxford 1991, S. 313 – 346

Oelkers, Jürgen: »Krise der Moderne und Reformer der Erziehung«, in: Heinz-Elmar Tenorth (Hg.): *Klassiker der Pädagogik. Zweiter Band. Von John Dewey bis Paulo Freire*, München 2003, S. 7 – 31

Offer, Avner: *The Challenge of Affluence – Self-Control and Well-Being in the United States and Britain since 1950*, Oxford New York 2006

O'Neill, Nena und George: *Die offene Ehe. Konzept für einen neuen Typus der Monogamie*, Reinbek 1975

Oppolzer, Alfred: »Die Industriegesellschaft der Gegenwart: Die BRD als Beispiel einer kapitalistischen Gesellschaft«, in: Helmuth Schneider (Hg.): *Geschichte der Arbeit. Vom alten Ägypten bis zur Gegenwart*, Köln 1983, S. 303 – 352

Orth, Elsbet: »Vom Königsschatz und Kataster. Die Entwicklung der Steuer im fränkischen Reich«, in: Uwe Schultz (Hg.): *Mit dem Zehnten fing es an. Eine Kulturgeschichte der Steuer*, München 1992, S. 74 – 86

Osterhammel, Jürgen: *Die Verwandlung der Welt. Eine Geschichte des 19. Jahrhunderts*, München 2009

Osterwalder, Fritz: »Johann Heinrich Pestalozzi«, in: Heinz-Elmar Tenorth (Hg.): *Klassiker der Pädagogik.* Erster Band Von Erasmus bis Helene Lange, München 2003, S. 101 – 118

Overhoff, Jürgen: »… aber mit Lust!«, *Die Zeit*, 10.4.2003
Overhoff, Jürgen: *Die Frühgeschichte des Philanthropismus* (1715 – 1771), Tübingen 2004
Overhoff, Jürgen: *Vom Glück, lernen zu dürfen. Für eine zweckfreie Bildung*, Stuttgart 2009
Palan, Ronen: »Offshore and the Structural Enablement of Sovereignty«, in: Mark P. Hampton und Jason P. Abbott (Hg.): *Offshore Finance Centers and Tax Havens. The Rise of Global Capital*, West Lafayette (Indiana) 1999, S. 18 – 42
Palit, Chittaroopa: »The historian as gatekeeper«, *Frontline*, Nr. 26, 23.12.2000 (online)
Parker-Pope, Tara: *In guten wie in schlechten Tagen. Die Ehe – Eine Wissenschaft*, Reinbek 2011
Paul, Gerhard, Bernhard Schoßig (Hg.): *Die andere Geschichte. Geschichte von unten – Spurensicherung – Ökologische Geschichte – Geschichtswerkstätten*, Köln 1986
Paulinyi, Akos: »Die Entstehung des Fabriksystems in Großbritannien«, in: Helmuth Schneider (Hg.): *Geschichte der Arbeit. Vom alten Ägypten bis zur Gegenwart*, Köln 1983, S. 193 – 242
Pausch, Alfons: »Der Zoll im Entwicklungsprozeß einer Weltmacht. Betrachtungen zum 200-jährigen Bestehen der USA«, *Zeitschrift für Zölle und Verbrauchsteuern*, Januar 1976, S. 202 – 207
Pausch, Alfons: »Dichter im Zollamt«, *Zeitschrift für Zölle und Verbrauchsteuern*, Juni 1975, S. 167 – 174
Pausch, Alfons: *Steuerkuriosa seit Menschengedenken*, Köln 1973
Pausch, Alfons: *Steuerromantik. Rund um Bettina von Arnims Hundesteuerprozeß*, Köln 1978
Pausch, Alfons und Jutta: *Kleine Weltgeschichte der Steuerobrigkeit. Steuerherren – Steuerverwalter – Steuerpolitiker*, Köln 1989
Pausch, Alfons und Jutta: *Kleine Weltgeschichte der Steuerzahler. Steueruntertanen – Steuerrebellen – Steuerbürger*, Köln 1988
Pepys, Samuel: *Tagebuch – aus dem London des 17. Jahrhunderts*, Stuttgart 1980
Perez, Gilles, und Gilles Rof: *Rebellen am Ball*, Dokumentarfilm Frankreich 2007
Picciotto, Sol: »Offshore: The State as Legal Fiction«, in: Mark P. Hampton und Jason P. Abbott (Hg.): *Offshore Finance Centers and Tax Havens. The Rise of Global Capital*, West Lafayette (Indiana) 1999, S. 43 – 79
Picht, Georg: *Die deutsche Bildungskatastrophe. Analyse und Dokumentation*, Olten und Freiburg im Breisgau 1964
Pieper, Josef: *Über die Liebe*, München 1977
Pieper, Marianne, und Robin Bauer: »Polyamory & Mono-Normativität. Ergebnisse einer empirischen Studie über nicht-monogame Lebensformen«, in: Laura Méritt, Traude Bührmann & Nadja Boris Schefzig (Hg): *Mehr als eine Liebe. Polyamouröse Beziehungen*, Berlin 2005, S. 59 – 69
Pigou, A. C.: *The Economics of Welfare*, London 1924

Pinker, Steven: *Gewalt. Eine neue Geschichte der Menschheit*, Frankfurt am Main 2011
Platon: *Sämtliche Werke* Band 1, Reinbek 1994
Platon: *Sämtliche Werke* Band 2, Reinbek 2000
*Pocket World in Figures 2010 Edition*, The Economist and Profile Books, London 2009
Pogge, Thomas: *World Poverty and Human Rights. Cosmopolitan Responsibilities and Reforms*, Cambridge UK und Malden USA 2008
Polanyi, Karl: *The Great Transformation. Politische und ökonomische Ursprünge von Gesellschaften und Wirtschaftssystemen*, Frankfurt am Main 1978
Polybios: *Historien*, Stuttgart 1983
Popper, Karl R.: *Das Elend des Historizismus*, Tübingen 1979
Precht, Richard David: *Liebe. Ein unordentliches Gefühl*, München 2009
Prest, John: *Liberty and Locality. Parliament, Permissive Legislation, and Ratepayers' Democracies in the Nineteenth Century*, Oxford 1990
Preuss, Jakob: *The Other Chelsea. A Story from Donetsk*, Dokumentarfilm 2011
Prokop, Dieter: *Der Kampf um die Medien. Das Geschichtsbuch der neuen kritischen Medienforschung*, Hamburg 2001
Rawls, John: *Eine Theorie der Gerechtigkeit*, Frankfurt am Main 1975
Reese, William J., und John L. Rury (Hg.): *Rethinking the History of American Education*, New York 2008
Reinsberg, Carola: *Ehe, Hetärentum und Knabenliebe im antiken Griechenland*, München 1993
Richartz, W.E.: »Über Henry David Thoreau«, Nachwort in Henry David Thoreau: *Über die Pflicht zum Ungehorsam gegen den Staat*, Frankfurt am Main 1967, S. 99 – 119
Riehle, Wolfgang: *Geoffrey Chaucer*, Reinbek 1994
Reulecke, Jürgen: »›Auch unsere Körper müssen einen Sabbat, auch unsere Seelen einen Sonntag haben.‹ Arbeitszeit, Freizeit, Urlaub«, in: Wolfgang Ruppert (Hg.): *Die Arbeiter – Lebensformen, Alltag und Kultur von der Frühindustrialisierung bis zum »Wirtschaftswunder«*, München 1986, S. 146 – 185
Reybrouck, David van: *Kongo. Eine Geschichte*, Berlin 2012
Rhyn, Heinz: »John Locke«, in: Heinz-Elmar Tenorth (Hg.): *Klassiker der Pädagogik.* Erster Band Von Erasmus bis Helene Lange, München 2003, S. 60 – 71
Rifkin, Jeremy: *The End of Work. The Decline of the Global Labor Force and the Dawn of the Post-Market Era*, New York 2004
Rochow, Friedrich Eberhardt von: *Geschichte meiner Schulen*, Leipzig 1890
Rodman, Dennis mit Tim Keown: *Der Abräumer. Bad as I Wanna Be*, München 1996
Rodney, Walter: *Afrika. Die Geschichte einer Unterentwicklung*, Berlin 1983
Roeder, Peter Martin: »Bildungsforschung und Schulreform«, in: Heinz-Elmar Tenorth (Hg.): *Klassiker der Pädagogik. Zweiter Band. Von John Dewey bis Paulo Freire*, München 2003, S. 227 – 248

Rogan, Eugene: *The Arabs. A History,* New York 2009
Rohstock, Anne: »›Ein manchmal auch ein wenig verlogenes Pathos‹ – Humboldt als Argument in den Hochschulreformen der Bundesrepublik (1949 – 2009)«, in: Christoph Jamme, Asta von Schröder (Hrsg.): *Einsamkeit und Freiheit. Zum Bildungsauftrag der Universität im 21. Jahrhundert,* München 2011, S. 117 – 123
Roiphe, Katie: *Uncommon Arrangements. Seven Portraits of Married Life in London Literary Circles 1910 – 1939,* New York 2007
Roth, Gerhard: *Bildung braucht Persönlichkeit. Wie lernen gelingt,* Stuttgart 2011
Roth, Jürgen: *Unfair Play. Wie korrupte Manager, skrupellose Funktionäre und Zocker den Sport beherrschen,* Frankfurt am Main 2011
Rouche, Michel: »IV. Abendländisches Frühmittelalter«, in: Philippe Ariès und Georges Duby (Hg.): *Geschichte des privaten Lebens. 1. Band: Vom Römischen Imperium zum Byzantinischen Reich,* Hg. dieses 1. Bandes Paul Veyne, Augsburg 1999, S. 389 – 514
Rousseau, Jean-Jacques: *Emile* oder *Von der Erziehung,* München o.A.J.
Roy, Arundhati: *Die Politik der Macht,* München 2002
Roy, Arundhati: »Scimitars in the sun«, Interview mit N. Ram, *Frontline,* Nr. 1, 6.1.2001 (online)
Roy, Sanjit Bunker: Rede bei einer Konferenz von *TED – Ideas Worth Spreading* 2011, http://www.ted.com/talks/lang/pt/bunker_roy.html#.Tty9NEcDhE.facebook
Ruppert, Wolfgang (Hg.): *Die Arbeiter – Lebensformen, Alltag und Kultur von der Frühindustrialisierung bis zum »Wirtschaftswunder«,* München 1986
Rutschky, Katharina (Hg.): *Schwarze Pädagogik. Quellen zur Naturgeschichte der bürgerlichen Erziehung,* Frankfurt am Main Berlin 1993
Sachs, Jeffrey D.: *Das Ende der Armut. Ein ökonomisches Programm für eine gerechtere Welt,* München 2005
Sachs, Jeffrey D.: *Wohlstand für viele. Globale Wirtschaftspolitik in Zeiten der ökologischen und sozialen Krise,* München 2008
Sahlins, Marshall: *Stone Age Economics,* Chicago New York 1972
Samuelson, Paul: *Volkswirtschaftslehre* Band I, Köln 1965
Scharff, Thomas: »Erfassen und Erschrecken. Funktionen des Prozeßschriftguts der kirchlichen Inquisition in Italien im 13. und frühen 14. Jahrhundert«, in: Susanne Lepsius und Thomas Wetzstein (Hg.): *Als die Welt in die Akten kam. Prozeßschriftgut im europäischen Mittelalter,* Frankfurt am Main 2008, S. 255 – 274
Scheller, Jörg: *No Sports! Zur Ästhetik des Bodybuildings,* Stuttgart 2010
Schelsky, Helmut: *Einsamkeit und Freiheit. Idee und Gestalt der deutschen Universität und ihrer Reform,* Düsseldorf 1971
Schenk, Herrad: *Freie Liebe – wilde Ehe. Über die allmähliche Auflösung der Ehe durch die Liebe,* München 1987
Schenk, Holger: *Individuelle Lust. Gegen die Macht des definierten Sex,* München 1999

Schiff, Stacy: *Cleopatra. A Life*, New York Boston London 2010
Schiff, Stacy: »Why Cleopatra Still Matters«, Interview von Liza Nelson, *O, The Oprah Magazine* (online) November 2010
Schiller, Friedrich: *Über die ästhetische Erziehung des Menschen – in einer Reihe von Briefen*, Stuttgart 1989
Schiller, Kay, und Christopher Young: *The 1972 Munich Olympics and the Making of Modern Germany*, Berkeley Los Angeles London 2010
Schlaffer, Hannelore: *Die intellektuelle Ehe. Der Plan vom Leben als Paar*, München 2011
Schlegel, Friedrich: *Lucinde*, München 1984
Schlez, Johann Ferdinand: *Gregorius Schlaghart oder die Dorfschule von Langenhaufen*, Leipzig 1890
Schmidt, Anton: »Steuerflucht und Kapitalflucht – Zusammenfassende Darstellung der bis 1. Juli 1920 erschienenen Gesetze usw.«, Beilage zum *Fachblatt für die allgemeine Finanzverwaltung*, Nürnberg 1920
Schmidt, Gunter: *Das große Der Die Das. Über das Sexuelle*, Herbstein 1986
Schmitt, Hanno: »Pädagogen im Zeitalter der Aufklärung – die Philanthropen«, in: Heinz-Elmar Tenorth (Hg.): *Klassiker der Pädagogik*. Erster Band Von Erasmus bis Helene Lange, München 2003, S. 119 – 143
Schmölders, Günter: »Bart und Hochzeit, Fenster und Pelze – kein Ende der Steuerbelastung in Sicht. Kuriosa der Steuergeschichte«, in: Uwe Schultz (Hg.): *Mit dem Zehnten fing es an. Eine Kulturgeschichte der Steuer*, München 1992, S. 245 – 256
Schnabel, Ulrich: *Muße. Vom Glück des Nichtstuns*, München 2010
Schneider, Helmuth: »Die antike Sklavenwirtschaft: Das Imperium Romanum«, in: Helmuth Schneider (Hg.): *Geschichte der Arbeit. Vom alten Ägypten bis zur Gegenwart*, Köln 1983, S. 95 – 154
Schoelen, Eugen (Hg.): *Erziehung und Unterricht im Mittelalter. Ausgewählte pädagogische Quellentexte*, Paderborn 1965
Schopenhauer, Arthur: *Die Welt als Wille und Vorstellung* II, Zweiter Teilband, Zürich 1977
Schott, Oliver: *Lob der offenen Beziehung. Über Liebe, Sex, Vernunft und Glück*, Berlin 2010/11
Schreiner, Peter: »Zentralmacht und Steuerhölle. Die Steuerlast im Byzantinischen Reich«, in: Uwe Schultz (Hg.): *Mit dem Zehnten fing es an. Eine Kulturgeschichte der Steuer*, München 1992, S. 64 – 73
Schremmer, Eckart: »Über ›gerechte Steuern‹. Ein Blick zurück ins 19. Jahrhundert«, in: Ders. (Hg.): *Steuern, Abgaben und Dienste vom Mittelalter bis zur Gegenwart*, Stuttgart 1994, S. 9 – 42
Schuller, Wolfgang: *Kleopatra – Königin in drei Kulturen. Eine Biographie*, Reinbek 2006
Schultz, Uwe (Hg.): *Mit dem Zehnten fing es an. Eine Kulturgeschichte der Steuer*, München 1992
Schulze, Hagen: »Die keineswegs Goldenen Zwanziger Jahre. Steuerpolitik zwi-

schen Inflation und Wirtschaftskrise (1919 – 1932)«, in: Uwe Schultz (Hg.): *Mit dem Zehnten fing es an. Eine Kulturgeschichte der Steuer*, München 1992, S. 209 – 218

Schulze-Marmeling, Dietrich: »Spielerisch über den linken Flügel«, *Jungle World* (online), 8.11.2012

Schumpeter, Joseph: »Die Krise des Steuerstaates«, in: Ders.: *Aufsätze zur Soziologie*, Tübingen 1953, S. 1 – 71

Schwarz, Angela (Hg.): *»Wollten Sie auch immer schon mal pestverseuchte Kühe auf Ihre Gegner werfen?« Eine fachwissenschaftliche Annäherung an Geschichte im Computerspiel*, Münster 2010

Schweikle, Günther: *Minnesang*, Stuttgart 1989

Schweikle, Günther: *Minnesang in neuer Sicht*, Stuttgart Weimar 1994

Seitz, Norbert: »Was symbolisiert das ›Wunder von Bern‹?«, 17.6.2004, Internetseite der Bundeszentrale für politische Bildung

Sen, Amartya: *Die Idee der Gerechtigkeit*, München 2011

Sen, Amartya: *Ökonomie für den Menschen. Wege zu Gerechtigkeit und Solidarität in der Marktwirtschaft*, München Wien 2000

Seneca: *Von der Kürze des Lebens (De brevitate vitae)*, in: Ders.: *Glück und Schicksal – Philosophische Betrachtungen*, Stuttgart 2009, S. 7 – 44

Sennett, Richard: *Der flexible Mensch. Die Kultur des neuen Kapitalismus*, München 2000

Sennett, Richard: *Handwerk*, Berlin 2008

Shakespeare, William: *Antony and Cleopatra/ Antonius und Kleopatra*, Tübingen Basel 1995

Sharp, Gene: *Von der Diktatur zur Demokratie. Ein Leitfaden für die Befreiung*, München 2008

Shaw, George Bernard: *Der Aufstand gegen die Ehe*, Frankfurt am Main 1978

Sichtermann, Barbara: *Kurze Geschichte der Frauenemanzipation*, Berlin 2009

Sigusch, Volkmar: »Der Nichtgebrauch der Lüste – Über Asexualität als Lebensform«, *Neue Zürcher Zeitung*, 21.5.2011

Simmel, Georg: »Zur Philosophie der Arbeit«, in: Ders.: *Aufsätze und Abhandlungen 1894 – 1900* Band 5, Frankfurt am Main 1992, S. 420 – 444

Sloterdijk, Peter: *Die nehmende Hand und die gebende Seite*, Frankfurt am Main 2011

Sloterdijk, Peter: »Die Revolution der gebenden Hand«, *Frankfurter Allgemeine Zeitung* (online), 13.6.2009

Smith, Adam: *Der Wohlstand der Nationen. Eine Untersuchung seiner Natur und seiner Ursachen*, München 1974

Sokal, Alan, und Jean Bricmont: *Eleganter Unsinn. Wie die Denker der Postmoderne die Wissenschaften mißbrauchen*, München 1999

Spencer, Lloyd, und Andrzej Krauze: *Die Aufklärung. Ein Sachcomic*, Überlingen 2012

Spiewak, Martin: »Ich bin superwichtig! Hattie-Studie«, *Die Zeit* (online), 14.1.2013

Stern, Bertrand: *Schluß mit Schule! Das Menschenrecht, sich zu bilden*, Leipzig 2006
Stern, David, und Adam Silver: »Die NBA wird von den Bayern profitieren«, Interview von Haruka Gruber, *Spox.com*, 24.1.2013
Stern, Fritz, Jürgen Osterhammel (Hg.): *Moderne Historiker. Klassische Texte von Voltaire bis zur Gegenwart*, München 2011
Stradling, Jan: *Wenn Sport Geschichte schreibt*, Hamburg 2012
Straub, Eberhard: *Das zerbrechliche Glück. Liebe und Ehe im Wandel der Zeit*, Berlin 2005
Straub, Eberhard: *Vom Nichtstun. Leben in einer Welt ohne Arbeit*, Berlin 2004
Strutt, Joseph: *The Sports and Pastimes of the People of England*, Detroit 1968
Stürmer, Michael: »Hungriger Fiskus – schwacher Staat. Das europäische Ancien Régime«, in: Uwe Schultz (Hg.): *Mit dem Zehnten fing es an. Eine Kulturgeschichte der Steuer*, München 1992, S. 174–188
Sywottek, Arnold: »›... Unter der demokratischen Kontrolle des arbeitenden Volkes ...‹? Arbeiter-Genossenschaften«, in: Wolfgang Ruppert (Hg.): *Die Arbeiter – Lebensformen, Alltag und Kultur von der Frühindustrialisierung bis zum »Wirtschaftswunder«*, München 1986, S. 279–290
Tenorth, Heinz-Elmar: *Geschichte der Erziehung. Einführung in die Grundzüge ihrer neuzeitlichen Entwicklung*, Weinheim München 2008
Terkel, Studs: *Arm und Reich. Das Amerika der Reagan-Ära. Zeitzeugen sprechen*, München 1990
Terkel, Studs: *»Der gute Krieg«. Amerika im Zweiten Weltkrieg – Zeitzeugen sprechen*, München 1989
Thiele-Dohrmann, Klaus: *Kurtisanenfreund und Fürstenplage – Pietro Aretino und die Kunst der Enthüllung*, München 2000
Thoreau, Henry David: *Über die Pflicht zum Ungehorsam gegen den Staat*, Frankfurt am Main 1967
Thrun, Sebastian: »Ex-Stanford-Professor Thrun: ›Die Uni nutzt Methoden wie vor 1000 Jahren‹«, Interview von Jonas Leppin, *Spiegel online*, 19.3.2012
Toffler, Alvin: *Der Zukunftsschock*, München/ Zürich 1974
Tolstaja, Sofja: *Eine Frage der Schuld*, München 2008
Tolstoi, Leo: *Anna Karenina*, Stuttgart München o.A. J.
Tolstoi, Leo: *Die Kreutzersonate*, Frankfurt am Main 1984
Treu, Martin: *Katharina von Bora*, Wittenberg 1996
Türk, Klaus: *Bilder der Arbeit – Eine ikonografische Anthologie*, Wiesbaden 2000
Ullmann, Hans-Peter: *Der deutsche Steuerstaat. Geschichte der öffentlichen Finanzen vom 18. Jahrhundert bis heute*, München 2005
Varma, Pavan K.: *Being Indian*, London 2006
Vasari, Giorgio: *Das Leben des Leonardo da Vinci*, Berlin 2006
Veblen, Thorstein: *Theorie der feinen Leute – eine ökonomische Untersuchung der Institutionen*, München 1981
Vereinigung der Bayerischen Wirtschaft (Hg.): *Bildung neu denken! Das Zukunftsprojekt*, Opladen 2003

Veyne, Paul: »I. Das Römische Reich«, in: Philippe Ariès und Georges Duby (Hg.): *Geschichte des privaten Lebens. 1. Band: Vom Römischen Imperium zum Byzantinischen Reich,* Hg. dieses 1. Bandes Paul Veyne, Augsburg 1999, S. 19 – 228
Voltaire: »Über die Nützlichkeit der Geschichte«, in: Fritz Stern, Jürgen Osterhammel (Hg.): *Moderne Historiker. Klassische Texte von Voltaire bis zur Gegenwart,* München 2011, S. 79 – 90
Voltaire: »Über die Regierung« (Neunter Brief), in: Ders.: *Philosophische Briefe* (ursprünglich *Briefe über die englische Nation* genannt), Frankfurt am Main 1985, S. 39 – 40
Voltaire: Brief an Abbé Jean Baptiste Dubois über *Das Zeitalter Ludwigs XIV,* in: Fritz Stern, Jürgen Osterhammel (Hg.): *Moderne Historiker. Klassische Texte von Voltaire bis zur Gegenwart,* München 2011, S. 71 – 73
Voltaire: *Das Zeitalter Ludwigs XIV* (Auszug), in: Fritz Stern, Jürgen Osterhammel (Hg.): *Moderne Historiker. Klassische Texte von Voltaire bis zur Gegenwart,* München 2011, S. 74 – 78
Voltaire: »Ratschläge für einen Journalisten«, in: Ders.: *Streitschriften,* Berlin 1981, S. 187 – 213
Waldschmidt, Ingeborg: *Maria Montessori. Leben und Werk,* München 2010
Wallraff, Günter: *Ganz unten,* Köln 1985
Warburg, Aby: *Bilder aus dem Gebiet der Pueblo-Indianer in Nord-Amerika,* Berlin 1988
Waske, Hermann: *Die Kunst des Fußballs,* Dokumentarfilm Deutschland/Frankreich 2006.
Watson, Rubie S., und Patricia Buckley Ebrey (Hg.): *Marriage and Inequality in Chinese Society,* Berkeley Oxford 1991
Weber, Max: *Die protestantische Ethik und der »Geist« des Kapitalismus,* Bodenheim 1993
Weizsäcker, Ernst Ulrich von, Karlson Hargroves, Michael Smith: *Faktor Fünf. Die Formel für nachhaltiges Wachstum,* München 2010
Weeber, Karl-Wilhelm: *Diogenes. Die Gedanken und Taten des frechsten und ungewöhnlichsten aller griechischen Philosophen,* München 2001
Wehler, Hans-Ulrich: »Aus der Geschichte lernen«, in: Ders.: *Aus der Geschichte lernen?* Essays, München 1988, S. 11 – 18
Wehler, Hans-Ulrich: *Deutsche Gesellschaftsgeschichte. 1914 – 1949,* München 2003
Wehr, Gerhard: *Heilige Hochzeit. Symbol und Erfahrung menschlicher Reifung,* München 1998
Weil, Simone: *Fabriktagebuch und andere Schriften zum Industriesystem,* Frankfurt am Main 1978
Weingart, Peter: »Humboldt im Ranking«, in: Andreas Schlüter/ Peter Strohschneider (Hrsg.): *Bildung? Bildung!,* Bonn 2009, S. 249 – 259
Weischedel, Wilhelm: *Die philosophische Hintertreppe. 34 große Philosophen in Alltag und Denken,* München 1987

# Bildnachweis

49 © Bayerische Staatsgemäldesammlungen/bpk
53 © akg-images
59 © The National Gallery, London/akg-images
71 © Bayerische Staatsgemäldesammlungen/bpk
91 © akg-images
113 © Lambeth Palace Library, London, UK/The Bridgeman Art Library
118 © De Agostini Picture Lib./akg-images
119 o. © Bayerische Staatsgemäldesammlungen/bpk
119 u. © akg-images
131 © Blauel/Gnamm – ARTOTHEK
171 © Blauel/Gnamm – ARTOTHEK
173 © Herbert Art Gallery & Museum, Coventry, UK/The Bridgeman Art Library
174 © Nottingham City Museums and Galleries (Nottingham Castle)/The Bridgeman Art Library
182 © akg-images/picture alliance
221 © Madrid, Museo Nacional del Prado
255 © Bayerische Staatsgemäldesammlungen/bpk
298 »Hoodman Blind«, aus: Strutt, Joseph: *The Sports and Pastimes of the People of England*, London 1838, Detroit 1968, Seite 392 (Abb. 120), © Collections Picture Library
299 ebd., Seite 393 (Abb. 122), © Collections Picture Library
300 ebd., Montage aus »Anonymous Pasttimes», Seite 395 (Abb. 126, 128), »Various Dances«, Seite 211 (Abb. 56, 57), »Partial imitations of animals«, Seite 253, Abb. 84, 85
305 aus: Paul, Gerhard, und Bernhard Schoßig (Hg.): *Die andere Geschichte. Geschichte von unten – Spurensicherung – Ökologische Geschichte – Geschichtswerkstätten*, Köln 1986, S. 233
313 © The British Library Board (BritishLibrary/MSAdd42130f.161)
327 © AP/picture alliance
357 © Szépművészeti Múzeum, Budapest

Werner, Götz: *Ein Grund für die Zukunft: das Grundeinkommen. Interviews und Reaktionen*, Stuttgart 2006

Werner, Götz, und Adrienne Goehler: *1000 Euro für jeden. Freiheit, Gleichheit, Grundeinkommen*, Berlin 2010

Willike, Stefan, Thomas Kleine Brockhoff: »Tut Modernisierung weh? Eine Besichtigung der Modellstadt Wolfsburg«, in: Ulrich Beck (Hg.): *Die Zukunft von Arbeit und Demokratie*, Frankfurt am Main 2000, S. 135 – 150

Winteler, Ernst-Uwe: *Geldanlage Steueroasen*, Wiesbaden 1992

Winter, Ingelore M.: *Katharina von Bora*, Düsseldorf 1990

Wittgenstein, Ludwig: *Philosophische Untersuchungen*, in: Ders.: *Werkausgabe Bd. 1 Tractatus logico-philosophicus. Tagebücher 1914 – 1916. Philosophische Untersuchungen*, Frankfurt am Main 1984

Wollstonecraft, Mary: *Eine Verteidigung der Rechte der Frau. Mit Bemerkungen zu politischen und moralischen Gegenständen*, Leipzig 1989

Yiwu, Liao: *Fräulein Hallo und der Bauernkaiser. Chinas Gesellschaft von unten*, Frankfurt 2009

ZDF History: »Die sieben Geheimnisse des deutschen Fußballs«, Dokumentarfilm Deutschland 2010

Zeldin, Theodore: *Der Rede Wert. Wie ein gutes Gespräch Ihr Leben bereichert*, München 1999

Zeldin, Theodore: *Eine intime Geschichte der Menschheit. Über die Kunst des Lebens*, Stuttgart 1997

Zeller, Eva: *Die Lutherin. Spurensuche nach Katharina von Bora*, Stuttgart 1996

Ziegler, Jean: *Wir lassen sie verhungern. Die Massenvernichtung in der Dritten Welt*, München 2012

Zinn, Howard: *Eine Geschichte des amerikanischen Volkes*, Berlin 2007

Zwecker, Loel: »Nieder mit der Pudelsteuer!«, *Frankfurter Allgemeine Sonntagszeitung*, 3.6.2007

Zwecker, Loel: »Ein komischer Heiliger. Robin Hood – auch ein Schutzpatron des Kapitalismus«, *Neue Zürcher Zeitung*, 16.4.2005